Hauke Horn

**ADVERTISING ARCHITECTURE**

Kommunikation, Imagebildung und Corporate Identity
durch Unternehmensarchitektur
(1950–2000)

Hauke Horn

# ADVERTISING ARCHITECTURE

Kommunikation, Imagebildung und Corporate Identity
durch Unternehmensarchitektur
(1950–2000)

Gebr. Mann Verlag · Berlin

Gedruckt mit freundlicher Unterstützung der Gerda Henkel Stiftung, Düsseldorf, der Evelyn und Martin Wentz Stiftung, der Eugen-Gutmann-Gesellschaft und der Historischen Gesellschaft der Deutschen Bank, alle Frankfurt am Main, sowie der BMW Group, München

# GERDA HENKEL STIFTUNG

Bibliografische Information der Deutschen Nationalbibliothek
Die Deutsche Nationalbibliothek verzeichnet diese Publikation in der
Deutschen Nationalbibliografie; detaillierte bibliografische Daten sind im
Internet über http://dnb.dnb.de abrufbar.

© 2022 Gebr. Mann Verlag · Berlin
www.gebrmannverlag.de

Alle Rechte, insbesondere das Recht der Vervielfältigung und Verbreitung sowie Übersetzung, vorbehalten. Kein Teil des Werkes darf in irgendeiner Form durch Fotokopie, Mikrofilm, CD-ROM usw. ohne schriftliche Genehmigung des Verlages reproduziert werden oder unter Verwendung elektronischer Systeme verarbeitet oder verbreitet werden. Bezüglich Fotokopien verweisen wir nachdrücklich auf §§ 53 und 54 UrhG.

Gedruckt auf säurefreiem Papier, das die US-ANSI-Norm über Haltbarkeit erfüllt.

Gestaltung und Satz: Alexander Burgold · Berlin
Coverabbildung: Ehemalige Hauptzentrale der Dresdner Bank, Frankfurt am Main (Foto: Hauke Horn, 2013)
Schrift: Univers Next Pro
Papier: 135 g/m² Magno Satin
Druck und Verarbeitung: Westermann Druck Zwickau GmbH, Zwickau

Printed in Germany

ISBN 978-3-7861-2881-6 (Print)
ISBN 978-3-7861-7515-5 (E-PDF)

# INHALT

| | |
|---|---|
| **VORWORT** | 9 |
| **1 EINLEITUNG** | 11 |
|     1.1 Fragestellung | 11 |
|     1.2 Rahmung des Forschungsfeldes | 14 |
|     1.3 Begriffe | 16 |
|     1.4 Forschungsstand | 23 |
|     1.5 Methodik | 30 |
| **2 FALLSTUDIEN** | 35 |
|     2.1 „Ein Loblied auf Stahl und Stahlrohr" – das ehemalige Thyssenhaus in Düsseldorf | 35 |
|         2.1.1 Einleitende Baugeschichte | 35 |
|         2.1.2 Die Vorbereitung des Baus auf Unternehmensseite | 39 |
|         2.1.3 Moderne Architektur als Statement und Werbemittel | 42 |
|         2.1.4 Die Firmenzentrale als Musterhaus für Stahlprodukte | 48 |
|         2.1.5 Zusammenfassung: Das Thyssenhaus – Bekenntnis zur Moderne und Musterhaus für Stahlprodukte | 55 |
|     2.2 „Alles Dinge, die man auch von einem guten Auto erwartet" – die Hauptverwaltung von BMW in München | 57 |
|         2.2.1 Einleitende Baugeschichte | 57 |
|         2.2.2 Der Vierzylinder – eine Architecture Parlante? | 59 |
|         2.2.3 Markenanaloge Architektur | 65 |
|         2.2.4 Das Firmenmuseum | 73 |
|         2.2.5 Die Zentrale als buchstäblicher Werbeträger | 77 |
|         2.2.6 Die mediale Präsentation der BMW-Zentrale in Büchern | 79 |
|         2.2.7 Ausblick: Die BMW Welt | 81 |
|         2.2.8 Zusammenfassung: Das BMW-Hauptquartier – „Superzeichen" und markenanaloge Architektur | 88 |
|     2.3 „Leicht und klar" – Das ehemalige Haupthaus der Dresdner Bank in Frankfurt am Main | 91 |
|         2.3.1 Einleitende Baugeschichte | 91 |
|         2.3.2 Der Bau des Silberturms im Kontext eines allgemeinen Imagewandels bei der Dresdner Bank | 94 |
|         2.3.3 Das Bild der modernen und fortschrittlichen Bank | 96 |
|         2.3.4 Das Verhältnis zum Stadtraum – Offenheit und Durchdringung | 99 |

| | | |
|---|---|---|
| 2.3.5 | Das Bild vom sozial fortschrittlichen Unternehmen | 104 |
| 2.3.6 | Die Höhenfrage | 108 |
| 2.3.7 | Die PR-Kampagne zur medialen Präsentation des Silberturms | 112 |
| 2.3.8 | Zusammenfassung: Der Silberturm der Dresdner Bank – Sinnbild eines modernen, kundenorientierten und sozial fortschrittlichen Unternehmens | 115 |
| 2.3.9 | Nachtrag: Der Verkauf des Silberturms durch die Commerzbank | 118 |

## 2.4 Eine „Image-Frage" – Die Hauptzentrale der Deutschen Bank in Frankfurt am Main ... 118

| | | |
|---|---|---|
| 2.4.1 | Einleitende Baugeschichte | 118 |
| 2.4.2 | Zielsetzungen und Bedingungen | 122 |
| 2.4.3 | Die Höhenfrage | 124 |
| 2.4.4 | Die Spiegelglasfassade | 126 |
| 2.4.5 | Die Innenräume | 129 |
| 2.4.6 | Public Relations und die mediale Präsentation der Zwillingstürme | 130 |
| 2.4.7 | Zusammenfassung: Die Deutsche Bank-Türme – Vom Investorenprojekt zum Symbol der Finanzwelt | 132 |

## 2.5 „Umweltverträglicher Fortschritt" – Die Hauptzentrale der Commerzbank in Frankfurt am Main ... 134

| | | |
|---|---|---|
| 2.5.1 | Einleitende Baugeschichte | 134 |
| 2.5.2 | Das Hochhaus als Teil der Corporate Identity | 137 |
| 2.5.3 | Die Architektur als Zeichen für „umweltverträglichen Fortschritt" | 139 |
| 2.5.4 | Die städtebauliche Integration | 144 |
| 2.5.5 | Die Höhenfrage | 148 |
| 2.5.6 | Transparente Büroräume | 151 |
| 2.5.7 | Mediale Darstellung und Wahrnehmung des Hochhauses | 152 |
| 2.5.8 | Zusammenfassung: Das Hochhaus der Commerzbank als Symbol eines fortschrittlichen und umweltbewussten Unternehmens | 156 |

## 2.6 „Der gläserne Riese" – Die Hauptzentrale von RWE in Essen ... 159

| | | |
|---|---|---|
| 2.6.1 | Einleitende Baugeschichte | 159 |
| 2.6.2. | „Fort vom alten ‚Wattikan'" – der Bau der neuen Zentrale vor dem Hintergrund der neuen Konzernstruktur | 160 |
| 2.6.3 | Symbolische Transparenz | 162 |
| 2.6.4 | Ökologische Verantwortung eines Energieerzeugers | 165 |
| 2.6.5 | Die Wahrnehmung des RWE-Turms in den Medien und der Öffentlichkeit | 168 |
| 2.6.6 | Zusammenfassung: Die RWE-Zentrale als Symbol für Transparenz, ökologische Verantwortung und innovative Technik | 169 |

## 3. GESCHICHTE DER UNTERNEHMENSARCHITEKTUR ALS KOMMUNIKATIONSFORM – EIN ÜBERBLICK ... 171

| | |
|---|---|
| 3.1 Advertising Architecture vor 1945 | 171 |
| 3.2 Advertising Architecture in der Nachkriegsmoderne | 176 |
| 3.3 Corporate Images im Wandel – das Bankgewerbe als Paradebeispiel | 188 |
| 3.4 Eine neue Bankenikonographie für die Moderne (und Postmoderne) | 196 |
| 3.5 Das Bild vom sozial fortschrittlichen Unternehmen in den 1960er und 1970er Jahren | 201 |

|  |  |
|---|---|
| 3.6 Architektur im Rahmen von Corporate Identity seit den 1980er Jahren | 203 |
| 3.7 Das Bild vom ökologisch korrekten Unternehmen seit den 1990er Jahren | 209 |
| 3.8 Ausblick: Architectural Branding im frühen 21. Jahrhundert | 212 |

## 4. ADVERTISING ARCHITECTURE – EIN RESÜMEE ... 217

## ANHANG ... 223

### Abkürzungsverzeichnis ... 223
### Quellenverzeichnis ... 224

Archivalien · Filme · Gespräche und Korrespondenzen ·
Graue Literatur [chronologisch geordnet] · Internetquellen ·
Zeitungen und Zeitschriften [geordnet alphabetisch nach Titeln]

### Literaturverzeichnis ... 238
### Abbildungsnachweis ... 252
### Personenregister ... 254

## FARBTAFELN ... 256

Sonja und Helena Sophia gewidmet

# VORWORT

Das vorliegende Buch basiert auf meiner Habilitationsschrift, die 2020 vom Fachbereich Geschichts- und Kulturwissenschaften der Johannes Gutenberg-Universität Mainz angenommen wurde. Nach Verleihung der Venia Legendi für „Kunst- und Architekturgeschichte" am 2. September 2020, fand am 28. Oktober 2020 meine Antrittsvorlesung als Privatdozent am Institut für Kunstgeschichte und Musikwissenschaft in der Alten Mensa der Johannes Gutenberg-Universität Mainz statt.[1] Bei der Abgabe der Arbeit im Dezember 2019 hätte ich nie gedacht, dass das Habilitationsverfahren von einer weltweiten Pandemie überschattet würde, welche auch den Universitätsbetrieb erheblich einschränkte. Ich danke der Habilitationskommission und besonders ihrem Vorsitzenden Univ.-Prof. Dr. Matthias Müller, dass sie das Verfahren trotz aller Widrigkeiten stetig vorangebracht hat. Parallel zum Habilitationsverfahren war ich als wissenschaftlicher Mitarbeiter am Fachgebiet Architektur- und Kunstgeschichte der TU Darmstadt bei Univ.-Prof. Dr. Christiane Salge tätig. Ihr danke ich herzlich für ihre stetige Unterstützung mit viel Verständnis und Zuspruch.

Obwohl ich bereits nach Einreichung meiner ersten Dissertation 2012 begann, Recherchen und Untersuchungen zum Thema vorzunehmen, konnte die Arbeit im Wesentlichen erst durch ein großzügiges Forschungsstipendium der Gerda Henkel Stiftung in den Jahren 2018–2019 und 2021 realisiert werden. Ich bin der Stiftung zu größtem Dank verpflichtet und hoffe, dass die vorliegende Arbeit ganz im Sinne von Lisa Mankell gewesen wäre. Die Gerda Henkel Stiftung ermöglichte mir auch, das Forschungsprojekt in einem filmischen Beitrag auf dem Wissenschaftsportal L.I.S.A. in einem professionellen Rahmen zu präsentieren.[2]

Bei der konkreten Forschung habe ich viel Unterstützung von Unternehmensarchiven erhalten, deren Quellenmaterial sich mehrfach in glücklicher Weise mit meinen architektonischen Analysen in Bezug setzen ließ. Hierfür danke ich allen im Quellenverzeichnis genannten Archiven. Ganz besonders danke ich Dr. Astrid Dörnemann vom thyssenkrupp Konzernarchiv in Duisburg, Dr. Detlef Krause vom Historischen Archiv der Commerzbank in Frankfurt am Main und Dr. Martin Müller vom Historischen Institut der Deutschen Bank in Frankfurt am Main, die mein Habilitationsprojekt mit großem Interesse und persönlichem Engagement unterstützt haben. Mit dem Gebr. Mann Verlag in Berlin konnte ich einen renommierten Verlag für eine qualitätsvolle Publikation gewinnen. Mein Dank gilt hier dem Geschäftsführer Dr. Hans-Robert Cram, meiner Lektorin Dr. Merle Ziegler und der Herstellerin Marie-Christin Selig, welche die Veröffentlichung ebenso engagiert wie kompetent betreuten. Realisiert werden konnte

---

1 Das Thema der Antrittsvorlesung lautete „Die dunkle Seite der Macht – Herrschaftsarchitektur im neueren Science Fiction-Film". – Das Thema des Kolloquiumsvortrags lautete „Edles Silber – rostiges Braun. Geschichte und Ikonologie zweier gegensätzlicher Stahlsorten in Kunst und Architektur".
2 https://lisa.gerda-henkel-stiftung.de/architektur_visuell?nav_id=7870. – Ich danke Hasso Bräuer und Klaus Hernitschek für die spannenden Erfahrungen und den Austausch bei den Dreharbeiten.

die Publikation wiederum nur durch die Unterstützung von Förderern. Neben der Gerda Henkel Stiftung, die einen wesentlichen Teil der Druckkosten übernahm, haben die Eugen-Gutmann-Gesellschaft, die Evelyn und Martin Wentz Stiftung, die Historische Gesellschaft der Deutschen Bank und die BMW Group nennenswerte Beiträge zur Drucklegung beigesteuert. Ihnen allen bin ich zu großem Dank verpflichtet.

Am Ende der Danksagungen steht traditionell die Familie, obgleich ihre Unterstützung die Vorbedingung für das Gelingen des Werkes darstellt. Diese familiäre Unterstützung ist umso wichtiger, als das Wissenschaftszeitvertragsgesetz und seine Auslegung durch die Verwaltungen die Vereinbarkeit von wissenschaftlicher Karriere und Familiengründung in Deutschland erheblich erschwert. Es ist ein nicht zu überschätzender Liebesbeweis, dass mich meine berufstätige Frau mit unseren Kindern auch noch ein drittes Mal beim Verfassen einer akademischen Qualifikationsschrift unterstützt hat. In die Entstehungszeit des Buches fiel die Geburt unserer Tochter Helena Sophia, dem dritten Kind, das mir meine Frau Sonja Horn geschenkt hat. Das Kunstwerk, jedem meiner Kinder eine akademische Schrift zu widmen, ist damit vollbracht.

# 1 EINLEITUNG

## 1.1 Fragestellung

„der gesamteindruck des verwaltungsgebäudes wird verstanden als wichtige, nicht-verbale aussage über das unternehmen selbst. ähnlich wie das visuelle erscheinungsbild im rahmen der werblichen aussagen."[3] (Otl Aicher)

Diese vor dem Hintergrund viel diskutierter kulturwissenschaftlicher Forschungsansätze wie den Visual Culture Studies oder den Bildwissenschaften höchst aktuell klingende Aussage über Architektur als kommunikatives Medium stammt aus der Feder des einflussreichen Designers Otl Aicher,[4] der wesentlich zur Entwicklung des Corporate Designs beitrug.[5] Das Zitat von Aicher findet sich in einem 1981 verfassten Brief an die Deutsche Bank, die seinerzeit im Bau befindliche neue Hauptzentrale der Großbank in Frankfurt am Main betreffend (Taf. 25).[6] Das Bild der beiden spiegelglasverkleideten Zwillingstürme (Architekten: ABB Hanig, Scheid, Schmidt), im Volksmund „Soll und Haben" genannt, prägt seit seiner Fertigstellung zur Mitte der 1980er Jahre nicht nur die Frankfurter Innenstadt, sondern ist als Symbol der Deutschen Bank, bisweilen des Finanzgewerbes generell, in den visuellen Medien allgegenwärtig (Abb. 1).

**Abb. 1** Screenshot einer Meldung auf deutschlandfunk.de v. 9.5.2016: Das Thema „Finanz-Standort Frankfurt: Aus dem Dornröschenschlaf erwacht" wird mit einem Bild der Deutschen Bank-Türme illustriert

Das Beispiel der Deutsche Bank-Hochhäuser ist, wenngleich sehr prominent, doch kein Einzelfall. Wenn in den visuellen Medien über ein Großunternehmen berichtet wird, so wird häufig ein Bild von dessen Hauptquartier gezeigt, um der körperlosen juristischen Person ein Gesicht zu geben. In Nachrichtensendungen des Fernsehens beispielsweise ist, wenn über einen Konzern berichtet wird, oftmals ein Bild von dessen Zentrale im Hintergrund zu sehen (Abb. 2).[7] Auch in

---

3   Brief von Otl Aicher v. 7.1.1981 (HIDB V40-86) [Rechtschreibung wie im Original].
4   Zu Otl Aicher grundlegend: Rathgeb 2015; Moser 2012; Schreiner 2005.
5   Zum Corporate Design-Begriff s. Kap. 1.3.
6   S. Kap. 2.4.
7   Um ein beliebiges Beispiel anzuführen: In der ZDF-Sendung „heute" v. 21.3.2018 wurde im Rahmen eines Berichts über die Bilanzpressekonferenz von BMW rund eine halbe Minute lang ein Foto der Münchener Hauptverwaltung des Automobilbauers von 1973 im Hintergrund gezeigt. – Zur BMW-Zentrale s. Kap. 2.2.

1 Einleitung

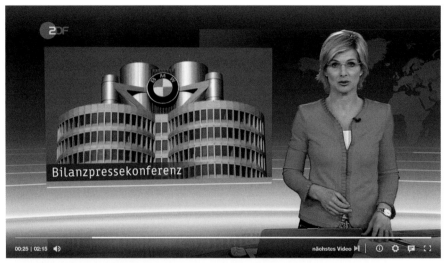

**Abb. 2** Standbild der Nachrichtensendung „heute" v. 21.3.2018: Die Nachricht zur Bilanzpressekonferenz der BMW AG wird mit einem Bild der Hauptzentrale illustriert

**Abb. 3** Standbild aus dem Film „Bad Banks" (Folge 1: Die Kündigung): Die fiktive Hochhausarchitektur einer Firmenzentrale wird genutzt, um ein fiktives Finanzunternehmen visuell darzustellen

fiktiven Filmproduktionen spielt Architektur eine wichtige Rolle, wenn es darum geht, ein Unternehmen visuell darzustellen. In der vielbeachteten TV-Serie Bad Banks (2018) beispielsweise wird die fiktive Großbank Deutsche Global Invest von zwei schlanken, glasumhüllten Hochhaustürmen, deren Spitze hintergründig aus dem Filmausschnitt herausragt, repräsentiert (Abb. 3). Die Architektur wird auf diese Weise zum Sinnbild des Unternehmens.

Während die angeführten Beispiele die symbolische Interpretation von Unternehmensarchitektur auf Seiten der Betrachter verdeutlichen, besteht andererseits kein Zweifel daran, dass private Wirtschaftsunternehmen sich der Wirkung des Visuellen aufgrund langjähriger und weitreichender Erfahrung in der Werbung voll bewusst sind und diese hochgradig professionell für ihre Zwecke zu nutzen wissen. Damit stellt sich die Frage, ob und inwiefern auch Architektur von Unternehmen als visuelles Medium begriffen wurde, ob es von Seiten der Unternehmen intendiert war, konkrete Botschaften mittels der Architektur zu kommunizieren. Das eingangs angeführte Zitat belegt, dass Anfang der 1980er Jahre ein progressiver Kommunikationsdesigner wie Otl Aicher die Architektur eines Unternehmens analog zur Werbung als Teil von dessen „visuellem Erscheinungsbild"[8] gesehen hat, mit dem folglich eine „nicht-verbale Aussage"[9] getroffen würde. Ziel dieser Untersuchung ist es, die im Einzelfall bereits erkennbare mediale Nutzung von Firmenarchitektur auf eine inhaltlich, zeitlich und theoretisch breite Basis zu stellen, die das Phänomen als Teil der Architekturgeschichte beschreibt und einordnet.

Es kann demnach die übergeordnete Fragestellung formuliert werden: Inwiefern verwenden Unternehmen ihre Architektur bewusst als Medium einer visuellen Kommunikation, um sich selbst darzustellen? Daraus ergibt sich ein Komplex weiterer Fragen: Auf welche Weise funktioniert Architektur als kommunikatives Medium in der Wirtschaft? Wie lauten die Botschaften, die kommuniziert werden sollen, und wer sind die Adressaten? Gibt es eine kommunikative Differenz? Inwiefern spiegelt die architektonische Imagebildung auf das Unternehmen zurück? Trägt Architektur zur Identitätskonstruktion der Unternehmen bei? Welche architektonischen Mittel werden eingesetzt, um die gewünschten Botschaften zu kommunizieren? Inwieweit und auf welche Weise nehmen die Unternehmen als Auftraggeber Einfluss auf die architektonische Gestalt? In welchem Verhältnis stehen die Produkte des Unternehmens zu dessen architektonischem Auftritt? Gibt es branchenspezifische Merkmale der Unternehmensarchitektur? Konkurrieren Unternehmen auch mittels Architektur untereinander? Und wie hat sich die mediale Nutzung von Unternehmensarchitektur im historischen und kulturellen Kontext entwickelt und verändert?

Die Perspektive, aus der sich diesen Fragen genähert werden soll, ist eine dezidiert historisch-kulturwissenschaftliche.[10] Das heißt, Architektur wird als – wohlgemerkt fundamentale – materielle und visuelle Ausprägung von Kultur angesehen, und zwar im historischen Kontext.[11] Dementsprechend ist es nicht das Anliegen dieser Arbeit, eine Theorie im Sinne einer Anleitung für Praktiker aus Wirtschaft oder Architektur zu schreiben, wie Architektur zum Ausdruck der Corporate Identity genutzt werden kann oder sollte, wenngleich sich viele Informationen und Anregungen für die gegenwärtige Unternehmensarchitektur daraus ableiten lassen. Ebenso wenig soll eine subjektive Kritik des Phänomens im Sinne eines feuilletonistischen oder politischen Presseartikels oder gar -kommentars erfolgen. Angestrebt wird eine möglichst sachlich-distanzierte Beschreibung und Analyse des Phänomens in der Vergangenheit, die wissenschaftliche Erkenntnisse über das Beziehungsgeflecht Architektur – visuelle Kommunikation – Wirtschaft im kulturhistorischen Kontext ermöglichen und somit zu dessen Verständnis beitragen.

---

8  Brief von Otl Aicher v. 7.1.1981 (HIDB V40-86).
9  Ebd.
10 Die hier eingenommene kulturwissenschaftliche Perspektive lässt sich treffend mit den Worten Aleida Assmanns umreißen, die Kulturwissenschaften im Gegensatz zu den Geisteswissenschaften definiert: „Die Umrüstung der traditionellen Geisteswissenschaften zu Kulturwissenschaften schlägt sich sinnfällig in der Ersetzung des Schlüsselbegriffs ‚Geist' durch neue Leitbegriffe wie ‚Symbol', ‚Medium' und ‚Kulturen' nieder. […] Während der Begriff ‚Geist' darauf gerichtet war, einen emphatischen menschlichen Faktor des Kulturprozesses zu identifizieren, zu isolieren und zu affirmieren, verlagert die Kulturwissenschaft ihr Augenmerk auf Strukturen, Prozesse und Praktiken in einem Umfeld, das von vornherein technomorph gedacht wird." (Assmann 2017, S. 24f.) – Zur weiterführenden Diskussion der (historischen) Kulturwissenschaften sei auf eine Auswahl einschlägiger Publikationen verwiesen: Assmann 2017; Frietsch/Rogge 2013; Fauser 2011; Kusber/Dreyer/Rogge/Hütig 2010; Bachmann-Medick, 2006.
11 Kultur wird hierbei nicht im Sinne einer elitären Hochkultur gesehen, sondern umfasst die Gesamtheit der menschlich gestalteten Lebenswelt.

1 Einleitung

**Abb. 4** Cartier Boutique in der Rue de Rennes, Paris, Marbre Vert-Konzept von Agnès Comar

## 1.2 Rahmung des Forschungsfeldes

Mit der vorangegangenen Formulierung der Fragestellung wurde bereits eine essentielle Rahmung des Forschungsfeldes vorgenommen: Es geht in dieser Untersuchung nicht allgemein um die mediale Verwendung von Architektur in der Wirtschaft, sondern um den Aspekt der identitätsprägenden architektonischen Selbstdarstellung von Unternehmen. Diese erfolgt primär über das Hauptquartier, dessen treffende Metaphorik im englischen Begriff *headquarters* deutlicher zum Ausdruck kommt: die Zentrale als Kopf des Unternehmens. Deshalb wird in den Medien, wenn ein Großunternehmen wie beispielsweise die Deutsche Bank oder BMW visualisiert werden sollen, in der Regel ein Bild des Hauptquartiers gezeigt und nicht etwa eine Bankfiliale oder ein Autohaus (Abb. 1, Abb. 2).

Andere Bauaufgaben der Wirtschaftswelt wie Produktionsstätten oder Verkaufsräume können nur am Rande, wo es für die Argumentation sinnvoll ist, in dieser Arbeit Berücksichtigung finden, da sie andere Funktionen erfüllen und anderen architektonischen Anforderungen und Ansprüchen genügen müssen. Ein Ladengeschäft zum Beispiel dient primär als Ort des Konsums, an dem die Kauflust des Betrachters angeregt werden soll. In derartigen Verkaufsräumen geht es nicht um die Darstellung des Unternehmens, sondern um die Präsentation des Produkts beziehungsweise der Marke.[12] Mitunter verfolgen Unternehmen sogar unterschiedliche architektonische Strategien in Abhängigkeit der Gebäudefunktion, wie das Beispiel des französischen Schmuck- und Uhrenherstellers Cartier in den 1990er Jahren zeigt. Während die Boutiquen weltweit nach einem Konzept von Agnès Comar mit grünem Marmor und goldfarbenen Metallen ausgestattet wurden, welche Luxus und Tradition signalisierten (Abb. 4), präsentierte sich das Unternehmen als solches am Firmensitz in Paris mit einer radikalen Glasarchitektur von Jean Nouvel als progressiv und kreativ (Abb. 5).[13]

Aus forschungspraktischen Gründen konzentriert sich die Untersuchung auf die Architektur

---

12 Zur Unterscheidung zwischen Marke und Unternehmen s. Kap. 1.3.
13 Müller-Rees 2008, S. 49–118.

**Abb. 5** Fondation Cartier, Paris, 1991–1994, Jean Nouvel (Foto 2007)

von Großunternehmen. Diese in der Regel als Aktiengesellschaften organisierten Körperschaften verfügen über das notwendige Kapital, um Bauwerke in einer stadtbildprägenden und international beachteten Größenordnung realisieren zu können. Neben der Unternehmensgröße schränkt die Rechtsform das Untersuchungsfeld ein. Im Blickpunkt stehen ausschließlich Privatunternehmen, von denen öffentliche Unternehmen zu unterscheiden sind, die sich definitionsgemäß mehrheitlich im Besitz eines Staates beziehungsweise der mit ihm verbundenen Körperschaften befinden. Es ist anzunehmen, dass solche Staatsunternehmen sich nicht rein selbstbezogen darstellen, sondern primär oder zumindest mittelbar der Repräsentation des Staates dienen.[14] Auszuschließen sind dementsprechend gleichfalls Bauwerke supranationaler Institutionen und Körperschaften wie beispielsweise die Europäische Zentralbank (EZB), die zwar der etablierten Bankenikonographie folgt,[15] aber als Organ der Europäischen Union ebendiese repräsentiert.

Geografisch liegt der Fokus auf der Bundesrepublik Deutschland (BRD). Hierdurch wird aufgrund der gemeinsamen politischen, gesellschaftlichen, klimatischen, bautechnischen, baurechtlichen und – hinsichtlich Unternehmensarchitektur besonders relevanten – wirtschaftlichen Rahmenbedingungen eine bessere Vergleichbarkeit der Fallbeispiele gewährleistet. In dieser Hinsicht wird auch verständlich, dass die Fallbeispiele vor der deutschen Wiedervereinigung 1990 auf dem damaligen westdeutschen Staatsgebiet der BRD liegen, wo sich die Unternehmen in der Marktwirtschaft freier entfalten konnten als es den Volkseigenen Betrieben (VEB) in der Planwirtschaft der Deutschen Demokratischen Republik (DDR) möglich war. Dort repräsentierten Staatsunternehmen zwangsläufig immer auch das sozialistische System.[16] Die

---

14 Diese These wäre in einem anderen Forschungsprojekt zu untersuchen.
15 Kap. 3.4.
16 Es wäre eine weitere lohnenswerte Untersuchung, wie sich die VEB im sozialistischen System der DDR architektonisch artikulierten.

Fokussierung auf Deutschland betrifft die ausführlich behandelten Fallbeispiele; wo es architekturgeschichtlich notwendig ist, wird selbstverständlich auch auf Unternehmensbauten in anderen Ländern eingegangen.

In Deutschland bietet die ehemalige Kumulation von Großbanken internationalen Formats in Frankfurt am Main eine spezielle, für diese Untersuchung besonders instruktive geografische Konstellation: Die Hauptsitze der Deutschen Bank, der Commerzbank und der ehemaligen Dresdner Bank wurden als Hochhäuser in Sichtweite zueinander errichtet, so dass die Konkurrenzsituation zwischen den Unternehmen nicht nur im urbanen Raum zum Ausdruck kam, sondern diesen auch mitbestimmte (Taf. 1).[17] Das führte im Zusammenspiel mit weiteren, auch öffentlichen Unternehmensbauten zu einer bis heute anhaltenden städtebaulichen Dynamik, die dazu führte, dass neue Hochhäuser bereits nach wenigen Jahrzehnten oder auch nur Jahren von den neuen Bauwerken der Konkurrenz buchstäblich in den Schatten gestellt wurden.[18]

Schließlich bildet die zweite Hälfte des 20. Jahrhunderts den zeitlichen Rahmen der Arbeit. Das Ende des Zweiten Weltkriegs 1945 leitete bekanntlich weltweit, und in Deutschland ganz besonders, in vielerlei Hinsicht, auch architekturgeschichtlich, eine epochale Wende ein, die den Untersuchungszeitraum historisch und architekturhistorisch begründet abgrenzt. Mit der Konstituierung der Bundesrepublik Deutschland 1949 entstanden nicht nur gänzlich neue politische und wirtschaftliche Rahmenbedingungen, auch sahen sich zahlreiche Unternehmen angesichts ihrer Verstrickungen mit dem NS-Regime gezwungen, ihr Image neu auszurichten.[19] Zum Ende des Untersuchungszeitraums ergab sich das methodische Problem, dass die Unternehmensarchive ihre Quellen oftmals erst nach einer Frist von 30 Jahren freigeben. Da sich andererseits das in manchen Archiven entdeckte Quellenmaterial ausgezeichnet mit der architektonischen Analyse des betreffenden Bauwerks zusammenbringen ließ, bestand die Gefahr einer methodisch asymmetrischen Auswertung älterer und jüngerer Fallbeispiele. Infolgedessen wurde der Untersuchungszeitraum auf die zweite Hälfte des 20. Jahrhunderts begrenzt. Dort, wo es inhaltlich sinnvoll erschien, wird ein ergänzender Ausblick auf Bauwerke des 21. Jahrhunderts gegeben.

## 1.3 Begriffe

Da mit Bezug auf Unternehmensarchitektur unterschiedliche Begrifflichkeiten Verwendung finden, scheint es sinnvoll, diese vorab zu klären. Hierbei muss man sich bewusst sein, dass die Begriffe in der wirtschaftswissenschaftlichen Fachliteratur nicht konsistent definiert werden. Die folgenden Klärungen dienen mithin dem Zweck, die Begrifflichkeiten für den Gebrauch im Zusammenhang mit Unternehmensarchitektur zu schärfen.

### „Corporate Identity", dt. „Unternehmensidentität"

Corporate Identity (CI) wurde von Klaus Birkigt und Marinus Stadler definiert als

> „strategisch geplante und operativ eingesetzte Selbstdarstellung und Verhaltensweise eines Unternehmens nach innen und außen auf Basis eines definierten (Soll-) Images, einer festgelegten Unternehmensphilosophie und Unternehmenszielsetzung"[20].

Das im angelsächsischen Raum entwickelte Konzept einer Corporate Identity wird in den späten 1970er Jahren in Deutschland populär.[21] Im Jahr 1980 hatten laut Birkigt und Stadler circa 50 deut-

---

17 S. Kap. 3.3.
18 Kap. 2.3; Kap. 2.4; Kap. 2.5.
19 S. Kap. 2.1 (Thyssen) und Kap. 2.3 (Dresdner Bank).
20 Birkigt/Stadler 1980, S. 21. Diese Definition wurde auch in der 11. Auflage noch nahezu wortgleich verwendet (Birkigt/Stadler/Funck 2002, S. 18).
21 Antonoff 1982, Vorwort; Birkigt/Stadler 1980, S. 37.

sche Unternehmen ein CI-Programm realisiert, und eine „wesentlich größere" Zahl an Firmen befand sich in einer Vorbereitungsphase.²²

Ein konstitutiver Aspekt von Corporate Identity ist die Selbstdarstellung des Unternehmens sowohl nach innen als auch nach außen.²³ Erst wenn diese beiden Bilder kongruent sind, wird in der Literatur von einer konsistenten Unternehmensidentität ausgegangen.²⁴ In den in dieser Arbeit behandelten Fallbeispielen kommt deutlich zum Ausdruck, dass die Firmen beim Bau ihrer Zentralen tatsächlich beide Adressatenkreise im Blick hatten, wenn auch in unterschiedlichem Maße.

Zur Konstruktion einer Corporate Identity sollten „alle Handlungsinstrumente des Unternehmens in einheitlichem Rahmen nach innen und außen zur Darstellung"²⁵ gebracht werden.²⁶ Zwei wesentliche Merkmale der Corporate Identity stellen demnach Einheitlichkeit und die Ganzheitlichkeit dar.²⁷

Klassischerweise werden nach Birkigt und Stadler drei Bereiche unterschieden, in denen die Unternehmensidentität zum Ausdruck kommt (Abb. 6):

Corporate Behavior (Unternehmensverhalten), Corporate Communication (Unternehmenskommunikation) und Corporate Design (Unternehmenserscheinungsbild).²⁸

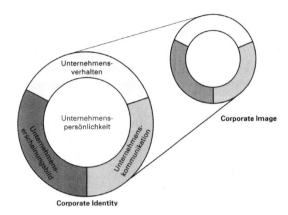

**Abb. 6** Schaubild zu Corporate Identity und Corporate Image nach Birkigt/Stadler/Funck 2002

Mit dem seit den 1990er Jahren gestiegenen Bewusstsein für Medien wurde diese klare theoretische Unterteilung dahingehend kritisiert, dass sie in der Praxis nicht so strikt umsetzbar sei, weil auch das Corporate Design (und Corporate Behavior) als kommunikative Medien wirken.²⁹

Von der Corporate Identity, die das Unternehmen selbst konstruiert, wird das Corporate Image unterschieden, mit dem das Fremdbild, also die Wahrnehmung des Unternehmens von außen bezeichnet wird.³⁰ Unternehmen sind in der Regel bestrebt, das Corporate Image so zu beeinflussen, dass es im idealen Fall die Corporate Identity spiegelt.

---

22 Birkigt/Stadler 1980, S. 9.
23 Hierzu Gutjahr 2002, S. 77–80; Antonoff 1982, S. 45, 48. – „Im Gegensatz zum Selbstbewußtsein, das nur von innen entwickelt wird, entsteht Identität aus der Beziehung zwischen innen und außen" (Antonoff 1982, S. 12).
24 „Corporate Communications, Corporate Design und das hierdurch ausgedrückte Leitbild des Unternehmens wirken nach draußen nur überzeugend, wenn die Mitarbeiter des Unternehmens sich damit identifizieren" (Gutjahr 2002, S. 77).
25 Birkigt/Stadler/Funck 2002, S. 18.
26 Olins 1990, S. 7.
27 Dies bekräftigt auch Wally Olins: „Alles, was die Organisation tut, muss ihre Identität bekräftigen. [...] Auch hier unterstreicht Einheitlichkeit in der Haltung, im Handeln und im Stil die Identität des Unternehmens" (Olins 1990, S. 7). Neben der Handlungsweise, dem Kommunikationsmaterial und den Produkten nennt Olins bemerkenswerterweise auch die Gebäude als eigenständigen Bereich, in dem die Corporate Identity zum Ausdruck komme (ebd.).
28 Birkigt/Stadler/Funck 2002, S. 18–22; Birkigt/Stadler 1980, S. 21–25.
29 Z. B. Beyrow/Kiedaisch/Daldrop 2007, S. 11.
30 Birkigt/Stadler/Funck 2002, S. 19; Trux 2002, S. 67–73; so bereits Antonoff 1982, S. 32; ders. 1975, S. 15, 23; Rechenauer/Stankowski 1969, S. 6.

**„Corporate Image"**

In der kultur- und bildwissenschaftlichen Diskussion über Bilder, die seit Gottfried Böhms Postulat eines „iconic turn"[31] intensiv geführt wurde, ist wiederholt und nachdrücklich auf die zwei unterschiedlichen Konnotationen des Wortes „Bild" im Deutschen hingewiesen worden,[32] die in anderen Sprachen mit zwei verschiedenen Begriffe sprachlich differenziert werden können, etwa im Englischen mittels „picture" und „image". Während „picture" lediglich das materielle, zweidimensionale Bild bezeichnet, das man gerahmt an die Wand hängen kann, umfasst „image" jegliche Form von Bildbegriff, vor allem auch die mentalen Bilder, die in der menschlichen Vorstellung entstehen.[33]

In den Wirtschaftswissenschaften beschäftigte man sich interessanterweise bereits seit den späten 1950er Jahren mit dem „Image" von Unternehmen, aber auch von Marken und Produkten.[34] Roman Antonoff definierte „Image" 1975 in der ihm eigenen reduziert-klaren Sprache als „Vorstellungsbild":

„Image einer Sache, das ist das Bild, das man sich in seiner Vorstellung von dieser Sache macht. ‚Machen Sie sich ein Bild davon' – das klingt so alltäglich, und doch ist es die Aufforderung zu einem komplizierten psychologischen Prozeß. Sein Resultat ist die Entstehung des Images, des Vorstellungsbildes. Wie sehr Bildbegriffe das menschliche Zusammenleben beeinflussen, zeigen die Wörter Vorbildung, Bildung, Einbildung, Vision, Traumbild, etwas bilden (= etwas schaffen), bildhaft, gebildet, sich ein Bild machen [...]."[35]

Während sich ein Unternehmen sein Erscheinungsbild mittels Corporate Design selbst konstruiert, wird das Image des Unternehmens demgegenüber in der äußeren Wahrnehmung erzeugt, es drückt die „Vorstellung des Marktes von einem Unternehmen"[36] aus, es ist ein Fremdbild.[37] Ein Unternehmen ist in der Regel bestrebt, sein Image so zu manipulieren, dass es mit dem gewünschten Erscheinungsbild kongruent ist.[38] Ein Mittel hierfür ist die Imagewerbung, die von der Produktwerbung zu unterscheiden ist.[39]

**„Corporate Design",
dt. „Erscheinungsbild des Unternehmens"**

Corporate Design umfasst die Gestaltung aller Aspekte, die das Erscheinungsbild eines Unternehmens prägen.[40] In der Praxis wird Corporate Design stark von visuellen Elementen dominiert, auch wenn sich das Erscheinungsbild auf allen sinnlichen Ebenen, sei es akustisch, taktil oder sogar olfaktorisch, gestalten lässt und von manchen Unternehmen auch gestaltet wird.[41] In der Literatur wird Corporate Design daher oftmals mit

---

31 Böhm 1994, S. 13.
32 Siehe z. B. die instruktive Differenzierung von W. J. T. Mitchell (ders. 2009, S. 322–324).
33 Ebd.
34 Der Begriff wurde 1955 von den US-amerikanischen Wirtschaftswissenschaftlern Gardner und Levy erstmals auf den Bereich der Unternehmen bezogen, vom Werbefachmann David Ogilvy umgehend aufgegriffen (Johannsen 1971, S. 23) und in der deutschen Fachliteratur rasch übernommen (ebd., S. 31–34).
35 Antonoff 1975, S. 15. – Vgl. die gesammelten Definitionen bei Johannsen 1971, S. 26–37.
36 Rechenauer/Stankowski 1969, S. 6.
37 Zum Corporate Image: Trux 2002; ders. 1980; Antonoff 1982, S. 32; ders. 1975, S. 15, 23; Birkigt/Stadler 1980, S. 25f; Sandler 1980, S. 132f.
38 Trux 1980, S. 67.
39 Antonoff 1982, S. 65.
40 „Unter dem Begriff des Corporate Designs [...] lassen sich all die Gestaltungs- und Designaufgaben zusammenfassen, mit denen ein Unternehmen sein äußeres Erscheinungsbild am Markt transportiert" (Herrmann/Moeller 2006, S. 260).
41 Man denke zum Beispiel an die eindringliche Tonfolge in der Werbung der Deutschen Telekom seit 1999 (S. und höre: www.toninsel.de/telekom-soundlogo-analyse [26.5.2019]). – Zu „Corporate Motion und Sound" allgemein: Strack 2007.

dem visuellen Erscheinungsbild eines Unternehmens gleichgesetzt oder sogar darüber definiert.[42]

Der heute allgemein übliche Begriff „Corporate Design" entstand offenbar in den späten 1950er oder 1960er Jahren. Steven Heller schreibt die Prägung des Begriffs dem Architekten und Industriedesigner Eliot Noyes zu, der von der Mitte der 1950er Jahre an über 20 Jahre lang maßgeblich an der Kreation des Maßstäbe setzenden Corporate Designs von IBM beteiligt war.[43] Im deutschen Sprachraum wurden noch um 1970 Begriffe wie „Firmenbild" oder „Firmengesicht" genutzt, um die visuelle Erscheinung eines Unternehmens zu bezeichnen.[44] Das Konzept selbst ist deutlich älter als der Begriff und lässt sich bereits im frühen 20. Jahrhundert fassen. Als Pioniere des Corporate Designs gelten Peter Behrens, der für die AEG zu Beginn des 20. Jahrhunderts Produkte und Werbegrafik ebenso wie Architektur gestaltete,[45] sowie der in den 1920er und 1930er Jahren unter anderem für Reemtsma und Siemens tätige Gestalter Hans Domizlaff, der auch als Begründer der Markenbildung angesehen wird und mit seinen Schriften großen Einfluss ausübte.[46]

Das visuelle Erscheinungsbild eines Unternehmens setzt sich aus verschiedenen Bereichen zusammen, wobei in der Literatur unterschiedliche Auffassungen darüber herrschen, welche Bereiche dies sind und wie sie wirken. Der renommierte Grafikdesigner Anton Stankowski beispielsweise, der unter anderem das Logo der Deutschen Bank entwarf (Taf. 43), zählte 1980 neben Logo,[47] Layout,[48] Schrift, Farbe, Arbeitsstil und besonderen Maßnahmen[49] ebenfalls das „Architektur-Design" zu den Gegenstandsbereichen des Corporate Designs.[50] Ferner nannte Stankowski Architektur auch als Träger von Corporate Design, etwa hinsichtlich des Farbkonzepts oder der Gebäudebeschriftung.[51] In jüngeren Veröffentlichungen wird neben dem grafischen Erscheinungsbild des Unternehmens vor allem der gewichtige Bereich des Produktdesigns dem Corporate Design zugeordnet.[52] Daneben haben sich mit der Zeit immer weitere Felder des Corporate Designs ausdifferenziert, wie zum Beispiel Corporate Fashion oder Corporate Books.[53]

Spätestens seit den 1980er Jahren wird Corporate Design als Teilbereich der umfassenderen Corporate Identity betrachtet:[54] Das Erscheinungsbild des Unternehmens wurde zum integralen Bestandteil von dessen Identitätskonstruktion. Kulturgeschichtlich von Interesse ist, dass sich die Theorien zu Corporate Identity vor allem in den 1970er Jahren in Erweiterung der Konzep-

---

42 Z. B. Vonseelen 2012, S. 41–44; Gabler Lexikon Werbung 2001, Stichwort „Corporate Design"; Stankowski/Duschek 2002, S. 193; Rechenauer/Stankowski 1969, S. 13.
43 Heller 1999, S. 149. – S. Kap. 3.2.
44 Antonoff 1982, S. 36; Rechenauer/Stankowski 1969, S. 6, 184.
45 Zu Behrens und der AEG: Buddensieg 1979.
46 Z. B. Birkigt/Stadler 1980, S. 36f. – Einflussreich auf Wirtschaftskreise waren besonders Domizlaffs „Lehrbuch der Markentechnik" mit dem Titel „Die Gewinnung des öffentlichen Vertrauens" (Domizlaff 1939), ferner sein Buch zur „Reklamekritik" (Domizlaff 1929). – Eine grundlegende wirtschaftshistorische Abhandlung zu Domizlaff und Reemtsma verfasste Jacobs 2007. Eine kunsthistorisch-bildwissenschaftliche Aufarbeitung des Werks von Domizlaff wäre ein dringendes Desiderat.
47 Übersetzung des Verf. in den heutigen Sprachgebrauch. Stankowski verwendet als Synonym für „Logo" den Begriff „Marke" in seiner ursprünglichen Bedeutung als Markierung.
48 Übersetzung des Verf. in den heutigen Sprachgebrauch. Stankowski nutzt hierfür den Begriff „Raster".
49 Gemeint waren zum Beispiel Veranstaltungen, Ausstellungen oder Werbegeschenke.
50 Stankowski 1980, S. 171f. – Stankowski wies schon 1969, wenn auch nur rudimentär, auf die Wirkung von Architektur auf das Firmenbild hin: „Das Gebäude kann auch als eine Art Anzug des Unternehmens gesehen werden […]" (Rechenauer/Stankowski 1969, S. 13). Hingegen wird Architektur selbst in manchen jüngeren Publikationen im Zusammenhang mit Corporate Design ausgeklammert (z. B. Gabler Lexikon Werbung 2001, Stichwort „Corporate Design"; wo es zudem keinen Eintrag zu Corporate Architecture gibt).
51 Stankowski 1980, S. 193.
52 Z. B. Böninger 2007; Stankowski/Duschek 2002, S. 194; Kern 2000, S. 97.
53 S. hierzu etwa die Beiträge bei Beyrow/Kiedaisch/Daldrop 2007.
54 Birkigt/Stadler 1980, S. 21–25.

te des Corporate Designs entwickelten und nicht anders herum.[55]

Dabei ist der mediale und kommunikative Aspekt von Design zunehmend erkannt und herausgestellt worden:

> „Design ist Kommunikation, jedes Design kommuniziert, Ziel jeder öffentlichkeitsrelevanten Aktivität ist Kommunikation. Substanziell kann Design gar nicht ohne kommunikative Inhalte und Verhaltenskonsequenzen entstehen."[56]

**„Corporate Architecture"**
Corporate Architecture bezeichnet die gezielte Gestaltung von Unternehmensarchitektur im Sinne der Corporate Identity. Folglich wird Corporate Architecture heute als Teilbereich des Corporate Designs und integraler Bestandteil des CI-Programms aufgefasst.[57]

Eine zeitgemäße Definition des Begriffs, welche aktuelle Marken- und Kommunikationstheorien berücksichtigt, verfasste Anna Klingmann:

> „Corporate architecture, as an integral part of a comprehensive corporate identity program, conveys a firm's core ideas and belief systems by simultaneously providing a symbolic dimension, an emotional experience, and an organizational structure that helps strengthen corporate values on a perceptual level."[58]

Konstitutiv ist hierbei die Kopplung an die Corporate Identity. „Corporate Architecture" kann somit nicht mit „Unternehmensarchitektur" übersetzt werden, denn während „Unternehmensarchitektur" sämtliche Bauten einer Firma umfasst, impliziert „Corporate Architecture" eine Integration der Architektur in das CI-Programm des Unternehmens. Analog zum Corporate Design stehen heutzutage die kommunikativen Möglichkeiten von Corporate Architecture außer Frage.[59]

Der Begriff „Corporate Architecture" wurde Ende der 1990er Jahre im deutschsprachigen Raum gebräuchlich und etablierte sich anscheinend durch die gleichnamige Ausstellung in der Galerie Aedes in Berlin, die sich im Jahr 2000 der Autostadt in Wolfsburg (Taf. 17) und der Gläsernen Manufaktur in Dresden (beides Henn Architekten) widmete.[60] Noch um 1990 wurden andere Begriffe wie „Identity-Architektur"[61] genutzt, um das Phänomen zu bezeichnen. Praktiziert wurde Corporate Architecture jedoch schon längere Zeit, bevor man begann, darüber zu schreiben. Nicht korrekt ist es allerdings, die Bauwerke von Peter Behrens für die AEG als Beginn der Corporate Architecture darzustellen (Abb. 8), wie es in der jüngeren Literatur häufig der Fall ist.[62] Stattdessen entwickelte Behrens für die AEG Anfang des 20. Jahrhunderts eine Vorstufe des (damals noch nicht gekannten) Corporate Design-Konzepts, ohne dass ein für Corporate Identity notwendiges übergreifendes Identitätskonzept nach außen

---

55 Ebd., S. 37. – In frühen Büchern über Corporate Identity steht deshalb das Corporate Design sichtlich im Vordergrund (z. B. Blake 1971; Pilditch 1970).
56 Beyrow/Kiedaisch/Daldrop 2007, S. 11. – S. auch Kern 2000, S. 184f.
57 „Architektur bildet eine zentrale Komponente der Corporate Identity (CI) und im System des Corporate Designs (CD)" (Messedat 2007, S. 120).
58 Klingmann 2007, S. 259. „Corporate Architecture vermittelt als integraler Bestandteil eines umfassenden Corporate Identity-Programms die zentralen Ideen und Überzeugungen einer Firma, indem sie zugleich eine symbolische Dimension, eine emotionale Erfahrung und eine organisatorische Struktur bereitstellt, die helfen, die Werte des Unternehmens auf der Ebene der Wahrnehmung zu stärken" [dt. Übers. Verf.].
59 „Unternehmen können viele ihrer betrieblich sowieso genutzten Funktionen – Mobilien und Immobilien – auch als Medien nutzen, denn diese Funktionen sind auch Touchpoints der Kommunikation" (Müller-Beyeler/Butz 2016, S. 120).
60 Kat. Aedes 2000. – Norbert Daldrop verwandte den Begriff „Corporate Architecture" bereits 1997, dieser hatte sich seinerzeit aber offenbar noch nicht durchgesetzt, da Daldrop auch den älteren Begriff „Identity-Architektur" noch benutzte (Daldrop 1997b).
61 Z. B. Luedecke 1991a.
62 Z. B. Vonseelen 2012, S. 155–163; Messedat 2005, S. 24–76.

wie innen vorhanden war. Als frühes Beispiel einer Corporate Architecture wäre vielmehr die um 1970 entstandene Hauptverwaltung von BMW in München zu nennen, wo bereits beim Wettbewerb darauf geachtet wurde, eine Architektur zu wählen, die im Einklang mit dem „BMW-Image"[63] stünde (Taf. 8).[64] Aus diesem Grund konnten die Gebäude in das später formulierte CI-Programm einfach integriert werden. Zweifelsfrei um Corporate Architecture handelt es sich bei der in den 1990er Jahren in Frankfurt gebauten Commerzbank-Zentrale, die nachweislich als „Identity-Architektur"[65] im Rahmen des CI-Programms konzipiert wurde.[66]

### „Marke", engl. „Brand"

Was aus betriebswirtschaftlicher Sicht banal klingen mag, stellt für eine kulturhistorische Untersuchung eine wichtige wissenschaftliche Differenzierung dar, gerade mit Blick auf den Gebrauch der Architektur: Vom Unternehmen ist die Marke zu unterscheiden.[67] Im einflussreichen Markenartikelkonzept von Konrad Mellerowicz aus den 1950er Jahren wurde die Marke als „besonderes, die Herkunft kennzeichnendes Merkmal"[68] einer Ware im Sinne einer Markierung definiert. Diese Bedeutung kommt anschaulich im englischen „brand" zum Ausdruck, das sich etymologisch vom Brandzeichen ableitet, mit dem die amerikanischen Rancher ihre Rinder markierten.[69] Aus juristischer Sicht kommen als Marken „alle Arten von Kennzeichen in Betracht, die mit einer ‚Ware' [...] verbunden werden können."[70] Die Definitionen verdeutlichen den engen Zusammenhang zwischen Marke und Zeichen und verorten die Marke damit zwangsläufig im Bereich der Kommunikation zwischen dem Produzenten als Sender und dem Konsumenten als Empfänger.[71] Folgerichtig entstanden Überlegungen zu einem erweiterten Markenbegriff, bei dem die Konsumenten immer stärker in den Blickpunkt rückten. In jüngeren Markentheorien wird der Markenbegriff folglich nicht mehr merkmals-, sondern wirkungsbezogen definiert, also vom Konsumenten ausgehend.[72] Nach Franz-Rudolf Esch „sind Marken nichts anderes als Vorstellungsbilder in den Köpfen von Kunden. [...] Markensteuerung ist Kopfsteuerung!"[73]

Ein Unternehmen kann demnach eine Vielzahl von Marken besitzen, produzieren und/oder vertreiben. Beispielsweise gehören zum Unternehmen Henkel unter anderem die Marken Persil, Schwarzkopf oder Pritt. Die Trennung zwischen Unternehmen und Marke gelingt jedoch nicht immer so eindeutig wie bei im Beispiel Henkel. Volkswagen zum Beispiel steht sowohl für eine Automarke als auch für ein Unternehmen, zum dem weitere Marken wie Audi oder Seat gehören. In der neueren Litera-

---

63 „Der Entwurf Schwanzer ist der eigenwilligste und werbemäßig beste. Er entspricht vor allem am besten dem augenblicklichen BMW-Image" (Niederschrift über die Sitzung des Aufsichtsrates am 8.11.1968 in Moscia-Ascona (BMW UA 542/1)).
64 S. Kap. 2.2.3.
65 „Unternehmens-Ästhetik als Herausforderung der Unternehmensdarstellung und -kommunikation. Die neue Architektur eines Konzerns", Vortragsskript v. Dr. Horst Grüneis, Commerzbank AG, in: Seminarskript „Unternehmens-Philosophie – Unternehmens-Ästhetik", Philosophisches Institut Wiesbaden, vermutlich 1991 (HAC E 1081).
66 S. Kap. 2.5.2.
67 Zum Markenbegriff grundlegend: Bruhn 2001b. – Einen guten Überblick liefert Bracklow 2004, S. 37–71, mit zahlreichen Hinweisen auf die wirtschaftswissenschaftliche Fachliteratur.
68 Mellerowicz 1955, S. 7. – Die Definition des Markenartikels von Mellerowicz umfasst noch weitere Kriterien, die aber in diesem Rahmen nicht von Belang sind.
69 Zec 2001, S. 232.
70 Wadle 2001, S. 78.
71 Treffend zum Ausdruck kommt dies im Titel des von Manfred Bruhn herausgegebenen Sammelbands „Die Marke. Symbolkraft eines Zeichensystems" (Bruhn 2001a).
72 Z. B. Esch/Wicke/Rempel 2005, S. 9–12.
73 Esch 2005, S. VIII (Vorwort der ersten Auflage 1999). – Dieser Markenbegriff liegt auch den aktuellen Arbeiten zur Markenarchitektur zugrunde (Gutzmer 2015; Klingmann 2007; Bracklow 2004).

tur wird deshalb auch zwischen Produktmarke und Unternehmensmarke unterschieden.[74] Die Markenbildung und -steuerung wird in jüngerer Zeit auch als „Branding" bezeichnet.[75]

### „Brand Architecture", dt. „Markenarchitektur"

Analog zur Unterscheidung von Unternehmen und Marke lassen sich Unternehmensbauten mit kommunikativem Anspruch in Corporate Architecture und Brand Architecture differenzieren. Während Corporate Architecture den architektonischen Auftritt eines Unternehmens im Sinne der Corporate Identity bezeichnet, wird mit Brand Architecture das architektonische Erscheinungsbild einer Marke im Sinne der Brand Identity bezeichnet.[76] Die Marke Mini beispielsweise gehört zum Unternehmen BMW,[77] unterscheidet sich aber von der Marke BMW.[78] Folglich wurde auch die Markenarchitektur für Mini bewusst von BMW abgegrenzt.[79] Anschaulich nachvollziehen konnte man das anhand der benachbarten Markenpavillons „Dynaform" (BMW) und „Cube" (Mini) auf der Frankfurter Automobilmesse IAA 2001 (Abb. 7).[80] Die Lage der Pavillons nebeneinander und ihre Wegeverbindungen wiesen zwar auf die Zugehörigkeit zum selben Konzern hin, doch wurde die Architektur bewusst kontrastreich gestaltet, um die jeweils eigene Markenidentität zum Ausdruck zu bringen.[81] Die BMW-Zentrale in München repräsentiert hingegen das Unternehmen in seiner Gesamtheit (Taf. 8).[82] Demnach fallen Unternehmenssitze in den Bereich der Corporate Architecture, wohingegen Verkaufs- und Ausstellungsräume, die sich auf eine Marke konzentrieren, der Brand Architecture zugerechnet werden müssen. In Anbetracht der weiter vorne

**Abb. 7** Markenpavillons auf der IAA 2001 in Frankfurt: links die „Dynaform" von BMW (ABB Architekten/Bernhard Franken) und rechts der „Cube" von Mini (Ingo Reckhorn/Nicol Puchner)

formulierten Fragestellung und der Definition des Untersuchungsrahmens werden in dieser Arbeit vornehmlich die Corporate Architecture und ihre Vorläufer untersucht, welche die Identität des Unternehmens widerspiegeln oder sogar zu dessen Konstruktion beitragen, wohingegen die Brand Architecture produktbezogen ist. Gleichwohl lassen sich beide Bereiche nicht immer scharf trennen. Der Prozess der Markenbildung und -steuerung mittels Architektur wird in der neueren Literatur mitunter als „Architectural Branding" bezeichnet.

### „Advertising Architecture"

Der Begriff „Advertising Architecture" kam im Zusammenhang mit dem Chrysler Building in New York (1928–1930, Van Alen) auf, das in mehrfacher Hinsicht einen Meilenstein in der Geschichte nicht nur der Unternehmensarchitektur darstellte (Taf. 2).[83] Das spektakuläre Hochhaus, zur Fertigstellung das höchste Gebäude der Welt, verwies

---

74 Müller-Beyeler/Butz 2016, S. 29f.
75 Z. B. Zec 1997.
76 Zur Definition von Markenarchitektur: Bracklow 2004, S. 63–69.
77 Umgangssprachlich, eigentlich BMW Group.
78 Mini war von Beginn als eigenständige Marke auf dem Markt platziert worden (Pilditch 1970, S. 23).
79 Sgobba 2012, S. 175; Bracklow 2004, S. 163–166.
80 Zu den Messepavillons: Brauer 2002.
81 „Der orthogonale Cube von MINI ist ein bewusst platzierter Gegensatz zur Dynaform und differenziert die Marke MINI deutlich von der Marke BMW" (Zintzmeyer/Binder 2002, S. 43). S. auch: Puchner 2002; Reckhorn 2002.
82 S. Kap. 2.2.
83 S. Kap. 3.1.

in bis dato nicht gekannter Deutlichkeit auf den Automobilhersteller Chrysler und seine Produkte (Abb. 96), was bei der Einweihung des Hochhauses 1930 teils heftige Kritik hervorrief. George Chappell, Architekturkritiker des New Yorker, sprach dem Chrysler Building ab, eine ernstzunehmende Architektur zu sein,[84] und bezeichnete es stattdessen als „merely advertising architecture"[85]. Der Begriff war also despektierlich gemeint: Ein Gebäude, das nicht dem Ideal einer erhabenen, den eigenen Regeln genügenden Kunstform entsprach, sondern einem Großkonzern als Medium der Selbstdarstellung und Werbung diene, erschien Chappell ordinär. So idealistisch diese Einstellung Chappells seinerzeit gewesen sein mag, so rückwärtsgewandt erweist sich sein elitäres Kulturverständnis im Rückblick auf die Architekturgeschichte des 20. Jahrhunderts, die wesentlich von Unternehmensarchitektur geprägt wurde.

In dieser Arbeit soll der Terminus „Advertising Architecture" wertfrei eingeführt werden für sämtliche Gebäude eines Unternehmens, die einen gezielten Bezug auf das Unternehmen selbst und/oder seine Produkte nehmen. Advertising Architecture umfasst damit die wirtschaftswissenschaftlich definierte Corporate Architecture, die im Zusammenhang mit der Corporate Identity steht, aber auch ältere Bauwerke, die vor dem Entstehen von CI-Konzepten errichtet und dennoch als kommunikative Medien für die Zwecke der Unternehmen genutzt wurden. Ein gutes Beispiel hierfür bietet das um 1960 gebaute Dreischeibenhaus in Düsseldorf (Taf. 3), das in deutlicher Weise auf das Geschäftsfeld von Phoenix-Rheinrohr (später Thyssen), den Stahlhandel, verwies und darüber hinaus ein Bild des Unternehmens vermitteln sollte, ohne das seinerzeit ein Konzept für eine Corporate Identity existierte. Das Thyssenhaus liefert zugleich einen Beweis dafür, dass Advertising Architecture und Baukultur sich nicht ausschließen müssen.

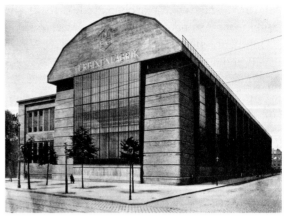

Abb. 8 AEG-Turbinenhalle, Berlin, 1909, Peter Behrens (Foto ca. 1910)

## 1.4 Forschungsstand

Bauwerke privatwirtschaftlicher Unternehmen wie beispielsweise die AEG-Turbinenhalle in Berlin (1909, Peter Behrens) (Abb. 8) oder das Seagram Building in New York (1958, Mies van der Rohe) (Taf. 37) zählen zum Kanon der Architekturgeschichte.[86] Die Abhandlungen zu diesen Ikonen der modernen Architektur sind entsprechend Legion. Dem gegenüber stehen Gebäude wie zum Beispiel die Türme der Deutschen Bank in Frankfurt am Main (1984, ABB Hanig Scheid Schmidt) (Taf. 25) oder die Autotürme in Wolfsburg (2000, Gunter Henn) (Taf. 18), die aufgrund ihrer medialen Präsenz zwar einen hohen Bekanntheitsgrad in der Öffentlichkeit erlangten, aber bisher kaum Gegenstand architekturgeschichtlicher Untersuchungen gewesen sind. Die ungleiche Gewichtung von Unternehmensbauten in der architekturgeschichtlichen Wahrnehmung kann mit dem Fokus der älteren Literatur auf Bauwerke mit stilgeschichtlicher Relevanz erklärt werden, ist aber aus kulturhistorischer Perspektive nicht zu rechtfertigen, wenn man sich beispielsweise vor Augen führt, wie die

---

84 „no significance as serious design" (George Chappell im New Yorker v. 12.7.1930, zitiert nach Stewart 2016, S. 139).
85 Ebd.
86 Zum Seagram Building zuletzt: Lambert 2013; Scott 2011. – Zur Turbinenhalle noch immer grundlegend: Wilhelm 1979.

Spiegelglastürme der Deutschen Bank das Bild von Bankenarchitektur in der Öffentlichkeit prägten.

Mit der stilgeschichtlichen Perspektive ging in der älteren Literatur eine Fokussierung auf den Architekten als vermeintlich autonomen Schöpfer des Werks einher. Die Bauten der AEG sind hierfür ein beredtes Beispiel: Das hohe architekturgeschichtliche Interesse an ihnen hängt sicherlich nicht unbeträchtlich mit dem als Vaterfigur der modernen Architektur angesehenen Peter Behrens zusammen,[87] der in der kunstgeschichtlichen Literatur oft auch als Begründer des Corporate Designs oder – fälschlicherweise – sogar der Corporate Identity dargestellt wird.[88] Ohne die zweifellos große architekturhistorische Leistung von Behrens in Frage zu stellen, erweist sich diese Darstellung doch als fachperspektivisch bedingt. In der wirtschaftswissenschaftlichen Literatur findet Behrens nämlich kaum Erwähnung; dort wird stattdessen die historische Bedeutung des wiederum in der Kunstgeschichte nicht beachteten Gestalters Hans Domizlaff hervorgehoben,[89] der in den 1920er und 1930er Jahren Corporate Design im Zusammenhang mit Markenbildung theoretisch fundierte und in Firmen wie Reemtsma und Siemens praktisch umsetzte.[90]

Die architekturhistorische Forschung entwickelte vor allem im Zusammenhang mit den von Günter Bandmann und Richard Krautheimer zur Mitte des 20. Jahrhunderts fundierten Forschungsfeldern der Architekturikonologie und Architekturikonographie,[91] die nach Bedeutungen fragen, ein nennenswertes Interesse am Verhältnis des Auftraggebers zum Bauwerk. Waren diese Ansätze zunächst auf den mittelalterlichen Sakralbau fokussiert, so rückte in den 1970er und 1980er Jahren, maßgeblich von Martin Warnke geprägt, auch die politische Bedeutung von Architektur zunehmend in den Blick der Forschung.[92] In der Hauptsache konzentrierte sich die politische Architekturikonologie und -ikonographie in der Folge auf herrschaftliche und staatliche Bauwerke beziehungsweise die politische Dimension sakraler Bauten, wohingegen Unternehmen bisher kaum als Akteure der Architekturgeschichte wahrgenommen wurden, obgleich sie spätestens

---

87 Exemplarisch sei hier auf die vielbeachtete und noch immer grundlegende Publikation von Tilmann Buddensieg mit dem programmatischen Untertitel „Behrens und die AEG" verwiesen, in welcher die materielle und visuelle Kultur der AEG in den ersten beiden Dekaden des 20. Jahrhunderts von der Person Peter Behrens ausgehend beleuchtet wird (Buddensieg 1979).
88 Tanja Vonseelen bezeichnet das Jahr 1907 sogar als „die Geburtsstunde einer ganzheitlichen CI", weil Peter Behrens in jenem Jahr zum künstlerischen Beirat der AEG berufen wurde (dies. 2012, S. 155 mit Hinweisen auf weitere Literatur, in der Behrens als Begründer der Corporate Identity genannt wird, in Fußnote 188). Das ist nicht nur anachronistisch, weil das Konzept von Corporate Identity erst in den 1970er Jahren entstand, sondern auch inhaltlich falsch, weil Corporate Identity über das Corporate Design hinaus die Bereiche Corporate Behavior und Corporate Communications umfasst und sowohl nach außen als auch nach innen gerichtet ist. (S. Kap. 1.3). – Es ist hingegen legitim, in Peter Behrens einen wichtigen Wegbereiter, wenn auch nicht Begründer, des (damals nicht so genannten) Corporate Designs zu sehen.
89 Z. B. Berghoff 2007, S. 44–52.
90 Domizlaff 1939; ders. 1927. – Anne Bracklow datiert das Markenkonzept Domizlaffs skurrilerweise „um 1980" (dies. 2004, S. 37).
91 Bandmann 1951a; ders. 1951b; Krautheimer 1942 [dt. Fassung 1988]. – In der derzeitigen wissenschaftlichen Praxis der Architekturforschung werden die Termini „Architekturikonographie" und „Architekturikonologie" häufig synonym verwendet und zum Teil formelhaft auf Arbeiten übertragen, die sich in irgendeiner Weise mit der Bedeutung von Architektur auseinandersetzen. Der Verfasser hat sich deshalb an anderer Stelle mit der Genese und den Definitionen der beiden Ansätze, die zum Teil auch als Methoden oder aber als Forschungsbereiche gesehen werden, auseinandergesetzt und eine präzise begriffliche Unterscheidung vorgeschlagen (Horn 2022). In diesem Sinn wird auch in der vorliegenden Arbeit „Ikonologie" verstanden als Überbegriff für einen kulturwissenschaftlichen Forschungsbereich, der sich mit den Inhalten von Architektur in jeglicher Hinsicht beschäftigt. Demgegenüber wird „Ikonographie" bezogen auf die Architekturforschung als Bereich verstanden, der sich mit der Bedeutung feststehender Bilder in einem bestimmten zeitlichen und kulturellen Kontext auseinandersetzt.
92 Warnke 1984; ders. 1976. S. auch Hipp/Seidl 1996 und darin vor allem die Beiträge von Martin Warnke und Klaus von Beyme.

seit dem frühen 20. Jahrhundert über die Macht und die Mittel verfügten, die Architekturgeschichte wesentlich mitzuprägen und dies auch taten.

Denn Unternehmen erkannten schon früh, dass Architektur als wirkungsvolles visuelles Kommunikationsmittel genutzt werden konnte. Selbst in der vom Funktionalismus geprägten Nachkriegszeit wurden, so ein überraschendes Ergebnis dieser Arbeit, Bauwerke von Unternehmen gezielt als Werbemedien sowohl für die Produkte als auch das Firmenimage eingesetzt.[93] Insofern ist es verständlich, dass eine theoretische Auseinandersetzung mit den kommunikativen Möglichkeiten von Unternehmensarchitektur zunächst in den Wirtschaftswissenschaften geführt wurde. In 1970er Jahren erschienen im angelsächsischen Raum vermehrt Schriften, die sich damit befassten, die Ansätze der Markentheorie und des Corporate Designs in eine umfassendere Theorie der Corporate Identity zu integrieren.[94] Architektur wurde darin als Teil der Corporate Identity genannt, allerdings nicht näher untersucht.[95] In Deutschland wurde der Begriff der Corporate Identity Ende der 1970er Jahre geläufig.[96] In der Folge erschien in den frühen 1980er Jahren das deutschsprachige Grundlagenwerke der Unternehmensberater Klaus Birkigt und Marinus Stadler („die Bibel der CI"[97]) sowie die knappe, aber kluge und vielgelesene Einführung des Designers Roman Antonoff,[98] der sich bereits 1975 umfassender mit der „Image-Gestaltung von Unternehmen"[99] auseinandersetzte.

Antonoff nannte Architektur neben Grafik und Fotografie als eine Komponente des „visuellen Unternehmensbildes"[100], ging in der Folge jedoch nur auf Architekturmotive im Rahmen von „Image-Anzeigenwerbung" ein.[101] Unabhängig davon stellte Antonoff an verschiedenen Stellen einen Zusammenhang zwischen Räumen und Identität her.[102] Im Sammelband von Birkigt und Stadler wird Architektur im Hinblick auf die Corporate Identity zwar nicht eigenständig verhandelt, aber sie nimmt im dortigen Beitrag des Wiener Architekten Gert Mayr-Keber zu den „Strukturelementen der visuellen Erscheinung von Corporate Identity"[103] breiten Raum ein und findet auch an anderen Stellen rudimentäre Beachtung.[104]

Mayr-Keber knüpfte mit seinen Ausführungen zur Unternehmensarchitektur einerseits an die Architektursemiotik von Umberto Eco und Renato de Fusco an, die Architektur als kommunikatives Zeichensystem analysierten,[105] und andererseits an die Architekturtheorie von Robert Venturi, der die kommunikativen Mechanismen von Architektur anhand von kommerzieller Alltagsarchitektur untersuchte und damit auch triviale Advertising Architecture diskussionswürdig machte.[106] Mayr-Keber diplomierte 1974 an der TU Wien bei Karl Schwanzer, der mit seinen Bauwerken der

---

93 S. hierzu die Fallstudie zum 1960 fertiggestellten Thyssenhaus in Düsseldorf von HPP (Kap. 2.1). – S. auch Stroux 2012; dies. 2009; Martin 2003.
94 Z. B. Olins 1978; Selame 1975; Blake 1971; Pilditch 1970.
95 James Pilditch beispielsweise wies auf die Architektur der IBM hin (Pilditch 1970, S. 40). Elinor and Joe Selame hingegen beschränkten Architektur auf die Gestaltung von Geschäftsräumen (Selame 1975, S. 57–90).
96 Antonoff 1982, Vorwort; Birkigt/Stadler 1980, S. 37.
97 Bracklow 2004, S. 58.
98 Antonoff 1982; Birkigt/Stadler 1980.
99 Antonoff 1975.
100 Antonoff 1982, S. 48.
101 Ebd., S. 100–103.
102 Ebd., S. 16, 40–42.
103 Mayr-Keber 1980.
104 Z. B. bei Stankowski 1980, S. 187.
105 De Fusco 1972; s. auch Carlini/Schneider 1971, darin besonders die Beiträge von Umberto Eco und Gillo Dorfles (Eco 1971; Dorfles 1971). – Mayr-Keber kannte laut Literaturverzeichnis auch Reinle 1976 und Antonoff 1975.
106 Venturi/Brown/Izenour 1979; Venturi 1978.

1960er und 70er Jahre, allen voran dem Bau der Hauptzentrale von BMW in München (Taf. 8),[107] Pionierarbeit im Bereich der (erst später so genannten) Corporate Architecture leistete.

Berthold Schwanzer, der Sohn Karl Schwanzers, verfasste in den 1980er Jahren wiederum die ersten wirtschaftswissenschaftlichen Studien, die Architektur im Kontext von Corporate Identity eigenständig thematisieren.[108] Hierbei verfolgte Berthold Schwanzer einen empirischen Ansatz, bei dem er die Fassaden von Geschäften des Einzelhandels sowie von Bankfilialen formal gegenüberstellte und deren Wirkung auf die Konsumenten untersuchte.[109] Die mehrfach wieder aufgelegten Forschungsarbeiten Berthold Schwanzers stießen zunächst primär auf das Interesse der Wirtschaftswelt,[110] die zum Ende der 1980er Jahren ein zunehmendes Bewusstsein für Corporate Architecture als Bestandteil der Corporate Identity entwickelte. Dies äußerte sich in einer Häufung von vornehmlich an Unternehmer adressierte Symposien und Publikationen zur Corporate Architecture in den Jahren um 1990.[111] Zu dieser Zeit war das Thema auch in den Printmedien präsent, und selbst ein renommierter Architekturtheoretiker wie Charles Jencks machte „Anmerkungen zu einer neuen architektonischen Selbstdarstellung der Großbanken".[112]

Über die Wirtschaftswissenschaften hinaus ist Unternehmensarchitektur im Zusammenhang mit Corporate Identity und Branding erst im 21. Jahrhundert im nennenswerten Umfang als fruchtbares Thema eines kommunikations- und medienwissenschaftlichen Diskurses erkannt und ansatzweise theoretisiert worden. Der Großteil der Arbeiten hierzu entstand auffälligerweise im ersten Jahrzehnt des neuen Millenniums.[113] Diese Häufung ging, wohl nicht zufällig, mit einem gestiegenen Bewusstsein für Bilder und Bildhaftigkeit in der Gesellschaft und in der Forschung einher. Unter dem Begriff der „Bildwissenschaften" wurde, unter maßgeblicher Beteiligung der Kunstgeschichte, vor allem in den deutschsprachigen Geisteswissenschaften das „Bild als kommunikatives Medium"[114] intensiv verhandelt, wobei im angelsächsischen Sprachbereich ein ähnlicher Diskurs in den „Visual Culture Studies" geführt wurde. Just in diesem Zeitraum, seit der Jahrtausendwende, erregte vor allem die deutsche Automobilindustrie mit mehreren spektakulären und medienwirksamen Bauwerken die Aufmerksamkeit der (Welt-) Öffentlichkeit (Taf. 17–18).[115] Die naheliegende Annahme, dass

---

107 S. Kap. 2.2. – Insofern fehlt die BMW-Zentrale nicht als Musterbeispiel in Mayr-Kebers Abhandlung (Mayr-Keber 1980, S. 284f).
108 Schwanzer 1988, Schwanzer 1985 (wirtschaftswissenschaftliche Dissertation).
109 Schwanzer konzentrierte sich folglich auf Orte des Konsums, weniger auf Architektur, welche die Unternehmensidentität prägt.
110 Z. B. Luedecke 1991a, S. 13.
111 Zum Thema „Architektur als Selbstdarstellung der Finanzwelt" fand Februar 1989 ein Symposium im Hauptquartier der Deutschen Bank in Frankfurt statt (Bericht in: Die Welt v. 27.2.1989). Georg Adlbert gab mit dem Untertitel „Funktion und Bedeutung der Architektur im System der ‚Corporate Identity'" die Vorträge einer Tagung der Bayerischen Architektenkammer in Zusammenarbeit mit der Industrie- und Handelskammer für München und Oberbayern am 16. März 1989 in München heraus (Adlbert 1989). Der Unternehmer Gunter Luedecke veröffentliche 1991 einen Sammelband mit dem Untertitel „Manager entdecken die Wirkung der Architektur" (Luedecke 1991a). Außerdem fanden im Deutschen Architekturmuseum Frankfurt am 15.10. und 13.11.1992 Seminare zur „Unternehmens-Philosophie – Unternehmens-Ästhetik" statt (Flyer und Seminarskript: HAC E 1081).
112 „Kathedralen für den Geldverkehr", Die Welt v. 11.2.1989.
113 Sgobba 2012; Vonseelen 2012; Hofmann von Kap-herr 2011; Schönbeck 2009; Stroux 2009; Messedat 2005; Müller-Rees 2008; Klingmann 2007; Stock-Nieden 2006; Bracklow 2004; Martin 2003; Bopp-Schumacher 2002.
114 Sachs-Hombach 2003.
115 VW Autostadt, Wolfsburg (2000, Gunter Henn); Audi Forum mit museum mobile, Ingolstadt (2000, Gunter Henn); VW Gläserne Manufaktur, Dresden (2002, Gunter Henn); BMW Werk, Leipzig (2005, Zaha Hadid); Mercedes-Benz Museum, Stuttgart (UN Studio/Ben van Berkel, 2006); BMW Welt, München (2007, Coop Himmelb(l)au); Porsche-Museum, Stuttgart (2009, Delugan Meissl).

## 1.4 Forschungsstand

hierin ein gewichtiger Grund für das ansteigende Interesse an Corporate Architecture lag, wird dadurch bestätigt, dass die Mehrheit der branchenbezogenen Studien die Automobilindustrie thematisierte.[116] Weitere Arbeiten, die einzelne Branchen fokussierten, bezogen sich auf die Architektur von Banken,[117] von US-amerikanischen Unternehmensverwaltungen oder deutschen Industrieunternehmen der Nachkriegszeit[118] sowie von Luxusmodemarken.[119] Daneben erschienen vereinzelt Studien, die sich auf die Architektur eines einzigen Unternehmens konzentrieren.[120]

Für das kritische Verständnis des Forschungsstandes ist es notwendig zu wissen, dass die genannten Untersuchungen aus zwei verschiedenen Fachrichtungen mit unterschiedlichem Erkenntnisinteresse und differentem, teils auch disparatem methodischen Rüstzeug hervorgingen: Neben der überschaubaren kunsthistorischen Literatur[121] bilden die Dissertationen von Architektinnen und Architekten die Mehrheit der jüngeren Arbeiten zu Corporate Architecture.[122] Diese am treffendsten als architekturwissenschaftlich zu bezeichnenden Arbeiten, die ihren Ansatz selbst in der Regel als „empirisch" charakterisieren, sind meist weniger historisch-distanziert, sondern von einer Erschließung der Thematik für die Architekturpraxis motiviert – was ihren Wert und Verdienst selbstverständlich nicht schmälert.[123] Mit ihrem praktischen Interesse bilden die architekturwissenschaftlichen Publikationen das Äquivalent zur wirtschaftswissenschaftlichen Literatur und sind damit aus historisch-kulturwissenschaftlicher Perspektive gewissermaßen selbst ein Teil des Phänomens und seiner Entwicklung.

Musste der Manager Gunther Luedecke 1991 noch beklagen, das für eine erfolgreiche Corporate Architecture (von ihm „Identity-Architektur" genannt) notwendige gegenseitige Verständnis zwischen Architekten und Unternehmern sei kaum vorhanden,[124] so hat zu Beginn des 21. Jahrhunderts offenkundig eine am kommunikativen Bedarf

---

116 Sgobba 2012 (Wandel der Bauaufgaben an den Beispiel Daimler, BMW, Fiat); Hofmann von Kap-herr 2011 (Vertriebsarchitektur); Schönbeck 2009 (Industriebau); Bracklow 2004 (Premiummarkenarchitektur). Viel Raum nimmt die Automobilindustrie auch in den Arbeiten von Vonseelen 2012, Klingmann 2007 und Messedat 2005 ein.
117 Zimmerl/Graul 2015 (Leipzig); Bopp-Schumacher 2002 (Deutschland). – Bankenarchitektur war auch schon früher häufiger ein Thema: Fischer 1995 (Commerzbank); Booker 1990 (England); Hagedorn 1990 (Frankfurt am Main); Pohl 1984 (Deutsche Bank); Raèv 1974 (Köln).
118 Stroux 2012; Martin 2003.
119 Müller-Rees 2008.
120 Seehausen 2011 (BMW); Stock-Nieden 2006 (Vitra); Bothe 1997 (Olivetti).
121 Vonseelen 2012; Stroux 2009; Müller-Rees 2008; Bopp-Schumacher 2002.
122 Sgobba 2012; Hofmann von Kap-herr 2011; Schönbeck 2009; Klingmann 2007; Stock-Nieden 2006; Messedat 2005; Bracklow 2004; Martin 2003.
123 Einige der Autorinnen und Autoren konnten sich mit ihren Arbeiten tatsächlich erfolgreich in der Praxis positionieren; zum Beispiel leitet Anna Klingmann heute ein Architekturbüro mit Schwerpunkt Branding (www.klingmann.com/about [22.3.2019]), Jons Messedat betätigt sich in der „Unternehmensberatung über die Entwicklung von Corporate Architecture Konzepten bis hin zur räumlichen Markenkommunikation" (www.messedat.com/deutsch/aufgaben/ [22.3.2019]), und Anne Bracklow arbeitet im Bereich Marketingkommunikation/Corporate Architecture für die BMW Group (www.springer.com/de/book/9783824445967#aboutAuthors [22.3.2019]).
124 „Ganz offensichtlich ist der Sektor der Industrie-Architektur weitestgehend abgekoppelt von den strategischen Zielen und von der intendierten Unternehmenskultur. Mir ist aufgefallen, daß zwischen der Business-Praxis einerseits und der Architektur-Praxis andererseits kaum eine Brücke existiert. Es fehlt ganz offensichtlich aber nicht nur die Brücke, sondern auch das, was man ‚Professionalisierung' nennt. Es gibt gute Architekten und gute Architektur. Und es gibt gute Manager und gute Unternehmenskulturen. Aber wir wissen noch nicht genau, welche Faktoren einer guten Architektur zum Verursacher einer guten Unternehmenskultur werden" (Luedecke 1991a, S. 12). – Dass die Sicht Luedeckes gleichwohl überspitzt war, zeigen Fälle wie der Wiener Architekten Karl Schwanzer, der mit seinem Entwurf der Hauptverwaltung von BMW in München bereits Ende der 1960er Jahre zahlreiche Merkmale jüngerer Corporate Architecture vorformulierte (S. Kap. 2.2).

der Unternehmen orientierte Professionalisierung eines Teils der Architektenschaft stattgefunden.[125] Die Arbeiten von Anne Bracklow, Jons Messedat und Anna Klingmann schlugen aus unterschiedlichen Blickwinkeln eine theoretische Brücke zwischen Architektur und Wirtschaft.[126]

Anne Bracklow, welche die Themen Markenarchitektur und Architectural Branding reflektierte, verband in ihrer empirisch-kulturwissenschaftlichen Arbeit die Perspektive des Markenmanagements mit ihren Kenntnissen als gelernte Innenarchitektin unter besonderer Berücksichtigung der Marke BMW.[127] Im Kontext betriebswirtschaftlicher Theorien der Markenbildung beschrieb Bracklow Architektur als Kommunikationsmedium einer Markenbotschaft.

Der Architekt und Designer Jons Messedat erstellte in seiner Arbeit zur „Corporate Architecture"[128] hingegen in erster Linie einen Katalog von beachtenswerten Unternehmensbauten, die schwerpunktmäßig in den Jahren um die Jahrtausendwende in Deutschland errichtet wurden. Dabei spannte er den Bogen von Produktionsstätten und Lagerhallen über Verwaltungsbauten bis hin zu Ladengeschäften.[129] Der Katalog wird von einem selektiven Abriss der Geschichte von Unternehmensbauten im weitesten Sinne begleitet (zum Beispiel die Siedlung Margarethenhöhe in Essen, 1906ff.), der sich auf die erste Hälfte des 20. Jahrhunderts konzentriert, und von einer knappen Darstellung von Strategien der Corporate Architecture abgeschlossen.[130]

Anna Klingmann zeichnete wiederum ein buntes und vielschichtiges Bild von Orten und Räumen, die von Marken besetzt und geprägt werden – sogenannten „Brandscapes".[131] In Anlehnung an die Ende der 1990er formulierte Theorie einer „Experience Economy"[132] untersuchte Klingmann die Erlebnisqualitäten von Brandscapes anhand von hauptsächlich um die Jahrtausendwende realisierten Projekten aus unterschiedlichen Bereichen wie Verkaufsräumen, Themenparks oder Corporate Architecture, aber auch Stadtmarketing oder Wohnungsbau im Hinblick auf Markenbildung.[133] Die Arbeit schließt mit Empfehlungen für das erlebnisorientierte Branding von Architektur und Stadträumen.

Aus historisch-kulturwissenschaftlicher Sicht wurde das Thema der Unternehmensarchitektur in nennenswertem Umfang von Reinhold Martin,

---

125 Hingegen erfolgte eine am funktionalen Bedarf der Unternehmen orientierte Professionalisierung der Architekten spätestens im frühen 20. Jahrhundert, wie zum Beispiel die Industriebauten von Albert Kahn für Ford in Detroit und Dearborn (USA) zeigen. Hierzu grundlegend: Bürklin/Reichardt 2019; Bucci 1993; Hildebrand 1974.
126 Klingmann 2007; Messedat 2005; Bracklow 2004.
127 Anne Bracklow wiederholte sinngemäß Luedeckes Situationsbefund zum fehlenden Verständnis zwischen Architekten und Managern: „Festgehalten werden kann, dass der Markenführung die Welt der Architekten fremd ist und auch der Architekt Schwierigkeiten hat, die Zielsetzungen der Marketingexperten als bestimmenden Faktor in Entwürfe einzubinden" (Bracklow 2004, S. 187).
128 Messedat 2005. – Vanessa Müller-Rees kritisierte die Arbeit als „wenig wissenschaftlich" (dies. 2008, S. 13).
129 Messedat 2005, S. 92–257.
130 Von kunsthistorischer Seite ist Messedats Arbeit deutlich kritisiert worden: „Messedats Publikation Corporate Architecture [...] lässt aber eine dezidierte (architektur- und kunst)theoretische Auseinandersetzung vermissen, so dass seine Arbeit [...] in erster Linie einen pragmatischen Impuls für Architekten, Designer und Unternehmen darstellt" (Vonseelen 2012, S. 12). – „Messedats Entwicklungsfolge der Corporate Architecture [...], die er anhand von ausgewählt augenfälligen, aber wahllos über die Jahrhunderte gegriffenen Einzelbeispielen ableitet, ist nur bedingt aufschlussreich" (Müller-Rees 2008, S. 13).
131 Klingmann 2007. – „Brandscapes": Im Deutschen nicht wiederzugebendes Wortspiel aus „Brand" = „Marke" und „Landscape" = „Landschaft". Die Begriffsschöpfung wird allgemein dem Wirtschaftswissenschaftler und Anthropologen John F. Sherry, Jr. zugeschrieben, der zum Beispiel Nike Town, Chicago, als Brandscape beschrieb (Sherry 1998). Verwendung findet auch der Begriff „Branded Spaces" (z. B. Sonnenburg/Baker 2013).
132 „Erlebnisökonomie" [dt. Übers. Verf.] – Der Begriff wurde von dem gleichnamigen Buch der Wirtschaftswissenschaftler B. Joseph Pine II und James H. Gilmore geprägt (Pine/Gilmore 1999). In der deutschen Fassung wurde der Titel unglücklich als „Erlebniskauf" übersetzt.
133 Zum Verhältnis von Kommerz und Spektakel in der Architektur um die Jahrtausendwende s. auch den Sammelband: Saunders 2005.

## 1.4 Forschungsstand

Vanessa Müller-Rees, Sara Stroux und Tanja Vonseelen behandelt.[134] Bereits in den 1990er Jahren formulierte Beatriz Colomina im Kontext der amerikanischen Visual Culture Studies den Ansatz, nicht nur das Verhältnis von Architektur und Medien, sondern Architektur selbst als Medium zu betrachten.[135] Daran anknüpfend untersuchte Reinhold Martin in seinem Buch „The Organizational Complex"[136] die Wechselwirkung zwischen amerikanischen Unternehmen und deren Verwaltungsbauten bei der Konstruktion von Corporate Images in der Nachkriegszeit.

Vanessa Müller-Rees zeichnete in ihrer innovativen Arbeit über „Haute Architecture"[137] ein differenziertes Bild der Architektur von Luxusmodemarken.[138] Die Konzentration auf eine Branche ermöglichte es, verschiedene Funktionen wie Firmensitze und Ladengeschäfte gemeinsam in einem sinnvollen Rahmen zu betrachten und hinsichtlich ihrer Branchencharakteristika auszuwerten. Eine wichtige Erkenntnis, die Müller-Rees gewann, war, dass die Modefirmen mitunter verschiedene architektonische Strategien im Hinblick auf die Bauaufgabe verfolgten.

Sara Stroux konnte mit ihrer Arbeit über Konzernhochhäuser der Nachkriegszeit zeigen, dass die Firmensitze der Unternehmensrepräsentation dienen sollten und die auftraggebenden Firmen deshalb erheblichen Einfluss auf den Planungsprozess nahmen.[139] Im Rahmen dieser Untersuchung konnten einige Ergebnisse von Stroux am Beispiel des von Phoenix-Rheinrohr erbauten Thyssenhauses in Düsseldorf bestätigt und vertieft werden. Widersprochen werden muss hingegen der von Stroux mit Nachdruck vertretenen Relativierung der die Unternehmensarchitektur der Nachkriegszeit betreffenden Transferprozesse zwischen den USA und Deutschland.[140] Denn in vieler Hinsicht stellte sich die US-amerikanische Unternehmensarchitektur vor allem der 1950er Jahre, aber auch darüber hinaus, als richtungsweisend für die Unternehmensbauten in Deutschland heraus,[141] was freilich nicht mit einem unreflektierten Kopieren verwechselt werden darf.[142]

Die methodisch hauptsächlich auf die Auswertung von Sekundärliteratur gestützte Arbeit von Tanja Vonseelen stellt die bisher einzige umfassende Auseinandersetzung mit Corporate Architecture aus kunsthistorischer Perspektive dar.[143] Obgleich Vonseelen sich erkennbar an dem fragmentarischen Entwurf einer Geschichte der Unternehmensarchitektur von Messedat orientierte und auch zahlreiche der dort genannten Beispiele übernahm, gelang ihr durch Vertiefungen und Ergänzungen eine kohärentere, wenngleich weitschweifige und kaleidoskopartige Überblicksdarstellung, die einen Bogen von Vitruv über Alberti und Ledoux bis zu Coop

---

134 Vonseelen 2012; Stroux 2009; Müller-Rees 2008; Martin 2003.
135 Colomina 1994; s. auch dies. 2001.
136 Martin behandelt die Bauten von Eero Saarinen für General Motors, IBM und Bell sowie Verwaltungsbauten von SOM.
137 Müller-Rees 2008.
138 Behandelt werden Cartier, Hermès, Giorgio Armani, Prada und LVMH/Louis Vuitton.
139 Stroux 2009 mit den Fallbeispielen Continental (Hannover), BASF (Ludwigshafen) und Mannesmann (Düsseldorf). Zusammenfassungen: Stroux 2012; dies. 2008.
140 Stroux 2009, S. 163–204; dies. 2008. Beispielsweise kritisiert Sara Stroux, dass Autoren wie Jürgen Joedicke, Heinrich Klotz oder Wolfgang Pehnt das Lever House in New York als Vorbild für das Mannesmann Hochhaus in Düsseldorf bezeichneten (Stroux 2008, S. 306–309), obwohl sie an anderer Stelle selbst darauf hinweist, dass der Vorstand von Mannesmann dem Entwurf Schneider-Eslebens zunächst skeptisch gegenüberstand, weil er dem Lever House zu ähnlich sei (Stroux 2009, S. 180) (Taf. 37; Taf. 36). Im Rahmen dieser Arbeit zeigte sich jedoch, auch in der Auswertung der Archivalien, dass der Einfluss, den vor allem das Lever House auf die Unternehmensarchitektur der 1950er und 1960er Jahre gehabt hat, gar nicht überschätzt werden kann.
141 Kap. 3.2.
142 Die Problematik in der Argumentation von Stroux liegt darin, dass sie architektonische Einflussnahme auf die Übernahme identischer formaler Elemente beschränkt und insofern fälschlicherweise mit der architektonischen Kopie oder dem Zitat gleichsetzt.
143 Vonseelen 2012.

Himmelb(l)au schlägt.¹⁴⁴ Darüber hinaus ordnete Vonseelen Corporate Architecture anhand von Beispielen hauptsächlich aus dem letzten Viertel des 20. Jahrhunderts vier Kategorien zu, wobei allerdings, wie schon bei Messedat,¹⁴⁵ die verschiedenen Funktionen von Unternehmensarchitektur nicht differenziert wurden.

Der Betriebswirt, Kulturwissenschaftler und Journalist Alexander Gutzmer publizierte schließlich 2015 ein Buch zu „Architektur und Kommunikation"¹⁴⁶, das sich, anders als der weitgefasste Titel erwarten ließe, auf zeitgenössische Ansätze einer kommunikativen Markenarchitektur beschränkte. Gutzmer verhandelte die Thematik auf einem allgemein gehaltenen abstrakt-architekturtheoretischen Niveau, ohne jedoch auf die älteren Ansätze etwa von Umberto Eco, Renato de Fusco oder Beatriz Colomina einzugehen oder die jüngeren Arbeiten zum Beispiel von Martin, Bracklow oder Messedat zu berücksichtigen.¹⁴⁷ Insofern lieferte Gutzmer mit seinem Buch in erster Linie einen reflektierten Diskussionsbeitrag über das seinerzeit aktuelle Verhältnis von Architektur zu Markenkommunikation.

Der Forschungsstand im Jahr 2019 lässt sich folglich dahingehend resümieren, dass, obgleich Unternehmen ihre Architektur schon zu Beginn des 20. Jahrhunderts medial zu nutzen wussten, die kommunikativen Möglichkeiten von Unternehmensbauten erst seit den 1980er Jahren in nennenswertem Maß theoretisch verhandelt und wissenschaftlich erforscht wurden. Dabei entstand ein Interesse zunächst auf Seiten der Wirtschaftspraxis, wohingegen die Architekturpraxis und -wissenschaft Corporate Architecture erst nach der Jahrtausendwende als lohnenswertes Thema für sich entdeckte. Parallel dazu wurde Unternehmensarchitektur über die stilgeschichtlichen Ikonen hinaus auch von der kunsthistorisch orientierten Architekturforschung als fruchtbarer Untersuchungsgegenstand erkannt. In der Folge entstanden seit der Jahrtausendwende einige in der Gesamtzahl überschaubare und meist branchenbezogene Arbeiten, die in unterschiedlichem Umfang und unterschiedlicher Qualität zu einem historischen Verständnis von Unternehmensarchitektur unter besonderer Berücksichtigung der Rolle und der Interessen von Firmen als Auftraggeber beitrugen und auf diese Weise mehr oder weniger an den ebenfalls seit der Jahrtausendwende intensivierten Diskurs über Architektur als kommunikativem Medium anschließen, der gleichwohl an die älteren Stränge der Architekturikonologie und Architektursemiotik anknüpft. Somit kann eine an der visuellen Kultur interessierte Forschung zwar auf erste Erkenntnisse zum Themenkomplex „Unternehmensarchitektur" aufbauen, doch steht sie angesichts der immensen Größe des Forschungsfeldes wie auch der gesellschaftlichen Bedeutung des Forschungsgegenstandes erst am Anfang.

## 1.5 Methodik

Wurde das Forschungsfeld, in dem diese Arbeit situiert ist, bereits in den vorangegangenen Kapiteln abgesteckt, so soll im Folgenden auf die Methoden eingegangen werden, die zur Untersuchung dieses Feldes genutzt wurden. Hierbei ist es dem Verfasser wichtig klarzustellen, dass Methoden für ihn keinen Selbstzweck darstellen, sondern als Werkzeuge angesehen werden, die in Abhängigkeit davon gewählt werden, inwiefern sie zur Beantwortung der Fragestellungen beitragen können.¹⁴⁸

Das wichtigste Instrument ist in diesem Untersuchungskontext die visuelle Analyse der Bauwerke, die als primäre Quellen wesentliche Erkenntnisse bereithalten. Das heißt konkret, dass

---

144 Der Titel „Corporate Architecture" wird bei Vonseelen leider als Synonym für Unternehmensarchitektur jeglicher Art verwandt (zum Begriff „Corporate Architecture" s. weiter vorne).
145 Messedat 2005, S. 261–268.
146 Gutzmer 2015.
147 Messedat 2005; Bracklow 2004; Martin 2003; Colomina 1994; de Fusco 1972; Eco 1971.
148 S. auch Horn 2015, S. 16–18.

im ersten Schritt die Gebäude soweit wie möglich vor Ort analysiert wurden, um zu eruieren, welches Image mittels der Architektur kommuniziert wird und inwiefern direkte Bezugnahmen auf das auftraggebende Unternehmen zu erkennen sind. Neben den materiellen Bestandteilen des Gebäudes wie Fassade, Tragwerk oder Innenausstattung wurden funktionale und räumliche Aspekte wie die Grundrissorganisation oder das Verhältnis zum Stadtraum in die Analyse einbezogen. Wie bei allen Studien zu Aussage und Bedeutung von Architektur, die im weiteren Sinne unter dem Begriff der Architekturikonologie[149] zusammengefasst werden können, ergibt sich dabei die Problematik, inwiefern die Interpretation des Betrachters mit der Intention des Auftraggebers übereinstimmt oder, kommunikationstheoretisch formuliert, inwiefern die empfangene Botschaft der gesendeten entspricht.

Als irrelevant erwies sich, das sei an dieser Stelle eingeschoben, der von Seiten einer positivistisch ausgerichteten Forschung geäußerte Zweifel, ob Architektur überhaupt Botschaften transportiere. Anhand der Fallbeispiele konnte belegt werden, dass das Hauptquartier eines Unternehmens immer auch als Statement verstanden wird, ganz gleich, ob dieses auch tatsächlich vom Unternehmen formuliert wurde.[150] Das metakommunikative Axiom von Paul Watzlawick – „man kann nicht nicht kommunizieren"[151] – trifft auch auf Architektur zu, so dass sich letztlich nicht die Frage stellt, ob Architektur Botschaften transportiert, sondern inwiefern eine Differenz zwischen der Wahrnehmung des Bauwerks und den Intentionen des Auftraggebers besteht. Dass dabei die Gefahr einer rein subjektiven Interpretation des Betrachters besteht, die mitunter eher als feuilletonistisch denn als wissenschaftlich bezeichnet werden kann, bleibt unbestritten. Die methodische Herausforderung einer Arbeit über die kommunikative Dimension von Architektur liegt also darin, belastbare Indizien oder sogar Belege zu finden, um eine inhaltliche Deutung wissenschaftlich zu fundieren oder auch kommunikative Differenzen herauszuarbeiten.

In dieser Arbeit ließen sich die eigenen Beobachtungen am Objekt vielfach in glücklicher Weise mit schriftlichen und bildlichen Quellen in Zusammenhang bringen. Mehr noch wurden die eigenen, auf Basis der Architekturanalyse getroffenen Interpretationen bei der Auswertung der Quellen manchmal sogar noch übertroffen, und es ließen sich kommunikative Inhalte nachweisen, die der Verfasser allein auf Basis seiner architektonischen Analyse nicht zu formulieren gewagt hätte. Die mit Edelstahl verkleideten Stirnwände des Thyssenhauses (1960, HPP) in Düsseldorf zum Beispiel lassen sich mit ihrer signifikanten Wirkung im Stadtraum leicht als Verweis auf den Geschäftsbereich des Stahlunternehmens Phoenix-Rheinrohr, später Thyssen, verstehen (Taf. 6). Durch die Auswertung von Archivalien im Archiv von thyssenkrupp in Duisburg konnte nicht nur bewiesen werden, dass das Unternehmen diese Aussage tatsächlich intendierte, sondern darüber hinaus, dass die plakative Verwendung des Edelstahls vom Vorstand angeregt wurde, wohingegen die Architekten zunächst Sichtbeton vorsahen und die gegenüber der ursprünglichen Planung entstandenen Mehrkosten sogar aus dem Werbeetat bestritten wurden.[152]

Als besonders aufschlussreich erwiesen sich nicht nur in diesem, sondern in vielen Fällen die (großteils noch ungesichteten) Quellen in den konzerneigenen Archiven, die in den bisherigen Studien zu Unternehmensarchitektur erstaunlicherweise kaum Beachtung fanden.[153] Dort lieferten Dokumente, wie die Protokolle von Vorstandssitzungen oder die interne Kommunikation zwischen Vorständen, Aufsichtsräten und leiten-

---

149 Zu Klärung des Begriffs s. Kap. 1.4. und ausführlich Horn 2022, wo auch auf die Genese, Definitionen und den wissenschaftlichen Gebrauch eingegangen wird.
150 S. Kap. 4.
151 Watzlawick/Beavin/Jackson 1969, S. 53.
152 Kap. 2.1.4.
153 Eine nennenswerte Ausnahme stellt Stroux 2009 dar.

den Angestellten, stichhaltige Erkenntnisse über Inhalte, die mittels der Architektur ausgedrückt werden sollten. Nur manchmal handelte es sich hierbei um konkrete Handlungsvorschläge, wie bei den Edelstahlfassaden des Thyssenhauses. Teilweise wurden auch allgemeine Zielsetzungen formuliert, etwa das Gebäude „leicht und klar"[154] wirken zu lassen, deren konkrete Umsetzung sich erst erkennen ließ, wenn die Quellen mit den Beobachtungen am Bauwerk selbst in Bezug gesetzt wurden. Inwieweit Erkenntnisse über Archivalien der Unternehmen gewonnen werden konnten, hing folglich erstens eng damit zusammen, inwieweit Dokumente in den Firmen überhaupt archiviert wurden und zweitens, inwiefern die Unternehmensarchive bereit waren zu kooperieren. Die Quellenlage in den Archiven und deren Kooperationsbereitschaft war insofern ein nicht unerhebliches Kriterium für die Auswahl der Fallbeispiele.

Als problematisch erwiesen sich hingegen Gespräche mit Zeitzeugen. Einerseits konnten auf diese Weise zwar interessante Informationen gewonnen werden, andererseits zeigte sich jedoch, dass die Aussagen von Zeitzeugen im Widerspruch zu schriftlichen Zeitdokumenten stehen konnten, weil sich die Person im Abstand von Jahrzehnten nicht mehr korrekt erinnerte oder im Rückblick bestimmte Aspekte anders darstellen wollte oder auch Sachverhalte im kommunikativen Gedächtnis des Unternehmens falsch überliefert wurden. Insofern flossen Informationen aus Gesprächen nur dann in die Argumentation mit ein, wenn sie einer kritischen Prüfung standhielten.

Die Sichtung der wirtschaftswissenschaftlichen Literatur zu Themen wie Image, Corporate Design oder Corporate Identity ermöglichte es, das unternehmerische Handeln in einen theoretischen Überbau einzuordnen. Die einschlägigen Publikationen vermittelten ein Bild davon, inwieweit man sich zu einem bestimmten Zeitpunkt in Wirtschaftskreisen der kommunikativen Möglichkeiten von Architektur bewusst war und wie sich dieses Wissen im Laufe des 20. Jahrhunderts veränderte. Inwiefern der wirtschaftswissenschaftliche Forschungsstand auch in den Unternehmen vorhanden war und ob sich konkrete Handlungen damit in Verbindung bringen ließen, war eine weiterführende Frage, die meistens im Abgleich mit der Unternehmenskommunikation und den internen Dokumenten beantwortet werden konnte.

Wichtige Erkenntnisse und Argumente lieferte auch die kritische Analyse der auf verschiedenen medialen Kanälen erfolgten offiziellen Kommunikation des Unternehmens nach außen wie auch nach innen, denn sie ermöglichte es nachzuvollziehen, wie die Bauwerke im Sinne des Konzerns wahrgenommen werden sollten. Als besonders aussagekräftig erwiesen sich hierbei die firmeneigenen Publikationen, die teils anlässlich der Einweihung der Hauptquartiere herausgegeben wurden. Die darin getroffenen Aussagen wurden oft nicht nur textlich, sondern in wesentlichem Maß auch bildlich getroffen, so dass beide Ebenen analysiert und zueinander in Bezug gesetzt werden mussten. Darüber hinaus wurde in einigen Fällen anlässlich der Einweihung des neuen Hauptsitzes sogar eigens ein Kurzfilm produziert. Waren diese Medien für die Präsentation des Hauses in einer breiteren Öffentlichkeit konzipiert, so gaben konzerneigene Mitarbeiterzeitschriften Auskunft darüber, wie die Architektur intern im Sinne des Unternehmens vermittelt wurde. Daneben stellte die Auswertung von Pressemeldungen oder öffentlichen Reden von Vorständen und Aufsichtsräten, deren Manuskripte sich in den Firmenarchiven fanden, wichtiges Quellenmaterial für die gewünschte Darstellung der Architektur durch die Unternehmen dar.

Im Vergleich der offiziellen Unternehmenskommunikation mit firmeninternen Dokumenten, die zum Zeitpunkt ihrer Erstellung teils als streng vertraulich eingestuft wurden, konnten mitunter

---

154 Vorgabe des Vorstandssprechers Jürgen Ponto für die Architektur des neuen Hochhauses (Notiz v. 27.3.1974 über die 7. Sitzung des Bauausschusses; Notiz v. 14.2.1974 über die am 23.1.1974 stattgefundene 6. Sitzung des Bauausschusses (HAC-500/7994-2002)).

Imagefaktoren identifiziert werden, die von den Unternehmen offiziell relativiert, verschwiegen oder sogar geleugnet wurden. Das Höhenstreben der deutschen Banken als Ausdruck der „Kompetenz und Marktdurchdringung"[155] und in Konkurrenz zu den Wettbewerbern bietet hierfür ein beredtes Beispiel: offiziell negiert, ließ sich nachweisen, dass die Größe des Gebäudes im engeren Kreis der verantwortlichen Manager sehr wohl eine entscheidende Rolle spielte. Das Medium Architektur eignete sich demzufolge auch dafür, bestimmte Eigenschaften des Unternehmens auszudrücken, die sich in anderen Medien nicht ohne weiteres artikulieren ließen, ohne das Image negativ zu beeinflussen. Die tatsächliche Wirkung und Wahrnehmung eines Firmengebäudes in der Öffentlichkeit konnte schließlich (wenn auch gefiltert) über die Auswertung zeitgenössischer Zeitungs- und Zeitschriftenartikel nachvollzogen werden. Auf diese Weise ließ sich feststellen, ob die Botschaften, die von Unternehmen mittels der Architektur kommuniziert werden sollten, in der Öffentlichkeit wie gewünscht empfangen wurden, ob es Differenzen gab oder ob das Gebäude gar in einer Weise verstanden wurde, die vom Unternehmen nicht intendiert war.

---

[155] Eberhard Martini, Vorstandssprecher der Bayerischen Hypo- und Wechsel-Bank (zitiert nach: Die Welt v. 27.2.1989).

# 2 FALLSTUDIEN

## 2.1 „Ein Loblied auf Stahl und Stahlrohr" – das ehemalige Thyssenhaus in Düsseldorf

### 2.1.1 Einleitende Baugeschichte

1955 fusionierten die Hüttenwerke Phoenix AG und die Rheinischen Röhrenwerke AG, zwei Unternehmen der Stahlbranche, die 1951/1952 aus der Entflechtung der Vereinigten Stahlwerke AG durch die Alliierten hervorgingen, zur Phoenix-Rheinrohr AG.[156] Bereits im Vorfeld der Fusion äußerte Fritz-Aurel Goergen, der Vorstandsvorsitzende der Rheinischen Röhrenwerke, dass der neu geschaffene Konzern ein neues Hauptquartier benötige, um die in Duisburg und Mülheim an der Ruhr sitzenden Verwaltungen der beiden Unternehmen zusammenzuführen, aber auch, um in der Öffentlichkeit sichtbar zu sein.[157] Bei der im Vorfeld auf Vorstandsebene geführten Diskussion um den Sitz von Phoenix-Rheinrohr wurde schon früh Düsseldorf favorisiert, wo bereits die Vereinigten Stahlwerke ihren Hauptsitz hatten.[158] Es wurde aber auch darauf verwiesen, dass der Konkurrent Mannesmann seinen Sitz in Düsseldorf habe und dort ein neues Hochhaus plane.[159] Auch deshalb meinte man im Koordinationsausschuss Phoenix-Rheinrohr, „wettbewerbs- und repräsentationsmäßig sei es notwendig, in Düsseldorf ein Verwaltungsgebäude zu haben."[160] Bereits kurz nach dem Vollzug der Fusion im Juni 1955 begannen die Vorbereitungen für den Bau einer neuen Hauptverwaltung, der auf Konzernseite maßgeblich von Dr. Karl Bender, einem Vertrauten von Goergen und Vorstandsmitglied von Phoenix-Rheinrohr, gesteuert wurde. In Absprache mit der Stadt Düsseldorf legte man sich im Vorfeld auf die Errichtung eines Hochhauses fest, das in ausgesprochen repräsentativer Lage als Solitär am Hofgarten entstehen sollte. Maßgeblich gefördert wurde das Vorhaben von Friedrich Tamms, dem für Städtebau verantwortlichen Beigeordneten der Stadt Düsseldorf, der das Hochhaus als wichtigen Teil des von ihm geplanten Wiederaufbaus im Sinne der Moderne ansah (Abb. 9).[161]

Um eine der exponierten Lage angemessene architektonische Lösung zu finden, veranstaltete Phoenix-Rheinrohr Ende 1955 unter dem Vorsitz von Tamms einen Wettbewerb, zu dem 21 renommierte Architekten eingeladen wurden und aus dem das Düsseldorfer Büro Hentrich, Petschnigg

---

156 Bähr 2015, S. 43–50, 66–72 (Entflechtung der Vereinigten Stahlwerke), 77–85 (Fusion Phoenix-Rheinrohr).
157 Brief von Fritz-Aurel Goergen an Direktor Dr. Karl Bender v. 14.12.1954 betr. neue Verwaltungsräume (tkA TRW/1834).
158 „Wenn wir nun den Plan gefasst haben, diesen vielseitigen Unternehmungen und der Zahl der Werke einen organisatorischen Mittelpunkt in Düsseldorf zu geben, so folgen wir der bewährten Tradition unserer alten Mutter-Gesellschaft Vereinigte Stahlwerke, in der alle erwähnten Werke für über 20 Jahre ihren Platz hatten" (Redemanuskript zu Geschichte und Aufbau von Phoenix-Rheinrohr [1956] (tka TRW/1832)). – Die Konzernzentrale der Vestag bezog 1928 den „Neuen Stahlhof" in Düsseldorf (Bähr 2015, S. 17f).
159 Brief v. Dr. Karl Bender an Prof. Dr. Robert Ellscheid v. 7.1.1955 (tkA TRW/1834).
160 Vermerk über die Sitzung des Koordinationsausschusses Phoenix-Rheinrohr v. 5.2.1955 (tkA TRW/1834).
161 Tamms 1962.

2 Fallstudien

**Abb. 9** Städtebauliches Modell mit Einsatz des nicht realisierten Wettbewerbsbeitrags von HPP, 1955

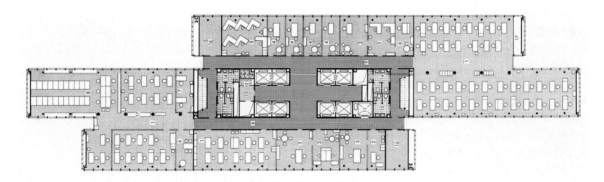

**Abb. 10** Thyssenhaus, Düsseldorf, Grundriss Normalgeschoss (1962)

und Partner (HPP) als Sieger hervorging.[162] Allerdings reichten HPP zwei Entwürfe ein: Den Siegerentwurf, der mit seinem rautenförmigen Grundriss eine Weiterentwicklung des ebenfalls von HPP entworfenen Hochhauses für die BASF in Ludwigshafen darstellte (Abb. 9, vgl. Abb. 13), sowie einen ganz anderen Entwurf mit einem innovativen, aus drei Scheiben bestehenden Baukörper, der allerdings die Vorgaben des Wettbewerbs ignorierte und deshalb außer Konkurrenz lief.[163] Kurioserweise entschied sich der Vorstand nach eingehenden Vorplanungen und Beratungen Ende 1956 schließlich für die Realisierung einer überarbeiteten und an die Vorgaben angepassten Variante des Dreischeibenhauses (das auch in den Akten so genannt wurde) (Taf. 3, Abb. 10).[164]

Nachdem Karl Bender 1957 kurz nach dem Ausscheiden von Fritz-Aurel Goergen von seinen

---

162 In der Jury saßen außerdem Paul Bonatz und Conrad Rühl. Zu den Wettbewerbsergebnissen ausführlich: Der Deutsche Baumeister 4/1956, S. 139–145; Zentralblatt für Industriebau 2/1956, S. 35–59.
163 Stellungnahme Dr. Hentrich/Petschnigg [1956] (tka TRW/98).
164 Bericht zur Sitzung des Ausschusses für den Bau eines Verwaltungsgebäudes am 20.12.1956 (tkA TRW/1838).

2.1 „Loblied auf Stahl und Stahlrohr" – das ehemalige Thyssenhaus in Düsseldorf

**Abb. 11** Thyssenhaus, Düsseldorf, 1957–1960, HPP, Westansicht vom Hofgarten (Foto 1960)

2 Fallstudien

**Abb. 12** Thyssenkrupp Hauptquartier, Essen, 2008–2010, Chaix & Morel, Gebäude Q1 (Foto 2019)

Funktionen bei Phoenix-Rheinrohr entbunden wurde,[165] betreute der technische Vorstand Hermann Brandi den Hochhausbau. Auf die offizielle Grundsteinlegung am 3. Oktober 1957 folgte bereits am 5. September 1958 das Richtfest und am 15. Juli 1960 die Einweihungsfeier des Hochhauses (Abb. 11),[166] das zur Fertigstellung mit einer Höhe von 95 Metern nicht nur das höchste Bürogebäude der Bundesrepublik war, sondern auch als eines der modernsten seiner Zeit viel Aufmerksamkeit in der deutschen Öffentlichkeit wie auch der internationalen Fachwelt erregte.

Die Phoenix-Rheinrohr AG ging schließlich 1964 in der August Thyssen-Hütte AG (ATH) auf, die ihren Hauptsitz nach der Fusion in das Dreischeibenhaus nach Düsseldorf verlegte.[167] Der Name Thyssen spielte für das Hochhaus jedoch schon vorher eine Rolle. Zum einen wurde August Thyssen im Phoenix-Rheinrohr-Konzern als Gründervater verehrt, da er verschiedene im Be-

---

165  Zum Ausscheiden Goergens s. Bähr 2015, S. 97f; über den Abgang Benders berichtete der Spiegel 18/1958 (ob die dortige Darstellung allerdings den Tatsachen entspricht, sei dahingestellt).
166  Grundsteinlegung: DN v. 4.10.1957; Ruhrnachrichten v. 4.10.1957; WAZ v. 4.10.1957. Richtfest: Presseinformation anläßlich der Richtfeier für das Verwaltungshochhaus der Phoenix-Rheinrohr AG, Düsseldorf, am 5.9.1958 (tkA TRW/1845); Düsseldorfer Stadtpost v. 6.9.1958; Einweihungsfeier: DN v. 18.7.1960; Handelsblatt v. 18.7.1960; RP v. 18.7.1960; WAZ v. 19.7.1960.
167  Bähr 2015, S. 148; Der Spiegel 40/1964. – Ein Zusammenschluss der beiden Unternehmen wurde bereits Ende der 1950er Jahre angestrebt, scheiterte aber an der behördlichen Genehmigung (Bähr 2015, S. 130–138).

sitz des Unternehmens befindliche Werke aufbaute,[168] zum anderen besaß dessen Schwiegertochter Amélie Thyssen die Aktienmehrheit an der Phoenix-Rheinrohr AG.[169] So kam es, dass bereits 1960 der Name Thyssen-Haus als offizieller Name für die Hauptverwaltung von Phoenix-Rheinrohr eingeführt wurde.[170] Darüber hinaus strebte die Unternehmensführung eine Umbenennung der Straße vor dem Hochhaus in August-Thyssen-Straße an; einer entsprechenden Bitte gab die Stadt Düsseldorf 1959 statt.[171]

Als „Markenzeichen des Wirtschaftswunders"[172] gefeiert, wurde das Dreischeibenhaus bereits 1988 unter Denkmalschutz gestellt und 1992–94 abermals unter Leitung von HPP umfassend saniert.[173] Nach der Fusion von Thyssen und Krupp im Jahr 1999 blieb ein Teil der Verwaltung des neugebildeten ThyssenKrupp-Konzerns zunächst im Dreischeibenhaus, bis sie 2010 in die neu gebaute Konzernzentrale nach Essen umzog (Abb. 12).[174] Bereits 2007 wurde das Dreischeibenhaus an ein Investorenkonsortium veräußert und nach dem Auszug von ThyssenKrupp 2011 an die Momeni Gruppe und Black Horse Investments, eine Firma des Düsseldorfer Unternehmers Patrick Schwarz-Schütte, weiterverkauft.[175] Nach einer erneuten umfassenden Sanierung des Hochhauses, die bis 2015 wiederum unter Leitung von HPP durchgeführt wurde,[176] haben sich verschiedene Firmen in der repräsentativen Immobilie eingemietet.

## 2.1.2 Die Vorbereitung des Baus auf Unternehmensseite

### Reisen im Vorfeld der Bauarbeiten

Welch große Bedeutung man dem Bau der neuen Konzernzentrale bei Phoenix-Rheinrohr beimaß, zeigt sich an dem beispiellosen Aufwand, den man in der Vorbereitung betrieb, um sich ein fundiertes Urteil über Konzernarchitektur bilden zu können. Bereits im Vorfeld des Wettbewerbs unternahmen Funktionäre des Konzerns verschiedene meinungsbildende Reisen, bei denen man sich vor Ort über aktuelle Verwaltungsbauten informierte. Im September 1955 besichtigte eine Delegation bestehend aus dem Vorstand Karl Bender, dem Direktor Rudolf Wilms und dem Werksarchitekten Wirth die neu errichteten Verwaltungen der Farbwerke Hoechst in Frankfurt-Höchst (1954–1955, Gerhard Weber), der Rhein-Main-Bank, die aus der Zerschlagung der Dresdner Bank hervorging, in Frankfurt am Main (1950–51, Alfred Brösicke und Wolf Drevermann) (Abb. 46) sowie das im Bau befindliche Hochhaus der BASF in Ludwigshafen (1954–1957, Architekten HPP) (Abb. 13).[177] Angetan zeigte sich die Delegation vom Bau der BASF, wohingegen man die Bauwerke in Frankfurt und Höchst als Beispiele dafür bezeichnete, „wie man es nicht machen soll"[178].

Der sogenannte Zinßer-Turm in Frankfurt (Abb. 46), späterer Sitz der Dresdner Bank,[179]

---

168 Redemanuskript zu Geschichte und Aufbau von Phoenix-Rheinrohr [1956] (tka TRW/1832).
169 Bähr 2015, S. 85.
170 Auszug aus der Niederschrift über die Vorstandssitzung v. 2.5.1960 (tkA TRW/1836); Handelsblatt v. 18.7.1960.
171 Auszug aus der Niederschrift über die Vorstandssitzung v. 13.8.1959 (tkA TRW/1836).
172 Kat. DAM Frankfurt 2000, S. 256; Durth/Gutschow 1987, S. 80.
173 Thyssen aktuell 6/1994; Film „Thyssenhaus in neuem Glanz", 1994 (tkA).
174 Pressemitteilung der ThyssenKrupp AG v. 17.6.2010 (Vz. Internetquellen).
175 www.dreischeibenhaus.de/about [19.10.2018]; Pressemitteilung der ThyssenKrupp AG v. 13.3.2007 (Vz. Internetquellen).
176 DBZ 9/2015; Bauwelt 45/2014, S. 14–19.
177 Brief v. Dr. Karl Bender an Dr. W. A. Menne, Präsident der Farbwerke Hoechst, v. 13.9.1955 betr. Besichtigung des neuen Verwaltungsgebäudes; Briefe v. Rudolf Wilms an Dr.-Ing. Camill Santo v. 13.9.1955; 22.9.1955 und 29.9.1955 betr. Besichtigung des Hochhausbaus der BASF; Brief der Rhein-Main-Bank, früher Dresdner Bank (Unterschriften nicht leserlich), an die Phoenix Rheinrohr AG v. 1.10.1955 (alle tka TRW/1848).
178 Briefe v. Rudolf Wilms an Dr.-Ing. Camill Santo v. 29.9.1955 betr. Besichtigung des Hochhausbaus der BASF (tka TRW/1848).
179 S. Kap. 2.3.1.

Abb. 13 BASF-Hochhaus, Ludwigshafen, 1954–1957, HPP, Abriss 2014 (Foto 2010)

Abb. 14 Pirelli-Hochhaus, Mailand (Italien), 1958–1960, Giò Ponti mit Pier Luigi Nervi (Foto 1965)

stand mit seiner Natursteinfassade und dem strengen Raster der Lochfenster in der Tradition von Bauwerken der NS-Zeit (zum Beispiel des Reichsluftfahrtministeriums, Berlin) und eignete sich deshalb nicht, ein neues und modernes Bild des Stahlkonzerns Phoenix-Rheinrohr zu zeichnen, dessen Vorgängergesellschaft Vereinigte Stahlwerke noch an der nationalsozialistischen Kriegswirtschaft partizipierte.[180] Woran sich die Kritik am neuen, modern konzipierten Verwaltungshochhaus in Hoechst entzündete, lässt sich hingegen nicht nachvollziehen.

Quasi im Anschluss an die Reise an Main und Oberrhein absolvierte man im Oktober 1955 noch eine Reise nach Genua und Mailand, wo man sich insbesondere von den Planungen für ein Hochhaus der Firma Pirelli (1956–1958, Architekt Giò Ponti) begeistert zeigte (Abb. 14).[181] Nachdem der Wettbewerb zugunsten von HPP, den Entwerfern des geschätzten BASF-Hochhauses, entschieden wurde, absolvierte die Delegation um Karl Bender gemeinsam mit Helmut Hentrich, Hubert Petschnigg und Friedrich Tamms noch eine einmonatige Reise durch die USA, um die

---

180 Dazu grundlegend Donges 2014.
181 „Jedenfalls war uns dieses Projekt [d. i. das Pirelli-Hochhaus, Anm. Verf.] neben demjenigen der BASF das interessanteste und auch das für unsere Überlegungen fruchtbarste" (Internes Schreiben von Dr. Karl Bender an Fritz-Aurel Goergen v. 11.10.1955 betr. „Bau unseres Verwaltungshochhauses" (tka TRW/1834)).

Konstruktion und Organisation zeitgenössischer Firmenhochhäuser zu studieren.[182] Besonders beeindruckt zeigte man sich vom Lever House, New York („sehr eindrucksvoll"[183]) (Taf. 36) und dem Technical Center von General Motors bei Detroit („eines der besten Beispiele amerikanischer Architektur"[184]) (Abb. 107). Aufmerksam registrierte man zudem, wie die Stahl- und Aluminiumkonzerne in Pittsburgh die von ihnen vertriebenen Metalle wirksam in der Architektur ihrer Hauptverwaltungen zur Schau stellten (Alcoa Building (Abb. 100) und 525 Penn Place (ehemals Sitz von US Steel)).[185]

Besonders bemerkenswert ist schließlich, dass Anfang 1957 der gesamte Vorstand von Phoenix-Rheinrohr eine Fahrt nach Ludwigshafen unternahm, damit jedes Mitglied das frisch fertiggestellte BASF-Hochhaus persönlich in Augenschein nehmen konnte.[186] Hierfür charterte man eigens einen Speisewagen der Bahn. In Ludwigshafen wurde der Vorstand von Dr. Carl Wurster, dem Vorstandsvorsitzenden der BASF, und weiteren leitenden Angestellten persönlich in Empfang genommen.

### Die Ausstellung der Wettbewerbsergebnisse

Die Ergebnisse des Architektenwettbewerbs für das Phoenix-Rheinrohr-Hochhaus wurden Ende 1955 im Düsseldorfer Künstlerverein Malkasten ausgestellt. Durch die Ausstellung konnte ein reges Interesse der Öffentlichkeit und der Medien an der neuen Unternehmenszentrale geweckt werden. Angesichts der positiven Resonanz ließ Phoenix-Rheinrohr kurzfristig einen Film über die Ausstellung produzieren, in dem auch „dezente Werbung der Firma Phoenix-Rheinrohr AG unterzubringen"[187] sei. Ausschnitte des Films konnten im März 1956 sogar in der Wochenschau platziert werden, die seinerzeit noch in den Kinos gezeigt wurde.[188]

Intern wurde die Ausstellung als neuartiger Weg in Sachen Public Relations betrachtet und aufgrund der positiven Publicity für das Unternehmen als Erfolg erachtet.[189] Auch von Externen wurde die Ausstellung unter dem Aspekt der Werbung gewürdigt:

„Für mich als Werbefachmann war diese Ausstellung eines der besten Beispiele der sog.

---

182 Bericht über eine Studienreise zur Besichtigung amerikanischer Hochhäuser v. 7.10.1956 – 9.11.1956 (tka TRW/1850).
183 Ebd.
184 Ebd.
185 Vgl. Kap. 3.2.
186 Brief von Prof. Dr. Carl Wurster, Vorstandsvorsitzender der BASF, an Dr. Karl Bender v. 7.1.1957 betr. Besichtigung des Hochhauses der BASF; Brief v. Rudolf Wilms an Dr. Santo v. 10.1.1957 betr. Besichtigung des Hochhauses der BASF (beide tka TRW/1848).
187 Brief der Kultur- und Wirtschaft-Film GmbH an Dr. Karl Bender v. 31.12.1955 betr. Filmstreifen „Architekten-Wettbewerb" (tka TRW/1816).
188 Ebd.
189 „Eine Reihe von Zeitschriften hat uns eine umfassende und geschmackvolle Würdigung des Materials zugesichert. Dies geschieht fast überall kostenlos; nur in ganz wenigen Fällen helfen wir mit einem Inserat oder sonstwie in geringem Umfang nach. Diese Art der Werbung halte ich für besonders wirksam, weil in Zeitabständen an der einen oder der anderen Stelle immer wieder ein Aufsatz erscheint, der die Aufmerksamkeit auf uns lenkt, ohne aber aufdringlich zu wirken. Als eine menschlich befriedigende Folgeerscheinung der Ausstellung habe ich empfunden, daß fast alle Journalisten unsere Aufgeschlossenheit gegenüber Presse und Öffentlichkeit lobten, die sich von den Gewohnheiten anderer Konzerne wohltuend abhebe. Diese Tatsache legt erneut die Überlegung nahe, ob man auf dem Gebiete der public relations neue Wege gehen soll. Die Ausstellung und die mit ihr zusammenhängenden Veranstaltungen haben gezeigt, wie wenig man im Grunde gegenüber der Öffentlichkeit und der Presse tun muß, um eine angenehme Atmosphäre, die werbemäßig immer wieder vorteilhaft wirkt, herbeizuführen" (Internes Schreiben v. Karl Bender, Vorstandsmitglied, an den Vorstandsvorsitzenden Fritz-Aurel Goergen, v. 18.1.1956 betr. Auswertung der Hochhaus-Ausstellung (tka TRW/1816)).

public-relation-Werbung, die ausserdem [sic] Ihrem neuen Firmennamen eine Verbreitung sichert, wie sie in so kurzer Zeit im allgemeinen nicht erreicht werden kann."[190]

## 2.1.3 Moderne Architektur als Statement und Werbemittel

**Die „Werbewirkung" innovativer Architektur**
Nach dem Wettbewerb ließ Phoenix-Rheinrohr die beiden von HPP eingereichten Entwurfsvarianten, den als „Kernhaus" charakterisierten Siegerentwurf und das modifizierte Dreischeibenhaus, weiter ausarbeiten und von verschiedener Seite prüfen, wobei man jeweils eine Ausführung in Stahlbetonbauweise und in Stahlbauweise untersuchen ließ.[191] Man plante demnach vier Varianten parallel.[192] Es stellte sich dabei heraus, dass sich die zwei Entwurfsvarianten, wenn man die gleiche Konstruktionsweise zugrunde legte, von den absoluten Kosten her kaum voneinander unterschieden.[193]

Die Entscheidung für das Dreischeibenhaus traf der eigens gebildete Bauausschuss von Phoenix-Rheinrohr aufgrund verschiedener Argumente: Man attestierte dem Dreischeibenhaus eine größere Flexibilität hinsichtlich der Grundrissgestaltung, gerade auch im Hinblick auf die Anlage von Großraumbüros, versprach sich davon aber auch eine größere Publicity, denn „welche Werbewirkung der Entwurf des Dreischeibenhauses ausübt, zeigen die vielen Veröffentlichungen der Presse und Fachzeitschriften."[194]

Den entscheidenden Grund für die bessere Werbewirkung des Dreischeibenhauses sah man in dessen innovativer Architektur. Während der Typus des Kernhauses bereits verwirklicht worden sei, unter anderem bei der BASF in Ludwigshafen, wäre „das Dreischeibenhaus [...] eine neu entwickelte Form, die im Hochhausbau noch keine ähnlichen Vorbilder hat."[195] In diesem Zusammenhang wurde darauf verwiesen, dass auch führende Architekten im Hochhausbau, mit denen man die Entwürfe diskutiert hatte, zum Beispiel leitende Mitarbeiter von SOM in New York, sich für das Dreischeibenhaus ausgesprochen hätten.[196] Als Beispiel für die positive Wirkung einer architektonisch innovativen Konzernzentrale wurde interessanterweise das von Hans Poelzig entworfene I. G. Farben-Haus in Frankfurt am Main angeführt, das zu jenem Zeitpunkt bereits rund 30 Jahre alt war.

**„Form ohne Ornament" – Schlichtheit und Zurückhaltung im historischen Kontext**
Dr. Hermann Brandi, Vorstandsmitglied von Phoenix-Rheinrohr, wies gegenüber der Öffentlichkeit wiederholt auf die Schlichtheit des Gebäudes hin

---

190 Brief v. Hans Gammersbach an den Vorstand der Phoenix-Rheinrohr AG v. 20.2.1956 (tka TRW/1816).
191 Leonhardt 1962, S. 28; Bericht zur Sitzung des Ausschusses für den Bau eines Verwaltungsgebäudes am 20.12.1956 (tka TRW/1838); Aktenvermerk von Dr. Bender v. 14.8.1956 betr. Ergebnisse einer Besprechung zum Bau des Verwaltungshochhauses (tka TRW/1831). – Zur Konstruktionsweise s. Kapitel. 2.1.4.
192 Die Darstellung von Sara Stroux, das Kernhaus wäre nur als Stahlbetonbau konzipiert gewesen und das Dreischeibenhaus demgegenüber ausschließlich als Stahlbau, ist somit nicht zutreffend (Stroux 2012, S. 316f).
193 Bericht zur Sitzung des Ausschusses für den Bau eines Verwaltungsgebäudes am 20.12.1956 (tka TRW/1838).
194 Ebd. – Insofern ist die Aussage von Sara Stroux, man hätte sich gegen den Kernbau und für das Dreischeibenhaus entschieden, weil man eine Ausführung in Stahl wünschte, nicht richtig (Stroux 2012, S. 316f). Auch trifft es nicht zu, dass man erst, nachdem man eine Ausführung in Stahl erwog, das Dreischeibenhaus mit in die Diskussion einbezogen hätte (ebd.). Die Variante Dreischeibenhaus ist von Beginn an mitdiskutiert worden, unabhängig von der Konstruktionsweise.
195 Bericht zur Sitzung des Ausschusses für den Bau eines Verwaltungsgebäudes am 20.12.1956 (tka TRW/1838). – HPP selbst bezeichneten die Variante Kernhaus als „Weiterentwicklung" des BASF-Hochhauses und plädierten für die Verwirklichung der innovativen Variante Dreischeibenhaus (Stellungnahme Dr. Hentrich/Petschnigg [1956] (tka TRW/98)).
196 Ebd. – Falsch ist jedoch die in der Literatur verbreitete Darstellung, dass eine Empfehlung von Gordon Bunshaft für das Dreischeibenhauses ausschlaggebend für die Entscheidung des Bauherrn sei (so z. B. Pehnt 2006, S. 302; Kat. DAM Frankfurt 2000, S. 256). Zum Entscheidungsprozess s. Kap. 2.1.4.

## 2.1 „Ein Loblied auf Stahl und Stahlrohr" – das ehemalige Thyssenhaus in Düsseldorf

und darauf, dass diese intendiert gewesen sei. In seiner Ansprache zur Eröffnung des neuen Konzernsitzes 1960 führte Brandi beispielsweise aus:

„So steht das Haus nun vor Ihnen allen in seiner schlichten Gestaltung als eine Form ohne Ornament. […] Wir sind überzeugt, mit dieser Zurückhaltung etwas Geschmacklich sehr Beständiges geschaffen zu haben. Das Haus soll durch seine Gestalt und seine Proportionen wirken. […] In den Bürogeschossen haben wir bewußt jeden übertriebenen Aufwand vermieden […]."[197]

Die Betonung von architektonischer Schlichtheit und Zurückhaltung wurde von den Zeitgenossen 15 Jahre nach Kriegsende zweifellos vor dem Hintergrund der jüngeren deutschen Vergangenheit verstanden. Es passt in das Bild der 1950er Jahre, dass der Bezug auf die NS-Zeit aber nicht offen thematisiert wurde.[198] Nur an einer Stelle seiner Rede stellte Brandi das Thyssenhaus unmissverständlich in den historischen Kontext und betonte den sichtbaren Bruch mit der Vergangenheit, indem er die Innenausstattung des Thyssenhauses symbolisch ausdeutete: „Das Haus ist frei von sogenanntem Gelsenkirchener Barock und von Blut-und-Boden-Erntebildern. Alle Büromöbel sind einheitlich modern und zweckmäßig gewählt, Möbel aus Stahl überwiegen."[199]

Die „Blut-und-Boden-Erntebilder" waren ein eindeutiger Hinweis auf die NS-Zeit mit ihrer „Blut und Boden"-Ideologie, während der in gleichem Atemzug genannte „Gelsenkirchener Barock",[200] ein besonders im Arbeitermilieu des Ruhrgebiets verbreiteter üppiger, späthistoristischer Möbelstil, in der Nachkriegszeit als Synonym einer konservativen bis rückwärtsgewandten Gegenbewegung zur Moderne galt und besonders bei der intellektuellen und wohlhabenden Elite der Bundesrepublik als altmodisch und kleinbürgerlich verpönt war (Abb. 15).

Mittels der Innenausstattung wurde folglich eine antimoderne Weltanschauung im Allgemeinen und eine nationalsozialistische im Besonderen verbildlicht, der Brandi ein fortschrittliches Weltbild entgegenhielt, das im zweckmäßig modernen Mobiliar der Büros sinnbildlich zum Ausdruck kommen sollte (Abb. 16). Kaum zufällig verwies Brandi in diesem Zusammenhang darauf, dass die modernen Möbel im Wesentlichen aus Stahl bestanden.[201] Auf diese Weise wurde das Kernprodukt von Phoenix-Rheinrohr nicht nur als fortschrittlicher Werkstoff dargestellt, sondern auch in Abgrenzung zur Vergangenheit politisch korrekt konnotiert.

Die symbolische Ausdeutung der Ausstattung kann pars pro toto auf das ganze Hochhaus übertragen werden. Die von Unternehmensseite betonte Schlichtheit und Zurückhaltung, welche die moderne Architektur des Dreischeibenhauses kennzeichnet, steht im Gegensatz zum dekorationsfreudigen Historismus und vor allem zur schweren Steinarchitektur der NS-Zeit und ist insofern programmatisch zu verstehen. Das Thyssenhaus stellt als bewusstes Zeichen einer neuen Zeit folglich

---

197 DN v. 18.7.1960. – An anderer Stelle schrieb Brandi: „Möge das Haus […] in seiner schlichten Gestaltung als ‚Form ohne Ornament' späteren Generationen von der Baugesinnung unserer Zeit Zeugnis ablegen" (Vorwort von Hermann Brandi in: Mittag 1962).
198 Das ist nicht weiter verwunderlich, wenn man bedenkt, dass viele Protagonisten der Nachkriegszeit bereits in der NS-Zeit arriviert waren. Beispielsweise gehörten die Studienfreunde Friedrich Tamms und Helmut Hentrich bekanntermaßen zu den führenden Architekten im Nationalsozialismus (Durth 1986, zahlreiche Seitenangaben im Namensregister). Das besonders in Düsseldorf ein Netzwerk von prominenten NS-Architekten maßgeblich für den Wiederaufbau verantwortlich war, führte zum sogenannten Düsseldorfer Architektenstreit (ebd., S. 277–312).
199 DN v. 18.7.1960.
200 Grundlegend: Kat. Gelsenkirchener Barock 1991. – Die Bezeichnung ist als Persiflage zu verstehen, die mitunter negativ konnotiert war. Die despektierliche Verwendung des Begriffs in der Rede Brandis ist umso bemerkenswerter, als ein Großteil der für das Unternehmen im Ruhrgebiet tätigen Stahlarbeiter ihre Wohnungen wahrscheinlich im „Gelsenkirchener Barock" eingerichtet hatten.
201 Zur Einrichtung des Hochhauses mit Stahlmöbeln s. auch Kap. 2.1.4.

**Abb. 15** Vitrinenschrank, „Gelsenkirchener Barock", 1950er Jahre [?], Gladbeck, Privatbesitz (Foto 2019)

**Abb. 16** Thyssenhaus, Düsseldorf, Mobiliar in einem Direktionsraum (Foto ca. 1960)

auch ein politisches Statement des Stahlkonzerns dar, der sich mittels der Architektur sichtbar von der jüngsten Vergangenheit distanzieren wollte.

Die Notwendigkeit, sich eindeutig in der neuen demokratischen und marktwirtschaftlichen Ordnung der jungen Bundesrepublik zu positionieren, erklärt sich aus der jüngeren Geschichte der Unternehmen, die sich 1955 zu Phoenix-Rheinrohr zusammenschlossen. Die Hüttenwerke Phoenix und die Rheinischen Röhrenwerke gingen beide aus der alliierten Zerschlagung der Vereinigten Stahlwerke hervor, die als Stahllieferant und Rüstungsproduzent eine Schlüsselposition in der nationalsozialistischen Kriegswirtschaft einnahmen.[202] Gerade weil die Stahlproduktion leicht Assoziationen an den Krieg wecken konnte, war es für den Stahlkonzern umso bedeutsamer, den Werkstoff nun als modern und fortschrittlich darzustellen. Harmlose Stahlrohrmöbel waren hierfür gut geeignet.

**Der Typus Hochhaus**

Der Typus Hochhaus galt in der Nachkriegszeit a priori als Ausdruck einer modernen, US-amerikanisch geprägten Architektur, die Eigenschaften wie Zweckmäßigkeit, Schlichtheit, aber auch Fortschrittlichkeit verkörperte. Auf der anderen Seite erlaubte es der Hochhausbau vor allem aufgrund seiner speziellen Dimensionen trotzdem, ein repräsentatives Bauwerk zu errichten.[203] Die

---

202 Donges 2014, S. 201–219, 325–397.
203 Eine gute Zusammenstellung der repräsentativen Aspekte von Firmenhochhäusern in der Nachkriegszeit hat Sara Stroux erarbeitet: Stroux 2009, S. 205–230.

## 2.1 „Ein Loblied auf Stahl und Stahlrohr" – das ehemalige Thyssenhaus in Düsseldorf

Höhe trat als mehr oder weniger verdecktes Mittel der Selbstdarstellung an die Stelle früherer Repräsentationsmuster wie beispielsweise die Zurschaustellung teurer Materialien und aufwendiger Dekore.

An seinem exponierten Standort am Hofgarten kam das Thyssenhaus als Solitär besonders gut zur Geltung und entfaltete mit seinen 95 Metern Höhe eine starke visuelle Präsenz im Düsseldorfer Stadtraum (Abb. 9).[204] Diese städtebauliche Wirkung wurde von Seiten Friedrich Tamms, der den Wiederaufbau Düsseldorfs maßgeblich gestaltete, nicht nur unterstützt, sondern ausdrücklich gewünscht.[205] Man war sich auf Seiten von Phoenix-Rheinrohr aber auch über den repräsentativen Aspekt der Höhe im Klaren. So legte der mit dem Bau beauftragte Vorstand Karl Bender gegenüber dem Vorsitzenden Fritz-Aurel Goergen kurz nach dem Wettbewerb dar: „Die Höhe des Verwaltungsgebäudes muss aus städtebaulichen und repräsentativen Gründen etwas über 90 m liegen."[206]

Interessant ist dabei die Angabe einer konkreten Höhe von „etwas über 90 Metern", denn an der städtebaulichen Wirkung hätte sich ja nichts geändert, wenn man etwas unter 90 Metern geblieben wäre. Verständlich wird die Maßangabe erst, wenn man sie zum neuen Hochhaus des Konkurrenten Mannesmann in Beziehung setzt, das sich seit Anfang 1956 in Düsseldorf im Bau befand (Taf. 4). In der Presse wurde zum Zeitpunkt von Benders Schreiben über eine Gebäudehöhe von 86 Metern berichtet,[207] tatsächlich erreichte das Mannesmann-Hochhaus eine Höhe von knapp 89 Metern.[208] Es scheint offensichtlich, dass Bender eine Höhe von etwas über 90 Meter forderte, um das Mannesmann-Haus zu übertreffen. Gegenüber der Presse bezeichnete Bender das projektierte Dreischeibenhaus sogar als „den höchsten Profanbau Westdeutschlands,"[209] womit auch eine überregionale Aufmerksamkeit gewiss war.

Über die repräsentative äußere Wirkung des Hochhauses im Stadtraum hinaus versprach man sich auch von der Fernsicht, die das Hochhaus von innen heraus ermöglichte, eine „Werbewirkung".[210] Um auswärtige Besucher mit imposanten Ausblicken zu beeindrucken, wurden eigens alle Abteilungen mit Außenkontakten ab dem zehnten Stock aufwärts im Gebäude platziert.[211] Darüber hinaus gab es konkrete Überlegungen, der allgemeinen Öffentlichkeit über eine Aussichtsplattform in Verbindung mit einer Cafeteria einen Zugang zu den oberen Etagen zu ermöglichen.[212] Die Idee hierfür stammte aus den USA, wo sich Aussichtsplattformen mit öffentlichen Bars auf Konzernhochhäusern großer Beliebtheit erfreut hätten, so dass sie „eine ungewöhnlich

---

204 Höhenangabe gemäß Presseinformation anlässlich der Richtfeier für das Verwaltungshochhaus der Phoenix-Rheinrohr AG, Düsseldorf, am 5.9.1958 (tka TRW/1845).
205 Als in der Planungsphase das Gerücht umging, das Hochhaus könnte unter der im Wettbewerb gezeigten Höhe zurückbleiben, richtete sich Tamms sogar mit einem Brief an den Vorstandsvorsitzenden Goergen, um darauf hinzuweisen, dass die Düsseldorfer Stadtplaner „vom städtebaulichen Standpunkt aus auf die Höhe des geplanten Verwaltungsgebäudes an diesem zentralen Schnittpunkt in Düsseldorf größten Wert legen" (Brief von Prof. Friedrich Tamms an Dr. Fritz-Aurel Goergen v. 14.6.1956 (tka TRW/1829)). – Zur städtebaulichen Konzeption s. Tamms 1962.
206 Internes Schreiben von Bender an Goergen v. 21.1.1956 (tka TRW/1831).
207 DN v. 12.1.1956.
208 Faltbroschüre „Mannesmann-Hochhaus am Rhein" [circa 1958] (SMA M 32.172).
209 Schreiben v. Dr. Karl Bender an Gerd Theunissen, Westdeutscher Rundfunk, v. 4.1.1956 (TRW/1816).
210 Internes Schreiben von Lester B. Knight Ass. v. 4.3.1959 betr. „Vertikale Belegung Verwaltungshochhaus" (tka TRW/1841).
211 Ebd. – „Entscheidend für diese Anordnung [der Abteilungen] war die werbende Wirkung der oberen Geschosse des Hochhauses. Die Verkaufsabteilungen vermitteln ihrem großen Besucherkreis den besten Eindruck über das Haus und bieten einen großartigen Rundblick über Düsseldorf" (Walter 1962, S. 131).
212 „Die Aussichtsetage soll eine Verbindung zur Cafeteria haben, was auch eine gute Werbewirkung mit sich bringt" (Niederschrift über die Sitzung der Kommission für den Bau eines Verwaltungsgebäudes v. 7.6.1957 (tka TRW/1830)).

hohe Werbewirkung dar[stellten], da hierdurch […] dieses Haus und damit der Name der Gesellschaft zu einem feststehenden Begriff wird."[213]

Trotz des erwartet hohen Werbeeffekts blieb die Einrichtung einer öffentlichen Plattform letztlich aus, weil man sich entschied, stattdessen die „Cafeteria"[214] für die Angestellten im obersten Stockwerk unterzubringen und im Stockwerk darunter das Vorstandskasino.[215]

**Die vertikale Organisation**
Die vertikale Organisation des Thyssenhauses folgte zwei Ordnungsprinzipien: Das erste Prinzip ergab sich aus der Absicht, Besuchern des Hochhauses über die Fernsicht das Bild eines modernen und leistungsfähigen Unternehmens zu vermitteln.[216] Je mehr Kundenkontakt eine Abteilung hatte, desto höher wurde sie demzufolge im Hochhaus platziert. Von diesem Schema abweichend befanden sich die Vorstandsetagen über den Bürogeschossen im 18. und 19. Geschoss;[217] darüber folgten noch das Vorstandskasino im 20. und zuoberst die Mitarbeitercafeteria im 21. Stock.

Es ist unschwer zu erkennen, dass die Platzierung des Vorstands über den Abteilungen die hierarchische Struktur des Unternehmens nachzeichnete: Die Entscheidungsträger sitzen oben. Umso bemerkenswerter ist es, dass dieses hierarchische Ordnungsprinzip wiederum von der Cafeteria für die Mitarbeiter gebrochen wurde, die sich noch darüber befand. Das repräsentativste Geschoss barg folglich eine dienende Funktion für alle Angestellten. Das Bild des modernen Unternehmens in einem modernen Hochhaus umfasste somit auch eine soziale Fortschrittlichkeit,

**Abb. 17** Thyssenhaus, Düsseldorf, mit Nachtbeleuchtung (Foto ca. 1960)

die darin sichtbar wurde, dass den Mitarbeitern das oberste Geschoss zugestanden wurde.[218] Hierauf spielte der technische Vorstand Hermann Brandi an, als er schrieb: „Auf die umfangreichen sozialen Einrichtungen für unsere Mitarbeiter sind wir stolz. Sie sind zeitgemäß."[219]

**Beleuchtung**
„Es wird aus Gründen der Werbung für sehr wesentlich gehalten, das Haus jeden Abend bis zur Beendigung der Reinigungsarbeiten in den Büros voll zu beleuchten."[220] Diese Anordnung des Vorstands belegt, dass auch die Beleuchtung des Hochhauses am Abend als Mittel der „Werbung" im Sinne einer visuellen Selbstdarstellung genutzt wurde. Der gezielte Einsatz elektrischen Lichts ermöglichte es bei Dunkelheit, die starke visuelle Präsenz des Hochhauses nicht nur aufrechtzuerhalten, sondern noch effektvoll zu steigern (Abb. 17). Die abendliche Inszenierung des Thyssenhauses war anscheinend so wirkungs-

---

213 Bericht über eine Studienreise zur Besichtigung amerikanischer Hochhäuser v. 7.10.1956 – 9.11.1956 (tka TRW/1850).
214 Mayer 1962.
215 Ebd.
216 Die Aussage von Sara Stroux, das Hochhaus der Phoenix-Rheinrohr folge dem Prinzip „Hierarchisierung in der Vertikalen", ist somit nicht zutreffend beziehungsweise nicht hinreichend differenziert (Stroux 2009, S. 213).
217 Aus wirtschaftshistorischer Sicht dürfte von Interesse sein, dass der Vorstand der ATH bereits 1962, also vor der offiziellen Fusion mit Phoenix-Rheinrohr, über Räume im Thyssenhaus verfügte (Walter 1962, S. 131).
218 S. auch Kap. 3.5.
219 Vorwort von Hermann Brandi in: Mittag 1962.
220 Auszug aus der Niederschrift über die Vorstandssitzung v. 17.4.1961 (tka TRW/1836).

2.1 „Loblied auf Stahl und Stahlrohr" – das ehemalige Thyssenhaus in Düsseldorf

**Abb. 18** Thyssenhaus, Düsseldorf, mit Logo von Phoenix-Rheinrohr auf der Fassade, erzeugt über die Schaltung der Raumbeleuchtung (Foto ca. 1960)

voll, dass der Vorstand 1962 beschloss, das Haus jeden Tag sogar bis 24 Uhr zu beleuchten.[221] In Zeiten, in denen Umweltschutz und Stromkosten offensichtlich noch keine Rolle spielten, sollte die Illumination des Thyssenhauses über die Raumbeleuchtung erfolgen. Um ein gleichmäßiges Lichtbild zu erzielen, wurden in allen Geschossen in Fensternähe Lichtbänder installiert, die gesamtheitlich vom Pförtner geschaltet werden konnten.[222]

Darüber hinaus gab es noch vor dem Einzug in das Thyssenhaus 1959 eine Aktion, bei der das Firmenlogo von Phoenix-Rheinrohr abends mittels der Raumbeleuchtung auf die Fassade projiziert wurde. Ein spektakuläres Foto, bei dem sich das Logo in der Düssel spiegelt (Abb. 18), zierte unter anderem das Titelblatt der Werkzeitung im Dezember 1959.[223] Warum diese Art der Lichtwerbung nicht dauerhaft genutzt wurde, ließ sich über die Archivalien nicht feststellen. Möglich ist, dass die tägliche Projektion des Logos auf die Fassade zur damaligen Zeit noch zu aufwendig war, denn offenbar musste dafür Raum um Raum händisch geschaltet werden. Es ist aber auch gut vorstellbar, dass die Werbung mit dem Logo auf der Fassade zum Ende der 1950er Jahre als zu direkt und aufdringlich empfunden wurde. Die gleichmäßige Ausleuchtung des Gebäudes stellte ein subtileres Mittel dar, den Stahlkonzern im Stadtraum sichtbar zu machen.

## 2.1.4 Die Firmenzentrale als Musterhaus für Stahlprodukte

**Die Stahlskelettbauweise**
Die Geschichte des vor allem in den USA entstandenen Hochhausbaus hing eng mit der Entwicklung einer neuen Konstruktionstechnik zusammen, welche die Grenzen des traditionellen Mauerwerkbaus sprengte: Die Skelettbauweise mit Vorhangfassade, auch Curtain Wall genannt, bei welcher Tragstruktur und Gebäudehülle funktionell entkoppelt werden, ermöglichte einen Dimensionssprung bei gleichzeitiger Wahrung der Wirtschaftlichkeit. Für das tragende Skelett standen im Hochhausbau zur Mitte des 20. Jahrhunderts hauptsächlich zwei Materialien zur Verfügung: Stahl oder Stahlbeton.

Phoenix-Rheinrohr ließ die beiden Bauweisen von unabhängiger Seite prüfen, wobei sich herausstellte, dass die Kosten für ein Hochhaus in Stahlbauweise rund 30 Prozent über den Kosten eines Stahlbetonbaus lagen, unabhängig davon, ob man die Variante Kernbau oder die Variante Dreischeibenhaus in Betracht zog.[224] Außerdem wurde ermittelt, dass Phoenix-Rheinrohr bei der Stahlbeton-Variante den benötigten Stahl für die Bewehrungen gänzlich selbst liefern könnte, wohingegen bei einem Stahlbau nur 5 Prozent des benötigten Stahls von Phoenix-Rheinrohr gestellt werden könnte, weil die hauptsächlich benötigten Walzprofile gar nicht im Portfolio des Unternehmens vorhanden waren.

Umso bemerkenswerter ist es, dass sich die Entscheidungsträger des Stahlkonzerns für eine Errichtung des Dreischeibenhauses in Stahlbauweise entschieden. Grund für diese Entscheidung war allein die „Werbewirkung"[225], die der Stahlbau für den Konzern bot. Bereits im Vorfeld des Architektenwettbewerbs waren sich die Verantwortlichen von Phoenix-Rheinrohr darüber im Klaren, „daß im Stahlskelettbau Propagandamöglichkeiten für die Stahlindustrie im Allgemeinen und unsere Gesellschaft im besonderen [sic] liegen."[226] Auf der entscheidenden Sitzung des Bauausschusses von Phoenix-Rheinrohr Ende

---

221 Auszug aus der Niederschrift über die Vorstandssitzung v. 3.12.1962 (tka TRW/1836). – Ausnahmen galten für Heiligabend (bis 20 Uhr) und Silvester (ganze Nacht).
222 Theissen 1962, S. 96.
223 Phoenix Rheinrohr Werkzeitung v. Dezember 1959, Titelblatt.
224 Bericht zur Sitzung des Ausschusses für den Bau eines Verwaltungsgebäudes am 20.12.1956 (tka TRW/1838).
225 Ebd.
226 Internes Schreiben von Dr. Karl Bender an Fritz-Aurel Goergen v. 11.10.1955 betr. „Bau unseres Verwaltungshochhauses" (tkA TRW/1834).

1956 wurde noch einmal bekräftigt: „Wir haben als Stahlgesellschaft ein lebhaftes Interesse an der Bevorzugung des Stahlbaus."[227] Man kam überein, dass „für die kommende Entwicklung des Stahlbaus […] das zu errichtende Verwaltungsgebäude von grösster [sic] Bedeutung"[228] sei. Schließlich erging Anfang 1957 eigens ein Aufsichtsratsbeschluss, dass das Hochhaus in Stahlbauweise errichtet werden soll (Abb. 19).[229]

Welch große Bedeutung die Verantwortlichen von Phoenix-Rheinrohr der Werbewirkung ihres Firmensitzes beimaßen, lässt sich folglich daran erkennen, dass man den Stahlbau gegenüber dem Stahlbetonbau bevorzugte, obwohl dieser erstens teurer ausfiel und zweitens die Stahlprodukte zu einem großen Teil gar nicht von Phoenix-Rheinrohr selbst hergestellt werden konnten. Da hingegen der Bewehrungsstahl für einen Stahlbetonbau hätte komplett vom Unternehmen selbst geliefert werden können, überlegte man im Bauausschuss durchaus, ob nicht mit Hinweis auf die stählernen Bewehrungen auch ein Stahlbetonbau eine Werbewirksamkeit entfalten könnte, verwarf diesen Gedanken jedoch, weil bei einem reinen Stahlbau der Bezug zum Produkt Stahl besser sichtbar wäre.[230]

Hier zeigt sich in aller Deutlichkeit, dass in einem Großunternehmen der 1950er Jahre ein hohes Maß an Bewusstsein für die Macht des Visuellen, die der Architektur immanent ist, vorhanden war. Aufgrund der primär visuellen Wahrnehmung des Hochhauses war der Stahlbau besser geeignet, den Betrachtern ein eindrückliches Bild des Produkts Stahl zu vermitteln und dabei implizit auf den Stahlkonzern Phoenix-Rheinrohr zu verweisen, als es der faktisch weitaus höhere, aber unsichtbare Einsatz von Unternehmenserzeugnissen im Stahlbetonbau hätte leisten können. Als falsch erweist sich dagegen die in der Literatur verbreitete Darstellung, Phoenix-Rheinrohr hätte von den Architekten erst überredet werden müssen, in Stahl zu bauen.[231]

Aus dem Portfolio von Phoenix-Rheinrohr eigneten sich für die Verwendung im Stahlskelettbau allein großformatige Stahlrohre und zwar als Stützen (Taf. 5). Diese Konstruktion stellte im Hochhausbau der Zeit zwar aus baukonstruktiven und wirtschaftlichen Gründen eher eine Ausnahme dar, doch die Aufsichtsratsmitglieder im Bauausschuss plädierten für den Einsatz von Stahlrohr, weil „der Bau [..] unter werbenden Gesichtspunkten erstellt [wird]."[232] Die Verwendung von Rundstützen im Dreischeibenhaus war demnach keine architektonische Entscheidung, sondern resultierte aus dem Umstand, dass auf diese Weise Produkte von Phoenix-Rheinrohr zum Einsatz kommen konnten.

Dabei fügte es sich glücklich für die Bauherrin, dass ausgerechnet die Rundstützen als einziger Teil des Stahlskeletts nach dem Ausbau sichtbar waren, auch wenn der Stahl aus Brandschutzgründen mit Gips ummantelt werden musste. Eine auffällige farbliche Gestaltung in Petrolblau setzte die Rundstützen von den übrigen Materialien des Innenraums klar ab und rückte die Produkte der Bauherrin auf diese Weise in die Wahrnehmung des Betrachters (Taf. 5).[233] Die kontrastierende Farbwahl zielte nicht nur auf die Wahrnehmung der Rohrstützen im Gebäude ab, sondern man beabsichtigte, die Stützen auf diese

---

227 Bericht zur Sitzung des Ausschusses für den Bau eines Verwaltungsgebäudes am 20.12.1956 (tkA TRW/1838).
228 Niederschrift über die Sitzung der Kommission für den Bau eines Verwaltungsgebäudes v. 20.12.1956 (tkA TRW/1829).
229 Aktenvermerk v. 22.1.1957 (tkA TRW/1830).
230 Bericht zur Sitzung des Ausschusses für den Bau eines Verwaltungsgebäudes am 20.12.1956 (tkA TRW/1838).
231 Z. B. Pehnt 2006, S. 302; Kat. DAM Frankfurt 2000, S. 256.
232 Niederschrift über die Sitzung der Kommission für den Bau eines Verwaltungsgebäudes v. 7.6.1957 (tkA TRW/1830).
233 Bei der Renovierung des Dreischeibenhauses 2012–2015 durfte die denkmalgeschützte Farbgestaltung der Stützen nicht verändert werden. Die Innenarchitekten Etienne Descloux und Irina Kromayer, die sich für die Gestaltung des neu eingerichteten Restaurants „Phoenix" im EG verantwortlich zeichneten, machten aus der Einschränkung eine Tugend und griffen die Farbigkeit der 1950er Jahre in der neuen Ausstattung bewusst auf (ad-magazin.de v. 18.1.2016 (Vz. Internetquellen)).

**Abb. 19** Thyssenhaus, Düsseldorf, Stahlskelett beim Richtfest 1958

**Abb. 20** Thyssenhaus, Düsseldorf, Prokuristen-Raum im Normalgeschoss, gut erkennbar die Stütze vor der Verglasung (Foto ca. 1960)

Weise auch von außen durch die Fensterbänder sichtbar zu machen.[234] Um die Wahrnehmung der Rohrstützen von außen zu erleichtern, ordnete man die Glasscheiben der Curtain Wall mittig vor den Stützen an, statt, wie sonst üblich, die Pfosten vor den Stützen zu platzieren (Abb. 20, vgl. Abb. 10).[235]

Die Verwendung der unternehmenseigenen Produkte sollte zudem medial kommuniziert werden:

„Die Ausrüstung unseres Hochhauses mit Stahlrohren soll werbungsmäßig entsprechend herausgestellt werden. Vorgesehen ist eine Pressekonferenz sowie Veröffentlichungen von Fachaufsätzen in Zeitungen und Zeitschriften. Auch in der Werkzeitung soll hierüber berichtet werden."[236]

Infolgedessen berichteten die Düsseldorfer Nachrichten wie auch die Werkzeitung von Phoenix-Rheinrohr im Vorfeld des Richtfests am 5. September 1958: „Alle auf Druck und Knickung beanspruchten Stützen, die sogenannten Pendelstützen, sind Stahlrohre aus der Fertigung von Phoenix-Rheinrohr."[237] Verschwiegen wurde geflissentlich, dass die Stützen nur einen kleinen Anteil des Stahlskeletts ausmachten und ein Großteil der Stahlträger von anderen Firmen bezogen werden musste.

Man war sich allerdings auch darüber bewusst, dass die sachlich gegen den Stahlbau sprechenden Argumente den gewünschten positiven Werbeeffekt konterkarieren würden, wenn sie an die Öffentlichkeit gelangten:

„Die Werbewirkung, die die Durchführung unseres Projektes in Stahlbauweise für den Stahlbau besitzen würde, könnte allerdings durch das Bekanntwerden der Tatsache, daß der Stahlbau 1,8 Mio. DM teurer gewesen sei, geschmälert werden."[238]

Deshalb wurde sowohl in der äußeren als auch der inneren Darstellung des Hochhausbaus nicht nur jeglicher Hinweis auf einen Kostenvergleich vermieden, sondern darüber hinaus suggeriert, dass der Stahlbau wirtschaftlich sei. So hieß es in der Berichterstattung im Vorfeld des Richtfestes:

„Gewählt wurde die Stahlbauweise mit Rohrstützen ohne Betonkern. Man entschied sich dafür nicht nur unter dem Gesichtspunkt der Röhrenerzeugung, sondern auch aus wirtschaftlichen und konstruktiv-architektonischen Gründen."[239]

Dass der Bericht über die Konstruktion des Hochhauses mit gleichem Wortlaut fast zeitgleich sowohl in den Düsseldorfer Nachrichten als auch

---

234 Schreiben von Lester B. Knight Ass. vom 7.4.1959 an Herrn Wilms u. w. betr. Farben im Hochhaus; Protokoll der Besprechung zwischen Lester B. Knight Ass. und HPP am 8.4.1959 (beide tka TRW/1841).
235 Ebd.
236 Auszug aus der Niederschrift über die Vorstandssitzung v. 4.6.1958 (tkA TRW/1836).
237 DN v. 30.8.1958; Phoenix Rheinrohr Werkzeitung v. August 1958, „Rohre formen unser Hochhaus". Beide Artikel haben den gleichen Wortlaut.
238 Bericht zur Sitzung des Ausschusses für den Bau eines Verwaltungsgebäudes am 20.12.1956 (tkA TRW/1838).
239 DN v. 30.8.1958; Phoenix Rheinrohr Werkzeitung v. August 1958, „Rohre formen unser Hochhaus".

in der Phoenix-Rheinrohr Werkzeitung erschien, weist auf eine konzertierte Aktion hin, die von Phoenix-Rheinrohr dirigiert wurde. Der Zeitpunkt für die Lancierung der Informationen war klug gewählt, denn zum Richtfest lag das Stahlskelett des Hochhauses offen und war somit jedermann ersichtlich (Abb. 19). Auch gingen die meisten Berichte über das Richtfest mit einem Foto des Stahlskeletts einher.

**Die Vorhangfassaden**
Während das Tragskelett naturgemäß nur zur Bauzeit sichtbar offen liegt, prägt die Fassade das alltägliche Erscheinungsbild eines Gebäudes. Insofern wundert es nicht, dass die Entscheidungsträger von Phoenix-Rheinrohr den Fassaden bei der Planung das gleiche Interesse entgegenbrachten wie dem Tragwerk. Zuerst wurden die Fassaden der Längsseiten diskutiert, wo HPP eine Vorhangfassade in Pfosten-Riegel-Bauweise vorsahen, die durch alternierende horizontale Bänder von Fenstern und Brüstungen rhythmisch gegliedert werden sollte (Taf. 3, Abb. 11). Während für die Fensterbänder a priori das Material Glas feststand, gab es bei den Brüstungselementen einen Gestaltungsspielraum, den man unter dem Gesichtspunkt der Stahlwerbung zu nutzen suchte. Favorisiert wurden folglich auch Brüstungen aus Stahlpaneelen,[240] bei denen es sich Ende der 1950er Jahre um neuartige Bauprodukte handelte. Dabei schaute man wiederum auf den Neubau des Konkurrenten Mannesmann, wo emaillierte Stahlbleche aus eigener Produktion zum Einsatz kamen und beworben wurden.[241] Es stellte sich zwar heraus, dass Stahlpaneele 50 Prozent über den veranschlagten Kosten lagen, doch war man durchaus bereit, diese Mehrkosten um der Werbung für den Stahl willen zu tragen.[242] Dass es dennoch nicht zum Einsatz von Stahlpaneelen kam, lag daran, dass verschiedene Experten, auch aus dem eigenen Unternehmen, eine Korrosion der Stahlbleche nicht ausschließen wollten.[243] Auch Helmut Hentrich, der sich auf USA-Reisen intensiv mit Curtain-Wall-Fassaden beschäftigte, sprach sich gegen ein Stahlprodukt im Brüstungsbereich aus.[244]

Für die Pfosten-Riegel-Konstruktion wurde Stahl ebenfalls wegen der Korrosionsgefahr abgelehnt.[245] Stattdessen entschied man sich – wie bereits bei Mannesmann – für eine Ausführung der Pfosten und Riegel in korrosionsbeständigem Aluminium, die man als alternativlos ansah.[246] Auch mit Bezug auf die Brüstungen stellte man fest, dass Aluminium bautechnisch eine optimale Alternative darstellen würde. Allerdings schlossen die Verantwortlichen von Phoenix-Rheinrohr die Verwendung von Aluminium im Brüstungsbereich rigoros aus, weil Aluminium in vielen Anwendungsbereichen in Konkurrenz zum Stahl stand:

„Brüstungen aus Aluminium vorzusehen, erschien uns vom Standpunkt des Stahlkonzerns nicht vertretbar. Man würde dergestalt der Aluminiumindustrie einen billigen Werbeslogan dahin verschaffen, die Aluminiumprodukte seien so gut, dass selbst die Eisen- und Stahlindustrie ihre eigenen Erzeugnisse gegen Aluminium-Produkte austausche."[247]

Interessant ist bei dieser Argumentation, dass abermals die visuelle Wahrnehmung eine entscheidende Rolle spielte. Im Vergleich zu dem li-

---

240 Bericht von Dr. Bender über den Stand der Bauvorbereitung v. 10.5.1957 (tkA TRW/1828).
241 Niederschrift über die Sitzung der Kommission für den Bau eines Verwaltungsgebäudes v. 7.6.1957 (tkA TRW/1830). – Faltbroschüre „Mannesmann-Hochhaus am Rhein", [circa 1958].
242 Bericht von Dr. Bender über den Stand der Bauvorbereitung v. 10.5.1957 (tkA TRW/1828).
243 Ebd.
244 Ebd.
245 Aktenvermerk von Direktor Wilms zum Stand des Bauvorhabens am 31.12.1957 (tka TRW/1835); Bericht von Dr. Bender über den Stand der Bauvorbereitung v. 10.5.1957 (tkA TRW/1828).
246 Ebd.
247 Bericht von Dr. Bender über den Stand der Bauvorbereitung v. 10.5.1957 (tkA TRW/1828).

nearen Fassadentragwerk aus Pfosten und Riegeln bestimmten die Brüstungen in weitaus stärkerem Maß das Erscheinungsbild der Fassade. Während die Verwendung von Aluminium für die Pfosten und Riegel deshalb toleriert wurde, schied es für die optisch wirksamen Brüstungsbänder aus. Letztlich entschied man sich deshalb für getönte Glasscheiben in den Brüstungen, was ein relativ homogenes Erscheinungsbild aus opaken und transparenten Glasscheiben an den Längsseiten zur Folge hatte.[248]

Als Werbefläche für den Werkstoff Stahl entdeckte man hingegen während des Planungsprozesses die geschlossenen Schmalseiten des Dreischeibenhauses (Taf. 6), wo zwar auch eine Vorhangfassade, aber keine Pfosten-Riegel-Konstruktion vorgesehen war. Dort kamen schlussendlich großformatige gefaltete Bleche aus rostfreiem Edelstahl zum Einsatz, welche dem Gebäude aus seitlicher Perspektive ein stahlmäßiges Erscheinungsbild verleihen, das sich leicht mit dem Unternehmen assoziieren lässt.[249] Während ursprünglich für die Schmalseiten eine Verkleidung mit Betonplatten angedacht war, kam während der Detailplanung der Vorschlag auf, die Schmalseiten mit Aluminiumblechen zu verkleiden.[250] Auf Initiative von Phoenix-Rheinrohr wurde daraufhin alternativ der Einsatz von Edelstahlblechen geprüft. Wie bereits bei der Tragwerksplanung stellte sich heraus, dass die Verwendung von Stahl, in diesem Fall Edelstahl, die teuerste Variante darstellte. Die höheren Kosten für die Stahlhaut spielten in Anbetracht der Werbewirkung jedoch abermals eine untergeordnete Rolle.[251] Vorstandsmitglied Hermann Brandi sah in dem Mehrpreis sogar einen „echten Werbeaufwand"[252], der aus dem „Werbe-Etat genommen werden sollte."[253] Schließlich konnte der Werkstoff Stahl auf unabsehbare Zeit an prominenter Stelle im Stadtraum weithin sichtbar zur Schau gestellt und mittels Fotografien auch über Düsseldorf hinaus vermittelt werden. Mit einer polierten Oberfläche wollte man eine hochwertige Optik der Bleche erzielen und scheute auch dafür keine zusätzlichen Kosten.[254] Wie viele Stahlbauteile des Thyssenhauses wurde auch die Edelstahlfassade nicht von Phoenix-Rheinrohr selbst produziert, sondern in diesem Fall bei den Deutschen Edelstahlwerken (DEW) eingekauft.[255] Allerdings gingen die DEW wie Phoenix-Rheinrohr aus der Zerschlagung der Vereinigten Stahlwerke AG hervor und gehörten nach dem Krieg zum Besitz der Thyssen-Familie,[256] so dass man sicher davon ausgehen kann, dass ein enges Netzwerk zwischen den beiden Firmen bestand.

**Die Innenausstattung**

Auch in der Innenausstattung kamen rostfreie Stahlbleche von DEW zum Einsatz.[257] In der Lobby, also an prominenter Stelle im Gebäude, verkleidete man die Wände des innenliegenden Kerns mit Faltblechen aus Edelstahl. Auf diese Weise wurde jedem Besucher beim Betreten des Hochhauses der Werkstoff Stahl unübersehbar

---

248 Ebd. – Für die Schmalseiten lagen zu jenem Zeitpunkt noch keine konkreten Planungen vor.
249 Zur Ausführung kam ein Chrom-Nickel-Stahl. Aufgrund der Langlebigkeit des Materials befinden sich noch immer die Bleche der Bauzeit am Gebäude. Bei der letzten Renovierung 2012–2015 musste das Metall lediglich gereinigt werden (DBZ 9/2015).
250 Baufortschrittsbericht v. 28.2.1958, 2. Entwurf, gez. Wilms (tka TRW/1835).
251 Bericht über den Baufortschritt v. 31.12.1958 (tkA TRW/1835); Auszug aus der Niederschrift über die Vorstandssitzung v. 29.9.1958 (tkA TRW/1836).
252 Internes Schreiben von Brandi an weitere Vorstandsmitglieder vom 24.9.1958 (tka TRW/1855).
253 Ebd.
254 Schreiben von Dir. Wilms v. 4.6.1959 an Prof. Dr. Robert Scherer, DEW, betr. Oberflächen des Edelstahls (tka TRW/1857). Helmut Hentrich überzeugte den Vorstand anhand von gebauten Beispielen aus den USA, dass andere Oberflächenbehandlungen wie Bürsten zu unschönen Verschmutzungen führen würden.
255 Internes Schreiben von Brandi an weitere Vorstandsmitglieder vom 24.9.1958 (tka TRW/1855).
256 Bähr 2015, S. 78. – Mehrheitsaktionärin 1954 war Anita Gräfin Zichy-Thyssen.
257 Auszug aus den Niederschriften über die Vorstandssitzungen v. 17.8.1959 und v. 14.1.1960 (tkA TRW/1836); Aktenvermerk v. 14.8.1959 betr. Verkleidung der Kernwände mit Edelstahl (tkA TRW/1858).

vor Augen geführt (Taf. 7). Wie bereits bei der Edelstahlfassade kam der Vorschlag nicht von den Architekten, sondern in diesem Fall von einem Direktor der DEW, und wurde vom Vorstand der Phoenix-Rheinrohr begeistert aufgenommen.[258] Im Unterschied zur Fassade, wo ein Spundwandprofil zum Einsatz kam, das auch ein in der Fernsicht wahrnehmbares Relief erzeugt, entschied man sich in der Lobby für eine ebenmäßige Oberfläche, die von schmalen Nuten gleichmäßig in vertikale Streifen gegliedert wird. Die effektvoll glänzenden und spiegelnden Edelstahloberflächen schufen im Zusammenspiel mit den polierten schwarzen Natursteinböden[259] eine schnörkellos moderne und doch gediegene Atmosphäre.

Vor dieser Folie setzen sich die bereits im Zusammenhang mit dem Tragwerk thematisierten Stahlrohrstützen mit ihrer auffälligen Farbigkeit in Petrol stark ab, so dass die Produkte von Phoenix-Rheinrohr in den Blickpunkt des Betrachters rückten (Taf. 5). Über die Presse wurde die Verwendung der Rohre intern wie extern bekanntgemacht und implizit beworben: „In der Eingangshalle und im Erdgeschoss ist das Rohr das beherrschende Element. 48 Stahlrohre haben hier nicht nur eine statische Aufgabe, sondern sind auch von außergewöhnlicher architektonischer Wirksamkeit."[260]

Ebenfalls farblich hervorgehoben wurden Rohre für die Ver- und Entsorgung des Gebäudes an der Schmalseite der Lobby, die ebenfalls von Phoenix-Rheinrohr hergestellt wurden (Taf. 7).[261] Diese haustechnischen Elemente, die normalerweise versteckt liegen, wurden in der repräsentativen Eingangshalle des Thyssenhauses nicht nur demonstrativ offen vor der Wand verlegt, sondern fallen mit ihrer bunten Ummantelung in unterschiedlichen, kräftigen Farbtönen wie die Rohrstützen besonders ins Auge.

Ein weiteres Element in der Lobby, das weitgehend aus Stahl konstruiert wurde, sind die beiden Treppen, die sich an den Seiten der Kerne befinden. Im Unterschied zu den Büroetagen sind die Treppen der Eingangshalle frei einsehbar.[262] Weitgehend aufgelöst in ein filigranes, abgehängtes Gerüst aus Stahlprofilen und -stäben wenden sich die Treppenläufe auf halber Höhe mit einem kühn in den Raum ragenden Podest. Auf diese Weise setzten die Treppen nicht nur einen modernen architektonischen Akzent, sondern stellten auch die statischen und ästhetischen Möglichkeiten des Werkstoffs Stahl zur Schau.

Angesichts der intendierten vielfachen Verwendung von Stahl am Gebäude überrascht es nicht, dass man auch bei der Einrichtung des Hochhauses mit Büromobiliar eine Gelegenheit erkannte, die Verwendungsmöglichkeiten des Werkstoffs Stahl zu demonstrieren: „Der Eigenschaft unserer Firma als Stahlproduzent entspricht auch vom Werbestandpunkt aus eine Verwendung von Stahlmöbeln."[263]

---

258 Schreiben v. 24.11.1958 an Direktor Dr. Georg Lösch, DEW (tka TRW/1855). – Allerdings plante bereits Karl Bender, das Düsseldorfer Haus „mit rostfreiem Stahl auszurüsten" (Brief v. Dr. Karl Bender an die United States Steel Export Company v. 21.1.1957 (tkA TRW/1848)). Inspiriert wurde er dabei von einem Besuch der US Steel Hauptverwaltung in Pittsburgh 1956, wo er die „imposante Eingangshalle, [die] unter starker Verwendung von Nirosta-Blechen" gestaltet wurde, rühmte (Bericht über eine Studienreise zur Besichtigung amerikanischer Hochhäuser v. 7.10.1956 – 9.11.1956 (tkA TRW/1850)). – Die Hauptverwaltung von US Steel befand sich seinerzeit noch im Hochhaus 525 Penn Place (1951, Harrison & Abramovitz).
259 Gewünscht war „schwarzer Naturstein bester schwedischer Qualität" (Auszug aus der Niederschrift über die Vorstandssitzung v. 14.1.1960 (tkA TRW/1836)).
260 DN v. 30.8.1958; Phoenix Rheinrohr Werkzeitung v. August 1958, „Rohre formen unser Hochhaus".
261 „An den Wandscheiben werden Versorgungsleitungen in freier Führung gezeigt. Sie sind in verschiedenen Farben gehalten und erfüllen neben Installationsfunktionen den Zweck einer Wandbelebung, aber auch der Werbung für ‚Phoenix-Rheinrohr'" (Moser 1962, S. 115).
262 Um die Sichtbarkeit der Stahltreppen unter Berücksichtigung heutiger Anforderungen an den Brandschutz zu erhalten, wurden bei der jüngsten Renovierung feuerfeste Vorhänge eingebaut, welche im Brandfall aus den Decken fallen und die Treppen abschotten (Bauwelt 45/2014, S. 14–19).
263 Aktenvermerk Lester B. Knight Ass v. 13.3.1959 betr. Möblierung des Hochhauses (tka TRW/1841).

## 2.1 „Ein Loblied auf Stahl und Stahlrohr" – das ehemalige Thyssenhaus in Düsseldorf

**Abb. 21** Thyssenhaus, Düsseldorf, Lobby mit Stahlrohrmöbeln und Wandverkleidung aus Edelstahl (Foto ca. 1960)

### 2.1.5 Zusammenfassung: Das Thyssenhaus – Bekenntnis zur Moderne und Musterhaus für Stahlprodukte

Bereits kurz nach Gründung der Phoenix-Rheinrohr AG 1955 beschäftigte man sich auf Vorstandsebene intensiv mit dem Bau einer neuen Firmenzentrale. Der betriebene Aufwand im Vorfeld war beträchtlich und verdeutlicht, wie viel Wert darauf gelegt wurde, das Gebäude als Visitenkarte des Unternehmens auszulegen. Man unternahm mehrere Reisen ins In- und Ausland, um sich eingehend über aktuelle Bauprojekte anderer Großkonzerne zu informieren. Besonders bemerkenswert ist eine Besichtigung des BASF-Hochhauses in Ludwigshafen, an welcher der gesamte Vorstand von Phoenix-Rheinrohr teilnahm. Der Sitz für den durch Fusion geschaffenen Konzern sollte nach Düsseldorf gelegt werden, wo sich nicht nur die Zentrale der Vereinigten Stahlwerke befand, aus deren Zerschlagung die Vorgängergesellschaften von Phoenix-Rheinrohr einige Jahre zuvor entstanden waren, sondern auch der Konkurrent Mannesmann seinen Stammsitz hatte, der mit dem Bau eines modernen Hochhauses nach US-amerikanischen Vorbild neue Maßstäbe im Hinblick auf die Höhe, Konstruktion und Ästhetik im Verwaltungsbau setzte.

Auch hierfür erging eigens ein Beschluss des Vorstands.[264] Dementsprechend wurde nicht nur die Lobby mit repräsentativen Stahlrohrsesseln ausgestattet (Abb. 21), sondern auch die Büros standardmäßig mit Mobiliar aus Stahl eingerichtet (Abb. 16, Abb. 20).[265] Die vielfältige Verwendung des Werkstoffs Stahl beim Bau und der Ausstattung des Dreischeibenhauses wurde öffentlich erkannt und gewürdigt:

„Das Thyssen-Haus ist größtenteils aus Stahl errichtet. Das Haupterzeugnis des Unternehmens, das Rohr, spielt in der Statik des Gebäudes eine wesentliche Rolle. Aber auch – beispielsweise – die Fassade und die Büromöbel sind größtenteils aus Stahl."[266]

„So ist dieses Hochhaus nicht nur eine elegante architektonische Lösung, sondern auch ein Loblied auf Stahl und Stahlrohr."[267]

In enger Zusammenarbeit mit der Stadtplanung, namentlich des Beigeordneten Friedrich Tamms, konnte Phoenix-Rheinrohr ein repräsentatives und exponiertes Grundstück am Hofgarten erwerben, wo nach Tamms städtebaulichen Plänen ein solitäres Hochhaus nach modernen Prinzipien entstehen sollte, was den Vorstellungen des Unternehmens sehr entgegenkam. Auf der einen Seite konnte der Konzern mit einem Hochhaus eine starke visuelle Präsenz im Stadtraum entfalten und ein überregionales mediales Interesse erzeugen. Dabei wurde genau darauf

---

264 Auszug aus der Niederschrift über die Vorstandssitzung v. 13.4.1959 (tkA TRW/1836).
265 „Aus Gründen der Sicherheit und Werbung wurde zwischen Bauherrn und Architekten vereinbart, bei der gesamten Einrichtung weitgehend Stahlmöbel bzw. Kombinationen von Holz und Stahl zu verwenden" (Moser 1962, S. 112).
266 WAZ v. 19.7.1960.
267 Phoenix-Rheinrohr Werkzeitung v. August 1958, „Rohre formen unser Hochhaus"; DN v. 30.8.1958.

geachtet, den Konkurrenten Mannesmann von der Höhe her leicht zu übertreffen. Auf der anderen Seite konnte man sich der Öffentlichkeit gegenüber mittels der modernen Architektur als modernes Unternehmen präsentieren. Die Vereinigten Stahlwerke waren unter anderem als Rüstungsproduzent eng mit der nationalsozialistischen Kriegswirtschaft verflochten. Mittels einer dezidiert modernen Architektursprache, einer „Form ohne Ornament"[268], sollte in Abgrenzung zum dekorationsfreudigen Historismus und vor allem zur schweren Steinarchitektur der NS-Zeit Zurückhaltung, Zweckmäßigkeit und Fortschrittlichkeit symbolisiert werden. Als Zeichen einer neuen Zeit geriet das Thyssenhaus somit zum politischen Statement des Stahlunternehmens: Man distanzierte sich sichtbar von der jüngeren Vergangenheit und positionierte sich stattdessen in der neuen demokratischen und marktwirtschaftlichen Ordnung.

Die progressiven Ergebnisse des Architekten-Wettbewerbs, den das Düsseldorfer Büro Hentrich, Petschnigg und Partner (HPP) gewann, wurden Ende 1955 öffentlichkeitswirksam in einer Ausstellung präsentiert. Realisiert wurde jedoch nicht der prämierte Wettbewerbsbeitrag („Kernbau" genannt), eine Weiterentwicklung der neuen BASF-Zentrale, sondern der innovative Entwurf eines aus drei Scheiben bestehenden Hochhauses, den HPP außer Konkurrenz eingereicht hatten. Nach dem Wettbewerb ließ Phoenix-Rheinrohr zunächst beide Entwürfe eingehend prüfen und eine Umsetzung sowohl in Stahlbeton- als auch in Stahlskelettbauweise untersuchen – es standen somit vier Varianten zur Diskussion. Als sich herausstellte, dass beide Entwürfe bei gleicher Bauweise in etwa gleich teuer würden, entschied man sich für die Realisierung des Dreischeibenhauses, weil man sich, dies war das Hauptargument, von der innovativen Architektur eine größere „Werbewirkung"[269] versprach.

Hinsichtlich der Bauweisen ergaben die Untersuchungen im Vorfeld, dass – unabhängig von der Entwurfsvariante – ein Stahlbau deutlich teurer als ein Stahlbetonbau sein würde und zudem nur ein geringer Teil des Stahlskeletts aus Produkten von Phoenix-Rheinrohr gefertigt werden könnte, wohingegen der Bewehrungsstahl des günstigeren Stahlbetonskeletts gänzlich von Phoenix-Rheinrohr hätte geliefert werden können. Umso bemerkenswerter ist es, dass man sich trotzdem für eine Realisierung des Dreischeibenhauses in Stahlbauweise entschied, weil man sich hiervon bessere „Propagandamöglichkeiten"[270] für den Baustoff Stahl im Allgemeinen und das eigene Unternehmen im Besonderen versprach. Hier zeigt sich ganz deutlich, wie sehr sich die Verantwortlichen von Phoenix-Rheinrohr über das kommunikative Potential ihrer Konzernzentrale bewusst gewesen sind. Man wollte das Hochhaus gezielt als Werbemedium nutzen und nahm dafür Mehrkosten billigend in Kauf. Das war nicht nur beim Tragwerk der Fall, sondern zeigt sich auch an anderen Stellen, wo man sich ungeachtet günstigerer Alternativen für den demonstrativen Einsatz von Stahlprodukten entschied. So fiel beispielsweise die Entscheidung für die Verkleidung der Schmalseiten mit Edelstahl-Profilblechen, die dem Gebäude die charakteristische stählerne Anmutung verleihen, nicht aus architektonischen, sondern aus werblichen Gründen. In den Mehrkosten gegenüber anderen, zunächst angedachten Materialien sah man gar einen „echten Werbeaufwand"[271], der aus dem „Werbe-Etat genommen werden sollte."[272]

---

268 Vorstandsmitglied Hermann Brandi in seiner Rede zur Eröffnung des Thyssenhauses (DN v. 18.7.1960); Vorwort von Hermann Brandi in: Mittag 1962.
269 Der Terminus „Werbewirkung" wurde im Zusammenhang mit dem Hochhausneubau wiederholt von den Entscheidungsträgern der Phoenix-Rheinrohr AG verwandt.
270 Internes Schreiben von Dr. Karl Bender an Fritz-Aurel Goergen v. 11.10.1955 betr. „Bau unseres Verwaltungshochhauses" (tkA TRW/1834).
271 Internes Schreiben von Brandi an weitere Vorstandsmitglieder vom 24.9.1958 (tka TRW/1855).
272 Ebd.

Das Thyssenhaus wurde folglich als plakatives Musterhaus für den Werkstoff Stahl konzipiert. Neben dem Tragwerk und der Fassade, wurde auch bei der Innenausstattung des Gebäudes auf die Verwendung von Stahlprodukten Wert gelegt. Für die Büros wurden deshalb Möbel angeschafft, die großenteils aus Stahl bestanden. In der Lobby, die jeder Besucher des Hauses passierte, verkleidete man die Wände des Kerns mit Edelstahlblechen und verlegte außerdem die Versorgungsleitungen aus Stahlrohr offen sichtbar an einer Seitenwand. Auch die kühn in den Raum ausgreifenden Treppen demonstrierten die konstruktiven und ästhetischen Möglichkeiten des Baustoffs Stahl. Die hauseigenen Stahlprodukte – die Rohre – wurden mittels einer kontrastierenden Farbgestaltung besonders hervorgehoben. Während die haustechnischen Rohre in der Lobby mit ihrem bunten Anstrich ins Auge fielen, setzten sich die Rohrstützen des Gebäudes mit einem auffälligen Petrolblau im Innenraum ab. Darüber hinaus wurden die Rohrstützen in unüblicher Weise mittig vor den Glasfenstern platziert, um ihre Sichtbarkeit von außen zu erhöhen.

Die kommunikativen Ziele, welche die Unternehmensführung mit dem Bau der neuen Zentrale anvisierte, wurden allesamt erreicht. In der Öffentlichkeit wurde das Thyssenhaus als Wegbereiter einer modernen Architektur viel beachtet und als mustergültiger Stahlbau wahrgenommen: „So ist dieses Hochhaus nicht nur eine elegante architektonische Lösung, sondern auch ein Loblied auf Stahl und Stahlrohr."[273]

## 2.2 „Alles Dinge, die man auch von einem guten Auto erwartet" – die Hauptverwaltung von BMW in München

### 2.2.1 Einleitende Baugeschichte

Als sich abzeichnete, dass die Kapazitäten der vorhandenen Verwaltungsbauten des in den 1960er Jahren rasch wachsenden Automobilherstellers BMW in München nicht mehr ausreichten, richtete der Konzern im Sommer 1968 einen Wettbewerb unter sieben geladenen Architekten aus, bei dem zwar kein Sieger gekürt, aber zwei zweite und zwei dritte Preise vergeben wurden.[274] Nachdem die preisgekrönten Entwürfe eingehend im Vorstand und Aufsichtsrat diskutiert wurden, engte man die Auswahl zunächst auf die Vorschläge von Walter Henn und Karl Schwanzer ein.[275] Obwohl die veranschlagten Kosten für den Entwurf von Karl Schwanzer 10 Prozent über demjenigen von Walter Henn lagen, wurde der aufsehenerregende „Vierzylinder"[276] von Schwanzer von vornherein aufgrund seiner erwarteten Außenwirkung favorisiert (Taf. 8).[277]

Bereits auf der gemeinsamen Sitzung von Vorstand und Aufsichtsrat am 30. Oktober 1968, auf der die vier Preisträger ihre Modelle noch einmal persönlich vorstellten, wurde protokolliert:

---

273 Phoenix-Rheinrohr Werkzeitung v. August 1958, „Rohre formen unser Hochhaus"; DN v. 30.8.1958.
274 Niederschrift über die Sitzung des Preisgerichts am 19.9.1968 im BMW-Pavillon am Lenbachplatz (BMW UA 1691/2). – Die 2. Preise gingen an Prof. Dr. Karl Schwanzer, Wien und die AG für Industrieplanung, München; die 3. Preise an Kurt Ackermann, München und Prof. Dr. Walter Henn, Braunschweig. Die weiteren Teilnehmer waren Nils Heerde, München; HPP, Düsseldorf und Albert Peter Kleinwort, Dortmund. Die Jury wurde vom Braunschweiger Prof. Dr. Friedrich Wilhelm Kraemer geleitet; weitere Juroren waren Prof. Gerhard Weber, Stadtbaudirektor Mücke sowie von Seiten der BMW Direktor W. Gieschen (Vorstandsmitglied Technik) und Werksarchitekt Dr. W. Krüder. – Zum Wettbewerb s. Baumeister 1/1969, sowie die Auswertung bei Seehausen 2011, S. 32–88.
275 Niederschrift über die Vorstandssitzung v. 15.10.1968 (BMW UA 412); Tagesordnung zur Sitzung des Aufsichtsrates am 30.10.1968 in Bad Homburg; Niederschrift über die Sitzung des Aufsichtsrates am 8.11.1968 in Moscia-Ascona (beide BMW UA 542/1).
276 S. folgendes Kapitel.
277 Die in der Presse geäußerte Vermutung, der Entwurf „muss die BMW-Geschäftsführung einst stark gefordert haben", trifft somit eindeutig nicht zu (meinbezirk.at, 11.6.2018, (Vz. Internetquellen)).

„Herr Hahnemann trägt eindringlich seine Auffassung vor, daß sich bei der Konzeption des neuen Verwaltungsgebäudes die Alternative stelle, ob wir nur Verwaltungsbüroräume errichten oder aber etwas ganz Außergewöhnliches schaffen wollten. Nach seiner Meinung komme allein der zweite Weg in Betracht. Nur er werde dem Image gerecht, das wir durch unsere Fahrzeuge in aller Welt gewonnen hätten. Selbstverständliche Voraussetzung sei natürlich, daß auch ein avantgardistisches Hochhaus die ihm zugeordneten Funktionen erfüllen könne. Aus diesen Gründen kommt nach der Ansicht von Herrn Hahnemann nur der Entwurf von Herrn Prof. Schwanzer in Betracht."[278]

**Abb. 22** Komplex der BMW-Hauptverwaltung mit Museum, Flachbau, Hochhaus und Parkhaus, München, Karl Schwanzer, 1970–1973 (Foto ca. 1973)

Und auf der Aufsichtsratssitzung am 8. November 1968 hieß es: „Der Entwurf Schwanzer ist der eigenwilligste und werbemäßig beste. Er entspricht vor allem am besten dem augenblicklichen BMW-Image."[279]

Nachdem man ein Geschosssegment des Vierzylinders im Maßstab 1:1 errichtet und begutachtet hatte,[280] erteilte der Vorstand im Dezember 1968 schließlich den Auftrag an Karl Schwanzer.[281] Neben dem Hochhaus umfasste der Komplex noch einen langgestreckten Flachbau, in dem sich das Rechenzentrum, die Kantine und Konferenzräume befanden, ein Parkhaus sowie einen nicht minder spektakulären, schüsselförmigen Solitär, in dem ein Unternehmensmuseum eingerichtet wurde (Abb. 22).[282]

Auf eine längere Überarbeitung des Entwurfs folgte am 28. Juli 1970 der offizielle Baubeginn.[283] Nachdem am 7. Dezember 1971 das Richtfest gefeiert wurde, war das Gebäude zur Eröffnung der Olympischen Spiele in München im Sommer 1972 äußerlich fertiggestellt. Nach Vollendung der Innenarbeiten fand am 18. Mai 1973 schließlich die offizielle Eröffnung der neuen BMW-Zentrale statt.[284]

In den Jahren 2003–2006 wurde der Vierzylinder nach den Plänen von Peter Schweger und seinem Hamburger Architekturbüro umfassend saniert.[285] Die Revitalisierung des 1999 unter Denkmalschutz gestellten Hochhauses konzentrierte sich auf die Anpassung an aktuelle technische Standards sowie funktionale und ästhetische Bedürfnisse unter weitgehender Bewahrung

---

278 Niederschrift über die Vorstandssitzung v. 15.10.1968 (BMW UA 412).
279 Niederschrift über die Sitzung des Aufsichtsrates am 8.11.1968 in Moscia-Ascona (BMW UA 542/1).
280 Niederschrift über die Vorstandssitzung v. 19.11.1968 (BMW UA 412).
281 Niederschrift über die Vorstandssitzung v. 2.12.1968 (BMW UA 412).
282 Zum Museum s. Kap. 2.2.4.
283 Manuskript für eine Presseinformation zum Richtfest am 7.12.1971 (UA 1691/1).
284 Pressemitteilung der BMW AG v. 12.5.1998 (UP 1860/10); Pressemitteilung der BMW AG v. 25.5.1973 (UP 216/10).
285 Hierzu ausführlich: Zohlen 2008; ferner: schweger-architects.com/projects/bmw-hochhaus-areal-muenchen/ [31.1.2019] (Vz. Internetquellen).

der identitätsstiftenden historischen Gestalt des Entwurfs von Schwanzer.[286] Auch das 2002–2008 erneuerte Museum wurde äußerlich in seiner alten Form erhalten, das Innere jedoch nach den Plänen des Ateliers Brückner, Stuttgart, neu konzipiert.[287] In diesem Zuge vergrößerte man die Ausstellungsfläche des Museums um das Fünffache, indem man den westlichen Flachbau komplett entkernte und unterirdisch mit dem alten Museumsbau verband. Auf diese Weise blieb die städtebauliche Wirkung des Ensembles aus „Museumsschüssel", Hochhaus und Flachbau unbeeinträchtigt.

### 2.2.2 Der Vierzylinder – eine Architecture Parlante?

**„Symbol für den Verbrennungsmotor"[288]**
Die eigenwillige Form des BMW-Hochhauses (Abb. 23) resultiert aus der Organisation des Grundrisses, bei dem vier Kreissegmente ähnlich einem vierblättrigen Kleeblatt um einen zentralen Kern herum gruppiert wurden (Abb. 24). In die Höhe multipliziert ergeben sich somit vier Zylinder, die auf ca. zwei Dritteln ihrer Höhe von einer geschosshohen Fuge geteilt werden, die das Technikgeschoss beherbergt (Abb. 25). Beschreibt man das Gebäude nun treffend als „vier Zylinder" so ist diese Beschreibung homophon mit „Vierzylinder", der gebräuchlichen Kurzform für „Vierzylindermotor". Auf diese Weise weckte und weckt das Gebäude unweigerlich Assoziationen zu den Produkten der Bayerischen Motoren Werke. Dabei ist bemerkenswert, dass ein Auto mit Vierzylinder erst Anfang der 1960er Jahren, also nur einige Jahre vor dem Bau der neuen Zentrale, von BMW auf den Markt gebracht wurde.[289] Die Wagen der sogenannten „Neuen Klasse" füllten mit ihren Vierzylindermotoren nicht nur eine Lücke in der Produktpalette des Münchener Automobilherstellers zwischen Rollermobil und Kleinwagen (Ein- beziehungsweise Zweizylinder) einerseits und Limousinen der Oberklasse (Sechs- oder Achtzylinder) andererseits, sondern erwiesen sich als richtungsweisendes Erfolgsmodell der Marke BMW.[290] Hierauf wurde angespielt, wenn es unternehmensintern hieß: „BMW schuf sich Raum für wachsende Aufgaben mit einem Bürohaus der Neuen Klasse".[291]

Der Spitzname „Vierzylinder" kam bereits zur Bauzeit in der Presse auf.[292] Ob Schwanzer diese bildliche Assoziation beim Entwurf vor Augen hatte, ist allerdings fraglich. Er selbst hat dies (zumindest in der Öffentlichkeit) bestritten.[293] Tatsächlich spricht einiges dagegen, z. B. dass er eine Komposition aus mehreren Kreisen zu jener Zeit auch für andere Bauaufgaben verwandte, wie der Pfarrkirche Auferstehung Christi in Wien (1972) (Abb. 26), oder mehr noch, dass ein Vierzylindermotor realiter doch ganz anders aussieht. In diesem Untersuchungsrahmen ist jedoch entscheidend, dass BMW die Assoziation an einen Motor frühzeitig aufgriff und medial verbreitete. Bereits in der Pressemeldung zur Eröffnung des Hochhauses 1973 ist vom „größten Vierzylinder der Welt"[294] die Rede. Dieses Bild nutzt der Au-

---

286 „Das ganzheitliche Konzept sollte vom aktuellen Selbstverständnis der BMW Group ausgehen und zugleich das architektonische Werk Karl Schwanzers respektieren und weiterentwickeln. Daraus folgte der Anspruch, so viele Erinnerungswerte wie möglich zu erhalten und ein Höchstmaß an technischer Innovation einzusetzen" (Peter Schweger 2008, S. 98). – Zur BMW Zentrale als Denkmal: Vollmar 2015.
287 www.atelier-brueckner.com/de/projekte/bmw-museum [31.1.2019]; Medieninformation der BMW Group v. 9.7.2013 (Vz. Internetquellen).
288 www.bmw.com/de/innovation/e-mobility.html [9.1.2019].
289 Lange 1999, S. 173–175 (wo passenderweise ein Bild des Hochhauses die Geschichte der Motorenentwicklung für die „Neue Klasse" illustriert).
290 Pressemitteilung der BMW AG v. 16.6.1992 (UP 1410/10).
291 Innerbetriebliche Information, 1973 (Zitiert nach: Medieninformation der BMW Group v. 9.7.2013 (Vz. Internetquellen)).
292 Die Zeit v. 16.3.1973.
293 Die Zeit v. 17.3.1973.
294 Pressemitteilung der BMW AG v. 25.5.1973 (UP 216/10).

2 Fallstudien

**Abb. 23** BMW-Hochhaus („Vierzylinder"), München, Karl Schwanzer, 1970–1973 (Foto 2018)

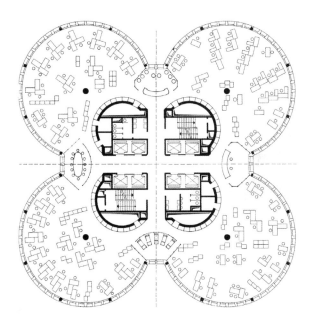

Abb. 24 BMW-Hochhaus, München, Grundriss Normalgeschoss

tomobilkonzern bis heute und bezeichnet das Gebäude sogar als „Symbol für den Verbrennungsmotor"²⁹⁵. Auch der skizzierte Bezug des „Vierzylinders" zur Unternehmensgeschichte wurde von BMW selbst kommuniziert.²⁹⁶

Damit wäre das Hochhaus, ob vom Architekten gewollt oder durch nachträgliche Deutung entstanden, ein Beispiel für eine Architecture Parlante (franz. „sprechende Architektur").²⁹⁷ Mit diesem Begriff, der im 19. Jahrhundert im Zusammenhang mit Bauwerken der sogenannten französischen Revolutionsarchitektur aufkam, charakterisiert man Gebäude, die mittels ihrer Form oder Dekoration buchstäblich auf ihren Zweck und/oder ihre Funktion verweisen.²⁹⁸ Architectures Parlantes gehören demnach in die Kategorie von Zeichen, die Charles Sanders Peirce als ikonisch definierte: Zeichen, die einen Bezug

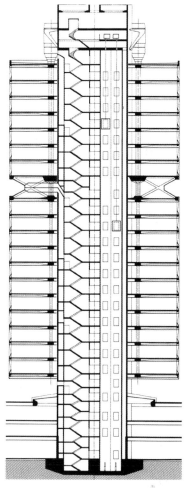

Abb. 25 BMW-Hochhaus, München, Schnitt

der Ähnlichkeit zwischen Signifikant und Signifikat aufweisen.²⁹⁹ Im Fall der BMW-Hauptzentrale rekurriert das assoziative Bild des Vierzylinders auf einen Kernbestandteil eines Automobils und damit indirekt auf die BMW AG, die das Hochhaus als Hauptverwaltung nutzt. Das Gebäude verweist also genau genommen nicht auf seine

---

295 www.bmw.com/de/innovation/e-mobility.html [9.1.2019].
296 Pressemitteilung der BMW AG v. 16.6.1992 (UP 1410/10).
297 Zur Architecture Parlante grundsätzlich: Switek 2011; Hauser 1982.
298 Definitionen z. B.: The Oxford Dictionary of Architecture 2015, Online Version, Stichwort „Architecture Parlante" (Vz. Internetquellen); Oxford Companion to Architecture 2009, S. 36. – Eine besonders plakative und meist auch triviale Form der Architecture Parlante bezeichnete Robert Venturi als „Duck" (S. Kap. 3.6).
299 Peirce 1983, S. 64–67.

2 Fallstudien

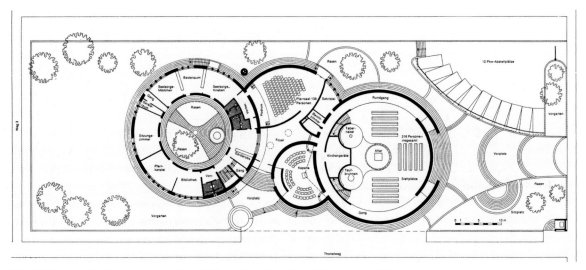

**Abb. 26** Pfarrkirche Auferstehung Christi, Wien, Grundriss, Karl Schwanzer, 1972

Funktion (das wäre Verwaltung), sondern auf seine Bauherrin und Nutzerin.[300]

Während Theoretiker des 18. und 19. Jahrhunderts es als Aufgabe des Architekten sahen, die Entwürfe sprechen zu lassen,[301] scheint der Vierzylinder hingegen keine vom Architekten intendierte Architecture Parlante zu sein, jedenfalls nicht in der ikonischen Direktheit. Stattdessen – und das ist für das Verständnis von Architektur als Medium der Kommunikation wesentlich – wurde das Bild des Hochhauses als Vierzylinder erst in der öffentlichen Wahrnehmung geprägt und dann umgehend von der Auftraggeberin aufgegriffen und gefördert. Eine Architektur muss demnach nicht von vornherein als Architecture Parlante angelegt worden sein – sie kann dies auch erst in der Wahrnehmung des Betrachters werden. Die Wahrnehmung eines Gebäudes im Sinne einer Architecture Parlante kann schließlich fest in das öffentliche Bewusstsein übergehen, so dass das Bild zu einer nicht weiter hinterfragten Selbstverständlichkeit wird. Mit dem Vierzylinder ist das geschehen.[302] Umfang und Tiefe der bildlichen Verknüpfungen hängen wiederum von der Wahrnehmung des Betrachters ab. Bezogen auf den Vierzylinder zeigt das exemplarisch ein Presseartikel von 1973:

---

300 Die geläufigen Definitionen des Terminus „Architecture Parlante" sind in dieser Hinsicht ungenau, wie schon Christopher Tadgell mit Hinweis auf das „Haus des Flusswächters" von Ledoux feststellte, das häufig als Beispiel einer Architecture Parlante angeführt wird (Oxford Companion to Architecture 2009, S. 36).

301 Emil Kaufmann nennt Jacques-François Blondel als Vordenker der Architecture Parlante (Kaufmann 1952, insbesondere S. 440f).

302 Tanja Vonseelen beispielsweise ging in ihrer Arbeit über Corporate Architecture davon aus, dass das BMW-Hochhaus „in abstrahierter Form die vier Zylinder eines Motors" (Vonseelen 2012, S. 228) gewollt nachbilde und somit „die architektonische Umsetzung eines traditionsreichen BMW-Motoren-Konzepts" (ebd.) darstelle. – Auch der Manager Klaus Maack unterstellte, dass der Vierzylinder bewusst auf die Motoren der BMW rekurriere und kritisierte (zu Unrecht) die vermeintliche Architecture Parlante, weil „das Produkt eines Unternehmens selten zum Symbol taugt. […] Zeichen sollten eher eine Geisteshaltung repräsentieren und nichts Konkretes" (Maack 1991, S. 36). – Die Auffassung vom Vierzylinder als buchstäblichem Symbol ist so dominant, dass manche Autoren versuchten, das benachbarte Museum in gleicher Weise als Architecture Parlante zu interpretieren: „Neben dem Vierzylinder sollte eine weitere ‚Architecture Parlante', diesmal als Erinnerung an Luftfilter bzw. Getriebeteile, in Erscheinung treten" (Vollmar 2015, S. 146). – Manfred Sack erkannte in der Museumsschale hingegen, allerdings ironisch, einen „Vergaser oder separierten Auspufftopf" (Die Zeit v. 16.3.1973).

## 2.2 „Alles Dinge, die man auch von einem guten Auto erwartet" – die Hauptverwaltung von BMW in München

„Lange, bevor es fertig war, hatte das Ding seinen Namen. Es hieß ‚der Vierzylinder', und genauso sieht es aus. [...] Doch der ‚Vierzylinder' ist unschlagbar; denn er reflektiert ganz genau die Symboltrunkenheit, in die das hundert Meter hohe Gebäude am Münchener Olympiapark seine Betrachter stürzt: Die Geschoßringe mit der silbern schimmernden Aluminiumhaut aus Japan sehen aus wie Kühlrippen, die Turmaufsätze wie Ventile, im Innern fahren Fahrstuhlkolben auf und ab, [...], Glastürbeschläge, die elegant geformt, aber Stoßstangen sind [...]."[303]

**Gebaute Identität**

Schwanzer folgte beim Bau der BMW-Zentrale einem theoretischen Ansatz, den er selbst als „identifizierte Architektur"[304] bezeichnete. In Abkehr vom strengen Funktionalismus, der die Architektur der Nachkriegszeit prägte, plädierte Schwanzer für eine emotional ansprechende formale Gestaltung von Gebäuden, um sie unterscheidbar zu machen und Identifikation zu schaffen:

„Identifikation, Erkennbarkeit, Unterscheidung und Unverwechselbarkeit sind Eigenschaften einer Architektur, die mehr als nur rationalen Bedingungen gehorcht. [...] Gute Architektur hat einen emotionellen Gehalt, der die verstandesmäßig nicht immer faßbare, umgreifende, von einer bestimmten Welteinstellung herrührende, eine bestimmte Lebensform ankündigende Stimmung wiedergibt. Diese Stimmung an die Benützer [sic] von Bauwerken zu übermitteln, kann nur durch den Einsatz eines entsprechenden Formpotentials gelingen."[305]

Die Zielsetzung eines unverwechselbaren und identitätsstiftenden Bauwerks wollte Karl Schwanzer demzufolge zwar mittels einer besonderen Form des Gebäudes umgesetzt wissen. Doch hatte er dabei nicht die plakativ gegenständliche Ausprägung einer Architecture Parlante im Sinne, sondern eine abstrakt künstlerische Formung der Architektur. Schwanzer wollte nach eigener Aussage eine „Stimmung" wiedergeben, wohingegen die Absicht, direkt auf die Funktion oder Auftraggeberschaft verweisen zu wollen, nicht formuliert wurde. Vielmehr wäre der Ansatz so zu verstehen, dass die Architektur ein prägnantes Bild formen sollte, welches dann identitätsstiftend wirken konnte. Bezogen auf die BMW-Zentrale erläuterte Manfred Sack den Ansatz einer „identifizierten Architektur"[306] anlässlich der Eröffnung 1973 treffend:

„Indessen stört ihn [d. i. Karl Schwanzer] der Vierzylinder aus dem Volksmund gar nicht mehr, obwohl er an eine so gequält aufdringliche Symbolik tatsächlich niemals gedacht hat. Wohl aber drückt die Form dieses seit der Olympiade fassadenfertigen, gegen Ende dieses Monats nun vollendeten und auch bezogenen Verwaltungsgebäudes einen wichtigen Vorsatz des Österreichers aus, nämlich ‚Identität zu bauen'. [...] In die Umgangssprache übersetzt, heißt das, ein Gebäude zu entwerfen, das jeder, der es benutzt, auf Anhieb als das seine erkennt, das unverwechselbar ist und obendrein zum sinnfälligen Signum wird – etwas, das wichtig ist für jede Firma, die will, daß man sich von ihr ‚ein Bild machen' kann. Die Whiskyfirma Seagram hätte einen weit weniger beachteten

---

303 Die Zeit v. 16.3.1973. – Ein anderes Beispiel: „Das BMW Hochhaus erwies sich als architektonischer Glücksfall, als eine Hochhausmaschine mit dem Potenzial zur Ikone. Schließlich setzte es Assoziationen frei – an den Vierzylinder-Motor etwa und an die Automobile von BMW selbst, an die 2002er-Baureihe etwa (natürlich mit Vierzylinder-Motor!), die sich nicht nur mit runden Scheinwerfern in der Frontpartie präsentierte, sondern auch mit geteilten runden Rücklichtern am Heck. Der dynamisch wirkende Kühlergrill der Autos war dabei ähnlich schräg gestellt wie die Fenster des BMW-Hochhauses" (Tietz 2008, S. 119).
304 „Ich bin ein Vertreter der identifizierten Architektur" (Karl Schwanzer zitiert nach: Die Zeit v. 16.3.1973).
305 Karl Schwanzer in: Entscheidung zur Form 1973, S. 4.
306 Karl Schwanzer zitiert nach: Die Zeit v. 16.3.1973.

Leumund gehabt, wenn ihr Name nicht dank Mies van der Rohe und seinem immer noch schönsten Wolkenkratzer in New York in die Baugeschichte geweht worden wäre. Wer von BMW spricht, wird, sofern er auch nur einmal das metallen schimmernde Hochhaus gesehen hat, diese Firmen-Selbstdarstellung im Gedächtnis behalten – und umgekehrt sofort BMW assoziieren, wenn er das Gebäude sieht: ein Solitär mit dem technischen Glanz der Utopie, etwas einsam aufragend."[307]

Schwanzer versuchte folglich (und schaffte es auch), die Architektur zu einem einprägsamen Bild des Unternehmens werden zu lassen. Manfred Sack nennt Mies van der Rohes moderne Hochhausikone für Seagram in New York als Vergleichsbeispiel (Taf. 37). Im Fall des BMW-Hauptquartiers entsprang das Bild jedoch nicht allein dem kreativen Entwurf des Architekten, sondern stand – wie im Folgenden gezeigt wird – sehr wohl im Einklang mit dem bestehenden Markenimage des Automobilherstellers.[308] Schlüsselwörter, welche die Öffentlichkeitsabteilung des Unternehmens nutzte, um das Hochhaus und die Fahrzeuge der BMW gleichermaßen zu charakterisieren waren Technik, Fortschritt und Unverwechselbarkeit,[309] wobei letzteres durch den Ansatz Schwanzers von vornherein gewährleistet wurde. Schwanzer konzipierte zwar keine Architecture Parlante im figurativen Sinne von Ledoux, aber er versuchte, über abstrakte Eigenschaften ein sinnfälliges Bild des Autokonzerns zu erzeugen. In dieser Hinsicht korrespondierte der Entwurf Schwanzers auffällig mit der Werbestrategie von BMW, die mit markenanalogen Attributen arbeitete.[310]

**Umdeutung im Kontext der Elektromobilität**
Der zunehmend hohe Stellenwert, der im frühen 21. Jahrhundert dem Umweltschutz in Deutschland eingeräumt wurde,[311] führte zu einer politischen Diskussion über Elektromobilität, die von Seiten des Staates gewünscht und gefördert wurde.[312] BMW hat auf diese Entwicklung reagiert und bietet seit 2013 auch Fahrzeuge mit Elektroantrieb an.[313] Der Vierzylinder symbolisiert jedoch die herkömmliche Technik des Verbrennungsmotors, der mit Benzin oder Diesel angetrieben wird und dabei umweltschädliche Gase freisetzt. Anlässlich des Verkaufs des 100.000sten E-Autos im Kalenderjahr inszenierte BMW daher wenige Tage vor Weihnachten 2017 eine publicityträchtige Lichtinstallation, bei welcher das Hochhaus optisch zu einer Gruppe von Batterien umgedeutet wurde (Taf. 9).[314] Um die Assoziationskette beim Betrachter wie gewünscht zu lenken, wurden die Zylinder mit einem „+", dem Zeichen des elektrischen Pluspols, als Batterien konnotiert und zusätzlich mit dem Slogan „THE FUTURE IS ELECTRIC" versehen. Die sprechende Architektur erzählte im Rahmen dieser Aktion eine neue Geschichte, welche die Public Relations-Abteilung von BMW folgendermaßen in Worte fasste:

„Die optische Analogie zum Vierzylinder zahlte voll auf die damalige Unternehmensvision ein: immer stärkere, von Benzin und Diesel angetriebene Verbrennungsmotoren, die Freude am Fahren versprachen. Heute heißt eine der großen Visionen von BMW: Elektromobilität. […] In einer spektakulären Installation verwandelt sich der BMW Vierzylinder deshalb für kurze Zeit in ein Wahrzeichen der Elektromobilität – projiziert auf 22 Etagen."[315]

---

307 Die Zeit v. 16.3.1973.
308 S. Kap. 2.2.3. – Darüber hinaus bot sich Karl Schwanzer BMW – erfolglos – als Berater an, um ein umfassendes „Firmenbild" zu gestalten, das Architektur, Grafik und Produktgestaltung umfassen sollte (Seehausen 2011, S. 130–141).
309 S. Kap. 2.2.3.
310 Ebd.
311 Zu den Auswirkungen des gestiegenen Umweltbewusstseins auf die Firmenarchitektur s. Kap. 3.7.
312 Siehe zum Beispiel den Jahresbericht der deutschen Bundesregierung 2015/16 v. 16.1.2017 (Vz. Internetquellen).
313 Presseinformation der BMW Group v. 18.12.2017 (Vz. Internetquellen).
314 Ebd.
315 Ebd.

Interessanterweise ähnelten die angestrahlten Zylinder vielmehr den im Haushalt üblichen Batterien als den im Auto eingesetzten Hightech-Akkumulatoren. Hier zeigt sich, dass die Architecture Parlante nicht in erster Linie als getreue Nachbildung funktioniert, sondern auf der Basis bildlicher Assoziationen. Haushaltsbatterien werden von vielen Betrachtern erkannt und mit dem Themenfeld Elektrizität verbunden. In gleicher Weise, wenn auch weniger plakativ, funktioniert das Bild des BMW-Hochhauses als Vierzylinder, das schließlich auch keine getreue Abbildung eines Zylindermotors darstellt, sondern mittels der Geometrie Assoziationen zu den Zylindern eines Verbrennungsmotors hervorruft.

### 2.2.3 Markenanaloge Architektur

**Die Darstellung des Hochhauses in der Unternehmenskommunikation**

Der architektonische Verweis auf die Produkte der BMW beschränkte sich nicht auf die sprechende Form. Von der Unternehmenskommunikation wurde die Architektur darüber hinaus mit Eigenschaften beschrieben, welche den Eigenschaften der produzierten Autos entsprachen, wobei die analoge Beschreibung nicht im Sinne einer objektiven Sachlichkeit zu verstehen war, sondern der Betonung und Steuerung des gewünschten Markenimages diente. So wurde das Hochhaus in der Presseerklärung anlässlich der Eröffnung 1973 folgendermaßen charakterisiert: „Es signalisiert technischen Fortschritt und perfektes Finish und zeugt von der Aufgeschlossenheit der Erbauer unserer Zeit und ihrer unbegrenzten Möglichkeiten gegenüber."[316] Während in dieser Formulierung die Analogie zum Automobil bereits deutlich anklingt, wurde an anderer Stelle ausdrücklich darauf hingewiesen:

„Man wird sozusagen gezwungen, [...] sich zu überlegen, was dieses Superzeichen wohl bedeuten könnte. Zunächst signalisiert es fraglos technischen Fortschritt, perfektes Finish und funktionale Logik, alles Dinge, die man auch von einem guten Auto erwartet."[317]

Die Schlüsselwörter in den Zitaten, die in vergleichbaren Quellen immer wieder auftauchen sind: Technik, Fortschritt und Perfektion, ferner Funktion. Diese von der Architektur abgeleiteten Attribute wurden einem Auto, dem Kernprodukt des Unternehmens, zugewiesen und als Qualitätsmerkmale konnotiert. Die Eigenschaften des Hochhauses korrespondierten demzufolge nicht mit einem beliebigen Fahrzeug, sondern mit einem „guten Auto". Die ähnlichen Formulierungen und teils identischen Schlagworte lassen erkennen, dass in der Öffentlichkeitsabteilung des Unternehmens genau überlegt wurde, wie das Hochhaus medial dargestellt werden sollte und wie man eine verbindliche Sprachregelung fand. Von Interesse ist auch, dass das Hochhaus als „Superzeichen" charakterisiert wurde, das etwas „bedeutet" und „signalisiert". In der Wortwahl kommt klar zum Ausdruck, dass BMW die Architektur als kommunikatives Medium auffasste, dessen Wahrnehmung man beeinflussen wollte, um die vom Betrachter zu empfangende Botschaft im eigenen Sinne lenken.

Ansätze, die Architektur mit den Attributen der Produkte korrespondieren zu lassen, waren bei BMW schon beim Umbau des alten Verwaltungsgebäudes durch Eduard von der Lippe 1960 zu erkennen (Abb. 27):

„Die Firma will in maßvoller Weise repräsentieren, aber auf der gleichen technischen Ebene wie die hochklassigen Fahrzeuge, welche sie zur Freude ihrer Kunden liefert. Der Besucher, der die neuen Räume betritt, soll eindeutig fühlen, daß er sich in der Verwaltung

---

316 Pressemitteilung der BMW AG v. 25.5.1973 (BMW UP 216/10).
317 Das neue BMW Haus [1973]. Diese Publikation brachte BMW anlässlich der Eröffnung der neuen Zentrale heraus (S. Kap. 2.2.6).

**Abb. 27** Umgebaute Lobby des BMW-Verwaltungsgebäudes in München-Milbertshofen, Eduard von der Lippe (Foto 1950)

einer modernen Fahrzeugindustrie befindet und nicht etwa in einem Geldinstitut oder in einer staatlichen Behörde."[318]

Die Architektur sollte über analoge Eigenschaften zu den Produkten auf das Unternehmen verweisen und sich insofern von öffentlichen Gebäuden, aber auch denjenigen anderer Wirtschaftszweige klar unterscheiden. Die Attribute, welche im Zusammenhang mit der Zentrale von 1973 kommuniziert wurden, waren 1960 im Kern bereits vorhanden, in erster Linie die für einen Fahrzeughersteller naheliegende Ebene der Technik, aber auch die Modernität, aus der sich zwanglos die Fortschrittlichkeit ableiten ließ, welche mit dem Aspekt der Technik verknüpft werden konnte („technischer Fortschritt"). Ein Bewusstsein für die kommunikative Dimension einer Unternehmenszentrale war bei BMW also schon im Vorfeld vorhanden. In diesem Zusammenhang sei daran erinnert, dass der Entwurf von Karl Schwanzer vom Vorstand der BMW AG vor allem deshalb favorisiert wurde, weil er „am besten dem augenblicklichen BMW-Image"[319] entspräche. Die Frage, ob dabei das Image der Produkte oder des Unternehmens oder beides gemeint war, lässt sich dahingehend beantworten, dass auch das Image des Konzerns demjenigen der Produkte angeglichen wurde. Mithin entstand ein Dreieck symbolischer Beziehungen zwischen Hauptverwaltung, Unternehmen und Produkten. So sollte die in der Architektur zum Ausdruck kommende Fortschrittlichkeit gleichermaßen als Sinnbild für die Produkte wie auch das Unternehmen stehen: „BMW hatte sich für eine bauliche Gestalt entschieden, die am adäquatesten dem Wesen des fortschrittlichen Unternehmens entsprach."[320]

Wie im Weiteren dargelegt wird, wurde Fortschrittlichkeit auf unterschiedliche Bereiche bezogen. Neben dem für einen Fahrzeughersteller naheliegenden technischen Fortschritt sollte der Vierzylinder auch Zeichen einer primär auf das Unternehmen zu beziehenden sozialen Fortschrittlichkeit sein. In diesem Zusammenhang fällt auf, dass bei BMW – im Vorgriff auf spätere Corporate Identity-Konzepte – nicht nur über das

---

318 Die Kunst und das schöne Heim 1951, S. 220. – Interessant ist an dem wohl aus in der PR-Abteilung der BMW vorformulierten Zitat ferner, dass hier bereits mit dem Begriff „Freude" eine Emotionalisierung des Fahrens vorgenommen wurde.
319 Niederschrift über die Sitzung des Aufsichtsrates am 8.11.1968 in Moscia-Ascona (BMW UA 542/1).
320 Das neue BMW Haus [1973].

externe Image, sondern auch über die Darstellung des Unternehmens nach innen nachgedacht wurde. Während nach außen die technische Seite betont wurde, fiel die interne Darstellung persönlicher aus. So hieß es in einer Mitarbeiterinformation 1973: „Der ‚Vierzylinder' – ein echter BMW: jung, überlegen, unverwechselbar."[321]

Die Attribute, welche dem Hochhaus und den bewusst zweideutig mitangesprochenen Fahrzeugen zugeschrieben wurden, haben einen menschlichen Bezug, was heißen soll, sie könnten auch eine Person beschreiben und sprechen insofern auf einer emotionalen Ebene an. Auf diese Weise ermöglichen sie eine Identifikation der Belegschaft mit ihrer neuen Arbeitsstätte. Die Mitarbeiterinnen und Mitarbeiter von BMW konnten die Attribute „jung, überlegen, unverwechselbar" auf die Architektur, die Fahrzeuge, vor allem aber auf sich selbst beziehen. Hier liegt eine Entsprechung mit der Marketingstrategie vor, Käufer mit dem Produkt emotional anzusprechen, indem ihnen suggeriert wird, dass bestimmte Eigenschaften des Produkts sie selbst charakterisieren.[322] Auch die Fahrer eines BMW sollten sich „jung, überlegen, unverwechselbar" fühlen.

Die kommunikative Strategie der BMW, das Hochhaus in Analogie zu den Unternehmens- und Produkteigenschaften darzustellen, wurde bis heute fortgesetzt und noch intensiviert. In einer Presseerklärung von 1998 hieß es: „Das Unverwechselbare dieses Bauwerks [d. i. das Hochhaus] trägt mehr denn je Wesenszüge der Idee, die zum Synonym für den Erfolg von BMW geworden ist: Innovationsfreude und die Lust an der Beherrschung komplexer Technologien."[323]

Interessant sind die Parallelen und Differenzen des von BMW evozierten Images im Abstand von zweieinhalb Jahrzehnten. Die Charakterisierung des Hochhauses zum Ende der 1990er Jahre liest sich wie eine Synthese des einerseits menschlich-emotionalen und andererseits technisch-fortschrittlichen Images der Erbauungszeit. Während die Perfektion entfiel, blieben Technik und Fortschrittlichkeit inhaltlich gesehen zentrale Attribute, auch wenn sie mit den Begriffen Technologie und Innovation sprachlich anders akzentuiert wurden. Von den emotionalen Attributen der Automarke blieb die Unverwechselbarkeit genannt; darüber hinaus wurde jedoch auch die technische Seite durch die Zusätze Freude und Lust emotionalisiert. Wesentlich in diesem Betrachtungsrahmen ist, dass die Attribute auch 1998 markenanalog formuliert wurden. Mehr noch als den Formulierungen von 1973 wohnte der Mitteilung von 1998 eine Mehrdeutigkeit inne, welche es ermöglichte, die Aussage auf die Architektur, das Automobil und das Unternehmen zu beziehen.

Hier wird (wieder einmal) erkennbar, dass die Aussagekraft des Gebäudes keine absolute Eigenschaft ist. Erstens steht sie in einem zeitlichen Kontext und zweitens hängt sie vom Interpreten ab. Aus diesem Grund konnte BMW das Gebäude auch nach 25 Jahren als Symbol der Automarke darstellen: Das aktuelle Markenimage ließ sich auf das Hochhaus übertragen, obgleich es seine Gestalt seit der Erbauung nicht geändert hat. Erleichtert wurde die Adaption des Hochhauses durch konstante Elemente im BMW-Image. Diese Kommunikationsstrategie wurde bis heute weiter fortgeführt.[324] „So repräsentierte es [d. i. das Hochhaus] optimal das erfolgreiche Image und die hohen Ziele des Automobilunternehmens BMW."[325]

### Das Hochhaus als Zeichen für „Technischen Fortschritt"

Fragt man, in welcher Hinsicht die BMW-Zentrale für technischen Fortschritt und die Beherrschung

---

321 Hochhausreport 1973 (Innerbetriebliche Information der BMW AG).
322 „Der Konsument überträgt das Image von Marken auf seine eigene Persönlichkeit […]" (Bracklow 2004, S. 39). – In der wirtschaftswissenschaftlichen Literatur wurde die wirkungsbezogene Markentheorie erst seit den 1990er Jahren breit diskutiert (z. B. Esch 2005).
323 Pressemitteilung der BMW AG v. 12.5.1998 (BMW UP 1860/10).
324 Kap. 2.2.7.
325 Medieninformation der BMW Group v. 9.7.2013 (Vz. Internetquellen).

2 Fallstudien

Abb. 28 BMW-Hochhaus, München, im Bauprozess (Foto ca. 1971)

Abb. 29 Trägerkreuz auf dem Dach des BMW-Hochhauses, München (Foto ca. 1972)

komplexer Technologien stand, so rückt als erstes das innovative Bauverfahren des Hochhauses in den Blickpunkt.[326] In einem ersten Schritt wurde der Stahlbetonkern in Gleitschalung bis zur vollen Höhe von knapp 100 Metern errichtet (Abb. 28). Am Kopf des Kerns wurde das noch heute auf dem Dach des Hochhauses sichtbare, gewaltige Konsolkreuz angebracht, auf dessen vier Armen jeweils eine Hubstelle, bestehend aus neun hydraulischen Pressen und einer Hubplatte, eingerichtet wurde. Dann begann man, die Bürogeschosse am Boden zu fertigen und anschließend um rund vier Meter pro Woche nach oben zu ziehen. Auf diese Weise entstanden die Geschosse in umgekehrter Reihenfolge: Die oberen acht Etagen wurden zuerst errichtet und danach das jeweils darunterliegende Geschoss. Das untere Geschoss wurde also als letztes gebaut.[327]

Dieses Hightech-Verfahren bedingte eine besondere Statik des Hochhauses, das – technisch nicht minder innovativ – als Hängekonstruktion konzipiert wurde.[328] Die vier Zylinder hängen wie Laternen an den Kragarmen des monumentalen Trägerkreuzes, über das die gesamten Lasten der Bürogeschosse in den Stahlbetonkern eingeleitet werden (Abb. 29). Dabei nimmt eine zentrale, nur auf Zug belastete Stütze pro Zylinder die Lasten geschossweise auf und leitet sie an das Trägerkreuz am Kopf weiter.[329] An diesen Zugstützen konnten die Zylinder mit dem zuvor beschriebenen Verfahren schrittweise hochgezogen werden. Das komplizierte Bauverfahren und die komplexe

---

326 Ausführlich dargestellt in: Bomhard [1973], S. 192–200; Entscheidung zur Form 1973, S. 74–77, 82–94. – Zur Rolle des Tragwerkplaners Helmut Bohmhard: Vollmar 2015, S. 142–147.
327 Die Überreste des Hubvorgangs sind noch heute am Trägerkreuz vorhanden. Bei den konischen Platten auf den Konsolarmen handelt es sich um die ehemaligen Hubplatten, bei den darunter hängenden Stufenkegeln um die ehemaligen Hubkörper, die schrittweise mit den Zylindern hochgezogen wurden.
328 Zur Tragkonstruktion: Burggraf 2008, S. 128–131; Bomhard [1973], S. 171–191; Entscheidung zur Form 1973, S. 70f., 94.
329 Unterstützt wird die Lasteinleitung in die Hauptstützen von Fachwerkträgern im Technikgeschoss, welche die Lasten von in der Fassade versteckten Pendelstützen aufnehmen.

2.2 „Alles Dinge, die man auch von einem guten Auto erwartet" – die Hauptverwaltung von BMW in München

**Abb. 30** BMW-Zentrale, München, Eingangsbereich (Foto 2018)

Tragkonstruktion waren bei der Errichtung des BMW-Hochhauses also in hohem Maße aufeinander abgestimmt worden. Zu Recht ist der Vierzylinder deshalb vom Tragwerkplaner Hansjörg Burggraf als „hervorragende Ingenieurleistung, mit der in großem Umfang technisches Neuland betreten wurde"[330], bezeichnet worden. In der öffentlichen Darstellung des Hochhauses hob BMW folglich die spezielle Tragkonstruktion und das damit einhergehende, spektakuläre Bauverfahren hervor. So kommunizierte man, dass das Hochhaus „in seiner avantgardistischen Hängehaus-Bauweise eine Attraktion"[331] sei, die „technischen Fortschritt"[332] signalisiere.

Die Hängekonstruktion hatte zur Folge, dass die Zylinder keine Stützen im Sockelbereich des Gebäudes benötigten und infolgedessen gleichsam über dem Boden zu schweben scheinen (Abb. 30). Der auf diese Weise entstehende Eindruck eines leichten und eleganten Hochhauses ist ein wesentliches Merkmal, das bereits in den Entwurfsdarstellungen angelegt war (Taf. 10). Die Form des BMW-Hochhauses resultierte also nicht aus der Konstruktion allein, sondern auch aus einem ausgeprägten Gestaltungswillen, der die Konstruktion beeinflusste und umgekehrt.[333] Damit setzte sich der Entwurf Schwanzers bewusst von den Maximen der funktionalistischen Nachkriegsmoderne ab:[334] „Diese fruchtbare Wechselspiel von Form und Funktion kommt in beiden Bereichen von Architektur – dem der Kunst und dem der Technik (emotional und rational) – zu ganz anderen Ergebnissen als das Dogma: ‚Form folgt Funktion'."[335] Infolgedessen konnte BMW auch 40 Jahre nach der Inbetriebnahme des Vierzylinders nicht nur „die Präzision, [und]

---

330 Burggraf 2008, S. 128.
331 Pressemitteilung der BMW AG v. 25.5.1973 (BMW UP 216/10).
332 Ebd.
333 Dies bestätigt eine Aussage von Laurids Ortner, der im Büro Schwanzer als Entwurfsarchitekt am Vierzylinder arbeitete. Demzufolge entschied man sich für eine Hängekonstruktion, um dem Hochhaus „einen besonderen technologischen Aspekt zu geben" (Laurids Ortner 2010, zitiert nach Seehausen 2011, S. 98).
334 S. hierzu auch Kapitel 2.2.2 und Kap. 3.6.
335 Entscheidung zur Form 1973, S. 68.

technische Vollkommenheit"³³⁶ preisen, sondern im gleichen Atemzug dessen „Formschönheit"³³⁷ rühmen – ein Zusammenklang von Attributen, der sich nicht zufällig auch auf ein Auto der BMW beziehen könnte.

**Soziale Fortschrittlichkeit**
Obgleich BMW im Unterschied zu anderen Unternehmen der Zeit das Spektakuläre für die Architektur nicht nur forderte, sondern auch öffentlich betonte,³³⁸ fehlte in der Außendarstellung doch nicht der obligatorische Hinweis auf die Funktionalität des Gebäudes: „Aber trotz aller Faszination, die vom BMW ‚Turm' ausgeht, ist er ein echtes Bürohaus."³³⁹ Was das Gebäude allerdings zum Bürohaus machte, wurde nicht nur, wie in der Moderne der Nachkriegszeit üblich, über die rationale Organisation des Grundrisses definiert, sondern auch über einen humanistischen Planungsanspruch: „Allen Planungen und Berechnungen liegt der arbeitende Mensch und sein Wohlbefinden zugrunde."³⁴⁰

Sichtbarer Ausdruck für die Sorge des Unternehmens um das Wohlbefinden der Mitarbeiter waren Pausenzonen, die in den Büroetagen mittels grüner Stellwände eingerichtet wurden. Ein im Hochhausbuch publiziertes Foto zeigt Menschen, die sich Zeitung lesend in Chaiselongues entspannen, und vermittelt somit den Eindruck einer gelösten Arbeitsatmosphäre (Taf. 11). Die Verteilung der Menschen im hinteren Bereich der Zone, wo sie von der Kamera ganz erfasst werden konnten, wie auch die politisch korrekt ausgewogene Zusammensetzung der Gruppe – zwei Frauen, zwei Männer, davon ein jüngerer mit legerer Kleidung und ein älterer mit Schlips – weist darauf hin, dass dieses Foto gezielt gestellt wurde, um das Bild des sozial fortschrittlichen Unternehmens zu vermitteln. Des Weiteren schlug Karl Schwanzer angeblich vor, einen Kindergarten in den Verwaltungskomplex zu integrieren;³⁴¹ dieser Vorschlag wurde jedoch nicht umgesetzt.

Organisiert wurden die Bürogeschosse als „Bürolandschaften"³⁴² (Abb. 32). Diese in den 1960er Jahren in der Bundesrepublik populäre Form eines Großraumbüros zeichnete sich durch die Gliederung des Großraumes in kleinere, aber offene Einheiten aus.³⁴³ Der kleeblattförmige Grundriss des Vierzylinders war für diese Büroorganisation geradezu prädestiniert, denn die Kreissegmente unterteilten jedes Geschoss von vornherein in vier Kompartimente von „Schulklassengröße"³⁴⁴ (Abb. 25). Vor dem Hintergrund der Kritik an frühen Großraumbüros ließ sich die Bürolandschaft im Vierzylinder als „human bemessener Großraum"³⁴⁵ darstellen, der „in jedem Fall menschliche Dimensionen aufweist."³⁴⁶ Der offen formulierte humanistische Anspruch würde demnach schon durch die Geometrie des Kleeblatt-Grundrisses eingelöst und sichtbar, wäre dem Gebäude folglich inhärent.

Karl Schwanzer beschrieb in seinen Ausführungen „Über Großräume"³⁴⁷ die Büroorganisation des Vierzylinders nicht nur als „human", „menschlich" und „verbindend", sondern interpretierte diese offene Büroform darüber hinaus als Ausdruck und Umsetzung einer egalitären Gemeinschaft: „Der runde Raum versammelt

---

336 Medieninformation der BMW Group v. 9.7.2013 (Vz. Internetquellen).
337 Ebd.
338 Kap. 3.2; Kap. 3.3.
339 Pressemitteilung der BMW AG v. 25.5.1973 (BMW UP-216-10).
340 Ebd.
341 Der Spiegel 17/1973, S. 43.
342 Hochhausreport 1973 (Innerbetriebliche Information der BMW AG); Entscheidung zur Form 1973, S. 30.
343 Zum Konzept der Bürolandschaft siehe Kap. 2.3.5.
344 Karl Schwanzer in: Entscheidung zur Form 1973, S. 32.
345 Entscheidung zur Form 1973, S. 30.
346 Ebd.
347 Karl Schwanzer in: Entscheidung zur Form 1973, S. 32.

zwingend zur Gemeinschaft, ähnlich dem runden Tisch, der gleichwertige, unprivilegierte Plätze bietet und in einem Kreis Menschen ‚gleicher Chancen' ohne Präferenz vereinigt."[348] Diese progressiven sozialen Vorstellungen griff die Kommunikationsabteilung der BMW in ihren an die Mitarbeiter adressierten Publikationen auf, wenn auch weniger radikal formuliert: „Auch das ist eine Konsequenz der Bürolandschaft: der Abbau hierarchischer Strukturen durch den täglichen, öffentlich hergestellten Kontakt zwischen Chefs und Mitarbeitern."[349]

Intern wurde die soziale Fortschrittlichkeit des Unternehmens demnach als noch weitreichender dargestellt als nach außen und geschickt mit der Einrichtung der Großraumbüros verbunden. Während man mit dem freundlich klingenden Terminus „Bürolandschaft" den seinerzeit unter Arbeitnehmern eher negativ konnotierten Begriff „Großraumbüro" vermeiden konnte, diente der Hinweis auf den „Abbau hierarchischer Strukturen" dazu, die Bürolandschaft positiv zu besetzen, indem sie als sozial fortschrittlich charakterisiert wurde. Diese egalitäre Tendenz in der Darstellung der Büroräume durch die BMW und mehr noch durch Karl Schwanzer muss im historischen Kontext der sozialen und politischen Protestbewegungen (Stichwort „68er") und dem damit einhergehenden gesellschaftlichen Diskurs in den späten 1960er und frühen 1970er Jahren verstanden werden.[350]

Was manchen möglicherweise zu weit ging, ging anderen wiederum nicht weit genug. In einer Reportage über „Hierarchien in neuen deutschen Großraumbüros"[351] spottete der Spiegel 1973 darüber, dass der propagierte „Abbau hierarchischer Strukturen"[352] in der neuen BMW-Verwaltung „nicht so recht geklappt hätte".[353] Bereichs- und Abteilungsleiter würden die „gemeinsame Sitzlandschaft" mit eigenen Zonen, gebildet aus Stellwänden und ausgestattet mit „dicken Statussymbolen"[354], konterkarieren.[355] Noch schärfer kritisierte der Spiegel, dass die Vorstandsmitglieder der BMW sich der Gemeinschaft mittels luxuriös ausgestatteter Einzelbüros entziehen und in den obersten Stockwerken in einem „autonomen Olymp"[356] über den Mitarbeitern thronen. Der Vorstand erkannte offenbar, dass sich diese dem Hochhaus eigene Symbolik von oben und unten negativ auf das sozial fortschrittliche Image der BMW auswirken könnte, und ließ verlautbaren, „dass man sich, wenn das noch mal zu entscheiden wäre, nicht oben hinauf, sondern in die Mitte setzen würde."[357] In anderen Presseartikeln wurden die sozialen Auswirkungen der Bürolandschaften positiver beurteilt. In der „Zeit"' etwa wurde dem kleeblattförmigen Großraum im BMW-Turm attestiert, dass sich dort „so etwas wie ein ‚Milieugefühl' entwickeln"[358] könnte und in der Süddeutschen Zeitung lobte man, dass „die überschaubaren Maße Gruppenbildung und Gruppenverhalten ermöglichen"[359].

Vierzig Jahre nach der Fertigstellung des Hochhauses konnte das Bild des sozial fortschrittlichen Unternehmens, das sich im Grundriss der Zentrale spiegele, erneut aufgegriffen werden.

---

348 Ebd. – Mit fast gleichem Wortlaut auch Schwanzer 1973, S. 114.
349 Hochhausreport 1973 (Innerbetriebliche Information der BMW AG).
350 Zur 1968er-Bewegung: Kraushaar 2018, ders. 2008; Gilcher-Holtey 2008, dies. 2001; jeweils mit zahlreichen Angaben zur älteren Literatur.
351 Der Spiegel 17/1973.
352 Ebd., S. 43.
353 Ebd.
354 Ebd.
355 Weniger polemisch kritisierte die FAZ die hierarchiekonforme Einrichtung der Bürolandschaft: „Auch in dieser klimatisierten Demokratie gibt es gleich und weniger gleich" (FAZ v. 16.6.1973).
356 Der Spiegel 17/1973, S. 44.
357 Ebd.
358 Die Zeit v. 16.3.1973.
359 SZ v. 24.3.1973.

Dem Zeitgeist entsprechend wurde in der externen Konzernkommunikation allerdings nicht mehr von einer humanen Arbeitsumwelt gesprochen, sondern der egalitäre Gedanke fokussiert:

„Diese Struktur der Bürolandschaft im Hochhaus entspricht damit dem Prinzip der flachen Hierarchien bei BMW. Vom Praktikanten bis zum Abteilungsleiter sitzen nahezu alle Mitarbeiter einer Abteilung in einem Teambüro – Einzelbüros sind selten."[360]

Es fällt auf, dass die jüngere Formulierung über die ältere hinausgeht, was die Darstellung von Gleichheit im Unternehmen betrifft. Aus dem „Abbau hierarchischer Strukturen" wurde das „Prinzip der flachen Hierarchien", das sogar die Praktikanten einschließt.

### Das unverwechselbare Hochhaus

Der Vierzylinder setzte sich in vielfacher Hinsicht von bestehenden Verwaltungsbauten ab. Was Schwanzer als „identifizierte Architektur"[361] bezeichnete, war vom Unternehmen ausdrücklich erwünscht: „ein markanter Bau, der einem modernen und durch Effektivität bekannten Firmenbild mehr nützt als die langweilige, verwechselbare Repräsentation eines gewöhnlichen quaderförmigen Renommiergebäudes."[362]

Zunächst fällt die außergewöhnliche Kubatur des Hochhauses auf, das sich mit seinen vier Zylindern von den meist rechtwinkligen Verwaltungsbauten der Zeit auffallend unterscheidet.

Die Großform ist städtebaulich prägnant und wirkt auch in der Fernsicht. In diesem Punkt entsprach BMW den Vorstellungen der Landeshauptstadt München, am Rande des Olympia-Geländes „durch einen besonderen Baukörper einen städtebaulichen Schwerpunkt"[363] zu setzen. Mit der Kubatur korreliert der unkonventionelle kleeblattförmige Grundriss der Bürogeschosse, der zwar funktional begründet wurde, etwa durch kurze Wege, ein gutes Verhältnis von Innenraum zu Fassade und die räumliche Gliederung der Geschossflächen,[364] aber auch zu einem ungewöhnlichen Innenraumeindruck führte. Mit seinen vier geometrisch vorgezeichneten Kompartimenten bot der Grundriss zudem eine neue Variante für die Gliederung eines Großraumbüros in Form einer sogenannten Bürolandschaft.[365] Zudem wäre die zuvor beschriebene spezielle Tragkonstruktion zu nennen. Die Konzeption als Hängehaus wird vor allem in der Nahsicht begreifbar, wenn sich wahrnehmen lässt, wie weit die Zylinder über den Boden auskragen.

Auch die Vorhangfassade des Hochhauses aus vorgefertigten Aluminiummodulen setzte sich von herkömmlichen Konstruktionen der Zeit sichtbar ab (Abb. 31).[366] Anders als bei vielen Hochhäusern der Nachkriegszeit wirkt die Fassade des Vierzylinders trotz des hohen Glasanteils in der Fernsicht nicht glatt und spiegelnd, sondern weist eine zunächst verblüffende Plastizität und Lichtbrechung auf. Dieser Effekt wird vom benachbarten Museumsbau noch verstärkt, dessen Metallhaut im Licht der Sonne kontrastreich

---

360 Medieninformation der BMW Group v. 9.7.2013 (Vz. Internetquellen).
361 Zeit v. 16.3.1973.
362 Das neue BMW Haus [1973]. – S. hierzu auch die Aussage Hahnemanns anlässlich des Architektenwettbewerbs (Kap. 2.2.1).
363 In einer Stellungnahme der Münchener Stadtplanung im Vorfeld des Architektenwettbewerbs hieß es: „Die Vorstellungen des Auslobers, mit dem neuen Verwaltungsgebäude einen optischen und werbewirksamen Akzent für das gesamte BMW-Gelände zu schaffen, decken sich mit der städtebaulichen Konzeption der Landeshauptstadt München, an dieser Stelle durch einen besonderen Baukörper einen städtebaulichen Schwerpunkt in die das Olympia-Freigelände umgebende Randbebauung auf der Ostseite zu setzen" (Schreiben der BMW AG an die Wettbewerbsteilnehmer und Preisrichter v. 5.7.1968 (UA 1691/2)).
364 Medieninformation der BMW Group v. 9.7.2013 (Vz. Internetquellen); Pressemitteilung der BMW AG v. 16.6.1992 (UP 1410/10); Pressemitteilung der BMW AG v. 25.5.1973 (BMW UP 216/10).
365 S. das vorherige Kap.
366 Zur Fassadentechnik s.: Entscheidung zur Form, S. 95f.

**Abb. 31** BMW-Hochhaus, München, Vorhangfassade aus Aluminiummodulen (Foto ca. 1973)

glänzt. In der Nahsicht erschließt sich der Grund des Effekts: Die Fenster sitzen schräg in der Hülle und erzeugen somit eine unerwartete Tiefenwirkung an der Fassade des Vierzylinders. Die Module wurden im Rahmen eines innovativen, aus Japan stammenden Aluminiumgussverfahrens hergestellt und dienten somit ebenfalls als Ausweis für fortschrittliche Technik.[367] Die extravaganten Fassadenmodule wurden, wie auch die übrigen Besonderheiten des Gebäudes, funktional legitimiert: Durch die schrägen Flächen sollte der Schall im Inneren zur Decke reflektiert werden und somit für mehr Ruhe in den Großraumbüros gesorgt werden.[368] Doch sie erfüllten auch den Wunsch der Auftraggeberin, „aus Gründen der Werbewirksamkeit [...] auf eine großzügige, optisch eindrucksvolle Fassadengestaltung besonders zu achten."[369]

### 2.2.4 Das Firmenmuseum

**Die Entstehungsgeschichte**

Bereits 1967 hatte BMW auf seinem Münchener Werksgelände ein öffentlich zugängliches Werksmuseum eröffnet, in dem historische Produkte des Unternehmens ausgestellt wurden.[370] Das begrenzte Platzangebot wie auch die verborgene Lage machten das Museum jedoch für externe Besucher nicht sonderlich attraktiv.[371] Es war eine Idee von Karl Schwanzer, die Ausstellung des Werksmuseums in einem eigenständigen, markanten Gebäude zu präsentieren und es somit zu einem seinerzeit neuartigen Firmenmuseum werden zu lassen, das für eine breite Öffentlichkeit sichtbar wurde – buchstäblich wie auch im übertragenen Sinne.[372] Bereits von der Wettbewerbsjury gelobt, überzeugte der eigenständige Museumsbau auch die Führungskräfte der BMW, so dass er nachträglich in den Bauauftrag mit einbezogen wurde.[373] Man wollte „das Museum [...] in Verbindung mit dem Bildungszentrum zu einem Schwerpunkt des Public-Relation-Programms von BMW werden"[374] lassen.

Zur Sichtbarkeit des Museums trug die eigenwillige Form der Architektur nicht unerheblich bei:[375] Über dem kreisrunden Eingangsbereich mit einem Durchmesser von zehn Metern kragt eine kühne Schalenkonstruktion aus Leichtbeton aus, die an der Attika einen Durchmesser von

---

367 Ebd.; Bomhard [1973], S.189f; Manuskript für eine Presseinformation zum Richtfest am 7.12.1971 (UA 1691/1). – Einige Autoren geben sogar an, die Module seien in Japan gefertigt worden. Dies ließ sich leider nicht prüfen.
368 Entscheidung zur Form 1973, S. 104; Das neue BMW Haus [1973].
369 Medieninformation der BMW Group v. 9.7.2013 (Vz. Internetquellen).
370 Medieninformation der BMW Group v. 9.7.2013 (Vz. Internetquellen).
371 Ebd.
372 Ebd.
373 Bergmann 2008, S. 160–162.
374 Das neue BMW Haus [1973].
375 Schwanzer plante zwischenzeitlich ein spiralförmiges Gebäude, das einem umgedrehten Schneckenhaus ähnelte (Abb. 38). Laut Bernd Vollmar war es der verantwortliche Bauingenieur Helmut Bomhard, der die Schalenkonstruktion anstelle der zu kostspieligen Spirale vorschlug (Vollmar 2015, S. 146f).

2 Fallstudien

Abb. 32 Bürolandschaft im BMW-Hochhaus, München (Foto ca. 1973)

Abb. 34 Nationalkongress, Brasilia (Brasilien), 1958–1960, Oscar Niemeyer (Foto 2005)

40 Metern erreicht und an eine Schüssel erinnert (Abb. 33).[376] Vierzylinder, Museumsschüssel und Flachbau wirken gemeinsam als städtebauliches Ensemble, dessen figurale Komposition an den brasilianischen Nationalkongress in Brasilia (1960, Oscar Niemeyer) erinnert (Abb. 34). Diese städtebauliche Signifikanz an einer belebten Kreuzung wurde von BMW gewünscht und von der Stadt München, auch mit Blick auf das benachbarte Olympiagelände, ausdrücklich gutgeheißen.[377]

### Das Museum als Fortsetzung des Straßenraums

Das Museum wurde an der Ecke zur Kreuzung hin angeordnet, so dass es gut aus den vorbeifahrenden Fahrzeugen wahrnehmbar ist, wohingegen der Vierzylinder seine Wirkung vor allem in der Fernsicht entfaltet. Dieser für ein Automobilunternehmen sinnfällige Bezug zum Straßenraum wurde im Inneren des Museums architektonisch fortgesetzt (Abb. 35, Abb. 36). Karl Schwanzer konzipierte den Ausstellungsraum als gerichtetes Wegesystem aus Rampen und Plattformen, das die urbane Morphologie aus Straßen und Plätzen aufgreift (Taf. 12). In den von BMW geförderten Publikationen heißt es diesbezüglich:

Abb. 33 BMW-Museum, München, 1970–1973, Karl Schwanzer (Foto 2018)

---

376 Zur Statik und Konstruktion des Museums: Entscheidung zur Form 1973, S. 108f.
377 Schreiben der BMW AG an die Wettbewerbsteilnehmer und Preisrichter v. 5.7.1968 (BMW UA 1691/2).

2.2 „Alles Dinge, die man auch von einem guten Auto erwartet" – die Hauptverwaltung von BMW in München

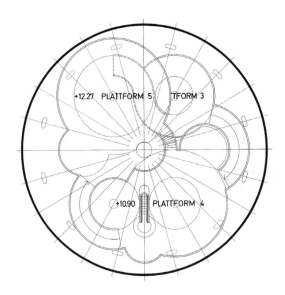

Abb. 35 BMW Museum, München, Grundriss (1973)

Abb. 37 Solomon R. Guggenheim Museum, New York, Frank Lloyd Wright, 1956–1959, Innenraum mit Rampen (Foto 2019)

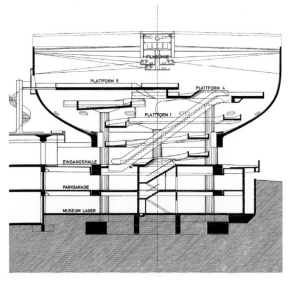

Abb. 36 BMW Museum, München, Schnitt (1973)

„Die Lebensräume des Autos sind seine Verkehrswege: Straßen, Brücken, Parkflächen. Schon die exponierte Lage des BMW-Museums an einem Verkehrsknotenpunkt ist geradezu prädestiniert die inhaltliche Beziehung von Auto, Straße und Verkehr zu unterstreichen. […] Die Fortsetzung der ‚Straße' in einem spezifischen Verkehrsbauwerk, das durch eine Schale umhüllt wird, war der Leitgedanke dieser Architektur, [...]."[378]

Die Idee eines über Rampen erschlossenen, linearen Museumsraumes wurde zu Recht mit Frank Lloyd Wrights Guggenheim Museum in New York (1956–59) verglichen (Abb. 37).[379] Wenig bekannt, aber beachtenswert in diesem Zusammenhang ist, dass Frank Lloyd Wright 1954 im Auftrag des Autohändlers Max Hoffmann in New York einen Showroom einrichtete, in dem Kraftfahrzeuge von Mercedes und BMW auf einer kreisförmigen Rampe präsentiert wurden.[380]

Bei der großflächigen Erweiterung des Museums in den 2000er Jahren knüpfte das Atelier Brückner an das bestehende Konzept an und

---

378 Entscheidung zur Form 1973, S. 56. Teils mit gleichem Wortlaut in: Das neue BMW Haus [1973]. – „Die Fortsetzung der ‚Straße' […] war der Leitgedanke der architektonischen Gestaltung, [...]" (Schwanzer 1973, S. 183).
379 Z. B. Braun 2005, S. 47.
380 FAZ v. 16.6.2019; The New York Times v. 21.6.2013.

übertrug es in variierter Form auf die neuen Ausstellungsräume.³⁸¹

**Analogien zum Automobil und zum Markenimage**

Dem Hochhaus entsprechend war man in der Unternehmenskommunikation bemüht, Analogien zwischen der Museumsarchitektur, dem Markenimage und dem Produkt Automobil ganz allgemein herauszustellen. So sollte die Architektur des Museums Fortschrittlichkeit zum Ausdruck bringen: „Sowohl durch die Gebäudeform als auch durch die Gestaltung der Architektur im Inneren wurde bewußt Progressivität angestrebt."³⁸²

In der Presseinformation von 1973 ist in diesem Sinn von einem „sehr ungewöhnlichen, supermodernen Museumsbau" die Rede, mit dem „ein ganz neuer Typ von Museum kreiert worden" sei. Der Anspruch auf Fortschrittlichkeit wurde demnach auf verschiedene Aspekte des Museums erhoben: die Form des Gebäudes, die Innengestaltung, aber auch die neuartige Konzeption als Firmenmuseum. Dieses Kernattribut des Markenimages, das somit auf die Architektur übertragen wurde, rekurrierte eigentlich auf die Produkte der BMW, so dass bereits auf dieser abstrakten Ebene ein Zusammenhang zwischen Architektur und Auto hergestellt wurde.

Ein weiteres Schlüsselattribut aus der Welt der Fahrzeuge, das in den Beschreibungen des Museums von Beginn an genutzt wurde, war „Dynamik".³⁸³ Karl Schwanzer meinte, dass die gekrümmte Schalenwand „besonders geeignet ist, die Kurvenlage und dynamische Illusion der Fahreigenschaften der ausgestellten Fahrzeuge zu assoziieren."³⁸⁴ Bemerkenswerterweise wurde diese Analogie auch vierzig Jahre nach der Fertigstellung nicht nur weitergenutzt, sondern fand auch Eingang in das Markenimage: „Dabei versteht sich das neue Museum als authentisches Spiegelbild der Marke und vermittelt den Besuchern auf unterschiedliche Arten den Charakter von Innovation, Kraft und Dynamik."³⁸⁵

Nicht nur die Dynamik, auch die Fortschrittlichkeit, nun als Innovation deklariert, blieb somit in der Unternehmenskommunikation zur Charakterisierung des Museums im Gebrauch, wurde nun aber noch deutlicher auf die eigene Marke bezogen. Neben dieser Übertragung von abstrakten, das Markenimage spiegelnden Eigenschaften des Automobils auf das Museumsgebäude, suchte man auch nach konkreten Analogien, die sich in erster Linie über die Gestaltung der Fassade herstellen ließen. Der silbern metallisch glänzende Anstrich des Museums korrespondiert nicht nur mit der Aluminiumfassade des Hochhauses, sondern erinnert wie jene auch an die Karosserie eines Kraftfahrzeugs (Taf. 8). Wohl deshalb wurde geschrieben, dass die „Silberhaut"³⁸⁶ den Bau nicht nur „edel"³⁸⁷, sondern „gleichsam schnell"³⁸⁸ mache. Die Analogie vom „perfekten Finish"³⁸⁹ mag hier vielleicht noch besser zutreffen als beim Hochhaus. Später ging man noch einen Schritt weiter und erweiterte die Analogie

---

381 „Die Neukonzeption basiert auf Themenräumen, die durch eine Rampe, als Symbol für Mobilität und Bewegung, erschlossen werden. [...] Die Idee der ursprünglichen Museumsarchitektur – Straßen und Plätze im umbauten Raum – findet ihre Fortsetzung in Form eines urbanen Raumerlebnisses aus Straßen und Häusern" (www.atelier-brueckner.com/de/projekte/bmw-museum [31.1.2019]).
382 Entscheidung zur Form 1973, S. 56; Das neue BMW Haus [1973].
383 Z. B.: „dynamische Effekte (Braun 2005, S. 47); „dynamische Architektur" (Das neue BMW Haus [1973]); „dynamische Aussage", „Raumdynamik" (Entscheidung zur Form 1973, S. 56, 60).
384 Schwanzer 1973, S. 183.
385 Medieninformation der BMW Group v. 9.7.2013 (Vz. Internetquellen).
386 Entscheidung zur Form 1973, S. 56.
387 Ebd.
388 Ebd.
389 Pressemitteilung der BMW AG v. 25.5.1973 (BMW UP 216/10).

auf die gesamte Schalenkonstruktion, die „nach dem Prinzip einer selbsttragenden Karosserie errichtet"[390] worden sei.

## 2.2.5 Die Zentrale als buchstäblicher Werbeträger

### Farbkonzept

Auch die Farbigkeit des BMW-Komplexes wurde in höherem Maße als bis dato in der Unternehmensarchitektur üblich an das Corporate Design des Fahrzeugherstellers angepasst. So wird die Architektur der Zentrale (noch immer) von den Unternehmensfarben Blau und Weiß respektive Silber bestimmt. Vor allem bei dem Tiefblau, das an verschiedenen Stellen der BMW-Gebäude zu finden ist, handelt es um einen spezifischen Farbton, der direkt auf das Unternehmen verweist. Das die Fassaden dominierende Silber prägte hingegen auch andere Hochhäuser der Zeit, zum Beispiel die Zentrale der Dresdner Bank in Frankfurt am Main (Taf. 19) oder das Hauptquartier der Hypo-Bank in München (Abb. Taf. 38). Da die Kombination von Blau und Silber allerdings den Hausfarben der Bayerischen Motorenwerke entsprach, wurde der Silberton im Gesamtkontext ebenfalls als Unternehmensfarbe codiert.

Auf der silberfarbenen Museumsschüssel befindet sich ein tiefblauer Akzent in Form zweier senkrechter Streifen an den beiden Stellen, an denen die Betonschale nach oben verspringt (Taf. 8). Die Streifen wurden exakt in das Scheinfugennetz eingepasst, das die Betonoberfläche strukturiert. Einer der beiden Streifen ist zur verkehrsreichen Kreuzung hin orientiert und kann somit von den vorbeifahrenden Autos aus gut wahrgenommen werden. Nicht so deutlich erkennbar ist, dass auch die geschosshohe Vertiefung am Vierzylinder, wo sich die Technikräume befinden, in demselben Blauton gefärbt wurde.

**Abb. 38** Präsentationszeichnung der BMW-Zentrale, München, mit Olympiastadion im Hintergrund (ca. 1969)

Die eingeschränkte Wahrnehmung der Farbigkeit wird durch die Schatten verursacht, welche die oberen Zylinder zwangsläufig werfen. Am besten lässt sich der Blauton deshalb vom Olympiaturm aus erkennen, von wo man auf die von der Sonne beschienene Dachfläche der unteren Zylinder schaut. Die Untersicht der unteren Zylinder wurde ebenfalls blau gestaltet, zudem die Unterseite der Attika des Flachbaus. Diese Farbflächen werden primär beim Betreten des Gebäudes wahrgenommen. Ferner erfolgte eine blaue Akzentuierung an den Seitenflächen des Dachaufbaus, welche den plakativen BMW-Emblemen als Hintergrund dienen. Erstaunlich ist, dass auch die Innenflächen der vier großen Betonröhren auf dem Dach blau gestrichen wurden, denn diese Farbigkeit ist selbst vom Olympiaturm nur bei genauem Hinsehen erkennbar.[391]

---

390 Medieninformation der BMW Group v. 9.7.2013 (Vz. Internetquellen); La Bonté/Braun 2003, S. 17. – Es wundert, dass die Analogie zu einer selbsttragenden Autokarosserie nicht auf die Fassadenmodule des Hochhauses übertragen wurde, deren gefaltete Aluminiumbleche dem Karosseriebau näher stehen als die Betonschale des Museums.
391 Hier offenbart sich ein Architekturverständnis, das an den mittelalterlichen Sakralbau erinnert: Die gewissenhafte Durchbildung selbst von Teilen, die den menschlichen Blicken weitgehend entzogen sind.

Während sich der Einsatz des unternehmensspezifischen Blautons am Äußeren auf einige dezente, grafisch anmutende Farbakzente beschränkte, prägte er im Inneren an vielen Stellen die Raumgestaltung. Im Museum waren die Rampen und Plattformen der Ausstellung gänzlich mit blauem Teppichboden ausgelegt (Taf. 12). Im Foyer des Hochhauses war die Decke mit quadratischen blauen Platten verkleidet worden (Taf. 13), im Bildungszentrum lag blauer Teppich aus, und im Ausstellungsraum, der die beiden Räume verband, waren Decke und Boden tiefblau gehalten. An einigen Stellen variierte Schwanzer das Material, behielt hingegen die Farbigkeit bei. In den Casinos waren die Böden mit tiefblauen Fliesen ausgelegt, deren runde Form zugleich die Geometrie des Gebäudes aufgriff (Taf. 14). Mit ihnen korrespondierten abgehängte Bereiche der Decke in Form tiefblauer Kreise, die offenbar die Lüftungstechnik verbargen. Selbst in den wenig frequentierten Fluchttreppenhäusern gestaltete Karl Schwanzer Handläufe und Wandflächen in tiefem Blau (Taf. 15). Nach den Vorstellungen Schwanzers sollte auch in allen regulären Bürogeschosse einheitlich der „BMW-blaue Teppich"[392] ausgelegt werden (Taf. 16).[393] Der Spiegel berichtete, es sei stattdessen über „Schwanzers Kopf weg [...] eine Teppichfarbe fürs Gemüt bestellt"[394] worden. Jedenfalls entschied man sich für einen Bodenbelag in Beige, der anscheinend dem Zeitgeschmack entsprach (Taf. 11).[395]

Obgleich die Aufzählung der Stellen, an denen das Firmenblau zum Einsatz kam, lang erscheint, wirkt die Farbe trotzdem nicht dominant. Vielmehr lässt sich die blaue Farbe als gestalterisches Motiv charakterisieren, dass in unterschiedlichen Situationen wiederkehrt. Dabei trug Karl Schwanzer, wie bei der Komposition der architektonischen Körper, unterschiedlichen Perspektiven auf die Gebäude Rechnung: der Ansicht vom Olympiaturm, dem kurzen Blick aus dem vorbeifahrenden Auto, dem Blickwinkel des eintretenden Besuchers. Der Anteil an blauen Flächen steigt im Innenraum an und wäre nach den Vorstellungen Schwanzers auch in den Büroetagen präsent gewesen.

Bei der Revitalisierung des Gebäudes in den 2000er Jahren ist das ursprüngliche Farbkonzept der blauen Akzente großenteils beibehalten und partiell ergänzt worden. So bilden etwa im Konferenzzentrum, das anstelle des Rechenzentrums im östlichen Flachbau eingerichtet wurde, blau bedruckte Glasscheiben eine Wand, die „das Spiel mit jenem Blau wieder aufnimmt, das als Leitfarbe des BMW Firmensignets über dem Kühlergrill sämtlicher Motorhauben der Fahrzeugfamilie prangt."[396] In den Büroetagen wurde die Farbigkeit der 1970er Jahre durch Weiß- und Grautöne ersetzt (Taf. 17), die „dem Corporate-Identity-Design von BMW [folgen], das sich nun auch in der Innenausstattung der Konzernzentrale widerspiegelt."[397]

**Die Logos am Hochhaus**

Von Beginn an war die Anbringung von Logos am Dach des Hochhauses an der Fläche zwischen dem Trägerkreuz vorgesehen.[398] Der Stadt München war dies jedoch zu plakativ, so dass die Anbringung untersagt wurde. Da sich BMW allerdings die historische Chance nicht entgehen lassen wollte, sich im Rahmen der Olympischen Spiele 1972 der Weltöffentlichkeit zu präsentieren, zumal die Spitze des Hochhauses vom benachbarten Olympiagelände sichtbar war, ließ der

---

392 Der Spiegel 17/1973, S. 43.
393 Ebd.; SZ v. 24.3.1973. – Bei den in der Baumonografie abgebildeten Büroetagen mit blauem Teppich handelt es offenbar um Musterräume, worauf auch die Unterschrift „Alternativvorschlag" hindeutet (Entscheidung zur Form 1973, S. 32).
394 Der Spiegel 17/1973, S. 43.
395 Ähnliche Farbtöne kamen zum Beispiel in den Büroetagen der wenige Jahre später erbauten Dresdner Bank-Zentrale zum Einsatz (Taf. 23).
396 Tietz 2008, S. 125.
397 Gragert/Venhofen 2008, S. 146.
398 Zur im Folgenden referierten Geschichte des Logos am Hochhaus: Bergmann 2008, S. 163; Marrenbach 2006, S. 30.

Vorstand zu „Versuchszwecken" eine Leinwand mit dem Firmen-Emblem an der zum Olympiastadion ausgerichteten Westseite des Dachaufbaus anbringen. Die Aktion zog ein Bußgeld der Stadt München in Höhe von 110.000 DM nach sich und intensivierte die Verhandlungen über die Genehmigung einer Anbringung. Diese wurde schließlich im Herbst 1973 erteilt, so dass im November des Jahres mit der Montage der vier Logos an den Flächen zwischen dem Trägerkreuz begonnen werden konnte.[399]

Auf älteren Aufnahmen ist zu erkennen, dass die Logos als Pfosten-Riegel-Konstruktion erstellt wurden, so dass die Farbflächen gegenüber den Umriss- und Trennlinien zurücktraten, wobei die blau-weißen Kreissegmente offenbar tiefer saßen als der schwarze Rahmen (Abb. 22). Wahrscheinlich im Zuge der Sanierung in den 2000er Jahren wurden auch die Logos modernisiert. Bei den heute auf dem Dach befindlichen Emblemen treten die Farbflächen hervor, während die Linien durch Fugen gezeichnet werden (Taf. 8). Außerdem sind die neuen Logos im Unterschied zu den alten leicht gewölbt. Auf diese Weise entsprechen die Logos am Hochhaus noch mehr den Firmenemblemen auf den Motorhauben der BMW-Fahrzeuge und verstärken so die Analogie zwischen der Architektur und den Produkten des Unternehmens.

**Das Logo auf dem Museumsdach**
Bei der Konzeption des Museums wurde nicht nur die Wahrnehmung der Zentrale vom fahrenden Auto aus berücksichtigt,[400] sondern auch dem speziellen Blick auf den Komplex vom nahe gelegenen Olympiaturm aus Rechnung getragen. Vom Turmrestaurant und den Aussichtsplattformen auf Höhe von bis zu 192 Metern aus gesehen wird das Flachdach des Museums zu dessen Hauptansicht (Abb. 22).[401] Nur aus dieser Vogelperspektive ergab es einen Sinn, das BMW-Logo auf die Dachfläche des Museums aufzubringen. Hierfür war es förderlich, dass die Dachgeometrie dem kreisrunden Firmenlogo entsprach, so dass es über die gesamte Breite des Museums aufgespannt werden konnte. Der somit erzielte Durchmesser von 40 Metern gewährleistete eine hervorragende Sichtbarkeit von den fast 500 Meter Luftlinie entfernten Aussichtsplattformen des Olympiaturms. Die Anzahl der Menschen, die die BMW-Zentrale auf diese Weise wahrgenommen haben, ist beachtlich, nicht nur mit Blick auf die vielen auch internationalen Besucher der Olympischen Spiele 1972: So wurden seit der Eröffnung des Turms 1968 bis Ende des Jahres 2016 42,2 Millionen Besucher verzeichnet, wovon rund fünf Millionen den Turm bereits vor dem 12. September 1972 bestiegen haben.[402]

### 2.2.6 Die mediale Präsentation der BMW-Zentrale in Büchern

Anlässlich der Eröffnung der BMW-Hauptzentrale erschienen verschiedene Publikationen zur Architektur, die sich an unterschiedliche Adressaten richteten. Mit einem „Hochhausreport"[403] wandte sich die Abteilung „Innerbetriebliche Information" der BMW AG direkt an die Mitarbeiter im neuen Hochhaus. Die Schrift enthielt praktische Informationen zur Orientierung und Handhabung im Gebäude; darüber hinaus wurden die Mitarbeiter mehr oder weniger unterschwellig mit dem gewünschten Image des Gebäudes vertraut gemacht. Eine emotionale und personalisierte Ansprache, die auch an Kunden hätte adressiert sein können,[404] diente wohl dazu, die Identifikation der Angestellten mit dem Hochhaus wie auch dem Unternehmen und seinen Produkten zu stärken.

---

399 Das Logo ist somit ein guter Anhaltspunkt, um frühe Fotos der BMW-Zentrale zu datieren. Fehlen die Logos am Hochhaus, so entstand das Bild vor November 1973.
400 S. Kap. 2.2.4.
401 Daten nach: www.olympiapark.de/de/derolympiapark/veranstaltungsorte/olympiaturm/daten/ [4.2.2019].
402 Ebd.
403 Hochhausreport 1973 (Innerbetriebliche Information der BMW AG).
404 „Der ‚Vierzylinder' – ein echter BMW: jung, überlegen, unverwechselbar" (ebd.).

Die Belegschaft wurde auf diese Weise in das aus analogen Eigenschaften geknüpfte Beziehungsgeflecht Hochhaus – Produkte – Unternehmen integriert. Des Weiteren präsentierte sich BMW den Mitarbeitern gegenüber als guter Arbeitgeber, indem die soziale Fortschrittlichkeit hervorgehoben wurde.[405]

Bei der Publikation „Das neue BMW Haus"[406] handelt es sich um eine Baumonografie ohne ISBN, die von der BMW AG selbst herausgegeben wurde. Die Texte beschreiben das Hauptquartier aus der Perspektive des BMW-Images und haben einen offensichtlich werbenden Charakter.[407] Die suggestive Mischung aus Information und Werbung diente augenscheinlich als „Lesehilfe", um dem Adressaten die im Medium der Architektur ausgedrückten Markenattribute besser verständlich zu machen. Der silberne Einband und das progressive Layout des Buches griffen die architektonische Gestaltung und die Markenattribute auf. Im Unterschied zur nachfolgend beschriebenen Baumonografie „Entscheidung zur Form" wurde zudem eine räumliche und auch ideelle Nähe zu den Bauwerken der Olympischen Spiele herausgestellt. Neben dem Text äußerte sich das in Bildern, in denen olympische Bauten im Hinter- oder Vordergrund zu sehen sind (Abb. 38). Wahrscheinlich wurde das Buch anlässlich der Eröffnung an ausgewählte Mitarbeiter, Geschäftskunden, Politiker und so weiter verteilt.[408]

An eine architektonisch interessierte Öffentlichkeit richtete sich hingegen die reich bebilderte Baumonografie „Entscheidung zur Form"[409], in welcher Texte von verschiedenen Autoren wesentliche Aspekte der Architektur von der Entwurfsidee über die Organisation der Grundrisse bis hin zur Gebäudetechnik thematisieren.[410] Karl Schwanzer selbst legte darin auf einigen Seiten seinen allgemeinen architektonischen Ansatz dar. Sachlich fallen die konstruktiven und technischen Beiträge aus, die offenbar von Experten verfasst wurden, die am Bau der BMW-Zentrale beteiligt waren. Andere Texte hingegen entsprechen in Jargon und Wortwahl der Publikation „Das neue BMW Haus" und stellen die Zentrale in einem auffallend affirmativen Licht in Einklang mit dem Unternehmensimage dar.

Dies ist kein Zufall, denn den Text für „Das neue BMW Haus" schrieb der Architekturkritiker Peter Bode, der ebenfalls die meisten Texte für die „Entscheidung zur Form" verfasste.[411] Außerdem hatte Bode die Redaktion der beiden Bücher inne.[412] So wundert es nicht, dass in beiden Büchern ähnliche und zum Teil sogar identische Formulierungen zu finden sind.[413] Bode scheint als Journalist oder Publizist tätig gewesen zu sein, denn er trat auch als Autor eines Artikels in der Süddeutschen Zeitung in Erscheinung, der anlässlich der Eröffnung der BMW-Zentrale gedruckt wurde.[414] Zwar konnten die genauen Ver-

---

405 „Auch das ist eine Konsequenz der Bürolandschaft: der Abbau hierarchischer Strukturen durch den täglichen, öffentlich hergestellten Kontakt zwischen Chefs und Mitarbeitern" Hochhausreport 1973 (Innerbetriebliche Information der BMW AG). – Vgl. Kap. 2.2.3.
406 Das neue BMW Haus [1973].
407 Z. B.: „[…], daß die unverwechselbare Großform des architektonischen ‚Vierzylinders' den wirtschaftlichen Wiederaufstieg, den technologischen Erfolg und die anhaltende Progressivität der bayerischen Automobilfirma am besten in gebaute und nur mit der Marke BMW identifizierbare Repräsentation umzusetzen vermochte […]." – Vgl. Kap. 2.2.3.
408 Eine ähnlich konzipierte Mischung aus Baumonografie und Werbeschrift verschenkte die Dresdner Bank anlässlich der Eröffnung ihrer neuen Hauptzentrale in Frankfurt am Main an einen ausgewählten Personenkreis (Haus am Jürgen-Ponto-Platz 1980). – S. Kap. 2.3.7.
409 Entscheidung zur Form 1973.
410 Abgesehen von der Einleitung Schwanzers lassen sich die Texte nur über das Impressum den jeweiligen Autoren zuordnen.
411 Das neue Haus [1973], Impressum; Entscheidung zur Form 1973, Impressum.
412 Ebd.
413 Z. B.: „Man wird sozusagen gezwungen, […] sich zu überlegen, was dieses Superzeichen wohl bedeuten könnte. Zunächst signalisiert es fraglos technischen Fortschritt, perfektes Finish und funktionale Logik, alles Dinge, die man auch von einem guten Auto erwartet" (Entscheidung zur Form 1973; Das neue BMW Haus [1973]; SZ v. 24.3.1973).
414 SZ v. 24.3.1973.

2.2 „Alles Dinge, die man auch von einem guten Auto erwartet" – die Hauptverwaltung von BMW in München

**Abb. 39** BMW Welt, München, 2004–2007, Coop Himmelb(l)au, von Norden bei Nacht (Foto 2018)

bindungen Peter Bodes zu BMW in diesem Rahmen nicht ermittelt werden, doch die angeführten Fakten sprechen dafür, dass Bode von BMW mit der publizistischen Präsentation der neuen Zentrale im Sinne von Public Relations beauftragt war. Es darf somit davon ausgegangen werden, dass seine Texte eng mit der Öffentlichkeitsabteilung von BMW abgestimmt waren.

An der Publikation „Entscheidung zur Form" scheint überdies Karl Schwanzer entscheidend beteiligt gewesen zu sein. Der Modulverlag in Wien, in dem das Buch erschien, veröffentlichte vorwiegend Bücher von und über Karl Schwanzer[415] sowie später von dessen Sohn Berthold Schwanzer.[416] Es handelt sich mithin um einen Eigenverlag der Familie Schwanzer.[417] Daneben scheint die BMW AG finanziell an der Herstellung des Buches beteiligt gewesen zu sein. Hierfür sprechen neben den BMW bewerbenden Texten Bodes auch Markenzeichen wie das Vorsatzpapier in BMW-Blau.

### 2.2.7 Ausblick: Die BMW Welt

**Ein markenanaloges Architekturspektakel für das 21. Jahrhundert**

In den 2000er Jahren kam es zu einer beträchtlichen baulichen Erweiterung am Standort der BMW-Zentrale. Nachdem Volkswagen mit der Eröffnung der „Autostadt" in Wolfsburg (Taf. 18) im Jahr 2000 neue Maßstäbe im Zusammenspiel von Markenpräsentation und Architektur gesetzt hatte,[418] sahen sich die konkurrierenden deutschen Automobilhersteller offenbar unter Zugzwang gesetzt. BMW reagierte mit dem Bau der „BMW Welt" (Taf. 18, Abb. 39), die 2004–2007

---

415 Z. B. Schwanzer 1973.
416 de.book-info.com/publisher/modulverlag+Wien.htm [21.2.2019].
417 Im Impressum der Internetseite ist Dr. Berthold Schwanzer als Verantwortlicher genannt.
418 Auf der offiziellen Webseite der Autostadt GmbH heißt es: „Die am 1. Juni 2000 eröffnete Kommunikationsplattform Autostadt ist ein Themen- und Erlebnispark und beherbergt das größte Auslieferungszentrum für Neuwagen weltweit" (www.autostadt.de/corporate/was-ist-die-autostadt [11.2.2019]).

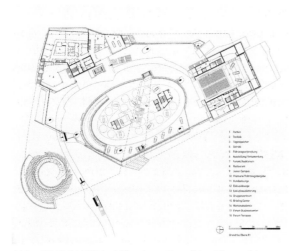

**Abb. 40** BMW Welt, München, Grundriss Ebene E1 (Plan 2007)

**Abb. 41** BMW Welt, München, Innenraum (Foto ca. 2007)

nach dem Entwurf des Wiener Architekturbüros Coop Himmelb(l)au gegenüber der bestehenden Zentrale errichtet wurde.[419]

Obwohl auch die zur BMW Group gehörenden Marken Mini und Rolls Royce in der BMW Welt ausgestellt und repräsentiert werden, bezieht sich die Architektur, wie gezeigt wird, primär auf die Marke BMW.[420] Bei der BMW Welt kann mithin nicht trennscharf unterschieden werden, ob es sich um eine Unternehmensarchitektur (als Teil der Corporate Identity) oder eine Markenarchitektur (als Teil der Brand Identity) handelt;[421] beide Klassifikationen können hier eine Gültigkeit beanspruchen. Begriffe wie „Markenarchitektur" und „Unternehmensarchitektur" sind deshalb bezogen auf die BMW Welt meist synonym.

Die spektakuläre Architektur der BMW Welt lässt sich mit herkömmlichen Geometrien kaum beschreiben (Taf. 18, Abb. 39). Es handelt sich, vereinfacht gesprochen, um eine riesige Halle mit schrägen Glasfassaden und einem signifikanten, mehrfach geschwungenen Metalldach, unter dem verschiedene plastisch geformte Baukörper eingestellt wurden (Abb. 40), die, ähnlich dem Museum, mit einem kurvenreichen Wegesystem aus Brücken und Rampen erschlossen werden (Abb. 41). Zur Kreuzung hin, vis-à-vis der Museumsschüssel, befindet sich ein markanter Doppelkegel aus Glas und Stahl, der über die Dachfläche mit dem übrigen Gebäude verbunden ist.

Obgleich in diesem Rahmen keine eingehende Analyse der BMW Welt als Markenarchitektur erfolgen soll,[422] so muss doch darauf verwiesen werden, dass BMW wie beim Vierzylinder eine markenanaloge Architektur schaffen wollte, also eine Architektur, deren Eigenschaften analog denen der Marke BMW sein sollten. Im Unterschied zu 1968, als die Entscheidung für das architek-

---

419 BMW Medieninformation 10/2007 (Vz. Internetquellen). – Ausführlich zur BMW Welt: BMW Welt 2008 (Darstellung als Architektur der Marke BMW); Feireiss 2007 (Darstellung als Architektur der Marke Coop Himmelb(l)au). – 2001 fand ein Architekturwettbewerb statt, bei dem Coop Himmelb(l)au und Sauerbruch Hutton jeweils einen ersten Platz belegten. Zum Wettbewerb: BMW Welt 2008, S. 52–54; Feireiss 2007, S. 26–39; db 10/2007.
420 Die Marken Mini und Rolls Royce sollten zur Abgrenzung der Markenidentitäten von der Unternehmensidentität „als Gast in der BMW Welt" auftreten (Bracklow 2004, S. 163f. und Fußnote 577).
421 Zu den Begriffen s. Kap. 1.3.
422 Die vorliegende Arbeit beschränkt sich aus methodischen Gründen auf Unternehmensbauten der Jahre zweiten Hälfte des 20. Jahrhunderts, weil viele Akten in den Unternehmensarchiven erst nach einer Frist von 30 Jahren eingesehen werden können (S. Kap. 1.5).

tonische Konzept erst mit dem Wettbewerbsentscheid getroffen wurde, formulierte man 2001 die Anforderungen an eine markenanaloge Architektur explizit im Vorfeld des Wettbewerbs. In der Ausschreibung wurden die Architekten aufgefordert: „Entwerfen Sie einen Komplex, der den dynamischen Charakter ebenso unverwechselbar ausdrückt wie das, was diese Marke zu vermitteln verspricht: Freude am Fahren."[423]

Mit „Unverwechselbarkeit" und „Dynamik" sollten demnach zwei Kernattribute der Markenidentität auch die Architektur der BMW Welt bestimmen. Analog zum ausgeprägt emotionalen Markenimage („Freude") wurde zudem eine emotionale Architektursprache gefordert. Im Entwurf von Coop Himmelb(l)au sah man die geforderte Entsprechung zwischen Architektur und Unternehmen beziehungsweise Marke: „Realisiert wurde schließlich der Entwurf, der sich visionär und richtungsweisend mit den Ideen identifiziert, die BMW mit dem Bauvorhaben verbindet, und der auch aus betrieblicher Hinsicht funktioniert."[424] Betont wurde bei dieser Darstellung von Unternehmensseite außerdem die Übereinstimmung mit dem dritten klassischen Markenattribut Innovation/Fortschritt: „Eine Premium-Marke wie BMW wird in Szene gesetzt mit einer Architektur, die Grenzen sprengt."[425]

**Die Parallelisierung von BMW Welt und BMW-Zentrale**
Die Aussage der Unternehmenskommunikation, das Bauwerk zeige „Innovationsfreude und die Lust an der Beherrschung komplexer Technologien"[426] der BMW, liest sich wie eine Beschreibung der BMW Welt – wurde aber 1998 auf den Vierzylinder bezogen. Auch die Markenattribute „Unverwechselbarkeit" und „Dynamik" welche die BMW Welt architektonisch zum Ausdruck bringen sollte und zweifellos auch bringt, wurden bereits in den frühen 1970er Jahren genutzt, um die BMW-Zentrale zu charakterisieren.[427] Es ist ganz offensichtlich, dass die BMW Welt als markenanaloge Architektur wie der Vierzylinder und das BMW Museum funktionieren sollte, nur dass die Sprache und Technik der Architektur sich zeitbedingt verändern musste – was für ein Unternehmen, das „Innovation" zu seinem Markenkern zählt, wohl unabdingbar ist. BMW-Zentrale und BMW Welt visualisieren beide dieselben Markenattribute und bilden das Unternehmensimage architektonisch ab, das bei BMW vom Markenimage nicht zu trennen ist.[428]

Trotz der völlig anderen Form rekurrieren Elemente der BMW Welt aber auch konkret auf die bestehenden Gebäude der Zentrale. Ganz deutlich wird das bei der inneren Erschließung der BMW Welt. Der große Hallenraum, durch den sich – in Analogie zum städtischen Raum – Straßen, Rampen, Brücken und Kurven winden (Abb. 41, vgl. Taf. 12), überträgt das Innenraumkonzept des BMW Museums auf die BMW Welt.[429] Ein Hauptweg der BMW Welt endet oder beginnt, je nach Sichtweise, mit einer geschwungenen Fußgängerbrücke, welche von der BMW Welt direkt zum Museum führt, so dass ein kontinuierlicher „Verkehrsraum" entsteht. Daneben wird vom Innenraum der BMW Welt aus auch eine optische Brücke zur Zentrale geschlagen. Das markante Dach weist an einer Stelle einen auffälligen Ausschnitt auf, allein um den Blick auf den Vierzylinder zu in-

---

423 BMW Welt 2008, S. 52.
424 Ebd., S. 54.
425 Ebd.
426 Pressemitteilung der BMW AG v. 12.5.1998 (BMW UP 1860/10) – das Zitat bezieht sich auf den Vierzylinder.
427 S. Kap. 2.2.3. – Anne Bracklow, welche die Planungen zur BMW Welt vor Baubeginn aus Sicht des Architectural Brandings scharf kritisierte (dies., S. 176–180), meinte hingegen, dass die BMW Welt im Gegensatz zum Vierzylinder keine symbolische Ausdruckskraft besitze (ebd., S. 177).
428 Das ist auch insofern bemerkenswert, als die BMW Group ihre anderen Marken, Mini und Rolls Royce, architektonisch von der Marke BMW abgrenzen wollte, wie es am Beispiel der Messestände von BMW und Mini auf der IAA in Frankfurt 2001 deutlich wurde (Abb. 7) (Puchner 2002; Reckhorn 2002).
429 S. Kap. 2.2.4.

**Abb. 42** BMW Welt, München, Dachausschnitt mit Sichtachse auf den Vierzylinder (Foto 2007)

szenieren (Abb. 42).⁴³⁰ Auch städtebaulich knüpft die BMW Welt konzeptionell an die Zentrale an. Der Doppelkegel setzt, analog zum BMW Museum, als Quasi-Solitär mit einer eigenwilligen Form ein signifikantes Zeichen an der Ecke zur vielbefahrenen Hauptstraße hin (Taf. 18). Dabei wurde der Doppelkegel auf die Dimensionen des Museums abgestimmt. Doppelkegel und Museum bilden auf diese Weise ein außergewöhnliches städtebauliches Paar, das jedoch eine geradezu klassische Torsituation im Stadtraum bildet und die Wahrnehmung des BMW Komplexes vor allem vom PKW aus bestimmt (Abb. 43). Auf einem Rendering aus der zweiten Wettbewerbsphase 2001 findet sich eine simple Handskizze (von Wolf D. Prix [?]), die den intendierten zeichenhaften Charakter des Ensembles aus Doppelkegel, Museumsschüssel und Vierzylinder im Stadtraum verdeutlicht (und obendrein symbolisch den drei Initialen BMW zuweist) (Abb. 43).

Die Parallelisierung von BMW Welt und BMW-zentrale ging in der Unternehmenskommunikation über konkrete Bezüge und die Analogie der Attribute hinaus. Der Bau der BMW Welt wurde so kommuniziert, als würde sich Geschichte wiederholen. Deshalb betonte man, dass Wolf D. Prix, der Kopf von Coop Himmelb(l)au, ein Schüler Schwanzers sei.⁴³¹ Wie jenen habe auch Prix die Nachricht vom gewonnenen Wettbewerb während einer Vorlesung überrascht:

„Schon als Student besuchte Prof. Prix die Vorlesungen von Prof. Karl Schwanzer, dem Architekten des BMW Hochhauses, dem so genannten Vierzylinder, und des BMW Museums. Während einer dieser Vorlesungen war Prof. Schwanzer plötzlich hinaus gerufen worden. Als er zurückkehrte, sagte er zu seinen Studenten: ‚Für mich ist heut schon Weihnachten – ich habe den BMW Turm gewonnen!' Exakt 30 Jahre später hält Prof. Prix selber eine Vorlesung in Wien. Auch er wird hinaus gerufen: ‚Sie haben den Wettbewerb der BMW Welt gewonnen!'"⁴³²

Die Anekdote wurde zum Topos, der Motive der biblischen Verkündigung verwendet. Sich selbst stellte BMW als mutige und visionäre Bauherrin dar, die eine innovative und avantgardistische Architektur realisieren wollte – wie bereits beim Vierzylinder.⁴³³ In Anbetracht dieser Parallelisierung der Bauwerke überrascht es nicht, dass die unternehmensseitige Darstellung der BMW Welt an das ältere Muster anknüpft. Wurde das seinerzeit innovative Bauverfahren des Vierzylinders als Zeichen der Fortschrittlichkeit breit kommuniziert,⁴³⁴ so räumte man auch dem Bauvorgang der BMW Welt viel Raum in der Darstellung ein⁴³⁵ und demonstrierte mit dem Hinweis auf die eingebundenen „BMW Experten"⁴³⁶ Kompetenz

---

430 „Wir haben genau untersucht, von wo und wie man zum Beispiel den ‚Vierzylinder' im Auge hat [...]" (Wolf Prix in Freireiss 2007, S. 24). – „Durch diesen Einschnitt [im Dach] ist das Hochhaus vom Inneren der BMW Welt aus während der Fahrzeugübergabe immer wieder sichtbar" (Freireiss 2007, S. 44).
431 Schwanzer wird als „Lehrer und Mentor" von Wolf D. Prix bezeichnet (BMW Welt 2008, S. 70).
432 www.bmw-welt.com/de/locations/welt.html [10.2.2019].
433 „Und wie schon in der Vergangenheit bewies das Unternehmen auch beim Bau der BMW Welt Mut zum architektonischen Risiko" (BMW Welt 2008, S. 54).
434 S. Kap. 2.2.3.
435 BMW Welt 2008, S. 68–105, mit zahlreichen ästhetischen Fotos vom Bauprozess.
436 Ebd., S. 70.

**Abb. 43** Rendering mit Handskizze von Coop Himmelb(l)au aus der zweiten Wettbewerbsphase für die BMW Welt 2001

in der Umsetzung innovativer und technisch anspruchsvoller Projekte. Daran schloss die panegyrische Darstellung von Konstruktion und Gebäudetechnik an.[437]

Mit der Parallelisierung von BMW Welt und Zentrale kommunizierte das Unternehmen eine klare Botschaft: Wie vor 30 Jahren wagt sich BMW als technisch fortschrittliches und unverwechselbares Unternehmen wieder mutig an ein avantgardistisches Architekturprojekt. Und so, wie die Zentrale Schwanzers eine architektonische Ikone wurde, so schrieb auch die BMW Welt eine architekturhistorische Erfolgsgeschichte.

**Die Konstruktion einer Architekturtradition**
Insofern erscheint es folgerichtig, dass der Autohersteller mit dem Bau der BMW Welt – und der damit einhergehenden, großangelegten Sanierung des Vierzylinders und Erweiterung des Museums – die Tradition der Unternehmensarchitektur als einen identitätsstiftenden Wert entdeckte, welcher BMW von den anderen Wettbewerbern distinguierte. Der britische Grafiker und Unternehmensberater Wally Olins, ein Pionier auf dem Gebiet der Corporate Identity, hob bereits Ende der 1980er Jahre die Bedeutung einer Tradition für die Identitätsbildung von Unternehmen hervor und führte Beispiele an, in denen eine Tradition gezielt konstruiert wurde.[438] In der von BMW herausgegebenen Zeitschrift – nomen est omen – „Mobile Tradition live" hieß es zum Baubeginn der BMW Welt 2003:

„Ähnlich große, in Architektur gegossene Markenpräsentationen gibt es bereits in Wolfsburg und Ingolstadt, eine weitere soll in Stuttgart entstehen. Doch sieht BMW diesem Wettbewerb gelassen entgegen, vor allem deshalb, weil die urbane Situation von Museum, Werk und Auslieferung keine künstliche, sondern eine gewachsene ist."[439]

In einer Zeit, als kommunikative Architekturspektakel zu einer Modeerscheinung in der deutschen Automobilindustrie gerieten, konnte sich BMW mit einer Architekturtradition von der Konkurrenz mit dem Image der kultivierten Bauherrin abgrenzen, die nicht erst im Rahmen des zeitgenössischen Hypes, sondern bereits seit Jahrzehnten avantgardistische Architekturprojekte verwirk-

---
437 Ebd., S. 72; BMW Medieninformation 10/2007 (Vz. Internetquellen).
438 Olins 1990, S. 13–25. Olins spricht von der „Erfindung einer Tradition", für die er allerdings vornehmlich Beispiele aus dem politischen Bereich anführt.
439 La Bonté/Braun 2003, S. 19. – Gemeint sind die Autostadt von VW (2000, Henn Architekten), das Audi Forum mit dem museum mobile in Ingolstadt (2000, Henn Architekten) sowie das seinerzeit ebenfalls in Planung befindliche Mercedes-Benz Museum in Stuttgart (Eröffnung 2006, Ben van Berkel/ UN Studio, (Abb. 123).

licht. In diesem Zusammenhang konstruierte man in der Unternehmenskommunikation, auch im Sinne der Parallelisierung zwischen BMW Welt und Zentrale, sogar eine Art BMW-Stil, der suggeriert, dass es seit den Bauten Schwanzers eine konsistente Architekturstrategie gegeben hätte:

„When Karl Schwanzer built the company headquarters, the ‚four-cylinder', back in 1972, the company consciously chose a dynamic construction style, which was later continued with pioneering works of architecture by Zaha Hadid in Leipzig and the BMW Welt in Munich by Coop Himmelb(l)au."[440]

Abb. 44 Zentralgebäude des BMW-Werks Leipzig, 2003–2005, Zaha Hadid (Foto 2005)

Auch wenn es sich beim „dynamic construction style" um eine öffentlichkeitswirksame Sprachschöpfung aus der PR-Abteilung von BMW handelt und „Stil" ohnehin die falsche Vergleichskategorie wäre,[441] so ist der architekturgeschichtliche Zusammenhang zwischen den Bauten Schwanzers auf der einen Seite und der BMW Welt wie auch des ebenfalls genannten Zentralgebäudes des BMW-Werks in Leipzig (Abb. 44) auf der anderen Seite nicht unbegründet.[442] Die aufsehenerregende Architektur von Coop Himmelb(l)au und Zaha Hadid entspricht, wenn auch in überspitzter Weise, Schwanzers Forderung nach einer „identifizierten Architektur"[443], die sich über einen reinen Funktionalismus hinwegsetzt und stattdessen auf die Gestaltung einer unverwechselbaren Form abzielt,[444] die mitunter nur durch den Einsatz komplexer Hochtechnologie zu erreichen ist. Insofern ist es sicherlich kein Zufall, dass die Gründer von Coop Himmelb(l)au – Wolf D. Prix, Helmut Swiczinsky und Michael Holzer – an der TU Wien Architektur studierten, als Schwanzer dort eine Professur innehatte.[445] Dies wiederum wusste die Unternehmenskommunikation, wie gezeigt, geschickt für die Konstruktion einer identitätsstiftenden Firmentradition zu nutzen.

Andererseits offenbart der direkte Vergleich von BMW-Hauptquartier und BMW Welt aber auch Unterschiede, die, von den verschiedenen Funktionen abgesehen, auch aus dem zeitlichen Abstand von dreißig Jahren resultieren. Schwanzer war noch einer auf industrieller Serienfertigung basierenden Baukonstruktion verpflichtet gewesen, deren monotone Gestaltung er überwinden wollte, die er aber nicht grundsätzlich in Frage stellte, wie sich am Beispiel der außergewöhnlich geformten, aber gleichartigen Module der Fassade erkennen lässt (Abb. 31). Hingegen mussten die Stahlprofile und Verglasungen für

---

440 Medieninformation der BMW Group Corporate Communications v. 2011 (BMW UP 3631/20). „Als Karl Schwanzer 1972 das Firmenhauptquartier, den ‚Vierzylinder', baute, entschied sich das Unternehmen bewusst für einen dynamischen Konstruktionsstil, der später mit den wegweisenden Bauwerken von Zaha Hadid in Leipzig und der BMW Welt in München von Coop Himmelb(l)au fortgesetzt wurde" [Dt. Übers. Verf.].
441 Wahrscheinlich waren der PR-Abteilung von BMW die Schriften von Wally Olins bekannt, der „Gebäude im Stil des Unternehmens" (Olins 1990, S. 23) als Mittel zur Traditionsbildung nannte.
442 Zum Zentralgebäude des BMW-Werks in Leipzig: db 7/2005.
443 Die Zeit v. 16.3.1973.
444 S. Kap. 2.2.2.
445 Karl Schwanzer wurde 1959 als Professor für Gebäudelehre und Entwerfen an die TH Wien berufen (Schwanzer 1973, S. 202). Es wäre sicher lohnenswert, den Einfluss von Schwanzers Architektur und vor allem Architekturtheorie auf die nächste Wiener Architektengeneration näher zu untersuchen.

2.2 „Alles Dinge, die man auch von einem guten Auto erwartet" – die Hauptverwaltung von BMW in München

**Abb. 45** BMW Group Forschungs- und Innovationszentrum (FIZ), München, 1980er Jahre

den Doppelkegel der BMW Welt mittels individueller Schablonen angefertigt und in einer vorgegebenen Reihenfolge montiert werden,[446] um die Geometrie des Gebäudes mit seinen unregelmäßigen Flächen und verschieden spitzen Winkeln realisieren zu können. Wenngleich auch das BMW-Hauptquartier 1972 spektakulär wirkte, so scheint das Spektakel bei der BMW Welt Programm geworden zu sein und damit einem auf Events ausgelegten Zeitgeist zu entsprechen.

Mit der Kommunikation einer zur Corporate Identity zählenden Architekturtradition bei BMW geriet auch das firmeneigene Forschungs- und Innovationszentrum (FIZ) in München (Abb. 45), das 1984 und 1990 zeitlich zwischen der Zentrale und der BMW Welt entstand und 2004 von Henn Architekten um das sogenannte Projekthaus erweitert wurde, in das Blickfeld des Marketings. Spielte das FIZ in seiner Erbauungszeit keine nennenswerte Rolle in der öffentlichen Darstellung des Unternehmens, so ließ sich damit im Nachhinein eine zeitliche Lücke schließen, die zur nachträglichen Konstruktion einer kontinuierlichen Architekturtradition gefüllt werden musste.[447] Seit 2017 wird das FIZ nach Plänen von Henn Architekten umfassend zum sogenannten FIZ Future ausgebaut,[448] dessen Architektur sich sicherlich in die Firmentradition einreihen wird.

**„Gebaute Kommunikation"[449]**
Die multifunktionale BMW Welt, die unter anderem ein Auslieferungszentrum für Neuwagen, eine Präsentation der aktuellen Produkte, Räume für diverse Veranstaltungen und Edutainment, eine Ausstellung ausgesuchter historischer Exponate sowie Gastronomie und Shops beherbergte, sollte laut BMW als „bedeutende Schnittstelle zwischen dem Unternehmen, der Marke und seiner Umwelt"[450] fungieren. Die kommunikative Funktion, die dem Hochhaus und dem Museum implizit war, wurde somit zum primären Zweck, den die BMW Welt explizit erfüllen sollte. Folglich wurde die Architektur von vornherein als Medium der öffentlichen Kommunikation angelegt: „Das ausgefallene Bauwerk zählt zu den ersten Werken einer neuen Generation von Kommunikationsbauten für das 21. Jahrhundert."[451]

Diese explizite Nutzung von Architektur als Kommunikationsmedium folgte einer um die Jahrtausendwende aufkommenden Tendenz in der Automobilindustrie.[452] Im gleichen Jargon bezeichnete Volkswagen seine Autostadt als „Kommunikationsplattform"[453], die „den Dialog mit ihren Gästen aufnimmt"[454], wohingegen BMW

---

446 www.bmw-welt.com/de/locations/welt.html [10.2.2019]; db 10/2007.
447 Z. B. Medieninformation der BMW Group v. 9.7.2013 (Vz. Internetquellen).
448 sz.de, 5.10.2017 (Vz. Internetquellen); www.henn.com/de/projects/industry-urban-design/bmw-fiz-future [18.2.2019]. – Die Auswahl des Architekturbüros ist aus Sicht des Architectural Brandings bemerkenswert, weil Gunter Henn als „Hausarchitekt" des Volkswagen-Konzerns gelten kann, für den er unter anderem die Autostadt in Wolfsburg, die Gläserne Manufaktur in Dresden und das Audi museum mobile in Ingolstadt konzipierte.
449 Medieninformation der BMW Group v. 9.7.2013 (Vz. Internetquellen).
450 BMW Medieninformation 10/2007 (Vz. Internetquellen).
451 Ebd.
452 Kap. 3.8.
453 www.autostadt.de/corporate/was-ist-die-autostadt [11.2.2019].
454 Ebd.

seinen „Kommunikationsbau" in passender architektonischer Metaphorik als „Portal der Marke"⁴⁵⁵ darstellte.

Spätestens seither ist das „Konzept der ‚gebauten Kommunikation'"⁴⁵⁶ ein fester Bestandteil der baulichen Strategie der BMW, die öffentlich wohlklingend als „Architektur-Philosophie"⁴⁵⁷ umschrieben wurde. Ganz im Sinne der architektonischen Traditionsbildung führte BMW die Anfänge dieses Konzepts auf den Bau seiner Konzernzentrale um 1970 zurück:⁴⁵⁸ Mit dem „‚Vierzylinder' schuf Professor Karl Schwanzer bereits Ende der 1960er Jahre die Grundlage für eine Architektur-Philosophie bei BMW, die bis heute Anwendung findet. Sie folgt dem Konzept der ‚gebauten Kommunikation', [...]. Seither ist herausragende Architektur mit hohem funktionalen Anspruch ein Markenzeichen des Unternehmens."⁴⁵⁹

Dass die BMW-Gebäude Schwanzers mit Recht als wegweisende Schlüsselbauten einer kommunikativen Unternehmensarchitektur dargestellt werden, belegen die vorangegangenen Kapitel. Ein bemerkenswerter Unterschied zwischen 1973 und 2013 liegt hingegen darin, dass BMW den Terminus „Kommunikation" seinerzeit noch nicht auf Architektur bezogen nutzte, obgleich die kommunikativen Absichten, die BMW mit dem Bau seiner Konzernzentrale verband, zweifelsfrei nachgewiesen werden konnten.⁴⁶⁰ Karl Schwanzer hingegen verwandte den Terminus nicht nur, sondern reflektierte Architektur auch kommunikationstheoretisch:

> „Der Zwang zur Form ist ein menschliches Bedürfnis, Botschaften zu geben und zu empfangen, die anders durch Formen unzureichend oder überhaupt nicht mitgeteilt werden können. Da wir alle vorwiegend durch Sprache gewohnt sind, miteinander zu kommunizieren, bereitet uns die Mitteilung von ‚Unaussprechlichem' Schwierigkeiten. Die Musik ist ein überzeugendes Beispiel für ein nichtsprachliches Kommunikationssystem. Analog dazu ist Architektur in der Lage, Unaussprechliches durch Artikulation des Raumes auszudrücken. Empfindungen werden ausgelöst, die verbal nur schwer zu übermitteln sind. Architektur als nonverbales Kommunikationssystem kann seine volle Mitteilungsfähigkeit nur dann behalten oder vielleicht noch erweitern, wenn es ständig gebraucht wird."⁴⁶¹

Dabei ist zu beachten, dass der Architekt andere, eher abstrakt-räumliche Kommunikationsinhalte im Sinn hatte als das Großunternehmen, das konkrete wirtschaftliche Ziele mit seiner Kommunikation verfolgte. Das ändert jedoch nichts daran, dass beim Bau der BMW-Zentrale in den späten 1960er Jahren ein Architekt, der Architektur als „Kommunikationssystem" auffasste, und eine Bauherrin, die sich der visuellen Macht der Architektur bewusst war, in glücklicher Weise zusammenfanden. Das Resultat war ein Gebäudekomplex, der einen Meilenstein in der Entwicklung der kommunikativen Unternehmensarchitektur darstellt.

## 2.2.8 Zusammenfassung: Das BMW-Hauptquartier – „Superzeichen" und markenanaloge Architektur

Das 1970–1973 erbaute Hauptquartier der BMW in München war ein Meilenstein in der Entwicklung einer kommunikativen Unternehmensarchitektur, der Ansätze einer medial offensiv genutzten Architektur vorformulierte, die erst dreißig Jahre später von der deutschen Automobilbranche aufgegriffen wurden. In dem Wiener Architekten Karl

---

455 BMW Welt 2008, S. 12.
456 Medieninformation der BMW Group v. 9.7.2013 (Vz. Internetquellen).
457 Ebd.
458 S. hierzu auch das Zitat im vorangegangenen Kapitel.
459 Medieninformation der BMW Group v. 9.7.2013 (Vz. Internetquellen).
460 S. Kap. 2.2.3.
461 Karl Schwanzer in: Entscheidung zur Form 1973, S. 4.

## 2.2 „Alles Dinge, die man auch von einem guten Auto erwartet" – die Hauptverwaltung von BMW in München

Schwanzer fand BMW einen idealen Partner, der Architektur kommunikationstheoretisch reflektierte und sich damit vom strengen Funktionalismus der Nachkriegszeit absetzte.[462] Den vorgeschalteten Architekturwettbewerb 1968 gewann der avantgardistische Entwurf Schwanzers in erster Linie, weil er mit dem Image der BMW am besten in Einklang zu bringen war. Signifikanteste Elemente des Komplexes waren das Hochhaus der Verwaltung und das Firmenmuseum, dessen eigenständige Einrichtung in einem expressiven Solitär auf Schwanzers Anregung zurückgeht.

In der Öffentlichkeit wurde das Hochhaus aufgrund seiner ungewöhnlichen Kubatur, bestehend aus vier Zylindern, in Anlehnung an einen Verbrennungsmotor als „Vierzylinder" bezeichnet und folglich primär als Architecture Parlante wahrgenommen, die buchstäblich auf die Automobilwelt verweist. Diese plakative Deutung des Bauwerks lag zwar nicht in der Absicht Karl Schwanzers, wurde aber in den Feuilletons breit diskutiert – und abgelehnt. Hingegen erkannte man in der Öffentlichkeitsabteilung der BMW die Werbewirksamkeit des eingängigen Bildes und nutzte es seit der Eröffnung des Hauptquartiers bis heute intern und extern als Spitznamen für das Hochhaus.

Abgesehen von dieser eher augenzwinkernden, bildhaften Assoziation wurde in der Kommunikation des Unternehmens angestrebt, Analogien zwischen Eigenschaften der Gebäude auf der einen Seite und den Produkten der BMW wie auch der Firma selbst auf der anderen Seite zu verbalisieren. Es wurde also ein Beziehungsdreieck Architektur – Produkte – Unternehmen konstruiert, dessen Bestandteile mit denselben Attributen belegt wurden. Diese Attribute waren in der Hauptsache Fortschrittlichkeit, Unverwechselbarkeit und Dynamik.

Mit seinem Ansatz einer „identifizierten Architektur"[463], einer Architektur, die über die Funktion hinaus auch die emotionale Wahrnehmung von Bauwerken, besonders über deren individuell gestaltete Form, berücksichtigte, kam Schwanzer den Vorstellungen der Bauherrin nach Unverwechselbarkeit optimal entgegen. Auch abseits der Deutung als Architecture Parlante boten die vier an einem Kern aufgehängten Zylinder des Hochhauses wie auch die weit auskragende Schalenkonstruktion des Museums ein außergewöhnliches und eigenwilliges Bild der Firmenzentrale, wirkten als „Superzeichen"[464]. Die individuelle Formensprache setzte sich im Detail fort, etwa bei der Fassade, deren Module aus gefalteten Aluminiumblechen mit schräg gestellten Fenstern erstellt wurden.

Der Aspekt der Dynamik wurde vor allem beim Bau des Museums umgesetzt, das im Inneren als eine für einen Automobilkonzern sinnfällige Fortsetzung des Straßenraums als System aus Rampen (= Straßen) und Plateaus (= Plätzen) konzipiert wurde. Aber auch die Architektur selbst wurde in Unternehmensdarstellungen als dynamisch charakterisiert. Fortschrittlichkeit offenbarte die BMW-Zentrale in zweierlei Hinsicht. Neben einer in der Unternehmenskommunikation betonten technischen Fortschrittlichkeit sollte auch eine soziale Fortschrittlichkeit zum Ausdruck gebracht werden. Technisch fortschrittlich verlief bereits der Bau des Hochhauses, dessen Bürogeschosse großenteils am Boden gefertigt und dann sukzessiv mittels einer Hubpresse nach oben gezogen wurden. Dieses Bauverfahren ging einher mit einem innovativen Tragsystem des Hochhauses, das als Hängekonstruktion errichtet wurde. Auf diese Weise konnte auf Stützen unter den Zylindern verzichtet werden, die somit kühn zu schweben scheinen und auf diese Weise zur Unverwechselbarkeit des Gebäudes beitragen. Zu schweben scheint auch die Museumsschüssel, die technisch nicht minder fortschrittlich als selbsttragende Schalenkonstruktion aus Stahlbeton errichtet wurde. An die progressive Konstruktion schloss die progressive Gestaltung

---

462 Eine angemessene architekturhistorische Erforschung von Schwanzers Schaffen steht noch aus.
463 Die Zeit v. 16.3.1973.
464 Entscheidung zur Form 1973; Das neue BMW Haus [1973]; SZ v. 24.3.1973.

des Innenraums als Kontinuum von Rampen und Plateaus an. Aber auch die Einrichtung eines öffentlichen Firmenmuseums an sich war innovativ.

Als sozial fortschrittlich wurde die Organisation der Büroetagen in Form von sogenannten Bürolandschaften, also einem in kleinere, aber offene Bereiche unterteilten Großraum, dargestellt. Der kleeblattförmige Grundriss kam dieser Büroform mit seinen Kreissegmenten ideal entgegen und wurde mitunter auch damit begründet. Die Bürolandschaft ermöglichte es einerseits, den Arbeitsraum in Abgrenzung zum unter Angestellten unbeliebten Großraumbüro als „human" darzustellen. Andererseits wurde die Offenheit der Bürolandschaft gegenüber dem Einzelbüro als Ausdruck von Gemeinschaft dargestellt, die Kommunikation fördere und Hierarchien nivelliere.

Mit Ausnahme der sozialen Fortschrittlichkeit, die auf das Unternehmen selbst bezogen war, entsprachen die übrigen Attribute denen, die BMW seinen Fahrzeugen zuschrieb: fortschrittlich, unverwechselbar, dynamisch. Bemerkenswerterweise haben sich diese Kernattribute der Marke BMW im Wesentlichen bis heute erhalten und wurden lediglich nuanciert angepasst.[465] Aus diesem Grund konnte das alte BMW-Hauptquartier nicht nur weiterhin als Visitenkarte des Unternehmens funktionieren, sondern ließ sich sogar zur Konstruktion einer architektonischen Unternehmenstradition heranziehen, welche BMW von den übrigen Wettbewerbern absetzte.

Über die abstrakten Analogien hinaus wurde das Gebäude auch buchstäblich als Werbeträger genutzt. Auf moderate Weise geschah dies mittels der farblichen Gestaltung, welche die Firmenfarben Blau und Silber/Weiß ästhetisch in das architektonische Design integriert. Plakativ hingegen geriet die Anbringung von Firmenlogos am Gebäude. Neben den vier am Trägerkreuz des Hochhaus-Daches platzierten Emblemen wurde das Dach des Museums großflächig als Firmenlogo gestaltet. Dieses nur aus der Vogelperspektive sichtbare monumentale Logo war an die zahlreichen Besucher des nahen Olympiaturms adressiert und verdeutlichte, dass die BMW-Zentrale auf spezifische Wahrnehmungsmöglichkeiten hin ausgelegt wurde. Das Hochhaus wiederum dominierte mit den Logos auf dem Dach die Fernsicht im Stadtraum, wohingegen das an der Kreuzung platzierte Museum die Blicke des vorbeifahrenden Verkehrs auf sich zog.

Die Progressivität des Architekturkonzepts von BMW zeigt sich nicht zuletzt darin, dass die Konkurrenz darauf nicht unmittelbar reagierte. Erst Ende der 1990er setzte Volkswagen mit dem Bau der Autostadt in Wolfsburg neue Maßstäbe in Bezug auf die Nutzung von Architektur als Medium der Markenpräsentation und stieß damit einen Wettbewerb unter den deutschen Automobilkonzernen an. BMW reagierte mit dem Bau der aufsehenerregenden BMW Welt nach Plänen von Coop Himmelb(l)au neben dem bestehenden Hauptquartier. In diesem Kontext rückten auch die kommunikativen Qualitäten der bestehenden Gebäude von 1973 wieder stärker ins Blickfeld, die, denkmalgerecht modernisiert, nicht nur problemlos in den neuen architektonischen Auftritt der Marke integriert werden konnten, sondern auch die Konstruktion einer Unternehmenstradition „gebauter Kommunikation"[466] ermöglichte, welche BMW von den übrigen Wettbewerbern distinguierte.

---

[465] Die bis in die 1970er Jahren positiv konnotierte „Fortschrittlichkeit" wurde später durch den verwandten, aber weniger wertenden Begriff der „Innovation" ersetzt. Außerdem wurden das Markenimage stärker emotionalisiert (Freude, Lust).
[466] Medieninformation der BMW Group v. 9.7.2013 (Vz. Internetquellen).

**Abb. 46** Ehemaliger Hauptsitz der Dresdner Bank („Zinßerturm"), Frankfurt am Main, Alfred Brösicke und Wolf Drevermann, 1950–51, Abriss 1996, Aquarell der 1950er Jahre)

## 2.3 „Leicht und klar" – Das ehemalige Haupthaus der Dresdner Bank in Frankfurt am Main

### 2.3.1 Einleitende Baugeschichte

In den Nachkriegsjahrzehnten hatte die Dresdner Bank beziehungsweise ihr Vorgängerinstitut Rhein-Main-Bank ihre Zentrale im sogenannten Zinßer-Turm an der Gallusanlage (Abb. 46).[467] Im Vergleich mit den neuen Haupthäusern der Deutschen Bank und der Commerzbank in Frankfurt am Main (Abb. 70), die beide Anfang der 1970er Jahre in der Großen Gallusstraße entstanden,[468] wirkte der Zinßer-Turm nicht nur verhältnismäßig klein, sondern mit seiner natursteinverkleideten Lochfassade auch rückständig.

„Wenn man jetzt vom Hauptbahnhof kommt und sieht am Ende der Kaiserstraße die neuen Turmbauten der Banken, so suggeriert der ebenfalls in den Blick geratene Altbau der Dresdner Bank einen wenig fortschrittlichen Eindruck"[469],

---

467 Architekten waren Alfred Brösicke und Wolf Drevermann. Der Spitzname rekurriert auf den Bankier Hugo Zinßer. 1996 wurde das Gebäude abgerissen und das Hochhaus Galileo an seiner Stelle errichtet (Kat. DAM Frankfurt 2014, S. 130 (Evelyn Steiner)).
468 Deutsche Bank: 1968–1971, Herbert Dionisius; Commerzbank: 1970–1974, Richard Heil.
469 Schreiben von Friedrich Wilhelm Kraemer an Jürgen Ponto v. 28.6.1975 (HAC 500/7994-2002).

brachte der renommierte Braunschweiger Architekt Friedrich Wilhelm Kraemer, der die Dresdner Bank in Architekturfragen beriet, die damalige Situation im Frankfurter Stadtraum in einem Brief an den Vorstandssprecher Jürgen Ponto auf den Punkt. Vor diesem Hintergrund fasste der Vorstand der Dresdner Bank, seinerzeit die zweitgrößte deutsche Privatbank, bereits Ende der 1960er Jahre den Beschluss, ein neues Hochhaus zu errichten, in dem die bis dahin auf mehrere Standorte verstreuten Mitarbeiter zusammengeführt werden sollten.[470] In den Jahren 1969 und 1971 veranstaltete die Bank zu diesem Zweck einen zweistufigen Wettbewerb, aus dem schließlich das Frankfurter Architekturbüro ABB Beckert und Becker mit einem Entwurf des späteren Mitinhabers Heinz Scheid als Sieger hervorging.[471]

„Dieser Entwurf, wie auch die in der Bewertung folgende Wettbewerbsarbeit, lassen eine helle und damit auflockernde Gestaltung zu, die mit den übrigen Hochhäusern Frankfurts angenehm kontrastieren dürfte."[472] In dieser Pressemeldung der Dresdner Bank zum Wettbewerb 1971 klingen bereits Zielsetzung und Bezugsrahmen des Neubaus an: Angestrebt wurde eine „helle" und „auflockernde", also im Gegensatz zu den traditionellen Bankgebäuden aus Stein moderne Gestaltung.[473] Als implizite Referenz dienten die Hochhäuser der Wettbewerber, die es zu übertreffen galt.

Der Bau des Wolkenkratzers an der Ecke Taunus-/Weserstraße dauerte von 1973 bis 1978 an

**Abb. 47** Dresdner Bank Hochhaus im Bau, vorne links der Zinßerturm, Frankfurt am Main (Foto ca. 1975)

(Abb. 47),[474] anschließend wurde Geschoss um Geschoss bezogen. 1980 wurde der neue Hauptsitz, für den sich der Spitzname „Silberturm"[475] einbürgerte (Taf. 19, Abb. 48), schließlich eingeweiht.[476] Zum Zeitpunkt des Umzugs war die Dresdner Bank hinter der Deutschen das zweit-

---

470 Die Baugeschichte des Dresdner Bank Hochhauses, genannt Silberturm, und ihre Einordnung in den architekturhistorischen Kontext der Zeit hat der Verfasser bereits an anderer Stelle ausführlich dargestellt: Horn 2014.
471 Protokoll über die Sitzung des Preisgerichts für den Wettbewerb „Neubau Dresdner Bank" v. 26.11.1971 (HAC-500/7994-2002); Gespräch mit Heinz Scheid, 1.6.2015. – Weiterführend zum Wettbewerbsentwurf: Horn 2014, S. 272–274.
472 Pressemitteilung der Dresdner Bank v. 2.12.1971 (HAC-500/130923).
473 Kap. 3.3.
474 Bauzeiten gemäß: Neubau Hochhaus Dresdner Bank AG, Frankfurt, Leitfaden für Führungen, 5.1980, S. 1f. (HAC 500-119021.MS). Baubeginn war November 1973 (Schreiben von Prof. Karl Hagenmüller vom 4.3.1974 an die Mitglieder des Vorstands der Dresdner Bank AG in Vorbereitung der Vorstandssitzung am 25.3.1974 (HAC-500/7994-2002)). Zum Teil abweichende Angaben zur Bauzeit in der Literatur (z. B. Bopp-Schumacher 2002, S. 227 Anm. 58) erklären sich dadurch, dass das Gebäude aufgrund des logistisch anspruchsvollen Umzugs erst zwei Jahre nach Fertigstellung eingeweiht wurde.
475 Auch „Silberling" und „Silver Tower" sind als Spitznamen geläufig.
476 HAC-500/130924 (diverse Dokumente).

**Abb. 48** Dresdner Bank Hochhaus („Silberturm"), Frankfurt am Main, von Westen, 1973–1978, ABB Beckert und Becker (Foto 2013)

größte Bankhaus der Bundesrepublik und die Nummer acht weltweit.[477]

Für das Verständnis des Entstehungsprozesses ist hervorzuheben, dass sich der Vorstand der Dresdner Bank um den Neubau bis in Details hinein kümmerte und darüber mit den Architekten diskutierte. Namentlich war Prof. Dr. Friedrich Hagenmüller von Seiten des Vorstands mit der Projektleitung betraut, aber auch Vorstandssprecher Jürgen Ponto beschäftigte sich intensiv mit dem Hochhausneubau, was sicher auch auf seine akademische Bildung – der Jurist Ponto studierte im Nebenfach Kunstgeschichte und Philosophie – zurückzuführen ist.[478] Ferner spielten auf Seiten der Dresdner Bank Direktor Paul-Ernst Penndorf als Geschäftsführer der hauseigenen Gallus BauGmbH, die im Auftrag der Dresdner Bank AG offiziell als Bauherrin auftrat, und Architekt Günther Rath als Leiter der Zentralen Bauabteilung eine wichtige Rolle beim Neubau.

Nach der Übernahme der Dresdner Bank durch die Commerzbank 2009 verlor das Gebäude seine identitätsprägende Funktion als Zentrale.[479] Die neue Besitzerin ließ das Gebäude 2009–2011 zunächst vom Architekturbüro Schneider + Schumacher grundlegend renovieren,[480] um es dann 2011 an eine Investorengemeinschaft zu verkaufen.[481] Seit 2012 ist der Silberturm langfristig an die Deutsche Bahn Tochter DB Systel vermietet.

## 2.3.2 Der Bau des Silberturms im Kontext eines allgemeinen Imagewandels bei der Dresdner Bank

Ende der 1960er Jahre startete die Dresdner Bank unter ihrem neuen Vorstandssprecher Jürgen Ponto eine umfassende Kampagne, um das Bild der Bank in der Öffentlichkeit zu modernisieren.[482] Banken galten zu jener Zeit in weiten Teilen der Öffentlichkeit als konservativ, elitär und verschwiegen, so dass „dem Kreditwesen ein mit anderen Wirtschaftszweigen verglichen überdurchschnittliches Ausmaß an Misstrauen und Abneigung entgegengebracht"[483] wurde, wie man bankintern feststellte. Dem sollte, auch im Hinblick auf die Ausweitung des Kreditgeschäfts auf breitere Bevölkerungsschichten, das Image eines modernen, offenen und kundenorientierten Dienstleistungsunternehmens entgegengesetzt werden.[484] Dass die Dresdner Bank in dieser Hinsicht, wie gezeigt wird, progressiver auftrat als andere Großbanken, kann als Reaktion auf die unrühmliche Rolle der Bank zur Zeit des Nationalsozialismus verstanden werden, die als ein Hauptfinanzier des Regimes fungierte.[485] Über das negative Image des Bankwesens im Allgemeinen hinaus strebte die Dresdner Bank mit ihrer Modernisierungskampagne also auch eine Überwindung ihres zweifelhaften Rufs ein, den sie sich in der Zeit des Nationalsozialismus erworben hatte.

Bilder waren, wie im Folgenden gezeigt wird, ein wichtiges Mittel, um den Imagewandel zu

---

477 db-aktuell 4/1981, S. 6. – Die Angabe basiert auf den Aktiva des Jahres 1979.
478 Ahrens/Bähr 2013, S. 34.
479 Pressemitteilung der Commerzbank AG v. 21.1.2009 (Vz. Internetquellen).
480 Die architekturhistorisch bedeutsame Fassade wurde originalgetreu instandgesetzt, die Innenräume hingegen umfassend erneuert (Horn 2014, S. 282f; Feil 2012; NZZ v. 3.10.2012).
481 Pressemitteilung der IVG Immobilien AG v. 2.11.2011 (Vz. Internetquellen); Pressemitteilung der Commerzbank AG v. 16.2.2012 (Vz. Internetquellen).
482 S. auch Kap. 3.3.
483 „Wandel im Bankenimage?", in: WIR 59, 1977, Beilage für junge Mitarbeiter.
484 „Wir sehen uns in erster Linie als Dienstleistungsunternehmen [...]" (Manuskript v. 6.6.1980 für die Rede von Dr. Hans Friderichs anlässlich der Eröffnung des Hochhauses der Dresdner Bank AG in Frankfurt am Main am 10.6.1980 (HAC-500/130924)).
485 Hierzu grundlegend und umfassend: Wixforth 2011; ders. 2006; Bähr 2006; Henke 2006; Ziegler 2006.

## 2.3 „Leicht und klar" – Das ehemalige Haupthaus der Dresdner Bank in Frankfurt am Main

erreichen.[486] So ersetzte die Dresdner Bank beispielsweise im Rahmen eines neuen Corporate Designs, an dessen Entwicklung auch der profilierte Kommunikationsdesigner Otl Aicher beteiligt war,[487] 1972 ihr altes Logo von 1917: An die Stelle des Merkurstabs, der von den langgezogenen Initialen „D" und „B" flankiert wird (Taf. 40), trat ein Sechseck, dessen grüne Kontur in der Mitte ein Dreieck bildet und das im Volksmund „Jürgen-Ponto-Auge" genannt wurde (Taf. 3/08).[488] Der ikonographische Verweis auf den Geschäftsbereich der Bank (Merkur, der Gott des Handels) in Kombination mit einem typografischen Signifikat (DB) wurde also durch ein auf zwei Farben und einfache geometrische Formen reduziertes, abstraktes Zeichen ersetzt. Damit knüpfte man an aktuelle Tendenzen des grafischen Designs der 1960er und 70er Jahre in der Tradition des Bauhaus an.[489] Das moderne, fortschrittliche Logo sollte die Modernität und Fortschrittlichkeit der Bank sichtbar zum Ausdruck bringen. Komplementiert wurde das Logo von einem grünen Band als zweitem visuell einprägsamen Markenzeichen, das 1976 mit dem entsprechenden Slogan als „grünes Band der Sympathie" konnotiert wurde.[490]

Wie das neue Logo, so sollte auch der Silberturm ein integraler Bestandteil des neuen Erscheinungsbildes werden und das neue Image der Bank nach außen und innen visuell kommunizieren. Die historistischen, repräsentativen und mit kostbarem Naturstein ausgestatteten Bankgebäude, die in der ersten Hälfte des 20. Jahrhunderts üblich waren (Abb. 95, Abb. 111),[491] galten zunehmend als architektonisches Sinnbild eines konservativen und elitären Bankwesens. Otl Aicher nutzte diese architektonischen Bilder, um demgegenüber die Vorzüge seines Konzepts für ein Corporate Design zu veranschaulichen:

> „Insgesamt gilt die Dresdner Bank als solche mit humanem Gebaren, mit einem persönlichen Umgangston, aber in den feudalen Hallen eines repräsentativen Klassizismusses mit noch relativ viel Marmor und Gold. […] Dementsprechend rückt die Bank und ihre Dienstleistung in den Bereich der selbstverständlichen Institution, vorausgesetzt die Bank beseitigt die Barriere der Erhabenheit und Ehrwürdigkeit, die bisher zum gepflegten Habitus gehörte. […] Die Farbe Gold wird eliminiert. Dagegen wird wesentlich betonter Bestandteil die Farbe grün. Grün ist frisch, optimistisch, nicht extravagant."[492]

Mit der neuen Zentrale sollte folglich ein erkennbares Gegenbild zum alten Image gezeichnet werden, das Werte wie Offenheit, Transparenz und Fortschrittlichkeit zu vermitteln vermochte. „Leicht und klar"[493] müsse das neue Hochhaus wirken, so formulierte Jürgen Ponto das gestalterische Anforderungsprofil vor dem Bauausschuss der Dresdner Bank bewusst als Gegensatz zur traditionellen Steinarchitektur der Banken, die demzufolge als schwer und überladen empfunden wurde.

In der öffentlichen Rede anlässlich der Eröffnung des Hochhauses im Juni 1980 stellte Vor-

---

486 Der richtungsweisende Grafiker und Unternehmensberater Wally Olins beschrieb, wie Banken weltweit zur Mitte des 20. Jahrhunderts einen Imagewandel anstrebten und hierzu ihren „visuellen Stil", zu dem Olins vor allem Logos und Grafikdesign, aber auch Architektur zählte, erneuerten (Olins 1990, S. 56–65).
487 Konzeptpapier „Dresdner Bank – Visuelles Erscheinungsbild" von Otl Aicher, v. 7.6.1970 (HAC-500/120053).
488 Kretschmer 2009, S. 169–174. – Das Logo stammte jedoch nicht, wie in der Literatur mitunter fälschlich zu lesen, von Aicher, sondern von dem Münchener Grafiker Jürgen Hampel (ebd., S. 173).
489 S. Kap. 3.3.
490 Kretschmer 2009, S. 176.
491 Siehe z. B. Bopp-Schumacher 2002 (Deutschland); Fischer 1995 (Commerzbank); Booker 1990 (England); Hagedorn 1990 (Frankfurt am Main); Pohl 1984 (Deutsche Bank).
492 Konzeptpapier „Dresdner Bank – Visuelles Erscheinungsbild" von Otl Aicher, v. 7.6.1970 (HAC-500/120053).
493 Notiz v. 27.3.1974 über die 7. Sitzung des Bauausschusses; Notiz v. 14.2.1974 über die am 23.1.1974 stattgefundene 6. Sitzung des Bauausschusses (HAC-500/7994-2002).

standsprecher Hans Friderichs folgerichtig die neue Architektursprache in einen Zusammenhang mit einer neuen Unternehmenskultur: „Weg vom Marmor-Komplex, hin zu einer breiten Verwurzlung des Geschäfts in allen Bevölkerungsschichten."[494] In derselben Rede skizzierte Hans Friderichs auch einen allgemeinen Wandel des Bankgeschäfts anhand der Entwicklung der Bankenarchitektur. Treffender lässt sich das Bewusstsein eines führenden Bankiers für Architektur als Sinnbild des Unternehmens kaum verdeutlichen.

### 2.3.3 Das Bild der modernen und fortschrittlichen Bank

„leicht und klar"[495]

Die für den Bau verantwortlichen Entscheidungsträger der Bank waren sich bewusst, dass der Fassade als sichtbarer Schnittstelle zum Außenraum eine eminente Bedeutung zukommt: „Es bedarf keines besonderen Hinweises, daß von dem Gelingen der Fassadenkonstruktion die Beurteilung des Neubaus in der Öffentlichkeit abhängig sein wird."[496]

ABB Architekten widmeten der Fassade insofern besondere Aufmerksamkeit und entwickelten eine innovative Fassadenkonstruktion aus Aluminium (auch Leichtmetall genannt) in Leichtbauweise, die dem Gebäude nicht nur den originellen, charakteristischen Silberglanz verleiht, sondern auch die Forderung nach einem leichten Gebäude geradezu wörtlich umsetzt (Abb. 49).[497] In Anlehnung an Technologien des Flugzeug- und Eisenbahnbaus, mit denen bereits Jean Prouvé experimentierte,[498] konstruierte das Architekturbüro selbsttragende Sandwichelemente, bei denen die äußere Aluminiumhaut auf einen Dämmstoffkern geklebt wurde, so dass auf eine herkömmliche Pfosten-Riegel-Konstruktion und deren Gewicht verzichtet werden konnte. Die Paneele wurden im

**Abb. 49** Dresdner Bank Hochhaus, Frankfurt am Main, Fassadenausschnitt (Foto 2013)

---

494 Manuskript v. 6.6.1980 für die Rede von Dr. Hans Friderichs anlässlich der Eröffnung des Hochhauses der Dresdner Bank AG in Frankfurt am Main am 10.6.1980 (HAC-500/130924).
495 Jürgen Pontos Vorgabe für die Architektur des neuen Hochhauses (Notiz v. 27.3.1974 über die 7. Sitzung des Bauausschusses; Notiz v. 14.2.1974 über die am 23.1.1974 stattgefundene 6. Sitzung des Bauausschusses (HAC-500/7994-2002)).
496 Aktennotiz v. Paul-Ernst Penndorf v. 5.12.1974 bezüglich der Vergabe der Fassadenarbeiten, gegengezeichnet von Karl Hagenmüller und weiteren.
497 Zur Fassade s. Horn 2014, S. 274–276.
498 Vor allem ein Hochhausentwurf Jean Prouvés für Nancy aus den frühen 1950er Jahren weist Ähnlichkeiten in Konstruktion und Detail zum Silberturm auf. Zum Projekt s. Sulzer 2005, S. 274–284; allgemein zu Prouvés innovativen Metallkonstruktionen: Ders. 1991. Ein direktes Vorbild lieferte das Hochhaus der Commerzbank in Düsseldorf, das 1962/63 von Paul Schneider-Esleben ebenfalls mit Fertigpaneelen aus Leichtmetall konzipiert wurde (Abb. 112) (Horn 2014, S. 280; Bauen und Wohnen 18, 1963, S. 344–347).

Werk mit Fenstern und sämtlichen Bestandteilen vorgefertigt und mussten vor Ort nur noch an die Rohbaudecken gehangen werden.[499]

Aus dem Herstellungsprozess der Paneele – die Öffnungen wurden aus dem Blech gestanzt – resultieren die sogenannten „Eisenbahnfenster"[500] mit den abgerundeten Ecken. Aus diesem Detail, der abgerundeten Ecke, entwickelten ABB Architekten ein signifikantes Leitmotiv, das in bemerkenswerter Konsequenz die Gestaltung des Silberturms nicht nur bis in Details der Ausstattung hinein bestimmt,[501] sondern auch das äußere Erscheinungsbild des Hochhauses ganz wesentlich prägt. Um abgerundete Gebäudekanten realisieren zu können, wurden eigens gebogene Eckpaneele inklusive gebogener Verglasung entwickelt. Die ungewöhnliche Gestaltung des Baukörpers mit abgerundeten Ecken wurde, wie aus den Akten ersichtlich ist, im Vorstand kontrovers auch mit den Architekten diskutiert.[502] Das Vorstandsmitglied Manfred Meier-Preschany sprach sich für die realisierte Lösung aus, weil „der Baukörper in dieser Variante am leichtesten erscheint, zum anderen […] stellt er eine Konzeption dar, die einem nicht überall und immer wieder begegnet."[503]

Aus diesem exemplarischen Zitat wird ersichtlich, dass der Vorstand auch in Detailfragen erstens die Zielsetzung eines leicht wirkenden Gebäudes und zweitens die Abgrenzung von anderen Hochhäusern fest im Blick hatte. Neben Baukörper und Fassade nutzten ABB Architekten auch den Eingangsbereich, um die (relative) Leichtigkeit des Bauwerks im Wahrnehmungsbereich der Passanten zu demonstrieren (Abb. 50).

**Abb. 50** Dresdner Bank Hochhaus, Frankfurt am Main, Eingangsbereich (Foto ca. 1979)

Mit seinen kühn auskragenden Betondecken und der Freistellung der tragenden Stahlstützen scheint das Hochhaus nahezu über dem Stadtraum zu schweben.[504] Schließlich gelang es den Architekten durch eine geschickte Gliederung des Volumens in vier Baukörper, das Hochhaus trotz der verhältnismäßig hohen Bruttogeschoss-

---

499 Gespräche mit Heinz Scheid, 1.6.2015, und Michael Beye, 24.9.2013.
500 Angesichts der markanten Details aus dem Eisenbahnbau ist es eine Ironie der Geschichte, dass nach Abwicklung der Bank die Bahn in das Gebäude einzog.
501 Es wurden beispielsweise eigens Uhren und Schilder mit abgerundeten Ecken und Aluminiumhaut entworfen. Bei der Sanierung 2009–12 haben Schneider + Schumacher das charakteristische Leitmotiv aufgegriffen und in gelungener Weise in eine zeitgemäße Innenausstattung integriert.
502 HAC-500/7994-2002 (diverse Dokumente).
503 Schreiben von Vorstandsmitglied Manfred Meier-Preschany an Jürgen Ponto und Karl Hagenmüller v. 11.4.1974 (HAC-500/7994-2002).
504 Bei den Stützen handelt es sich im Kern um Hohlkastenprofile von 80 × 80 cm (Pressemitteilung der Dresdner Bank AG v. 6.6.1980 (HAC-500/130924)).

flächenzahl in der Fernsicht schlank und elegant zu konzipieren und auf diese Weise den Eindruck von Leichtigkeit zu unterstützen (Abb. 48).

Die Forderung nach Klarheit entsprach einer Grundidee der Moderne und äußerte sich allenthalben etwa in einfachen Gebäudekubaturen und ornamentlosen Fassaden gemäß Mies van der Rohes Leitmotiv „less is more". Der Silberturm kommt dieser Forderung in mehrerer Hinsicht nach. In erster Linie besticht die Fassade durch große Klarheit, die durch eine serielle Wiederholung der Fassadenmodule wie auch einen Verzicht nicht nur auf Ornamente, sondern jegliche Art von Applikationen erzielt wird. Auf diese Weise wird eine glatte Aluminiumhaut erzeugt, die nur durch das gleichmäßige Muster der Fugen und der gestanzten Eisenbahnfenster strukturiert wird. Eine sichtbare Ausnahme bildet der zurückgesetzte Gürtel des Technikgeschosses, wohingegen der obere, ebenfalls mit Technik ausgerüstete Gebäudeabschluss wie auch das in der Raumhöhe abweichende Kantinengeschoss geschickt in die gleichmäßige Fassadengestaltung integriert wurden. Darüber hinaus besteht die Grundrisskomposition mit zwei diagonal versetzten, quadratischen Haupttürmen sowie zwei flankierende rechteckigen Treppentürmen aus einfachen, geometrischen Kubaturen und trägt damit ebenfalls zur Klarheit des Gebäudes bei.

### Fortschrittlichkeit und Technik im Zeitalter der Mondlandung

In der Zeit um 1970 genügte die moderne, leichte und klare Architektursprache, um das Hochhaus in Abgrenzung zu historischen Bankgebäuden auf einer allgemeinen Referenzebene als fortschrittlich zu kennzeichnen. Die Architektur des Silberturms ging jedoch darüber hinaus und signalisierte zusätzlich auf einer bildlichen Ebene ein besonderes Maß an Fortschrittlichkeit, das sich im kultur- und technikgeschichtlichen Kontext erschließt.

Die im Architekturbereich ungewöhnliche Aluminiumhaut des Gebäudes verlieh dem Silberturm eine gleichermaßen technische wie futuristische Erscheinung,[505] die Assoziationen zu modernen Fahrzeugen hervorrief, was durch Details wie die Eisenbahnfenster oder die gerundeten Ecken weiter verstärkt wurde. Angesichts dessen, dass der Fassadenkonstruktion, wie dargelegt, Technologien aus dem Bereich der Fahrzeugtechnik zugrunde lagen, handelte es sich hierbei nicht um Zitate aus der Welt der Fahrzeuge, wie sie später in der postmodernen Architektur beliebt wurden, sondern um Resultate des Herstellungs- und Konstruktionsprozesses.

Man muss sich vergegenwärtigen, dass die Entwurfsplanung für den Silberturm 1969 bis 1972 zeitlich parallel zu den bemannten Mondlandungen der NASA stattfand, die als Ausdruck des technischen Fortschritts schlechthin galten und die Zeitgenossen in hohem Maße faszinierten. Das zeigte auch die Wanderausstellung „Aufbruch ins All", die 1968 und 1969 in verschiedenen Filialen der Dresdner Bank zu sehen war.[506] Heinz Scheid und die Mitarbeiter von ABB Architekten ließen sich ebenfalls von der Raumfahrt inspirieren, und zwar nicht nur in Details. Dem Baukörper des Hochhauses liegt das noch heute nachvollziehbare Bild einer Rakete auf der Startrampe zugrunde (Abb. 48),[507] das auch die erkerartigen, ehemals braunen Auskragungen in der Eingangszone verständlich macht (Abb. 50): Es handelt sich im bildlichen Sinn um die Antriebsdüsen der Rakete.[508]

Der Anklang an die Raumfahrt setzte sich im Innenraum mehr oder weniger in Form einer auch von der Science-Fiction inspirierten, heute als

---

505 Zum Silberturm in Kontext der Hightech-Architektur s. Horn 2014, S. 281.
506 Werbeplan für die Dresdner Bank 1969 v. 3.12.1968 (HAC-500/17621-2000).
507 Sowohl Heinz Scheid als auch Michael Beye berichteten unabhängig voneinander vom entwurfsleitenden Bild einer Rakete (Gespräche mit Michael Beye, 24.9.2013, und Heinz Scheid, 1.6.2015).
508 Gespräch mit Michael Beye, 24.9.2013. – Im heutigen Zustand ist das Bild weniger deutlich, da bei der letzten Restaurierung die braunen Platten gegen weiße ausgetauscht wurden.

**Abb. 51** Foto einer haustechnischen Anlage aus dem Buch „Haus am Jürgen-Ponto-Platz" (Foto ca. 1979)

Space Age Design bezeichneten Gestaltung fort, die mit expressiven Farben, neuen Materialien und fließenden, runden Formen arbeitete. Exemplarisch seien die ursprüngliche Innenausstattung des Casinos mit abgerundeten Ecken an Raumteilern und Theken sowie orangem Teppich mit auffälligem Kreismuster genannt (Taf. 21) oder auch die Aluminiumstühle mit kräftig roten Bezügen in den Pausenzonen.

Der visuelle Bezug zur Raumfahrt scheint aber in erster Linie als internes Leitbild des Architekturbüros gedient zu haben. Auf Seiten der Auftraggeberin scheint die Fortschrittlichkeit des Gebäudes, so legen es die Akten nahe, lediglich auf einer allgemeinen architektonischen Referenzebene wahrgenommen worden zu sein. Vielleicht erschienen die bildlichen Assoziationen zur Raumfahrt letztlich doch zu progressiv.

Nach außen beschränkte sich die Dresdner Bank jedenfalls auf die Darstellung der Haustechnik, um die technische Fortschrittlichkeit zu kommunizieren. Der dreiseitigen Pressemeldung zur Eröffnung des Hochhauses wurde deshalb eine vierseitige Anlage mit Aufführung der haustechnischen Anlagen beigelegt.[509] Auch in der hauseigenen Publikation zum Silberturm nimmt die Vorstellung der technischen Anlagen von der Rohrpost bis hin zur pneumatischen Mülltransportanlage breiten Raum ein, um zu zeigen, dass „modernste Architektur für zeitgemäße Technik"[510] zum Einsatz kommt (Abb. 51). Die textliche Darstellung wurde mit zahlreichen Bildern von technischen Apparaten und Steuerelementen unterstrichen, deren suggestiver Charakter bei genauer Betrachtung deutlich wird: Teilweise zeigen die Bilder dieselben Ventile aus unterschiedlichen Perspektiven und Entfernungen.[511]

### 2.3.4 Das Verhältnis zum Stadtraum – Offenheit und Durchdringung

**Der transparente Eingangsbereich**

Um die angestrebte Öffnung der Dresdner Bank nach außen zu visualisieren, wurde der Eingangssituation als Schnittstelle zwischen privatem und öffentlichem Raum besondere Aufmerksamkeit gewidmet. Durch das bereits angesprochene weite Einrücken des Erdgeschosses setzt sich der städtische Raum unter dem Gebäude fort, so dass ein beachtlicher Teil der überbauten Grundstücksfläche als öffentlich zugängliche Fläche für Fußgänger erhalten blieb (Abb. 50), was die Bank in ihrer Pressemeldung zur Eröffnung des Hochhauses 1980 ausdrücklich betonte.[512] Durch eine in derselben Pressemeldung ebenso hervorgehobene raumhohe Verglasung der Erdgeschossfassade wurde nicht nur ein für ein Bankgebäude seinerzeit ungewöhnliches Maß an Transparenz erzeugt, sondern auch ein weicher, fließender Übergang vom öffentlichen Raum in das Gebäu-

---

509 Pressemitteilung der Dresdner Bank AG v. 6.6.1980.
510 Haus am Jürgen-Ponto-Platz 1980, o. S.
511 Ebd.
512 „Der Eingangsbereich des Hochhauses [...] ist weit unter den in 12 Meter Höhe beginnenden eigentlichen Hochhauskörper zurückgezogen, so daß nur ein Drittel der gesamten Grundstücksfläche bebaut wurde. Zwei Drittel sind Passanten und Anwohnern zugänglich" (Pressemitteilung der Dresdner Bank AG v. 6.6. 1980 (HAC-500/130924)).

de geschaffen.⁵¹³ In der bankeigenen Publikation zum Silberturm heißt es dazu:

> „Es ist noch nicht allzu lange her, da war das Innere einer Bank nur einem kleinen Kreis privilegierter Bürger zugänglich; heute sind Banken offen für jedermann. Obwohl ausschließlich Verwaltungsgebäude, also ohne Kundenverkehr, gewähren die Glaswände zu ebener Erde jedermann Einblick […]. So präsentiert sich auch die Eingangshalle offen für Passanten, Besucher und Mitarbeiter."⁵¹⁴

Darüber hinaus setzt sich der Bodenbelag des Außenraums mit seinem auffälligen Muster aus grauen und weißen, diagonal zu den Gebäudekanten verlaufenden Streifen aus Granitplatten einheitlich im Innenraum fort und verstärkt auf diese Weise den optischen Eindruck einer räumlichen Kontinuität von Außen und Innen (Taf. 22).

Im Entwurfsplan des Hochhauses war sogar vorgesehen, die Erdgeschosszone noch stärker in den Stadtraum einzubinden, indem „pavillonartige Läden und Boutiquen"⁵¹⁵ dort angesiedelt werden sollten, die bei späterem Bedarf in „Kassen- und Kundendiensträume"⁵¹⁶ hätten umgewandelt werden können. Diese in der heutigen Stadtplanung aktuelle Forderung nach Verbindung des öffentlichen Raums mit den Sockelzonen von Hochhäusern wurde jedoch aus unbekannten Gründen nicht umgesetzt, möglicherweise spielten Sicherheitsbedenken eine Rolle.

Das Eingangsgeschoss wurde also zum städtischen Raum hin transparent und offen gestaltet, obwohl dort gar keine öffentliche Nutzung eingerichtet wurde. Das zeigt, wie wichtig der Auftraggeberin die visuelle Öffnung des Gebäudes zum Stadtraum als Sinnbild einer Öffnung der Bank zum Kunden gewesen ist. Dass diese Geste der Öffnung rein symbolisch gesehen werden muss, lässt sich auch daran erkennen, dass der Blick in das Eingangsfoyer tatsächlich keine Einblicke in bankinterne Prozesse und Strukturen gewährt.

**Der Jürgen-Ponto-Platz**

Ein weiterer Baustein, der den Silberturm mit dem Stadtraum verbindet, stellt der Jürgen-Ponto-Platz dar (Abb. 52).⁵¹⁷ In der hauseigenen Publikation zum Silberturm liest sich das folgendermaßen:

> „Das gesamte Ensemble, von architektonischen, städtebaulichen und künstlerisch-plastischen Ideen geformt, löst Grenzen auf: zwischen dem Gebäudeinneren und seiner unmittelbaren Umgebung, zwischen Arbeitsstätte und Umwelt, zwischen Bankmitarbeitern und Anwohnern, zwischen Arbeitszeit und Freizeit, zwischen Technik, Kunst und Natur."⁵¹⁸

In der ursprünglichen Planung war der Platz allerdings gar nicht vorgesehen; er ist aus einem Deal der Dresdner Bank mit der Stadt Frankfurt hervorgegangen.⁵¹⁹ Als Gegenleistung für die nachträglich erteilte Genehmigung der Stadt, das Hochhaus sieben Geschosse höher auszuführen als zuerst genehmigt,⁵²⁰ musste sich die Dresdner Bank AG 1976 unter anderem verpflichten, südlich des Hochhauses Grundstücke zu erwerben, Bestandsgebäude abzureißen und einen öffentlichen Platz auf eigene Kosten zu schaffen

---

513 „Hohe Glaswände gewähren freien Einblick in die zweistöckige Eingangshalle" (Pressemitteilung der Dresdner Bank AG v. 6.6. 1980 (HAC-500/130924)).
514 Haus am Jürgen-Ponto-Platz 1980, o. S.
515 Pressemitteilung der Dresdner Bank AG v. 2.12.1971 (HAC-500/130923).
516 Ebd.
517 Der Frankfurter Magistrat benannte den Platz in Erinnerung an den Vorstandssprecher Jürgen Ponto, welcher 1977, wenige Wochen nach dem Richtfest am Silberturm, von der RAF ermordet wurde.
518 Haus am Jürgen-Ponto-Platz 1980, o. S.
519 Zum Jürgen-Ponto-Platz grundlegend: Horn 2016. – Zur ursprünglich städtebaulichen Planung: Horn 2014, S. 272–274.
520 S. hierzu weiter unten „Die Höhenfrage".

## 2.3 „Leicht und klar" – Das ehemalige Haupthaus der Dresdner Bank in Frankfurt am Main

**Abb. 52** Jürgen-Ponto-Platz, Frankfurt am Main, Heinz Mack, 1978–1980 (Foto ca. 1981)

(Taf. 20).[521] Aus der Perspektive der kommunalen Stadtplanung muss die Anlage des Platzes vor dem Hintergrund der in den 1970er Jahre laut gewordenen Kritik am autogerechten Städtebau gesehen werden, der unter anderem mit urbanen Plätzen nach Vorbild der historischen europäischen Altstädte entgegnet werden sollte.[522]

Für die Dresdner Bank entstand auf diese Weise unverhofft eine weitere Möglichkeit, das Unternehmen im Stadtraum darzustellen. Bereits bei der Innenausstattung des Silberturms verfolgte man das Konzept einer architektonischen Integration von Kunst.[523] Dieses Konzept wurde auf die Gestaltung des Jürgen-Ponto-Platzes übertragen,

---

521 Notiz v. 29.4.1976 betr. eines Anrufs von Rudolf Sperner, gez. Haaß ; Notiz über die am 2.8.1976 stattgefundene 15. Sitzung des Bauausschusses in Frankfurt; Aktennotiz vom 25.11.1976 betr. Pressegespräch am 1.12.1976 (alle HAC-500/7994-2002).
522 Ein unmittelbares Vorbild für die Kombination von Hochhaus und öffentlichem Platz bot die sogenannte Plaza vor dem New Yorker Seagram Building (Mies van der Rohe, 1954–58), die der Soziologe und Urbanist William Whyte bei seinen Studien in den 1970er Jahren, welche in die 1975 beschlossenen Richtlinien zur Stadtgestaltung New Yorks einflossen, als Vorbild für einen funktionierenden sozialen Stadtraum darstellte und in dieser Hinsicht mit der Piazza San Marco in Venedig verglich (Horn 2016, S. 239–243).
523 Horn 2014, S. 218f. Die Innenwände des großen Auditoriums im 31. OG wurden beispielsweise von Sheila Hicks mit einer Vielzahl von mit bunter Seide umwickelten Hanfseilen akustisch wirksam verkleidet und die Sitzungssäle im

mit der nach einem zweistufigen Wettbewerb der ZERO-Künstler Heinz Mack beauftragt wurde,[524] welcher bereits ein Renommee besaß, aber noch als jung und progressiv galt und insofern eine Platzgestaltung erwarten ließ, die im Einklang mit dem gewünschten Bild eines fortschrittlichen und offenen Unternehmens stand.

Durch die Nobilitierung des Platzes zum Kunstraum konnte die Bank nicht nur das im Frankfurt der 1970er Jahre sicher nicht zu unterschätzende latente Konfliktpotential eines von einem Aktienunternehmen gestalteten öffentlichen Platzes erfolgreich kaschieren, sondern sich auch als Mäzen der Künste präsentieren und damit an eine Frankfurter Tradition von Kunst als bindendem Element bürgerlicher Kultur anknüpfen, für die noch heute exemplarisch der Name Johann Friedrich Städel steht. Diese Sichtweise kommunizierte der Aufsichtsratsvorsitzende Helmut Haeusgen anlässlich der Eröffnung des Jürgen-Ponto-Platzes 1980, indem er die Anlage in eine Reihe mit anderen seinerzeit aktuellen Frankfurter Kulturprojekten wie der Alten Oper und dem Museumsufer stellte.[525]

**Silber und Granit**

Die realisierte Gestaltung des Platzes, auf welche die Auftraggeberin großen Einfluss nahm,[526] lässt sich in mehrerer Hinsicht auf das Bankhochhaus beziehen, ohne dass es sich um eine „Brandscape"[527] handelt. Auf den markanten gestreiften Bodenbelag des Platzes, der sich einheitlich bis in das Foyer hineinzieht, wurde bereits weiter vorne hingewiesen (Taf. 22). Darüber hinaus arrangierte Heinz Mack drei skulpturale Objekte

**Abb. 53** „Silbersee", Jürgen-Ponto-Platz, Frankfurt am Main, Heinz Mack, 1980 (Foto ca. 1981)

auf dem Platz: eine vom Künstler selbst als „Silbersee" bezeichnete Wasserfläche, einen kaskadenförmigen Wasserfall und einen keilförmigen Granitblock (Abb. 52).

Beim Silbersee handelt es sich um eine mit Silbermosaik überzogene Scheibe, die ebenerdig in den Platz eingelassen ist und von einem dünnen Wasserfilm überzogen wird (Abb. 53). Das silberne Material, dass auch beim Wasserfall Verwendung fand, bezieht sich offenkundig auf die Silberfassade des Hochhauses. Es scheint gut denkbar, dass man von Seiten der Dresdner Bank gezielt bei Künstlern anfragte, von denen man eine entsprechende Materialwahl erwarten konnte, denn mit Heinz Mack und Erich Hauser lud man ausgerechnet zwei Künstler zum Wettbewerb ein,[528] die bis dato mit silbernen Metallskulpturen im öffentlichen Raum auf sich aufmerksam machten.

---

30. OG. versah Inoe Kozoe mit vegetabilen Lackmalereien. Die Dresdner Bank blieb dem Konzept architektonisch integrierter Kunst auch später verpflichtet. Ein gutes Beispiel hierfür liefert die Renovierung des Casinos im Silberturm 2000/01, die nach einem Konzept des Künstlers Tobias Rehberger durchgeführt wurde. So heißt es noch in einer kurz nach der Übernahme 2009 erschienenen Publikation: „[...] der enge Bezug der Sammlung der Dresdner Bank zu ihrem architektonischen Umfeld ist bedeutungsvoll für ihr Profil" (van der Ley 2009, S. 122).

524 Notiz über die am 15.2.1977 stattgefundene 16. Sitzung des Bauausschusses in Frankfurt (HAC-500/7994-2002).
525 Manuskript für die Rede des Aufsichtsratsvorsitzenden Helmut Haeusgen anlässlich der Eröffnung des Hochhauses der Dresdner Bank AG in Frankfurt am Main am 10.6.1980 (HAC-500/130924).
526 So wollte Heinz Mack zum Beispiel noch weitere Objekte errichten, die von Seiten der Auftraggeberin gestrichen wurden (Horn 2016, S. 230f).
527 Klingmann 2007 (S. auch Kap. 1.4).
528 Die Teilnahme von Erich Hauser erschließt sich aus diversen Archivalien, z. B. Notiz über die am 2.8.1976 stattgefundene 15. Sitzung des Bauausschusses in Frankfurt (HAC-500/7994-2002).

**Abb. 54** Granitkeil, Jürgen-Ponto-Platz, Frankfurt am Main, Heinz Mack, 1980 (Foto 2015)

**Abb. 55** Bepflanzung am Jürgen-Ponto-Platz, Frankfurt am Main (Foto 2015)

Das silberne Material der Skulpturen wie auch der Fassade weckt wiederum Assoziationen zum Edelmetall Silber, das sich in diesem Kontext gedanklich mit der Bank verknüpfen lässt. Die Kubatur des Silbersees entspricht darüber hinaus einer Scheibe, deren Proportionen stark an eine Münze erinnern, was durch die Materialität intensiviert wird. Mit der Dresdner Bank-Zentrale im Hintergrund stellt sich bei der Betrachtung des Silbersees somit unweigerlich die Assoziation einer Silbermünze ein, die symbolisch auf den Geschäftsbereich der Bank verweist. Die der Silberfassade implizite Materialsymbolik wird auf diese Weise herausgestellt und eindeutig konnotiert.

In einem Schreiben an ABB Architekten, die mit der technischen Realisierung des Jürgen-Ponto-Platzes betraut waren,[529] ging Heinz Mack interessanterweise nicht auf die symbolische Bedeutung des Silbers ein, sondern verwies stattdessen auf die Materialsymbolik des Steinkeils (Abb. 54): „Bank einerseits, Granit und Marmor andererseits ist übrigens psychologisch motiviert und in den historischen Bankgebäuden direkt ablesbar als der Inbegriff des Beständigen und Soliden."[530] Dass Mack somit auf eine konservative Bankenikonographie rekurrierte, die mit dem Bau des Silberturms gerade überwunden werden sollte,[531] stellt eine interessante Randnotiz dar, die jedoch keine Auswirkung auf die Realisierung des Projekts hatte.

### Grüne Pflanzen

Die Bepflanzung des Platzes mit Platanen an seinen Zugängen und zur Straße hin (Abb. 55) entsprang in erster Linie dem Wunsch der Auftraggeberin,[532] wohingegen Heinz Mack einer Bepflanzung eher skeptisch gegenüber stand („Rabatte und Blumenschalen oder sonstiger Kleinwuchs unerwünscht").[533] Mit der Auswahl und Anzahl der Pflanzen stellte die Dresdner Bank gezielte Bezüge zum Unternehmen her, wie es der Aufsichtsratsvorsitzende Helmut Haeusgen zur Eröffnung des Platzes augenzwinkernd erläuterte:

---

529 Gespräch mit Heinz Scheid, 1.6.2015.
530 Brief von Heinz Mack an ABB Beckert + Becker, o. J., vermutlich 1976 (HAC-500/7994-2002).
531 S. auch Kap. 3.3 und Kap 3.4.
532 Die Bank wird in der Presse als „Initiator" der Bepflanzung dargestellt (Frankfurter Anzeiger v. 19.10.1979). Der zuständige Projektleiter Heinz Scheid bestätigte, dass ABB Architekten im Auftrag der Bank für die Bepflanzung zuständig waren (Gespräch mit Heinz Scheid, 1.6.2015).
533 Erläuterungen von Heinz Mack zum zweiten Entwurf für den Jürgen-Ponto-Platz, o. J., vermutlich 1976 (HAC-500/7994-2002).

„Dass wir bei der Pflanzung keine Rotbuchen, aber auch keine Blautannen und keinen gelben Ginster gewählt haben, sondern nur Gewächse, die *grüne* Blätter tragen, bedarf, wie ich meine, keiner näheren Erläuterung. Wohl aber darf ich darauf hinweisen, dass die 21 hier inmitten der Innenstadt gepflanzten Bäume von unseren Tochter- und Beteiligungsgesellschaften gestiftet wurden, als Zeichen der Verbundenheit einerseits, und als Beitrag der Bankengruppe mit dem grünen Band zu einer Verschönerung der Umwelt [...]."[534]

Während die 21 Bäume demzufolge die 21 Tochter- und Beteiligungsgesellschaften der Dresdner Bank symbolisierten, welche sinnfällig die Kosten trugen, verweist der grünblättrige Bewuchs auf die grüne Hausfarbe der Dresdner Bank. Mit einem scherzhaften Unterton machte Helmut Haeusgen rhetorisch geschickt auf die farbliche Codierung der Pflanzen aufmerksam, indem er nicht verwendete Pflanzen aufzählte, deren Farbigkeit den Hausfarben der Konkurrentinnen entsprachen (Rot: Sparkassen; Blau: Deutsche Bank; Gelb: Commerzbank). Die implizite Zahlensymbolik beweist jedoch, dass man sich bankintern genaue Gedanken über die Art und Weise der Bepflanzung machte, was wohl auch deren Farbigkeit einschloss.

### 2.3.5 Das Bild vom sozial fortschrittlichen Unternehmen

#### „Bürolandschaften"

Die Konzeption des Silberturms sollte nicht nur nach außen hin und in technischer Hinsicht fortschrittlich sein und wirken, sondern auch im Inneren eine fortschrittliche Organisation der Grundrisse aufweisen, die moderne Arbeitsformen und -abläufe ermöglicht und auf diese Weise die

**Abb. 56** Dresdner Bank Hochhaus, Frankfurt am Main, Grundriss eines Regelgeschosses mit Möblierungsvorschlag als Bürolandschaft (ca. 1976)

moderne Struktur des Unternehmens widerspiegelt. Es sollte „innen halten, was es außen verspricht"[535], wie es in der bankeigenen Publikation zum Silberturm formuliert wurde. Während ältere Bankgebäude eine kleinteilige Grundrissstruktur aus Büros und Fluren aufwiesen, sollten in der neuen Firmenzentrale etagenweite Großraumbüros nach dem Vorbild amerikanischer Unternehmensverwaltungen für Offenheit und Transparenz sorgen (Abb. 56).[536]

Der Nutzen und die Auswirkungen jener großräumigen Grundrissstrukturen war in den 1970er Jahren allerdings umstritten und wurde besonders in psychologischer und soziologischer Hinsicht kritisiert. Um dem entgegenzuwirken, verfolgte die Dresdner Bank das Konzept der „Bürolandschaften", das zu Beginn der 1960er Jahre von der progressiven Organisationsberatungsfirma Quickborner Team entwickelt wurde,[537] die nicht nur den Neubau der Dresdner Bank-Zentrale, sondern auch des zeitlich parallel geplanten Bonner

---

534 Manuskript für die Rede des Aufsichtsratsvorsitzenden Helmut Haeusgen anlässlich der Eröffnung des Hochhauses der Dresdner Bank AG in Frankfurt am Main am 10.6.1980 (HAC-500/130924) [Hervorhebung im Original].
535 Haus am Jürgen-Ponto-Platz 1980, o. S.
536 Im Schnitt befanden sich rund 110 Arbeitsplätze auf einer Etage (Haus am Jürgen-Ponto-Platz 1980, o. S.).
537 Die erste Bürolandschaft verwirklichte das Quickborner Team in Zusammenarbeit mit dem Architekten Walter Henn 1960/61 für den Bertelsmann Verlag in Gütersloh. Grundlegend zum Thema: Rumpfhuber 2013, S. 27–81.

Kanzleramts beratend begleitete.⁵³⁸ Dieses Konzept sah die Unterteilung des Großraums mittels Trennwänden, Mobiliar und Pflanzen in kleinere und intimere, aber offene Einheiten vor (Taf. 23, Abb. 56). Die Dresdner Bank kommunizierte den Begriff der „Bürolandschaften" offensiv nach innen wie außen und konnotierte die neuartige Bürostruktur in Abgrenzung zum Großraumbüro auf diese Weise sprachlich positiv.⁵³⁹ Zugleich wurde das Konzept als innovative Weiterentwicklung dargestellt: „Bürolandschaft, das ist nicht etwa ein neues Etikett für eine alte Sache; Bürolandschaft, das ist eine neue Idee."⁵⁴⁰

Eine weitere Maßnahme, um die Akzeptanz der Bürolandschaften zu erhöhen, war die Beteiligung der Mitarbeiter an der Einrichtung der Arbeitsplätze.⁵⁴¹ Diese Einbindung der Mitarbeiter in unternehmensinterne Entscheidungsprozesse lässt sich gleichfalls unter den im Folgenden behandelten humanistischen Anspruch der Bank subsumieren.

### „Der Mensch im Mittelpunkt"⁵⁴²

Unter dem Motto „Der Mensch im Mittelpunkt"⁵⁴³ wurde von Beginn an eine soziale Dimension des Hochhauses mitgedacht und auch nach außen kommuniziert. In diesem Zusammenhang formulierte die Dresdner Bank das „Wohlergehen ihrer Mitarbeiter"⁵⁴⁴ als unternehmerische Zielsetzung, die beim Bau der Zentrale architektonisch verwirklicht werden sollte. Der Silberturm sollte folglich sichtbarer Ausdruck einer humanistischen Unternehmenskultur werden, die über die Mitarbeiter hinaus auch den Umgang mit den Kunden bestimmen sollte. Hans Friderichs versäumte es nicht, in seiner Eröffnungsrede zum Silberturm 1980 darauf hinzuweisen, wenn auch mit anderer Akzentuierung: „Und auch an ‚Menschlichkeit' wollen wir uns nicht übertreffen lassen, weder in der inneren Personalführung und der Zusammenarbeit mit den gewählten Gremien unserer Mitarbeiter, noch im Verhältnis zu unseren Kunden."⁵⁴⁵

Ausgesprochen öffentlichkeitswirksam wurde der Anspruch auf Wohlergehen der Mitarbeiter mit der Anlage eines spektakulären Schwimmbads mit Ausblick im obersten Stockwerk des Hochhauses umgesetzt (Taf. 24). In der Entwurfsplanung von 1971 war sogar vorgesehen, die gesamte Ebene als „Sozialgeschoss"⁵⁴⁶ und Sportzone mit Gymnastikraum, Tischtennisplatten und einem Gruppenraum einzurichten.⁵⁴⁷ Erst 1975, als der Rohbau schon zur Hälfte stand, schränkte man diese Idee auf Empfehlung des architektonischen Beraters Friedrich Wilhelm Kraemers ein,⁵⁴⁸ um stattdessen neben dem Schwimmbad ein großes Auditorium zu einzurichten.⁵⁴⁹

---

538 Ziegler 2017, S. 56–77. – In den Akten der Dresdner Bank finden sich wiederholt Hinweise auf Besprechungen mit dem Quickborner Team, deren Inhalt aber leider nicht nachvollzogen werden konnte.
539 Z. B. Hochhausinformation Nr. 4, 9.1977 (HAC-Handsammlung „Hochhaus Silberling"), WIR 77, 1979, Sonderdruck: „Arbeitsplatz in der Landschaft".
540 Haus am Jürgen-Ponto-Platz 1980, o. S.
541 „[…] hatte jeder Mitarbeiter bei der Gestaltung seines Arbeitsplatzes ein Mitspracherecht" Internes Schreiben der Zentralen Bauabteilung, gez. Hasse, vom 20.2.1979 (HAC 500/120053).
542 Pressemitteilung der Dresdner Bank v. 2.12.1971 (HAC-500/130923). Später wird auch die Variante „Die Mitarbeiter im Mittelpunkt" (Haus am Jürgen-Ponto-Platz 1980, o. S.) verwendet.
543 Ebd.
544 Ebd.
545 Manuskript v. 6.6.1980 für die Rede von Dr. Hans Friderichs anlässlich der Eröffnung des Hochhauses der Dresdner Bank AG in Frankfurt am Main am 10.6.1980 (HAC-500/130924).
546 Diese Bezeichnung wurde intern genutzt, z. B.: Notiz über die am 13.1.1975 stattgefundene 11. Sitzung des Bauausschusses (HAC-500/7994-2002).
547 Pressemitteilung der Dresdner Bank v. 2.12.1971 (HAC-500/130923). Einige Funktionen erschließen sich aus: Schreiben von Friedrich Wilhelm Kraemer an Jürgen Ponto v. 28.6.1975 (HAC-500/7994-2002).
548 Schreiben von Friedrich Wilhelm Kraemer an Jürgen Ponto v. 28.6.1975 (HAC 500/7994-2002).
549 Notiz über die am 11.8.1975 stattgefundene 13. Sitzung des Bauausschusses in Hamburg (HAC-500/7994-2002). Man wollte die Idee eines Mitarbeitersportraums allerdings nicht gänzlich aufgeben, sondern diesen in einem anderen Gebäude verwirklichen.

Mit der Planung einer Sportzone wurde ein Zeichen für eine humanistische Unternehmenskultur gesetzt, das durch die vorgesehene Positionierung in der obersten Etage des Hochhauses beträchtlich an Symbolkraft gewann. Die im Hochhaus sinnfällige Metaphorik einer vertikalen Hierarchie führte in der Regel dazu, ganz oben die Vorstandsetage einzurichten. Im Silberturm sollte stattdessen das Wohlergehen der Mitarbeiter, symbolisiert durch das Sozialgeschoss, an der Spitze stehen. Darunter im 30. Geschoss wurden Sitzungs- und Konferenzsäle, also gemeinschaftliche Arbeitsräume, eingerichtet und erst darunter waren die Vorstandsetagen vorgesehen. Der Vorstand beschloss allerdings kurz vor der Fertigstellung des Rohbaus, im benachbarten Gebäude an der Gallusanlage zu verbleiben, da sich der für Großraumbüros konzipierte Grundriss nicht in befriedigender und wirtschaftlicher Weise an die Erfordernisse der Vorstandsbüros anpassen ließ.[550] Auch wenn das ursprüngliche Konzept für ein Sozialgeschoss nur in reduziertem Umfang mit dem Schwimmbad umgesetzt wurde, so blieb das gewünschte Bild des sozialen Unternehmens doch erkennbar und auch der ungewöhnliche Verzicht des Vorstands, in der Firmenzentrale zu residieren, trug unfreiwillig dazu bei.

Zu einem späteren Zeitpunkt der Planung erkannten ABB Architekten die Möglichkeit, das Schwimmbecken zugleich als Löschwasserreservoir zu nutzen.[551] In der Kommunikation der Bank nach außen wurde der Entstehungsprozess des Bades allerdings andersherum geschildert und ging dergestalt in das kommunikative Gedächtnis der Bankangestellten ein: man habe „für eine technische Notwendigkeit eine elegante Lösung zum Nutzen der Mitarbeiter gefunden".[552] Dieser Sachverhalt ist insofern erwähnenswert, als die Dresdner Bank in diesem Punkt hinter den Möglichkeiten, sich als humanistisches Unternehmen darzustellen, zurückblieb, obwohl dieser Punkt ansonsten stets betont wurde. Die Ursache für diesen Wechsel in der Darstellung des Schwimmbads lag in einer geänderten Wahrnehmung der Symbolik auf Seiten des Vorstands: Was 1970 als sozial progressiv galt, wurde 1980 als „angeberisch"[553] empfunden. Vorstandssprecher Hans Friderichs höchstpersönlich ordnete an, das Schwimmbad primär als Löschwasserreservoir darzustellen.[554]

Neben dem Schwimmbad wurden weitere Einrichtungen im Hinblick auf die Bedürfnisse der Mitarbeiter geschaffen: Hierzu gehören ein zweigeschossiges Casino mit Cafeteria (Taf. 21) sowie mit Sesseln, Kühlschränken und Geschirrspülern ausgestattete Pausenzonen in den Bürogeschossen. „Dieses Angebot soll den Mitarbeitern die Möglichkeit bieten, echte, regenerative Entspannung zu finden,"[555] heißt es dazu in einem Fachzeitschriftenartikel, der von Mitarbeitern der Dresdner Bank verfasst wurde, und weiter: „Den Gemeinschaftseinrichtungen wurde besondere Aufmerksamkeit geschenkt."[556]

Der Anspruch auf Fortschrittlichkeit erstreckte sich also nicht nur auf Technik und Strukturen, sondern auch auf den sozialen Bereich, was vor

---

550 Anfang 1977 stand die Einrichtung einer Vorstandsetage im Silberturm noch zur Diskussion (Notiz über die am 15.2.1977 stattgefundene 16. Sitzung des Bauausschusses in Frankfurt). Die Geschäftsführung des neuen Nutzers DB Systel zog, um die im Haus vorgeprägte Symbolik auf das eigene Unternehmen zu übertragen, bewusst in das 17. Geschoss in der Hochhausmitte ein, wo der Übergang zwischen den beiden Erschließungstürmen liegt (Gespräch mit Kathy Wechterowicz, 14.1.2014).
551 Gespräch mit Heinz Scheid, 1.6.2015. Dies bestätigen die Akten, in denen das Schwimmbad anfänglich als integraler Bestandteil der Sportzone dargestellt wird.
552 Pressemitteilung der Dresdner Bank AG v. 6.6.1980; „Hier hat man aus der Not eine Tugend gemacht: Ein aus sicherheitstechnischen Gründen erforderliches Wasserreservoir haben die Architekten zu einem ansehnlichen Schwimmbad gestaltet" (Haus am Jürgen-Ponto-Platz 1980, o. S).
553 Internes Schreiben v. Dr. Hans Friderichs an Dr. Stößel v. 7.1.1980 betr. Hochhaus-Film (HAC-500/120053).
554 Ebd.
555 ZfK, Nr. 20, 1977, Beilagenheft, S. 12.
556 Ebd.

dem Hintergrund der gesellschaftlichen Veränderungen in den 1970er Jahren von besonderer Relevanz für eine positive Wahrnehmung des Unternehmens in der Öffentlichkeit gewesen sein dürfte.

**Mitarbeiterbeteiligung und Standortfrage**

Ein anderes Instrument, um den humanistischen Anspruch eines modernen Unternehmens einzulösen, war die Beteiligung der Belegschaft an der Planung der neuen Zentrale, worauf in der internen wie externen Kommunikation ausdrücklich hingewiesen wurde: „Sie [die Mitarbeiter] haben mitgeplant, mitentwickelt und mitentschieden."[557] Auf die Einbindung der Mitarbeiter bei der Planung und Ausstattung der Bürogeschosse und Arbeitsplätze wurde bereits weiter vorne hingewiesen. Außerdem wurde schon im Vorfeld eine Umfrage unter den Mitarbeitern bezüglich des Standorts der neuen Zentrale durchgeführt, die zu dem Ergebnis kam, dass die innerstädtische Lage von einer relativen Mehrheit der Belegschaft bevorzugt würde.[558] In der Außendarstellung der Dresdner Bank wurde die Einbeziehung der Belegschaft im Sinne eines mitarbeiterorientierten Unternehmens betont: „Eine wichtige Rolle haben die Mitarbeiter schon bei der Auswahl des Standortes gespielt; ihre Interessen und Wünsche waren Gegenstand einer eingehenden Untersuchung."[559]

Eine Differenzierung der Umfrage nach Geschlechtern ergab, dass die Zustimmung unter den weiblichen Mitarbeitern der Bank höher ausfiel als bei den männlichen.[560] Auf dieser Basis argumentierte man unter dem Hinweis, die Hälfte der Belegschaft sei weiblich, dass mit dem Hochhausbau in der Frankfurter Innenstadt den Bedürfnissen der berufstätigen Frauen in besonderer Weise Rechnung getragen würde und präsentierte sich damit vor dem Hintergrund der Frauenbewegung in den 1970er Jahre als progressiv.[561] Tatsächlich scheint der Wunsch der Mitarbeiter bei der Wahl des Standorts weniger ins Gewicht gefallen zu sein als nach außen dargestellt, denn bereits 1965 bis 1968, also einige Jahre vor der Mitarbeiterbefragung, erfolgte die strategische Arrondierung von Grundstücken im „Dresdner Bank-Block" an der Gallusanlage inklusive derjenigen, auf denen das Hochhaus schließlich errichtet wurde (Taf. 20).[562]

In einem internen Schreiben des für den Neubau zuständigen Vorstandsmitglieds Friedrich Hagenmüller an die übrigen Mitglieder des Vorstands wurden folgende Gründe für die Wahl des Standorts dargelegt:[563] In erster Linie die Zusammenführung von rund 1.500 Mitarbeitern, die bisher an 28 verschiedenen Standorten untergebracht waren; die Einsparung von Mietkosten und Aufwendungen, die sich durch die zeitaufwendigen Wege, Kommunikation, etc. ergeben (veranschlagt mit rund 10 Millionen DM/Jahr); Schaffung optimaler Arbeitsbedingungen; Schaffung ausreichender sozialer und technischer Einrichtungen (Kasino, Küche, Sozialbereich, Telefonzentrale); hohe Ausnutzung des Grundstücks sowie „Repräsentation der Bank entsprechend den anderen Großbanken".[564]

Die Gründe lassen sich grob in drei Gruppen einteilen: ökonomische Vorteile, die auch eine bessere Arbeitseffizienz beinhalten, Schaffung

---

557 Haus am Jürgen-Ponto-Platz 1980, o. S.
558 Schreiben von Prof. Karl Hagenmüller vom 4.3.1974 an die Mitglieder des Vorstands der Dresdner Bank AG in Vorbereitung der Vorstandssitzung am 25.3.1974 (HAC-500/7994-2002).
559 Haus am Jürgen-Ponto-Platz 1980, o. S.
560 Schreiben von Prof. Karl Hagenmüller vom 4.3.1974 an die Mitglieder des Vorstands der Dresdner Bank AG in Vorbereitung der Vorstandssitzung am 25.3.1974 (HAC-500/7994-2002).
561 „Die Hälfte der Dresdner-Bank-Mitarbeiter sind Frauen. [...] Auf ihre Bedürfnisse sollte Rücksicht genommen werden" (Das Haus am Jürgen-Ponto-Platz, 1980, o. S.).
562 Schreiben von Prof. Karl Hagenmüller vom 4.3.1974 an die Mitglieder des Vorstands der Dresdner Bank AG in Vorbereitung der Vorstandssitzung am 25.3.1974 (HAC-500/7994-2002).
563 Ebd.
564 Ebd.

sozialer Einrichtungen und Repräsentation. Es überwiegen, für eine Großbank nicht überraschend, die ökonomischen Argumente. Die Schaffung sozialer Einrichtungen wird jedoch auch als Begründung genannt: Der Anspruch einer humanistischen Unternehmenskultur war somit kein inhaltsleerer Werbeslogan, sondern gehörte offensichtlich auch zu den intern formulierten Zielsetzungen. Die Ergebnisse der Mitarbeiterbefragung fehlen allerdings bei der Begründung. Anscheinend diente die Umfrage primär dem Zweck, das Stimmungsbild in der Mitarbeiterschaft zu bestimmen. Aufschlussreich ist schließlich noch der letzte Punkt, der die Repräsentation der Dresdner Bank in Relation zu anderen Großbanken nennt. Das ist ein eindeutiger Beleg dafür, dass das Hochhaus von vornherein auch als repräsentatives Statement im Stadtraum gesehen wurde und die Bauwerke der anderen Banken als Vergleichsmaßstab dienten.

Interessant im hiesigen Untersuchungskontext ist die Diskrepanz zwischen den intern und extern kommunizierten Gründen für die innerstädtische Standortwahl.[565] Während die ökonomischen Vorteile nur knapp angerissen wurden, hat man die Vorteile für die Mitarbeiterschaft und deren Rolle im Planungsprozess deutlich überbetont. Repräsentative Beweggründe, und das ist wichtig festzuhalten, wurden überhaupt nicht erwähnt.

## 2.3.6 Die Höhenfrage

Während die bis hierhin thematisierten Facetten der Architektur als Medium zur Selbstdarstellung der Dresdner Bank hauptsächlich die visuelle und räumlich erfahrbare Darstellung einer positiv konnotierten Unternehmenskultur zum Ziel hatten – fortschrittlich, transparent, human –, wobei die konkurrierenden Banken nur indirekt als Bezugsmaßstab galten, so klang bereits bei der Standortfrage die Repräsentation im direkten Verhältnis zu den anderen Großbanken an. Deutsche Bank, Commerzbank (Abb. 70) oder die ehemalige Bank für Gemeinwirtschaft (BfG) (Abb. 60) setzten mit ihren modernen Hochhäusern in den 1970er Jahren markante Zeichen in der Frankfurter Innenstadt. Um eine vergleichbare Sichtbarkeit zu erlangen, galt es zunächst, wie zuvor dargelegt, einen geeigneten Standort in der Innenstadt für die neue Firmenzentrale zu eruieren. Für die visuelle Selbstdarstellung in Relation zu den anderen Banken kam schließlich der Höhe des Gebäudes eine zentrale Stellung zu, was umso mehr ins Gewicht fiel, als die Bankhochhäuser im Frankfurter Stadtraum aus vielen Perspektiven zusammen in den Blick genommen werden konnten und auf diese Weise unweigerlich direkte visuelle Beziehung entstanden (Abb. 57).

Die Dresdner Bank, seinerzeit die zweitgrößte Bank der Bundesrepublik,[566] reagierte auf den architektonischen Wettbewerb im Frankfurter Stadtraum mit der Planung eines 32 Geschosse und 166 Meter hohen Hauptsitzes, der nicht nur die Hochhäuser der Konkurrenz deutlich übertraf, sondern gleich zum höchsten Gebäude Deutschlands aufstieg und auch europaweit zur Spitze zählte. Damit durchbrach er bei seiner Fertigstellung 1978 eine symbolische wie psychologische Grenze, denn bis dato waren es Kirchen, die in Deutschland am höchsten in den Himmel ragten. Während in anderen Ländern, allen voran den USA und Russland, Privat- und Profanbauten dem Sakralbau hinsichtlich der Höhe schon länger den Rang abgelaufen hatten, kam der Höhenfrage in der Bundesrepublik vor dem andersartigen geschichtlichen Hintergrund eine besondere Symbolkraft zu.[567]

Seitens der Dresdner Bank war man sich der Dimensionen der Grenzverschiebung bewusst. Die interne Mitarbeiterzeitschrift der Dresdner Bank, WIR, titelte anlässlich des Richtfests 1977

---

565 Z. B.: Haus am Jürgen-Ponto-Platz 1980, o. S; Manuskript für die Rede des Aufsichtsratsvorsitzenden Helmut Haeusgen anlässlich der Eröffnung des Hochhauses der Dresdner Bank AG in Frankfurt am Main am 10.6.1980 (HAC-500/130924).
566 db-aktuell 4/1981, S. 6. – Die Angabe basiert auf den Aktiva des Jahres 1979.
567 Noch 2004 bestimmten die Bürger der Stadt München per Bürgerentscheid, dass künftige Hochhäuser die Höhe der Liebfrauenkirche von 100 Metern nicht überschreiten dürfen (focus online, 22.11.2004 (Vz. Internetquellen)).

2.3 „Leicht und klar" – Das ehemalige Haupthaus der Dresdner Bank in Frankfurt am Main

**Abb. 57** Panorama von Frankfurt am Main, Blick von Osten, ca. 1977, v. l. n. r.: BfG, Commerzbank, Dresdner Bank (im Bau), Deutsche Bank, Hessische Landesbank

so stolz wie unverhohlen: „Höher als der Kölner Dom"[568] und setzte den Silberturm damit in einen bedeutungsschweren Bezug zu einem Kirchenbau, der bei seiner Vollendung 1880 nicht nur als höchstes Gebäude der Welt gefeiert wurde, sondern als visuelle Manifestation von Kultur und Geschichte auch in hohem Maße symbolbeladen war und identitätsstiftend wirkte.

Zwischen der internen und der externen Kommunikation wurde in diesem Punkt jedoch sorgfältig unterschieden. Auf die fiktive Frage, ob der Silberturm das „höchste Haus Deutschlands oder gar Europas"[569] sei, schlug die Informations- und Presseabteilung der Dresdner Bank vor, den Silberturm als das „höchste Bankgebäude Europas und das höchste Verwaltungsgebäude Deutschlands"[570] zu bezeichnen und auf diese Weise den Vergleich mit Sakralbauten zu vermeiden: mittels dieser funktionalen Eingrenzungen wurden andere Vergleichsmaßstäbe gezielt ausgeblendet.

Aber auch ohne den Bezug zu Kirchtürmen wurde die Höhenentwicklung der Frankfurter Bankenhochhäuser im politischen Klima der Bundesrepublik Mitte der 1970er Jahre teilweise argwöhnisch beobachtet: „[…] in Frankfurt signalisieren die Geldtürme der Bank für Gemeinwirtschaft (142,70 Meter) und der Dresdner Bank (166,30 Meter) ihren Machtanspruch über den zerfallenden Bürgerhäusern des Bahnhofsviertels."[571] In diesem Zusammenhang wurde die Gebäudehöhe

568 WIR 62, 1977, S. 1.
569 Katalog der Informations- und Presseabteilung der Dresdner Bank AG v. 30.5.1980 mit fiktiven Fragen und Antworten zum Hochhaus, S. 2 (HAC-500/130925).
570 Ebd.
571 Der Spiegel 39/1975, S. 207.

folglich als Demonstration wirtschaftlicher Potenz verstanden und als monumentale Zeichen eines missbilligten Kapitalismus dargestellt.[572] Dem muss jedoch gegenübergestellt werden, dass es auch Befürworter des Hochhausbaus gab: Die Frankfurter Allgemeine Zeitung etwa begrüßte den Neubau der Dresdner als „ein Hochhaus der neuen Generation".[573]

Dennoch befand sich die Dresdner Bank in einem Dilemma: Während die Höhe als unabdingbares Mittel der Selbstdarstellung in Relation zu den anderen Großbanken galt, widersprach die ausgesprochen negative Konnotation von Hochhäusern in Teilen der Öffentlichkeit dem Ziel, das Image der Bank im positiven Sinn zu modernisieren. Die Höhenfrage geriet damit zu einem Balanceakt, den die Bank mittels einer gezielten Kommunikation bewältigen wollte. Infolgedessen wurde in der Außendarstellung die Höhe relativiert und als rein funktionale und rationale Notwendigkeit ohne Hintergedanken dargestellt:

„Aber es muss doch auch gesagt werden, dass wir mit unserer Planung nicht einem Höhenrausch erlegen sind oder einen Rekord aufstellen wollten. Es waren schlicht die Grundstücksverhältnisse und der Raumbedarf, die uns etwas höher werden ließen als andere Banken, die ihrerseits verkündet haben, dass Höhe auch für sie nur von sekundärer Bedeutung ist."[574]

Mit dieser Aussage gelang es dem Aufsichtsratsvorsitzenden Helmut Haeusgen anlässlich der Eröffnung des Silberturms 1980 rhetorisch geschickt, die Höhe des Gebäudes als nebensächlich darzustellen und dennoch implizit darauf hinzuweisen, dass die Dresdner Bank-Zentrale höher als andere Banken ausfiel. Die funktionalistische Argumentation Haeusgens basierte dabei auf einem Katalog mit fiktiven Fragen und Antwortvorschlägen, den die unternehmenseigene Informations- und Presseabteilung anlässlich der Eröffnung des Hochhauses 1980 für die Repräsentanten der Bank erarbeitete und in dem die Höhenfrage an erster Stelle stand. Auf die fiktive Frage „Warum haben die Banken den Ehrgeiz, besonders hohe Häuser zu bauen?"[575] lautete der Antwortvorschlag:

„[...] Einen Ehrgeiz, besonders hoch zu bauen, hatten wir nicht. Es ging darum, in der Enge der Innenstadt, auf einem relativ kleinen Grundstück, in Verbindung mit dem bereits bestehenden Verwaltungskomplex unserer Bank ein neues Haus für möglichst viele Mitarbeiter zu errichten. Entsprechend hoch mussten wir bauen. Auch sind die Kosten der Kommunikation und Information sowie die Wegezeiten bei vertikaler Anordnung günstiger als in horizontaler Anordnung."[576]

Als Begründung für die gebaute Höhe wurden demzufolge rein funktionale und wirtschaftliche Argumente angeführt, aus deren Konkretisierung sich die Höhe quasi selbst ergeben hätte, wohingegen ein bestimmter Wille („Ehrgeiz"), eine gewisse Höhe zu erreichen, abgestritten wird.

Interne Dokumente belegen jedoch das Gegenteil. Der Vorstand um Jürgen Ponto widmete der Gebäudehöhe von Planungsbeginn an eine besondere Aufmerksamkeit und ließ Listen erstel-

---

572 Auch wenn in Frankfurt mittlerweile ein Imagewandel des Hochhausbaus stattgefunden hat, so haben die massiven Ausschreitungen anlässlich der Eröffnung der Europäischen Zentralbank (2015, Coop Himmelb(l)au) vor Augen geführt, dass Bankhochhäuser auch heute noch als kapitalistische Symbole wahrgenommen werden (z. B. zeit online, 18.3.2015 (Vz. Internetquellen)).
573 FAZ v. 17.5.1975.
574 Manuskript für die Rede des Aufsichtsratsvorsitzenden Helmut Haeusgen anlässlich der Eröffnung des Hochhauses der Dresdner Bank AG in Frankfurt am Main am 10.6.1980 (HAC-500/130924).
575 Katalog der Informations- und Presseabteilung der Dresdner Bank AG v. 30.5.1980 mit fiktiven Fragen und Antworten zum Hochhaus, S. 2 (HAC-500/130925).
576 Ebd.

## 2.3 „Leicht und klar" – Das ehemalige Haupthaus der Dresdner Bank in Frankfurt am Main

len, aus denen die Gebäudehöhen der anderen Frankfurter Bankzentralen ersichtlich wurden.[577] Offensichtlich war die Höhe des Gebäudes im Hinblick auf die „Repräsentation der Bank entsprechend den anderen Großbanken"[578] ein wichtiges Kriterium. Die dieser Zielsetzung zugrundeliegende Analogie zwischen der Höhe des Hauses und der Größe des Unternehmens korrespondiert insofern mit der in der Öffentlichkeit verbreiteten Deutung von Bankhochhäusern als monumentalen Zeichen von wirtschaftlicher Potenz und gesellschaftlichem Einfluss – was von Bankseite gegenüber der Öffentlichkeit negiert wurde.

Wie wichtig der Dresdner Bank die Höhenfrage war, zeigt die Vehemenz, mit der sie für eine Realisierung ihres Haupthauses in der geplanten Rekordhöhe von 166 Metern eintrat. Die Planungen der Bank erlitten nämlich einen herben Rückschlag, als der kommunale Ausschuss Planen und Bauen unmittelbar vor dem Baubeginn im November 1973 entgegen vorheriger Absprachen lediglich 25 Geschosse genehmigte und die Höhe somit auf 126 Metern reduzierte (Abb. 58).[579] Infolgedessen wäre der Dresdner Bank nicht nur der prestigeträchtige Titel des höchsten Gebäudes Deutschlands verwehrt geblieben, das Hochhaus wäre sogar innerhalb Frankfurts hinter der parallel im Bau befindlichen Zentrale der Bank für Gemeinwirtschaft (BfG)[580] mit 148 Metern zurückgeblieben (Abb. 60). Was folgte, war eine intensive Lobbyarbeit der Dresdner Bank, die darin mündete, dass der Stadtrat Anfang 1976, als

**Abb. 58** Präsentationszeichnung des Silberturms von Osten in der 25-geschossigen Variante, Zeichnung Helmut Jacoby, 1974, im Vordergrund das alte Vorstandsgebäude von 1966

der Rohbau das 25. Geschoss fast erreicht hatte, nachträglich sieben Geschosse genehmigte, so dass die anvisierte Höhe von 166 Metern letztlich erreicht werden konnte.[581] Bautechnisch bereitete

---

577 Aktennotiz von Paul-Ernst Penndorf v. 19.3.1976 betr. die Aufstockung des Hochhauses (HAC-500/7994-2002); Schreiben von Prof. Karl Hagenmüller vom 4.3.1974 an die Mitglieder des Vorstands der Dresdner Bank AG in Vorbereitung der Vorstandssitzung am 25.3.1974 (HAC-500/7994-2002).
578 Schreiben von Prof. Karl Hagenmüller vom 4.3.1974 an die Mitglieder des Vorstands der Dresdner Bank AG in Vorbereitung der Vorstandssitzung am 25.3.1974 (HAC-500/7994-2002).
579 Notiz v. 14.2.1974 über die am 23.1.1974 stattgefundene 6. Sitzung des Bauausschusses (HAC-500/7994-2002). Anscheinend lag zuvor eine Teilgenehmigung für 32 Geschosse vor (ZfK, Nr. 20, 1977, Beilagenheft, S. 6).
580 Nachdem die BfG 1994 auszog, nutzte die Europäische Zentralbank das Gebäude, bis sie 2015 in ihr neues Hochhaus im Frankfurter Ostend umzog.
581 Notiz v. 29.4.1976 betr. eines Anrufs von Rudolf Sperner, gez. Haaß; Notiz über die am 2.8.1976 stattgefundene 15. Sitzung des Bauausschusses in Frankfurt; Aktennotiz v. 25.11.1976 betr. Pressegespräch am 1.12.1976 (alle HAC-500/7994-2002). Die Genehmigung wurde am 28.4.1976 von der SPD-Fraktion im Stadtrat durchgesetzt. An der Herbeiführung des Beschlusses hat Rudolf Sperner, Vorsitzender der Industriegewerkschaft Bau, Steine, Erden wesentlich mitgewirkt. Unterstützung erhielt die Dresdner Bank im Vorfeld auch von der Frankfurter Allgemeinen Zeitung, welche aus Gründen städtebaulicher Ästhetik für den schlanker proportionierten 32-geschossigen Bau eintrat (FAZ v. 17.5.1975).

**Abb. 59** Ehemalige Zentrale der Bank für Gemeinwirtschaft, Frankfurt am Main, 1971–1977, Richard Heil, von Westen (Foto 2019)

**Abb. 60** Frankfurter Alltagsszene aus dem Buch „Haus am Jürgen-Ponto-Platz" (Foto ca. 1979)

die nachträgliche Aufstockung keine Schwierigkeit, weil die Statik des Hochhauses bereits zu Baubeginn auf 32 Geschosse ausgelegt war.[582] Als Gegenleistung für die Genehmigung musste die Dresdner Bank kostspielige Kompensationsleistungen erbringen, in erster Linie die Errichtung des bereits thematisierten Jürgen-Ponto-Platzes.[583] Diesen Preis war die Bank gerne bereit zu zahlen, denn er ermöglichte nicht nur die Realisierung der anvisierten Rekordhöhe, sondern schuf auch noch eine weitere Möglichkeit der Repräsentation im öffentlichen Raum.

### 2.3.7 Die PR-Kampagne zur medialen Präsentation des Silberturms

Anlässlich der Eröffnung des Silberturms 1980 führte die Dresdner Bank eine großangelegte PR-Kampagne durch, die dem Zweck diente, dass „das Spektrum von Einstellungen zu unserer Bank und dem neuen Gebäude aus unserer Sicht positiv beeinflußt wird."[584] Die federführende Informations- und Presseabteilung definierte unter anderem folgende Ziele der Kampagne:

„Gewinnung von Verständnis für den Bau dieses Hochhauses; Abbau eines Images von Machtdarstellung und Protzen von Banken; Betonung der Notwendigkeit für den Bau und der funktionalen Sinnhaftigkeit des Hochhauses"[585]; „Herstellung einer bewußt freundlichen und sym-

---

582 Gespräch mit Heinz Scheid, 1.6.2015.
583 Weiterhin musste die Dresdner Bank Gebäude an der Weserstraße erwerben und abreißen, um eine bessere Verbindung zwischen Platz und Kaiserstraße herzustellen sowie auf die Realisierung eines Hochhauses an der Ecke Weserstr./Niddastr. verzichten (Aktennotiz v. 25.11.1976 betr. Pressegespräch am 1.12.1976 (HAC-500/7994-2002)).
584 Schreiben von Dr. Vielmetter, Informations- und Presseabteilung, an Dr. Friderichs v. 4.12.1979 betr. Einweihung des Hochhauses (HAC-500/119021.MS).
585 Ebd.

pathischen Atmosphäre auf Dauer um das Hochhaus herum."[586]; „Darstellung der Dresdner Bank als sozial fortschrittliches Unternehmen […]."[587]; „Darstellung der Dresdner Bank als modernes Unternehmen durch Information über die technischen Leistungen beim Bau des Hochhauses."[588]

Um diese Ziele zu erreichen, wurden Zielgruppen bestimmt (zum Beispiel Aktionäre, Mitarbeiter, Bevölkerung und so weiter) und eine „breite Palette von PR-Instrumenten"[589] erarbeitet, die den unterschiedlichen Gruppen zugeordnet wurden. In diesem Untersuchungsrahmen sind vor allem drei mediale Präsentationen des Hochhauses von Interesse: das Hochhausbuch, der Hochhausfilm und das Bürgerfest in Verbindung mit der Tour de France.

Fast die Hälfte der veranschlagten Gesamtkosten für die PR-Kampagne in Höhe von rund einer Million Mark entfiel auf die Produktion eines Buchs über den Silberturm, das nicht im Handel erhältlich war, sondern anlässlich der Einweihung 1980 gezielt an bestimmte Gruppen verteilt wurde.[590] Aus dieser bankeigenen Publikation wurde auf den vorangegangenen Seiten mehrfach zitiert, denn sie dokumentiert, wie die Dresdner Bank das Hochhaus als Sinnbild des Unternehmens darstellen wollte. Das Hochhausbuch wurde verteilt an alle Mitglieder in Gremien der Bank und alle Mitarbeiter in Frankfurt am Main sowie an die Presse und ausgewählte Repräsentanten aus Politik und Wirtschaft.[591] Es diente mithin der Kommunikation sowohl nach innen wie auch nach außen.[592]

Außerdem wurde ein Faltprospekt, bei dem es sich um eine stark abgespeckte Fassung des Buches handelte, Kunden und Angehörigen von Mitarbeitern der Dresdner Bank ausgehändigt.[593] Für die Erstellung des Buches und des Prospekts engagierte die Bank keine Architekturjournalisten oder -historiker, sondern eine Werbefirma.[594] Dies ist ein Beleg für die Zielsetzung, mit dem Buch primär ein positives Bild des Hochhauses und damit des Unternehmens zu zeichnen.

Die Texte stellen das Unternehmen im Sinne der von der Informations- und Presseabteilung definierten Ziele dar, wobei das Hochhaus als Sinnbild des Unternehmens fungierte. Beispiele dafür wurden in den vorangegangenen Kapiteln angeführt. Erwähnenswert ist noch die Tatsache, dass die Texte des Buches von leitenden Angestellten gegengelesen und nicht nur hinsichtlich des Inhalts, sondern auch hinsichtlich Stil und Duktus korrigiert wurden und dass Vorstandsmitglieder die Texte ebenso vorgelegt bekamen.[595] Das zeigt, dass der Darstellung der neuen Zentrale Aufmerksamkeit bis in die höchsten Ebenen hinein zuteil wurde.

Darüber hinaus wird in dem Hochhausbuch auffallend viel mit Bildern gearbeitet, die mehr als die Hälfte der Seiten einnehmen. Neben Fotografien und Plänen des Hochhauses und des Platzes finden sich auch zahlreiche Abbildungen, die in keinem direkten Bezug zum Gebäude oder dem Unternehmen stehen und offensichtlich der Erzeugung einer bestimmten Atmosphäre dienen. So finden sich neben Fotos von bunten Märkten

---

586 Ebd.
587 Ebd.
588 Ebd.
589 Ebd.
590 Haus am Jürgen-Ponto-Platz 1980.
591 Schreiben von Dr. Vielmetter, Informations- und Presseabteilung, an Dr. Friderichs v. 4.12.1979 betr. Einweihung des Hochhauses (HAC-500/119021.MS).
592 Eine vergleichbare und möglicherweise vorbildliche Konzeption wies eine Publikation auf, welche die BMW AG 1973 anlässlich der Eröffnung ihres neuen Hauptquartiers in München herausgab (Das neue BMW Haus [1973]). – S. Kap 2.2.6.
593 Das Haus am Jürgen-Ponto-Platz, hg. v. der Dresdner Bank AG, o. O. 1980 (Faltprospekt).
594 Das Buch wurde von der MultiMedia Werbegesellschaft, Würzburg, erstellt (Rechnung der MultiMedia Werbegesellschaft v. 16.6.1980 für die Erstellung des Buches „Das Haus am Jürgen-Ponto-Platz" (HAC-500/120053)).
595 HAC-500/120053.

und Straßenmusikanten auch Fotos von spielenden Kindern, Straßenarbeitern, alten Menschen und solchen mit Migrationshintergrund (Abb. 60). Mit diesen Bildern sozialer Gruppen, die offenkundig nicht dem klassischen, elitären Bankenklientel entsprachen, sollten anscheinend Assoziationen zu einem sozial fortschrittlichen und sympathischen Unternehmen im Sinne des Mottos „Der Mensch im Mittelpunkt"[596] hergestellt werden. Darüber hinaus wurde die Bank mit lebhaften, alltäglichen Straßenszenen assoziativ als Teil des alltäglichen Stadtlebens dargestellt. Die Stimmungsfotos dienten augenscheinlich dazu, die inhaltlichen Konnotationen des Silberturms zu untermalen und trugen somit dazu bei, den Silberturm als leichtes, fortschrittliches und humanes Gebäude sinnbildlich für das Unternehmen darzustellen. Damit standen die Fotos in Einklang mit den Empfehlungen Otl Aichers für die Erzeugung eines Erscheinungsbildes der Dresdner Bank im Medium der Fotografie:

„Grundsätzlich keine Atelier- nur Lifeaufnahmen. Grundsätzlich keine gestellten nur Momentaufnahmen. Die Absicht ist, dem Kunden seine eigene Art zu leben und die Art zu leben, wie er sie sich wünscht, vorzustellen. Dieses Leben ist frei, ungezwungen, unternehmend. Grundsätzlich keine Geldmotive nur Lebensmotive. […] Grundsätzlich keine Postkartenaufnahmen, immer Aufnahmen mit Personen, und zwar Personen, mit denen man sich identifizieren kann."[597]

Komplementär zu dem Buch ließ die Dresdner Bank einen rund 18-minütigen Film produzieren, der Zielgruppen gezeigt wurde, die kein Buch erhielten.[598] Dies waren Aktionäre, Kunden und außerhalb Frankfurts tätige Mitarbeiter der Bank. Das Medium Film eignete sich, um das Hochhaus größeren Gruppen in einem festen Zeitrahmen zu präsentieren und war damit beispielsweise prädestiniert für eine Vorführung auf der Hauptversammlung der Aktionäre.[599] Auch wurde der Film manchen Gruppen wie Kunden oder Angehörigen der Mitarbeiter im Hochhaus selbst vorgeführt.[600] Inhaltlich korrespondiert der Film mit dem Buch und betont einerseits die soziale und humane Arbeitsumgebung und andererseits die fortschrittliche Technik. Auf die Höhe wird hingegen nur kurz und indirekt eingegangen, was der Strategie entspricht, diesen repräsentativen Aspekt gegenüber der Öffentlichkeit zu marginalisieren.

Obgleich der Film im Stil eines Dokumentarfilms gedreht wurde, handelt es sich doch um einen bis ins kleinste Detail durchdachten Werbefilm. Das verdeutlicht exemplarisch eine Szene zum Ende des Films hin, in der dem Anschein nach ein spontanes Interview mit einer hübschen Passantin gezeigt wird, die sich positiv zum Hochhaus und dem Platz äußert.[601] Tatsächlich handelt es sich um eine Schauspielerin, die einen vorgegebenen Text spricht,[602] bei dem im Vorfeld genau überlegt wurde, ob und wie stark die Schauspielerin mit einem Frankfurter Akzent sprechen solle.

Während an der Eröffnungsfeier am 10. Juni 1980 neben den Mitarbeitern der Bank und der ausführenden Baufirmen in erster Linie Repräsentanten aus Politik und Wirtschaft teilnahmen,

---

596 Haus am Jürgen-Ponto-Platz 1980. – S. weiter vorne.
597 Konzeptpapier „Dresdner Bank – Visuelles Erscheinungsbild" von Otl Aicher, v. 7.6.1970 (HAC-500/120053). – Direkt war Aicher an der Konzeption des Buches jedoch nicht beteiligt. Aus nicht bekannten Gründen war man von Seiten der Dresdner Bank seit 1978 offenbar nicht mehr an einer Zusammenarbeit interessiert. Vorstandsmitglied Friedrich Hagenmüller sprach sich jedenfalls nachdrücklich gegen eine Mitwirkung Aichers an der Publikation aus (internes Schreiben v. R. Stößel an Penndorf v. 28.12.1978).
598 Unser neues Haus, 1980.
599 Checkliste für Besprechung Hochhauseinweihung am 22.11.1979, gez. Sebastian (HAC-500/119021.MS).
600 Schreiben von Dr. Vielmetter, Informations- und Presseabteilung, an Dr. Friderichs v. 4.12.1979 betr. Einweihung des Hochhauses (HAC-500/119021.MS).
601 Unser neues Haus, 1980, 17:34 Min.
602 Text „Frankfurterin", vermutlich 1980. (HAC-500/120053).

## 2.3 „Leicht und klar" – Das ehemalige Haupthaus der Dresdner Bank in Frankfurt am Main

**Abb. 61** Fotowand zum Etappenstart der Tour de France am Silberturm (Foto 1980)

veranstaltete die Dresdner Bank am 28. Juni ein weiteres Fest, das sich in erster Linie an die Frankfurter Bevölkerung richtete. Dieses Ereignis verknüpfte die Bank werbestrategisch brillant mit einem Etappenstart der Tour de France, die 1980 in Frankfurt am Main begann, am Silberturm (Abb. 61). Auf diese Weise erlangte das neue Hochhaus der Dresdner eine maximale mediale Aufmerksamkeit, und zwar international, und das Einweihungsfest wurde zugleich emotional mit einem inhaltlich gar nicht korrespondierenden, aber positiv besetzten Sportgroßereignis verknüpft. Von Seiten der Informations- und Presseabteilung der Bank hieß es dazu:

> „Wir nutzen den Start der Tour de France '80 als publikumswirksamer Magnet und Einstieg in das Bürgerfest. Zudem entkommen wir etwas leichter dem Problem, ein Einweihungsfest für die Bevölkerung zu veranstalten, ohne das Hochhaus für die Bevölkerung öffnen zu können bzw. zu wollen."[603]

### 2.3.8 Zusammenfassung: Der Silberturm der Dresdner Bank – Sinnbild eines modernen, kundenorientierten und sozial fortschrittlichen Unternehmens

Die 1973–1978 erbaute neue Zentrale der Dresdner Bank, die seinerzeit zu den zehn größten Banken weltweit gehörte, diente als visuelles Medium, um die Bank einerseits in Relation zu den anderen Großbanken darzustellen und andererseits als modernes, kundenorientiertes und sozial fortschrittliches Unternehmen in der Öffentlichkeit zu präsentieren.

In letztgenannter Hinsicht war der Silberturm ein integraler Bestandteil einer umfassenden Kampagne, die darauf abzielte, das Bild des Unternehmens zu modernisieren. Gerade der Ruf der Dresdner Bank galt aufgrund ihrer ehemaligen Verbindungen mit dem nationalsozialistischen Regime als historisch belastet. Davon abgesehen haftete dem Bankgewerbe in den 1960er und 70er Jahren allgemein das Image einer konservativen und elitären Branche an, die in pompösen historischen Steinarchitekturen einen visuellen Ausdruck fand. Die neue Zentrale der Dresdner Bank sollte im bewussten Gegensatz dazu fortschrittlich, „leicht und klar"[604] konzipiert werden. ABB Architekten (Entwurf und Projektleitung Heinz Scheid) setzten diese Forderung an der Fassade, dem visuell prägnantesten Teil des Gebäudes, wörtlich um, indem sie eine innovative, Technologien des Fahrzeugbaus aufgreifende Aluminiumfassade in Leichtbauweise konzipierten. Die serielle Wiederholung der Fassadenmodule schaffte darüber hinaus eine Klarheit, die sich in der geometrischen und funktionalen Grundrissdisposition fortsetzt. Auf einer konkreten bildlichen Ebene ließen sich die Architekten beim Entwurf von Analogien zu einer Rakete auf der Startrampe leiten, die gerade vor dem aktuellen Hintergrund der Mondlandungen als das

---

603 Schreiben von Dr. Vielmetter, Informations- und Presseabteilung, an Dr. Friderichs v. 4.12.1979 betr. Einweihung des Hochhauses (HAC-500/119021.MS).
604 Notiz v. 27.3.1974 über die 7. Sitzung des Bauausschusses; Notiz v. 14.2.1974 über die am 23.1.1974 stattgefundene 6. Sitzung des Bauausschusses (HAC-500/7994-2002).

Symbol eines technischen, mit Utopien einer besseren Zukunft behafteten Fortschritts galt.

Der Eingangsbereich als Schnittstelle zwischen privatem und öffentlichem Raum wurde genutzt, um Transparenz und Offenheit zu signalisieren. Dies geschah mittels eines Einrückens des Foyers unter den Baukörper, hohen Glasfassaden und einem Bodenbelag, der sich von außen nach innen kontinuierlich fortsetzt. Eine weitere Möglichkeit, die Bank im Stadtraum darzustellen und das Hochhaus mit jenem zu verknüpfen, bot sich unverhofft, als der Rohbau bereits weit gediehen war: Als Gegenleistung für eine nachträgliche Genehmigung der ursprünglich geplanten Gebäudehöhe musste die Bank sich gegenüber der Stadt Frankfurt unter anderem verpflichten, vor dem Hochhaus auf eigene Kosten einen öffentlichen Platz einzurichten. Mit der Beauftragung des ehemaligen ZERO-Künstlers Heinz Mack mit der Platzgestaltung konnte sich die Bank nicht nur als Mäzenin in der Tradition des Frankfurter Bürgertums präsentieren, sondern erhob den Platz zugleich zum Kunstraum, der das latente Konfliktpotential, das die Gestaltung eines öffentlichen Raumes durch ein Aktienunternehmen im Frankfurt der späten 1970er Jahre barg, minimierte. Trotzdem weist die Gestaltung des Platzes vielfältige Bezüge zur Auftraggeberin auf, die am deutlichsten an der Brunnenplastik „Silbersee" ablesbar sind, dessen Materialität nicht nur die Fassade des Silberturms aufgreift, sondern der in Form einer überdimensionalen Silbermünze zugleich auf den Geschäftsbereich der Bank verweist.

Die neue Zentrale sollte nicht nur nach außen und in technischer Hinsicht fortschrittlich wirken, sondern auch nach innen und in sozialer Hinsicht fortschrittlich konzipiert sein. Hierzu griff man auf die Idee der „Bürolandschaften" zurück, die als differenzierte Form des Großraumbüros beschrieben werden kann. Darüber hinaus installierte man unter dem Motto „der Mensch im Mittelpunkt"[605] verschiedene, auf die Bedürfnisse der Mitarbeiter zugeschnittene Einrichtungen wie Pausenzonen, Casino und Cafeteria. Von einem ursprünglich geplanten Sozialgeschoss wurde letztlich nur ein (allerdings spektakuläres) Schwimmbad für die Mitarbeiter verwirklicht. Schließlich wurden die Mitarbeiter an der Einrichtungsplanung der Arbeitsplätze beteiligt und auch bei der Standortfrage miteinbezogen.

Neben dem alten Bild des steinernen Bankpalazzo, von dem man sich in bewusstem Gegensatz distanzieren wollte, boten die Zentralen der anderen Großbanken einen zweiten Bezugsrahmen für den Neubau. Da auch die anderen Banken seit den 1960er Jahren bestrebt waren, eine fortschrittliche und moderne Hochhausarchitektur als Sinnbild eines fortschrittlichen und modernen Unternehmens zu realisieren, eignete sich die Visualisierung dieser Eigenschaften nur bedingt, um sich von den Wettbewerbern abzugrenzen.

Um eine vergleichbare Sichtbarkeit zu erlangen, galt es zunächst, einen geeigneten innerstädtischen Standort zu sichern. Als zweitem wesentlichen Bezugsfaktor kam der Gebäudehöhe im Vergleich zu den Bankhochhäusern in Sichtweite besondere Bedeutung zu. Die neue Zentrale der Dresdner Bank übertraf mit 32 Geschossen und einer Höhe von 166 Metern nicht nur die Hochhäuser der Wettbewerberinnen in Frankfurt, sondern alle Häuser in Deutschland und stellte damit 1978 einen Rekord auf, der bis dato Sakralbauten vorbehalten gewesen war.

Die ausgewerteten Archivalien belegen, dass der Vorstand der Bank der Höhe des Gebäudes eine vergleichbare Aufmerksamkeit widmete wie den Vorgaben an eine leichte und fortschrittliche Gestaltung und dass man sich bankintern über die symbolische Grenzüberschreitung im Klaren war, die mit dem Übertreffen identitätsstiftender Kirchenbauten verbunden war. Die Bedeutsamkeit der Höhenfrage beweist auch die intensive Lobbyarbeit, welche die Bank noch während der

---

605 Pressemitteilung der Dresdner Bank v. 2.12.1971 (HAC-500/130923).

Rohbauarbeiten verrichtete, um eine nachträgliche Genehmigung für die anvisierte Rekordhöhe zu erreichen.

Im Unterschied zu Qualitäten wie Offenheit und (insbesondere soziale) Fortschrittlichkeit, die in der Öffentlichkeit positiv konnotiert waren, befand sich die Dresdner Bank hinsichtlich der Gebäudehöhe in dem Dilemma, dass diese in der Öffentlichkeit als Zeichen für die Macht der Banken negativ wahrgenommen wurde, jedoch für die Repräsentation im Bezug zu den anderen Banken essentiell war. Aus diesem Grund relativierte die Dresdner Bank in der öffentlichen Kommunikation die Gebäudehöhe und stellte diese als rein funktionale und wirtschaftliche Notwendigkeit dar.

Die architektonische Semantik des Hochhauses wurde folglich von der Dresdner Bank differenziert dargestellt: Zum einen sollten bestimmte Qualitäten wie Transparenz, Leichtigkeit oder Fortschrittlichkeit hervorgehoben und sinnbildlich auf das Unternehmen übertragen werden. Zum anderen war die Symbolkraft der Höhe zwar gewünscht, wurde aber in der öffentlichen Kommunikation negiert beziehungsweise durch rhetorisch geschickte Wendungen nur indirekt angesprochen.

Die Bank versuchte also, die Wahrnehmung des Gebäudes gezielt im Sinne des eigenen Images zu steuern, so dass die öffentlichen Aussagen der Bank zu dem Hochhaus und dessen medialen Darstellungen von Seiten des Unternehmens kritisch betrachtet werden müssen. Exemplarisch sei auf die Umfrage zum Standort der neuen Zentrale unter den Mitarbeitern verwiesen, welche die Bank im Nachhinein nutzte, um sich als frauenfreundliche Arbeitgeberin zu generieren, indem sie darauf verwies, dass eine Mehrheit der Frauen im Betrieb den innerstädtischen Standort wünsche und dieser ihren Bedürfnissen am besten Rechnung trüge. Tatsächlich wurde der Standort aber bereits im Vorfeld bestimmt, wie die Arrondierung von Grundstücken in den 1960er Jahren belegt.

Auf der anderen Seite handelte es sich bei den bankseitigen Darstellungen des Silberturms aber nicht um inhaltsleere Propaganda, denn viele Punkte der Architektur spiegeln tatsächlich eine modernisierte Unternehmenskultur wider. So zeigen die Beteiligung der Mitarbeiter bei der Planung der Arbeitsplätze oder die Einrichtung sozialer Räume wie Pausenzonen und Schwimmbad, dass ein sozialer Anspruch wirklich bestand.

Der Kommunikation über den Silberturm widmete die Dresdner Bank von Beginn an viel Aufmerksamkeit. Zur Eröffnung des Hochhauses 1980 wurde eine großangelegte und differenzierte PR-Kampagne gestartet, um die Wahrnehmung des Hochhauses zu verbessern und zu beeinflussen. Als Medien dienten unter anderem ein Buch und ein Film über den Silberturm, welche die Bank eigens produzieren ließ. Während Buch und Film dokumentarischen Charakter besitzen und damit mehr oder weniger den Anschein objektiver Informationen liefern, verdeutlicht der gewählte Produktionsrahmen – für das Buch wurde eine Werbefirma beauftragt, für den vermeintlichen Dokumentarfilm wurden Schauspieler engagiert –, dass die wichtigste Zielsetzung der Bank auf der Darstellung des Silberturms im Sinne des Unternehmens und als dessen Sinnbild lag.

Es lässt sich somit resümieren, dass der Silberturm als neue Hauptzentrale der Dresdner Bank als monumentales, visuelles Medium im Stadtraum diente, um die Bank zu repräsentieren. Einerseits sollte der Silberturm der Unternehmenskultur sichtbaren Ausdruck verleihen und andererseits die Dresdner Bank im Verhältnis zu den anderen Großbanken darstellen. Insofern widmete man dem Neubau bis in die Vorstandsetage hinein höchste Aufmerksamkeit und begleitete ihn von Beginn an mit PR-Maßnahmen und Kampagnen, um das Image des Hochhauses intern und extern zu beeinflussen.

## 2.3.9 Nachtrag: Der Verkauf des Silberturms durch die Commerzbank

Mit Übernahme der Dresdner Bank AG durch die Commerzbank AG 2009 gingen auch deren Immobilien inklusive des Silberturms an die neue Eigentümerin über.[606] Im selben Jahr begann die auf eine Veräußerung hin ausgelegte Renovierung der ehemaligen Konzernzentrale, welche noch vor Abschluss der Arbeiten 2011 vollzogen wurde.[607] Das spricht dafür, dass bereits kurz nach der Übernahme der Verkauf des Haupthauses der Dresdner beschlossen worden ist. Bemerkenswert ist das insofern, weil die Commerzbank andere Hochhäuser aus dem Bestand der Dresdner, wie das Hochhaus „Galileo", das die Bank anstelle ihres alten Haupthauses, des Zinßer-Turms, 2000–2003 quasi in Nachbarschaft zum Silberturm errichten ließ, für eigene Zwecke umnutzte.[608] Ungeachtet der wirtschaftlichen Vorzüge eines Verkaufs liegt somit die Vermutung nahe, dass man sich mit dem Silberturm genau des Gebäudes entledigen wollte, das die alte Dresdner Bank am signifikantesten verkörperte, und damit ein sichtbares Zeichen für die vollzogene Auflösung der Dresdner setzen wollte. In dieselbe Richtung kann beispielsweise auch die Auflösung der ehemals identitätsprägenden Kunstsammlung der Dresdner Bank nach der Übernahme interpretiert werden.[609]

## 2.4 Eine „Image-Frage" – Die Hauptzentrale der Deutschen Bank in Frankfurt am Main

### 2.4.1 Einleitende Baugeschichte

Die Deutsche Bank begann 1966 mit Planungen, ihren historischen Hauptsitz am Roßmarkt in Frankfurt am Main (Taf. 26) um weitere Gebäude entlang der Großen Gallusstraße zu erweitern.[610] Unter der Leitung des hauseigenen Architekten Herbert Dionisius entstanden 1968–1971 ein Langbau und ein Hochhaus,[611] deren gleichartige Rasterfassaden aus horizontal umlaufenden Wartungsbalkonen und dünnen Metallpfosten an Bauten von Egon Eiermann erinnern und mit ihrem expliziten Konstruktivismus einen starken Kontrast zum neobarocken Bestandsgebäude am Roßmarkt setzten (Abb. 62). Mit dem wegen seines markanten weißen Dachabschlusses von der PR-Abteilung der Bank als „Haubenlerche"[612] vorgestellten Hochhaus (Abb. 63), das im Volksmund auch „Abshaube"[613] genannt wurde, wollte die Deutsche Bank „die Silhouette der Innenstadt um ein neues Zeichen unternehmerischer Initiative bereichern"[614] und gab damit unfreiwillig den Startschuss für den Wettlauf der Bankhochhäuser in Frankfurt am Main (Abb. 57).[615] Das mit 93 Metern für kurze Zeit höchste Hochhaus Frankfurts überragte bei seiner Fertigstellung die

---

606 Pressemitteilung der Commerzbank AG v. 21.1.2009 (Vz. Internetquellen).
607 Pressemitteilung der IVG Immobilien AG v. 2.11.2011 (Vz. Internetquellen); Pressemitteilung der Commerzbank AG v. 16.2.2012 (Vz. Internetquellen).
608 Kat. DAM Frankfurt 2014, S. 130 (Evelyn Steiner).
609 Pressemitteilung der Commerzbank AG v. 16.2.2012 (Vz. Internetquellen).
610 Pohl 1984, S. 130f. – Zum Gebäude am Roßmarkt: FAZ v. 7.12.2004; Pohl 1984, S. 124–129; Zentralblatt der Bauverwaltung 66/1908. – Das Gebäude wurde ursprünglich als Filiale der Disconto-Bank errichtet, die 1929 mit der Deutschen Bank fusionierte. Als der alte Stammsitz der Deutschen Bank in Berlin in Folge des Zweiten Weltkriegs enteignet wurde, richteten die Großbank, beziehungsweise ihre Teilinstitute, ihre neue Zentrale in Frankfurt am Roßmarkt ein.
611 Daten gemäß: Presseinformation der Deutschen Bank, o. J., vermutlich 1971 (HIDB/Sammelordner „Bankgebäude – Frankfurt a. M. – Zentrale/Filiale"). – Beratend tätig war der Stuttgarter Architekturprofessor Horst Linde.
612 „Weithin sichtbar: ‚Die Haubenlerche'" (ebd.) – Die auffällige, aber ästhetisch diskussionswürdige Dachhaube wurde bereits 1986 entfernt (Bild Frankfurt v. 10.7.1986).
613 Der Spitzname ist ein Wortspiel mit Anspielung auf den langjährigen Vorstands- und Aufsichtsratsvorsitzenden der Deutschen Bank Hermann Josef Abs.
614 db-aktuell v. Juni 1968, S. 41.
615 Daten gemäß: Presseinformation der Deutschen Bank, o. J., vermutlich 1971 (HIDB/Sammelordner „Bankgebäude – Frankfurt a. M. – Zentrale/Filiale").

2.4 Eine „Image-Frage" – Die Hauptzentrale der Deutschen Bank in Frankfurt am Main

**Abb. 62** Roßmarkt, Frankfurt am Main, Links: altes Hochhaus der Deutschen Bank mit neuem Dachabschluss (1968–1971), Mitte vorn: Eh. Hauptzentrale der Deutschen Bank (1904), Mitte hinten: Hessische Landesbank („Maintower", 1996–1999), rechts hinten: Hauptzentrale der Deutschen Bank (1978–1984) (Foto 2015)

**Abb. 63** ehemalige Hauptzentrale der Deutschen Bank („Haubenlerche" oder „Abshaube"), Frankfurt am Main, Herbert Dionisius, 1968–1971, Abriss 2018. Abbildung auf der Informationsbroschüre „Anatomie einer Bank" (1971), bewusst mit dem älteren Hauptgebäude im Vordergrund dargestellt

Gebäude der Frankfurter Innenstadt – außer den Dom – und setzte auf diese Weise einen starken (heute nicht mehr nachvollziehbaren) städtebaulichen Akzent.[616] Nur zwei Jahre später wurde die Haubenlerche aber bereits vom nahegelegenen neuen Hauptquartier der Commerzbank (Abb. 70) und in der Folge gleich von mehreren Frankfurter Hochhäusern (zum Beispiel BfG-Zentrale (Abb. 59)) teils deutlich an Höhe, Modernität und Repräsentativität übertroffen. Der imposante 1978 fertiggestellte Neubau der Dresdner Bank (Taf. 19), seinerzeit schärfste Konkurrentin der Deutschen Bank im Inland, drohte das Hochhaus von 1971 schließlich gänzlich zu marginalisieren.

Infolgedessen sah sich die Deutsche Bank als globaler Akteur und größtes Bankhaus der Bundesrepublik (seinerzeit fünftgrößtes weltweit)[617] schon sieben Jahre nach Fertigstellung der Haubenlerche gezwungen, über einen erneuten Neubau ihres Hauptquartiers nachzudenken. Auf der Vorstandsebene war man sich über die Bedeutung der Zentrale für die visuelle Darstellung des Unternehmens in der Öffentlichkeit im Klaren und erkannte die vorhandenen Defizite: „Hierbei wäre auch zu diskutieren, wieviel uns angesichts unseres ‚Reihen-Hochhauses' die Image-Frage wert ist."[618]

Nachdem verschiedene Möglichkeiten eingehend diskutiert wurden, entschieden sich Vorstand und Aufsichtsrat der Deutschen Bank 1979 schließlich zum Kauf eines bereits im Bau befindlichen Hochhausprojekts des Immobilieninvestors Josef Schörghuber: den Zwillingstürmen an der Taunusanlage mit einer geplanten Höhe von 138 Metern (Taf. 25, Abb. 64). In den Akten der Deutschen Bank werden zwei Hauptgründe für die Übernahme des Projekts genannt: Lage und Höhe. Zum einen wird die „hervorragende Innenstadtlage"[619] als Point de Vue am Abschluss der Taunusanlage hervorgehoben und zum anderen, dass es sich um „das letzte große City-Grundstück mit hoher Ausnutzung"[620] handele, also das letzte innerstädtische Grundstück, dass eine derartige Bauhöhe ermögliche. Die Höhe des Dresdner Bank Hochhauses wurde hierbei explizit als Vergleichsmaßstab angeführt.[621] Die Deutsche Bank sah sich also angesichts der rasanten Entwicklung in der Frankfurter City gedrängt, schnell zu reagieren, um mit der Dresdner Bank noch gleichziehen zu können, bevor dies baurechtlich nicht mehr möglich sein würde und entschied

---

616 Höhenangabe gemäß: Ebd. – Das zuletzt als Deutsche Bank Investment Banking Center Frankfurt (IBCF) genutzte Hochhaus wurde 2015 verkauft und 2018 abgerissen.
617 db-aktuell 4/1981, S. 6. – Die Angabe basiert auf den Aktiva des Jahres 1979.
618 Brief v. Dr. Klaus Mertin an die Herren des Vorstands v. 17.11.1978 (HIDB V40/86).
619 Vorlage zur Aufsichtsratssitzung am 30.1.1979 (HIDB V40/86).
620 Ergänzungen für den Vorstand zur Vorlage zur Aufsichtsratssitzung am 30.1.1979 (HIDB V40/86).
621 Ebd.

## 2.4 Eine „Image-Frage" – Die Hauptzentrale der Deutschen Bank in Frankfurt am Main

**Abb. 64** Präsentationszeichnung des Schörghuber-Projektes (später Deutsche Bank), Frankfurt am Main, Helmut Jacoby, 1978

sich deshalb, ein bereits im Bau befindliches Projekt zu übernehmen.

Der städtebauliche Ansatz mit zwei ungefähr gleich hohen Türmen und einem verbindenden Sockelgeschoss (sogenannter Breitfuß) auf dem Grundstück des ehemaligen Löwenstein'schen Palais geht auf einen Wettbewerbsentwurf des Architekturbüros Giefer und Mäckler von 1970 zurück.[622] Für die konkrete Planung der Zwillingstürme, die, ohne dass der künftige Nutzer feststand, als vermietbare Verwaltungsbauten konzipiert wurden,[623] engagierte der Immobilieninvestor Schörghuber jedoch Ende 1977 das Frankfurter Architekturbüro ABB Beckert und Becker,[624] das sich auch für die Neubauten der Dresdner Bank und der Bundesbankzentrale verantwortlich zeichnete.[625] Bei diesem Projekt stammte der Entwurf aus der Feder des späteren Mitinhabers Walter Hanig, der auch die Projektleitung übernahm.[626]

Baubeginn der Zwillingstürme war Oktober 1978, die Deutsche Bank übernahm das Projekt im Februar 1979, als bereits die Fundamentplatten betoniert waren.[627] Auch der bestehende Architektenvertrag mit ABB wurde von der Deutschen Bank übernommen.[628] Für die Innenarchitektur der öffentlich zugänglichen Eingangshalle (Taf. 27) engagierte die Bank 1981 Charles Pfister, den ehemaligen Leiter der Interior Design Group von Skidmore, Owings & Merrill (SOM).[629] Von Seiten des Vorstands der Deutschen Bank wurde dessen jüngstes Mitglied und späterer Sprecher Hilmar Kopper mit der Projektleitung betraut. Auf

---

622 Interne Datenaufstellung betr. den Neubau von Kurt Kurt Huppert für Hilmar Kopper v. 17.8.1984 (HIDB V40/92); FAZ v. 25.9.1980.
623 Im kommunikativen Gedächtnis der Deutschen Bank kursiert die Anekdote, dass die Zwillingstürme als Hotel geplant gewesen seien. Sie basiert auf Verhandlungen, die Schörghuber anfänglich mit der Hyatt-Gruppe führte (FAZ v. 4.1.1985). Allerdings scheiterten die Verhandlungen bereits 1978 (ebd.), so dass das Gebäude als neutraler Verwaltungsbau geplant wurde.
624 Becker 1984, S. 134f.
625 S. Kap. 2.3.1.
626 Gespräch mit Michael Beye, 24.9.2013; Gespräch mit Heinz Scheid, 1.6.2015. – 1982 übernahmen Walter Hanig, Heinz Scheid und Johannes Schmidt das Büro ABB, das in der Folge unter dem Namen ABB Architekten Hanig, Scheid, Schmidt auftrat. Altinhaber Gilbert Becker blieb allerdings als Berater der Deutschen Bank weiterhin am Bau beteiligt.
627 db-aktuell 2/1981, S. 4; Becker 1984; Interne Datenaufstellung betr. den Neubau von Kurt Huppert für Hilmar Kopper v. 17.8.1984 (HIDB V40/92); Presse-Information der Deutschen Bank AG v. 18.1.1985 (HIDB V40/91).
628 Schreiben von Fink an Hilmar Kopper v. 7.1.1980 betr. Architektenvertrag (HIDB V40/15).
629 Die Deutsche Bank veranstaltete zunächst einen Ideenwettbewerb, zu dem sie neben Pfister noch das Züricher Büro Keller + Bachmann einlud (internes Schreiben von Kurt Huppert an Fink und Blume v. 6.4.1981 betr. Ideenwettbewerb Innenarchitekten (HIDB V40/15)). Der Kontakt zu Pfister wurde wahrscheinlich über ABB Architekten hergestellt, die über hervorragende Verbindungen zu SOM verfügten, weil ABB-Bürogründer Otto Apel nach dem Zweiten Weltkrieg für das amerikanische Unternehmen als Kontaktarchitekt in Deutschland agierte (Horn 2014, S. 269). Das unterlegene Büro Keller + Bachmann erhielt den Auftrag über die Innengestaltung der Kantine (Brief v. Keller + Bachmann an Hilmar Kopper v. 16.6.1981 (HIDB V40/15); Ergebnisprotokoll der Präsentation am 4.12.1981 betr. Gestaltung Gastronomie, gez. Kurt Huppert (HIDB V40/16)).

**Abb. 65** Lobby der Deutschen Bank Zentrale, Frankfurt am Main, nach Umbau 2007–2010, Innenarchitektur Mario Bellini (Foto 2011)

die Fertigstellung Ende 1984 folgte am 23. Januar 1985 schließlich die Eröffnungsfeier.[630]

2007–2010 wurden „Soll und Haben", wie der Frankfurter Volksmund die Deutsche Bank Türme taufte, unter der technischen Leitung des Hamburger Architekturbüros Gerkan & Marg umfassend saniert.[631] Für die Neugestaltung der Eingangshalle beauftragte die Deutsche Bank mit Mario Bellini abermals einen zusätzlichen Innenarchitekten (Abb. 65).[632]

### 2.4.2 Zielsetzungen und Bedingungen

Während der Neubau der Dresdner Bank im Kontext eines umfassenden Imagewandels des Unternehmens gesehen werden muss, war der Bau der Deutschen Bank Türme nicht in eine übergreifende Kampagne eingebettet. Ein entsprechender Wandel des Unternehmensbildes vollzog sich bei der Deutschen Bank bereits parallel zu den anderen Großbanken in der ersten Hälfte der 1970er Jahre, was im neuen Logo von 1974, dem Schrägstrich im Quadrat, einen adäquaten visuellen Ausdruck fand (Taf. 43).[633] In diesem Zusammenhang hatte die Deutsche Bank bereits mit dem Neubau in der Großen Gallusstraße eine moderne architektonische Aussage getroffen, die sich von der traditionellen Bankenarchitektur bewusst absetzte:

> „Das Erdgeschoß präsentiert sich unseren Besuchern als Bankhalle neuen Stils. Keine ‚kalte Pracht' mehr, keine trennenden Schalterbarrieren, sondern moderne Zweckmäßigkeit und persönliche Kontaktpflege zwischen den Kunden und uns."[634]

Beim Bau der Zwillingstürme an der Taunusanlage ging es hingegen primär um Repräsentation im Vergleich zu den anderen Großbanken. Aus diesem Grund war es der Bank auch möglich, ein bereits im Bau befindliches Projekt zu übernehmen, bei dem viele Aspekte schon vorgegeben waren: Es war nicht das Ziel der Deutschen Bank, ein Gebäude von Grund auf als Symbol einer neuen Unternehmenskultur zu konzipieren. Gleichwohl war man sich der Bedeutung des Baus für das Bild des Unternehmens bewusst, wie im Folgenden gezeigt wird.

Der expressive Grundriss der Zwillingstürme (Abb. 66) und die daraus entwickelten polygonalen Baukörper wurden entgegen eines zuweilen kolportierten Gerüchts nicht aus dem Logo der Deutschen Bank entwickelt, sondern standen bereits bei Projektübernahme fest. Zweck der starken Facettierung war es vielmehr, eine Auflösung der Volumina zu erreichen und viele schmale Flä-

---

630 FAZ v. 24.1.1985.
631 DBZ 9/2011, S. 24–33; Detail 9/2011, S. 1041–1044; Deutsche Bank 2011. – S. auch Kap. 3.7.
632 Ebd.
633 1972 fasste der Vorstand den Beschluss, das Logo zu erneuern. Den folgenden Wettbewerb gewann Anton Stankowski, dessen Entwurf (Taf. 43) 1974 offiziell als Logo eingeführt wurde (ArtMag 80, 2014 (Vz. Internetquellen)). – Zum Logo aus Sicht der Corporate Identity: Funck 1980. – S. auch Kap. 3.3.
634 db-aktuell v. August 1971, S. 19.

## 2.4 Eine „Image-Frage" – Die Hauptzentrale der Deutschen Bank in Frankfurt am Main

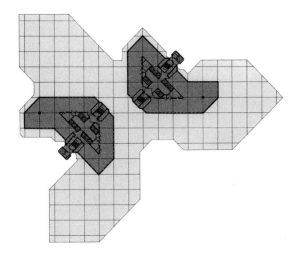

**Abb. 66** Deutsche Bank Türme, Frankfurt am Main, Grundriss (Plan 1984)

chen mit jeweils unterschiedlichen Helligkeits- und Reflexionsgraden zu schaffen.[635] Denn auch die charakteristische Spiegelglasfassade war bereits vor Übernahme des Projekts durch die Deutsche Bank angedacht (Abb. 64).[636] Der Breitfuß wurde ebenfalls mit dem Schörghuber-Projekt übernommen. Damit verbunden war die Auflage, eine allgemein zugängliche Passage einzurichten,[637] die noch auf den Wettbewerbsentwurf von 1970 zurückging und ursprünglich mit Einzelhandel und Gastronomie eine öffentliche Nutzung vorsah.[638] Bereits Schörghuber versuchte, diese Auflagen abzuschwächen;[639] die Deutsche Bank konnte sich daran anknüpfend darauf beschränken, eine Filiale, ein Restaurant und eine Kunstgalerie vorzusehen.[640]

Die Einflussmöglichkeiten der Deutschen Bank auf die Gestaltung der Türme beschränkten sich folglich im Wesentlichen auf die Detailgestaltung und Innenausstattung, der man denn auch besondere Aufmerksamkeit schenkte, wie die in den Akten dokumentierten ausführlichen Korrespondenzen zu diesem Thema belegen.[641]

Ungeachtet der umfangreichen Vorgaben setzte sich die Deutsche Bank *nach* dem Kauf eingehend mit der Frage auseinander, wie die neue Zentrale als Sinnbild des Unternehmens fungieren kann. Diesbezüglich empfahl Hilmar Kopper dem Vorstand Anfang 1981, den renommierten Kommunikationsdesigner Otl Aicher zu engagieren, der bereits für die Dresdner Bank tätig war.[642] Ein Schreiben Aichers, in dem er seine Aufgabenstellung skizzierte, belegt eindrücklich, wie sehr man sich über die Bedeutung der neuen Zentrale als visuellem Kommunikationsmittel im Klaren war:

*„das neue verwaltungsgebäude der deutschen bank als selbstdarstellung des unternehmens*
der gesamteindruck des verwaltungsgebäudes wird verstanden als wichtige, nicht-verbale aussage über das unternehmen selbst. ähnlich wie das visuelle erscheinungsbild im rahmen der werblichen aussagen."[643]

Im Folgenden gibt Aicher bereits Richtungen an, welches Bild der Deutschen Bank er auf welche Weise über die Architektur vermitteln würde:

---

635 Becker 1984, S. 136.
636 FAZ v. 19.5.1978. – Dem Aufsichtsrat wurde vor dem Kauf des Projekts eine Zeichnung von Jacoby vorgelegt, die bereits recht genau dem letztlich realisierten Bau mit Spiegelglasfassade entspricht (Abb. 64) (Vorlage zur Aufsichtsratssitzung am 30.1.1979 (HIDB V40/86)).
637 Aktennotiz über ein Gespräch mit Baudirektor Lortz, Leiter des städtischen Planungsamtes, am 28.2.1979, gez. Blume (HIDB V40/86).
638 FAZ v. 25.9.1980.
639 Ebd.
640 HIDB V40-86.
641 HIDB V40/15, V40/16.
642 Vorlage von Hilmar Kopper zur Vorstandssitzung am 13.1.1981 (HIDB V40/86).
643 Brief von Otl Aicher v. 7.1.1981 (HIDB V40-86) [Hervorhebung im Original unterstrichen; Rechtschreibung wie im Original].

„die deutsche bank versteht sich nicht als verschlossene institution, deren bedeutung sich in einer pathetischen repräsentation edler materialien und statuarischer formen manifestiert. die deutsche bank ist offen, modern, kommunikativ und human. [...] dieser habitus sollte sich niederschlagen in farben und materialien, in objekten und ausstattungen des neuen verwaltungsgebäudes. [...] trotzdem sollte das bauwerk eine noblesse erhalten, das internationalen vergleichen standhält und sie vielleicht sogar bereichert."[644]

Aufsichtsrat und Vorstand orientierten sich zwar an den Empfehlungen Aichers und adaptierten teils auch dessen Vokabular (zum Beispiel „Pathos war nie unsere Sache"[645]), doch scheint eine konkrete Beteiligung Aichers nicht zustande gekommen zu sein. Stattdessen engagierte man mit Charles Pfister Mitte 1981 einen US-amerikanischen Innenarchitekten, der unter dem Motto „opulence without waste"[646] einen ganz anderen Ansatz hinsichtlich der repräsentativen Ausstattung von Unternehmen vertrat (Taf. 27).

### 2.4.3 Die Höhenfrage

Ein Hauptkriterium für die Übernahme des Projekts an der Taunusanlage war, wie bereits angesprochen, die genehmigte Höhe von 138 Metern, die man anderweitig „in erstklassiger Lage Frankfurts"[647] nicht mehr realisieren zu können glaubte. Allerdings blieb man damit 28 Meter hinter der Dresdner Bank zurück, die in den Vorstandsakten stets als Vergleichsmaßstab angeführt wurde,[648] und auch hinter anderen Hochhäusern in Frankfurt (zum Beispiel Selmi-Hochhaus,

Helaba-Zentrale, BfG-Zentrale). Das konnte kaum im Sinne der führenden Bank Deutschlands sein, die mittels des neuen Hauptquartiers schließlich in Sachen Repräsentation wieder zu ihren Konkurrentinnen aufschließen wollte. Dieses Manko beseitigte man bereits kurz nach dem Erwerb der Immobilie mit einem raffinierten Schachzug: Aufgrund einer Vergrößerung der Geschosshöhen gegenüber dem Schörghuber-Projekt, die vordergründig mit der Installation von Doppelböden zur Aufnahme der haustechnischen Leitungen begründet wurde, stieg die Gebäudehöhe bei gleichbleibender, baulich relevanter Geschossflächenzahl (GFZ) auf letztlich 155 Meter.[649]

Mit dieser Höhe übertraf man alle Hochhäuser Frankfurts außer der Dresdner Bank-Zentrale, hinter der man jedoch nur geringfügig zurückblieb und somit auf Augenhöhe lag (Abb. 67). Dem hochhauskritischen Spiegel blieb diese Entwicklung nicht verborgen:

„Die Deutsche Bank will mit ihrem Neubau [...] hoch hinaus – auf jeden Fall höher als anfangs geplant. Zunächst hatten es nur 139 Meter werden sollen; dann aber wären einige der Konkurrenten immer noch höher, etwa die Dresdner oder die Bank für Gemeinwirtschaft (BfG). Und das darf wohl nicht sein. [...] Denn ihre Konkurrenten will Deutschlands Größte auf jeden Fall überragen. Und das wohl um jeden Preis: Einschließlich Dachaufbauten wird die neue Deutsche Bank 166 Meter und 97 Zentimeter hoch – sie überragt damit die Dresdner um 67 Zentimeter."[650]

Auch wenn die im Spiegel kolportierte Höhe falsch ist (es waren nie mehr als 158 Meter vor-

---

644 Ebd.
645 Manuskript der Rede von Vorstandssprecher Dr. Wilfried Guth anlässlich der Eröffnungsfeier am 23.1.1985 (HIDB V40/88).
646 The New York Times v. 4.10.1990.
647 Schreiben von Behrendt an Dr. Klaus Merten v. 16.11.1978 betr. den Raumbedarf eines Neubaus (HIDB V40/86).
648 Z. B. Ergänzungen für den Vorstand zur Vorlage zur Aufsichtsratssitzung am 30.1.1979 (HIDB V40/86).
649 Protokoll des Gesprächs zwischen Vertretern der Deutschen Bank (u. a. Hilmar Kopper) und ABB Architekten am 19.2.1979, gez. Becker und Hanig (HIDB V40/16). Im Protokoll wird eine Höhe von 158 Metern genannt, realisiert wurden letztlich 155 Meter (Presse-Information der Deutschen Bank AG v. 18.1.1985).
650 Der Spiegel 18/1980, S. 98–100.

## 2.4 Eine „Image-Frage" – Die Hauptzentrale der Deutschen Bank in Frankfurt am Main

**Abb. 67** Städtebauliches Modell der Deutsche Bank-Türme im Verhältnis zu anderen Hochhäusern (ca. 1978)

gesehen), so zeigt der Artikel, dass das Höhenstreben der Deutschen Bank in der Öffentlichkeit als das verstanden wurde, was es letztlich war: eine Reaktion vor allem auf den Bau der Dresdner Bank-Zentrale.

Die Deutsche Bank versuchte deshalb, der negativen Wahrnehmung einer Machtdemonstration gegenüber den anderen Banken von vornherein entgegenzutreten. Für die Aktionärsversammlung im Mai 1980 beispielsweise wurden dem Vorstandssprecher Dr. Wilfried Guth bankintern Vorschläge für Antworten auf mögliche Fragen zur Höhe vorbereitet.[651] Kommuniziert werden sollte, dass die vom Vorbesitzer geplante maximale Geschosszahl unverändert bliebe, dass die Erhöhung aus technischen Anforderungen resultiere und im Übrigen baurechtlich zulässig sei. Ein Zusammenhang mit anderen Gebäuden wurde bestritten. Schließlich sollte auf den zuvor zitierten Spiegel-Artikel ausdrücklich eingegangen werden und die falsche Darstellung der Höhe im Vergleich zur Dresdner Bank korrigiert werden. Für das folgende Jahr wurde das Manuskript in diesem Punkt sogar noch um eine differenzierte Aufstellung von Höhenvergleichen zwischen den Hochhäusern der Deutschen Bank und der Dresdner Bank ergänzt, bei dem unterschiedliche Referenzpunkte am Gebäude zugrunde gelegt wurden.[652]

Um einer negativen Wahrnehmung in der Öffentlichkeit entgegenzutreten, relativierte die Deutsche Bank also die Höhe ihrer neuen Zentrale, indem sie betonte, hinter der Dresdner zurückzubleiben und im Übrigen auf technische Notwendigkeiten wie auch die Übernahme einer bereits vorhandenen Planung verwies. Damit folgte die Bank einer Strategie, die auch der Kommunikationsdesigner Otl Aicher empfahl:

„eine bank, die sich als kompetent erwiesen hat, wäre falsch beraten, ihren rang zur schau zu stellen. es ist ausreichend, daß neben den anderen banken der frankfurter innenstadt die deutsche bank sich in ähnlichem volumen darstellen kann. ansonsten ist die deutsche bank eher durch nobles understatement charakterisiert [...]."[653]

Die FAZ kommentierte das zur Eröffnung von „Soll und Haben" wohlwollend:

„Das sind Gedankensplitter aus der Philosophie eines Unternehmens, die zwei Dinge zeigen: Erfolg in der Wirtschaft führt fast zwangsläufig zu Größe und Macht. Man soll das nicht beklagen. Doch der Mächtige muß in der freien Ordnung bereit sein, diese Macht aus eigenem Willen und eigener Kraft im Zaum zu halten."[654]

---

651 Manuskript mit Antworten auf denkbare Fragen auf der Aktionärsversammlung am 13.5.1980 für den Vorstandssprecher Dr. Wilfried Guth (HIDB V40-86).
652 Manuskript mit Antworten auf denkbare Fragen auf der Aktionärsversammlung am 14.5.1981 für den Vorstandssprecher Dr. Wilfried Guth (HIDB V40-86).
653 Brief von Otl Aicher v. 7.1.1981 (HIDB V40-86) [Rechtschreibung wie im Original].
654 FAZ v. 24.1.1985.

Auf diese Weise konnte die Deutsche Bank ihr Hochhausprojekt in Relation zu den anderen Banken nach außen als angemessen, wenn nicht sogar zurückhaltend, darstellen und sich dennoch sichtbar als größte Bank im Stadtraum präsentieren: schließlich baute man gleich *zwei* Türme, die auf Augenhöhe mit dem Referenzbau der Dresdner lagen. Diese Ambivalenz stellte Wilfried Guth anlässlich des Richtfests 1982 rhetorisch sehr geschickt heraus, indem er einerseits die Zurückhaltung der Bank betonte, aber andererseits ein gegenläufiges Bild vor dem geistigen Auge der Zuhörer evozierte:

„Bei der Höhe der Türme wurde uns gelegentlich unterstellt […], wir hätten den Ehrgeiz, andere Hochhäuser Frankfurts zu übertrumpfen. Meine Damen und Herren, Sie können nun, da das Haus seine endgültige Höhe erreicht hat, mit dem bloßen Auge feststellen, daß dies nicht zutrifft. Es wäre ja auch nicht der richtige Maßstab für den Wettbewerb zwischen uns Banken. Allerdings haben wir mit Schmunzeln gehört, man müßte unsere beiden Türme ja eigentlich gedanklich aufeinanderstellen, um unsere wahre Größe zu messen."[655]

Damit ist es der Deutschen Bank trotz der Übernahme eines bestehenden Projekts das Kunststück gelungen, mittels der Gebäudehöhe die Größe des Unternehmens angemessen im Frankfurter Stadtraum abzubilden und sich zugleich als zurückhaltend darstellen zu können.

### 2.4.4 Die Spiegelglasfassade

Die homogenen Außenhäute aus Spiegelglas tragen wesentlich zur ikonischen Wirkung der Zwillingstürme bei (Taf. 28). Weil diese Fassade, wie bereits beschrieben, schon für das Schörghuber-Projekt vorgesehen war (Abb. 64),[656] kann sie nur bedingt als gewolltes Ausdrucksmittel der Bank interpretiert werden. Es scheint mithin eher ein Zufallsprodukt zu sein, dass der Blauton der Fassade, der sich vor allem bei wolkenlosem Himmel einstellt, mit der Unternehmensfarbe korrespondiert, jedenfalls lassen sich in den Akten diesbezüglich keine Überlegungen greifen. Stattdessen kümmerte man sich um Reflexionsgrade und Einheitlichkeit der Scheiben.[657]

ABB Architekten griffen bei der Planung 1977 eine innovative, aktuelle Fassadentechnik auf, die wenige Jahre zuvor an weltweit beachteten Hochhäusern in den USA realisiert wurden. Zu nennen sind hier in erster Linie das IDS Center in Minneapolis (1973, Philip Johnson), Pennzoil Place, Houston (1975, Philip Johnson) (Abb. 68) und der John Hancock Tower in Boston (1976, I. M. Pei). Dass es sich hierbei um konkrete Vorbilder handelte, belegt eine einwöchige Reise durch die USA, die von den für den Bau verantwortlichen Personen der Deutschen Bank (Hilmar Kopper, Kurt Huppert und Architekt Blume) gemeinsam mit Gilbert Becker und Walter Hanig von ABB Architekten im November 1979 durchgeführt wurde.[658] Auf dem Programm standen unter anderem neben einem Gespräch mit führenden Mitarbeitern aus dem Büro Pei in New York eine ausführliche Besichtigung des IDS Center in Minnesota und des Pennzoil Building in Houston. In Minnesota wurde die Reisegruppe von Eugene Tofflemire begleitet, dem verantwortlichen Ingenieur aus dem Büro Johnson für die Fassaden der beiden letztgenannten Hochhäuser. Der Bezug zum Houstoner Pennzoil Plaza ist nicht nur deshalb besonders interessant, weil es sich dort

---

655 Manuskript der Rede von Vorstandssprecher Dr. Wilfried Guth anlässlich des Richtfests am 27.11.1982 (HIDB V40/88).
656 FAZ v. 19.5.1978.
657 Ergebnisprotokolle der Besprechungen am 20.8.1980 und 17.8.1981 betr. Neubau Taunusanlage, gez. Fink (HIDB V40/16).
658 Brief von Bernhard Leitner an Kurt Huppert v. 10.10.1979 betr. Ablauf der USA-Reise; Plan v. Kurt Huppert für die USA-Reise v. 12.9.1979 (beide HIDB V40/88). – Für die Reiseleitung vor Ort engagierte man den Architekturprofessor Bernhard Leitner von der New York University.

## 2.4 Eine „Image-Frage" – Die Hauptzentrale der Deutschen Bank in Frankfurt am Main

**Abb. 68** Pennzoil Place, Houston (USA), 1975, Philip Johnson (Foto 2013)

um verspiegelte Zwillingstürme über trapezoidem Grundriss handelt, sondern auch, weil die Deutsche Bank an der Spitze einer Investorengemeinschaft 1976 eine Beteiligung von 90 Prozent an dem Hochhaus erwarb.[659]

Ohne es im Vorfeld beabsichtigt zu haben, konnte die Deutsche Bank mit Übernahme der verspiegelten Ganzglasfassade vom Schörghuber-Projekt folglich an neueste architektonische Entwicklungen aus Amerika anknüpfen und sich damit architektonisch auf der Höhe der Zeit präsentieren. Den Entscheidungsträgern der Deutschen Bank dürfte es gefallen haben, dass die Referenzbauten für die neue Zentrale nicht in Frankfurt, sondern in den USA zu finden waren, da sich auf diese Weise die internationale Orientierung der global operierenden Bank manifestierte.

Angesichts dessen, dass die Bank das Fassadenkonzept eher zufällig übernahm, liegt eine Ironie der Geschichte darin, dass Spiegelglasfassaden in der Folgezeit von Teilen der Öffentlichkeit geradezu als Symbol des Finanzgewerbes oder sogar des Kapitalismus im Allgemeinen gedeutet wurden.[660] Dies mag zum einen daran liegen, dass sich das Material in den 1980er Jahren beim Bau von Hochhäusern des Finanzgewerbes großer Beliebtheit erfreute,[661] so dass sich daraus gewissermaßen auch eine neue Bankenikonographie entwickelte,[662] zum anderen aber sind es die Eigenschaften des Spiegelglases selbst, die sich von kritischen Betrachtern auf die Finanzwelt übertragen ließen: „kalt und abweisend"[663], verschlossen, im Effekt ähnlich der Begegnung mit einer Person, die eine verspiegelte Sonnenbrille trägt. Die verspiegelte Fassade kann den Verdacht erwecken, etwas zu verbergen, was in diesem Fall der konstruktiven Realität entspricht, denn die homogene Ganzglashülle kaschiert eine massive Tragkonstruktion aus Betonaußenwänden mit konventionellen Lochfenstern (sogenannte Concrete Tube Construction) (Abb. 69).[664]

Auf der anderen Seite wurden aber auch die poetischen Effekte der Fassade gewürdigt, welche die Spiegelglasfassade erzeugt, wenn sie ihr Aussehen mit den Witterungsbedingungen und

---

659 The New York Times v. 17.5.1978. – Auch zum IDS Center in Minneapolis verfügte die Deutsche Bank offenbar über ausgezeichnete Beziehungen: Den Kontakt für die Vereinbarung einer Besichtigung stellte Hilmar Kopper persönlich her (Plan v. Kurt Huppert für die USA-Reise v. 12.9.1979 (HIDB V40/88).
660 Explizit z. B. bei Martin 2009, Ansätze bereits im Spiegel 49/1980.
661 Z. B. Allied Bank Plaza (heute Wells Fargo Plaza), Houston (USA), 1983, SOM; Allied Bank Tower (heute Fountain Place), Dallas (USA), 1986, I.M. Pei; World Financial Center, New York (USA), 1988, Cesar Pelli; Bank of China Tower, Hongkong (China), 1990, I. M. Pei.
662 Kap. 3.4. – S. auch: Horn 2022.
663 Spiegel 49/1980, S. 251.
664 Zur Tragkonstruktion: Becker 1984, S. 135.

2 Fallstudien

**Abb. 69** Deutsche Bank Türme, Frankfurt am Main, im Bau, Concrete Tube Construction (Foto ca. 1981)

„Die Außenhaut aus Glas kaschiert nicht nur das Über- und Nebeneinander der Fensteröffnungen, sie gibt dem Bauwerk zudem eine fremde, geliehene Existenz aus der Spiegelung der benachbarten Gebäude – und regt damit zu philosophischen Überlegungen über Schein und Sein an. Die kann man natürlich vor jeder Spiegelfassade anstellen, doch nirgendwo schöner als vor dieser Kathedrale des Geldes [...]."[666]

Die verspiegelte Fassade der Deutsche Bank-Türme wurde in der öffentlichen Wahrnehmung nicht nur symbolisch auf das Unternehmen bezogen, sondern entwickelte sich zu einem Zeichen für den gesamten Finanzplatz Frankfurt beziehungsweise das deutsche Finanzgewerbe im Allgemeinen. Dies belegen die zahlreichen Nachrichten in Presse und Fernsehen, welche mit Bildern von „Soll und Haben" illustriert wurden (Abb. 1). Während eine Meldung über die Deutsche Bank fast schon kanonisch mit einem Bild der Türme unterlegt wird, finden sich entsprechende Bilder aber auch bei Wirtschaftsnachrichten, welche mit dem Unternehmen nicht direkt etwas zu tun haben.[667] Der hohe Wert dieser unverwechselbaren architektonischen Zeichen für die Corporate Identity der Deutschen Bank wurde vom Unternehmen erkannt und bei der umfassenden Renovierung der Türme 2007–2011 entsprechend berücksichtigt:

Tageszeiten wandelt oder je nach Perspektive unterschiedliche Abbilder ihrer Umgebung widerspiegelt.[665] Ein schönes Beispiel für eine Reflexion über die Fassade gibt ein feuilletonistischer Artikel in der FAZ (man achte auch auf die Analogie zum Sakralbau):

„In der Deutschen Bank war absolut klar, dass wir das Haus in seinem formalen Ausdruck und mit seiner Bedeutung für die Corporate Identity der Bank erhalten wollen. Die Deutsche Bank Türme sind ein Markenzeichen unseres Hauses, sie sind ein markantes Gebäude in der Frankfurter Skyline und werden in den Medien gern als Bild für den Finanzmarkt gezeigt."[668]

---

665 Z. B. FAZ v. 23.5.1984.
666 FAZ v. 4.8.1995.
667 Von zahllosen Beispiele seien beliebig genannt: ein Beitrag über Fintechs in Frankfurt am Main auf deutschlandradio. de v. 9.5.2016 (Vz. Internetquellen) oder ein Artikel auf welt.de v. 29.8.2012 (Vz. Internetquellen); beide wurden mit Bildern der verspiegelten Fassade der Deutsche Bank-Türme unterlegt (Abb. 1).
668 Interview mit Holger Hagge, Global Head of Building & Workplace Development der Deutschen Bank AG, in: DBZ 9/2011, S. 32. – Zur Renovierung s. Kap. 3.7.

Insofern war es folgerichtig, dass man bestrebt war, das äußere Erscheinungsbild der Zwillingstürme zu bewahren, obgleich die Fassade aus energetischen Gründen komplett ausgetauscht wurde. Dabei lag die Herausforderung darin, neue Glasscheiben zu finden, welche die gleichen Farbtöne und Reflexionsgrade wie die Originale aufwiesen. Ein Vergleich von Bildern vor und nach der Renovierung zeigt, dass dies offensichtlich gelungen ist. Die neueren Bilder sind nur durch ausgestellte Fenster zu erkennen (Taf. 25), welche der natürlichen Belüftung dienen und somit Teil des ökologischen Sanierungskonzeptes sind.[669] In den alten Türmen war, wie für Hochhäuser der 1950er–90er Jahre typisch, eine Fensteröffnung aufgrund der Klimaanlage nicht möglich.

### 2.4.5 Die Innenräume

Im Unterschied zur Dresdner Bank-Zentrale organisierte man die Grundrisse der Deutsche Bank-Türme nicht mit Großraumbüros, sondern mit dem herkömmlichen Schema an Fluren aufgereihter Einzel-, Doppel- und Mehrfachbüroräume. Zum einen wäre eine andere Grundrissorganisation aufgrund der vorgesehenen Tragkonstruktion in den Doppeltürmen kaum realisierbar gewesen, denn der Erschließungskern liegt in der Mitte der Türme (Abb. 66). Zum anderen wurden Großraumbüros von Seiten der Deutschen Bank ohnehin nicht gewünscht.[670]

Besondere Aufmerksamkeit widmete der Vorstand den vier Vorstandsetagen, die standesgemäß oben im Turm A angeordnet wurden.[671] Um den Bedürfnissen der Vorstandsmitglieder Rechnung zu tragen, wurden die Vorstandsgeschosse 40 Zentimeter höher als die Regelgeschosse gebaut und zudem der innere Kern in Stützen aufgelöst.[672]

Hinsichtlich der Ausstattung entschied man sich für exklusive Materialien in den repräsentativen Bereichen: Schweizer Birnbaumfurnier in den Vorstands- und Aufsichtsratsetagen (Taf. 29),[673] in der großen Eingangshalle Naturstein aus Italien, der eigens vor Ort ausgesucht wurde (Taf. 27).[674] Damit orientierte sich die Deutsche Bank bei der Innenausstattung am traditionellen Bild der (steinernen) Bankenarchitektur, hinter dem letztlich die Gleichung stand, dass das Material umso repräsentativer wirke, je teurer es sei. Kostenbewusstsein und Repräsentationsbedürfnis wurden aus dieser Perspektive kausal miteinander verknüpft:

„Dabei bin ich mir bewusst, daß gerade in der Ausbau- und endgültigen Gestaltungsphase viel darauf ankommen wird, immer eine ausgewogene und vernünftige Synthese zwischen angemessener – vielleicht sollte ich sagen ‚würdiger' – Darstellung der Bank und Kosten zu finden."[675]

Auf der anderen Seite achteten die Verantwortlichen der Bank aber auch darauf, dass die Ausstattung des Innenraums nicht zu pompös geriet. So wurde ein Entwurf des Künstlers Richard Lippold für eine monumentale Skulptur in der Eingangshalle im Vorfeld wegen des vorgesehenen Goldtons kritisiert, der in jenem Kontext leicht als

---

669 Zu den Umbaumaßnahmen: DBZ 2011; Detail 2011; Deutsche Bank 2011.
670 Ergebnisprotokoll der Präsentation am 4.12.1981 betr. Gestaltung Gastronomie, gez. Kurt Huppert (HIDB V40/16).
671 Internes Schreiben von Schlegel an Dr. Weiss und Hilmar Kopper v. 27.10.1983, betr. Umzug in den Neubau Taunusanlage, Anlage: Belegungsplan (HIDB V40/86). – Über den Vorstandsetagen befanden sich nur noch Speise- und Gesellschaftsräume sowie Technikgeschosse.
672 Protokoll des Gesprächs zwischen Vertretern der Deutschen Bank (u. a. Hilmar Kopper) und ABB Architekten am 19.2.1979, gez. Becker und Hanig (HIDB V40/16).
673 Ergebnisprotokoll der Besprechung am 22.4.1982 betr. Neubau Taunusanlage, gez. Fink (HIDB V40/16).
674 Ergebnisprotokoll der Besprechung am 8.3.1982 betr. Neubau Taunusanlage, gez. Fink (HIDB V40/16).
675 Redemanuskript von Hilmar Kopper für die Aufsichtsratssitzung am 25.1.1982 (HIDB V40/86).

„glorification of the bank or money"[676] interpretiert werden könne (Taf. 27).[677]

Die Hinwendung zu traditionellen Bau- und damit auch Repräsentationsformen fügt sich jedoch auch in die postmodernen Ansätze der frühen 1980er Jahre, als der Rückgriff auf historische Architektur in Form von Zitaten salonfähig wurde und gerade in Frankfurt am Main durch das Wirken unter anderem von Heinrich Klotz, dem Gründer des Deutschen Architekturmuseums, besonders gefördert wurde.[678] Hierin mag vielleicht auch ein Grund dafür liegen, dass die Deutsche Bank auf die Dienste Otl Aichers, der für eine rationale und bescheidene Moderne plädierte,[679] verzichtete und stattdessen auf den opulenteren, postmodernen Ansatz Charles Pfisters zurückgriff.[680] Die konstruktionsverhüllende Spiegelglasfassade und die traditionellen, kostbaren Materialien im Innenraum entsprechen letztlich zwei verschiedenen Seiten des gleichen postmodernen Ansatzes, der das funktionalistische Diktum „form follows function" hinterfragt.

## 2.4.6 Public Relations und die mediale Präsentation der Zwillingstürme

Anlässlich der Eröffnung der Zwillingstürme erarbeitete die Werbeabteilung (man beachte die Zuständigkeit) der Deutschen Bank ein Konzept, wie die neue Zentrale nach außen wie innen vermittelt werden sollte.[681] Das Konzept offenbarte, wie bereits die weiter vorne dargestellte Korrespondenz mit Otl Aicher, das Bewusstsein des Unternehmens über die Wirkung der Architektur auf die Öffentlichkeit und deren unvermeidliche Verknüpfung mit dem Unternehmen selbst:

„Der Bau eines neuen Hauses von diesen Ausmaßen und von dieser Bedeutung wird Fragen und Meinungen bewirken. Es muß in der heutigen Situation, gekennzeichnet durch eine lebhafte Bewegung in nahezu allen Strukturen unserer Gesellschaft, mit einem großen Interesse an diesem Bauwerk, an seiner Bedeutung, seinem Zweck, seinen Kosten und nicht zuletzt auch an der Philosophie des Unternehmens gerechnet werden, das dieses Projekt geplant hat und mit ihm arbeiten will. Dieses Interesse wird *aber eher kritisch fragend* ausgedrückt werden, als spontan zustimmend."[682]

Die Bank erwartete demnach, dass die Wahrnehmung der Hochhäuser tendenziell kritisch ausfallen würde und versuchte folglich dem entgegenzusteuern. In diesem Zusammenhang sah man es als notwendig an, „den Neubau gegenüber den Zielpersonen zu begründen. Damit soll jedem Vorwurf des Prunks, der ‚Gigantomanie', des nicht Zeitgemäßen entgegengewirkt werden. Am besten geschieht dies durch eine Erläuterung der Vorteile, die das Gebäude bieten wird."[683]

Während die Werbeabteilung mögliche negative Wahrnehmungen der neuen Hochhäuser

---

676 Brief von Richard Lippold an Hilmar Kopper v. 10.5.1982 betr. Entwurf für Skulptur in der Eingangshalle (HIDB V40/15). – Der Künstler entgegnete, dass der Goldton der „celebration of life" diene und führte barocke Kirchen in Bayern als Referenzen an.

677 Letztlich wurde die Skulptur aber doch in einem Goldton realisiert. Beim Umbau zum Ende der 2010er Jahre wurde die Skulptur abgebaut und eingelagert (Mail von Claudia Schicktanz v. 21.3.2017).

678 Hierzu zuletzt: Arch+ 2014.

679 „die rationale qualifikation des managements muß ihre entsprechung eher finden in einem hohen rationalen und funktionalen standard des bauwerks, das mit möglichst wenig verblendungen und attrappen auskommt. die ästhetische qualität muß sich niederschlagen in der hohen qualität der bau- und ausstattungstechnik, nicht so sehr in aufgelegten werten wie farben und dekor" Brief von Otl Aicher v. 7.1.1981 (HIDB V40-86) [Rechtschreibung wie im Original].

680 Pfister charakterisierte seine Arbeiten als „opulence without waste" (The New York Times v. 4.10.1990).

681 Konzept für einen Rahmenplan zur Eröffnung des neuen Hauses Zentrale Deutsche Bank Frankfurt am Main v. 12.10.1983, erarbeitet von der Werbeabteilung (HIDB V40/88).

682 Ebd. [Hervorhebung im Original unterstrichen].

683 Ebd.

## 2.4 Eine „Image-Frage" – Die Hauptzentrale der Deutschen Bank in Frankfurt am Main

demzufolge gut einschätzen konnte („Prunk", „Gigantomanie", „nicht zeitgemäß"), blieb die konkrete Formulierung von Vorteilen allerdings allgemein und vage und ließ mitunter nicht einmal einen Bezug zur Architektur erkennen (zum Beispiel „direkte Vorteile für unsere Kunden durch […] kompakte Beratung, Internationalisierung, Individualisierung"[684]).

Darüber hinaus strebte die Werbeabteilung die Integration in das „bestehende Unternehmensbild (Corporate Image)"[685] an:

„Das angestrebte und erreichte Erscheinungsbild der Deutschen Bank im Markt und in der Öffentlichkeit ist Ausgangspunkt. Aus diesem Gesamt-Image ausgewählt sind für das vorliegende Projekt nachstehende Basiswerte von besonderer Bedeutung
– groß, modern,
– dynamisch, innovativ,
– sachkompetent, qualitätsbewußt, menschlich
– in die Zukunft gerichtet,
– verantwortlich gegenüber der Allgemeinheit."[686]

Auf dieser Grundlage wurde als „Kommunikationsziel" definiert: „Das neue Haus als Element in das bestehende Unternehmensbild einfügen und zusätzlich wirken lassen."[687] Im Vergleich mit der PR-Kampagne zur Eröffnung des Silberturms fällt auf,[688] dass die Werbeabteilung der Deutschen Bank mit den Termini „Corporate Identity", „Corporate Design", „Corporate Image" und „Corporate Communications" operierte, was bei der Dresdner Bank noch nicht der Fall gewesen war. Die Deutsche Bank besaß Anfang der 1980er Jahre offenbar ein Konzept für eine übergreifende Corporate Identity nach angelsächsischem Vorbild,[689] der auch die neue Zentrale subsumiert werden sollte. Wie das genau geschehen sollte, blieb jedoch bemerkenswert unbestimmt. Das Konzept der Werbeabteilung vermittelt den Eindruck, dass man die Bedeutung der Architektur für das Bild des Unternehmens zwar voll erkannt hatte und deshalb die Wahrnehmung der neuen Zentrale im Sinne der übergreifenden Corporate Identity lenken wollte, aber nicht über konkrete Ansätze verfügte, dies umzusetzen. Das hing sicherlich damit zusammen, dass die Gestalt der Zwillingstürme beim Kauf des Projekts bereits weitgehend umrissen war und man Schwierigkeiten hatte, das Projekt im Nachhinein konkret in die vorhandene Corporate Identity einzupassen.

Wohl auch infolgedessen blieb die mediale Präsentation des Deutsche Bank-Hauptquartiers an der Taunusanlage hinter der Dresdner Bank zurück. Bereits 1981 wurde beschlossen, auf einen Film nach Vorbild der Dresdner zu verzichten;[690] die Gründe hierfür sind leider unbekannt. Hingegen entschied man sich, eine Publikation zum Neubau unter dem sachlichen Titel „Taunusanlage 12"[691] herauszugeben, die im Vergleich zum opulenten und suggestiven Bildband über den Silberturm bemerkenswert nüchtern ausfiel. Beabsichtigt wurde eine „optische Dokumentation über die Entstehung des Neubaus […] ergänzt um eine sachliche Würdigung des Bauwerks durch einen namhaften Architekturkritiker."[692] Welche Bedeutung man der medialen Darstellung der Zwillingstürme dennoch beimaß, verdeutlicht die

---

684 Ebd. Hilmar Kopper versah sein Exemplar des Konzepts an dieser Stelle mit den Anmerkungen „Notwendigkeit Platz/Sozial", doch scheint dieser Aspekt nicht weiter verfolgt worden zu sein.
685 Konzept für einen Rahmenplan zur Eröffnung des neuen Hauses Zentrale Deutsche Bank Frankfurt am Main v. 12.10.1983, erarbeitet von der Werbeabteilung (HIDB V40/88).
686 Ebd.
687 Ebd.
688 Kap. 2.3.7.
689 Kap. 1.3.
690 Ergebnisprotokoll der Besprechung am 17.8.1981 betr. Neubau Taunusanlage, gez. Fink (HIDB V40/16).
691 Taunusanlage 12 1984.
692 Ergebnisprotokoll der Besprechung am 15.8.1983 betr. Neubau Taunusanlage, gez. Fink (HIDB V40/16).

Anweisung, dass alle Fotos vorab Hilmar Kopper vorgelegt werden sollten.[693] Während die Dresdner Bank den Text von einer Werbeagentur im Sinne der gewünschten Selbstdarstellung verfassen ließ, wollte die Deutsche Bank demzufolge einem unabhängigen Fachmann die textliche „Würdigung" des Neubaus überlassen. Diese blieb im Resultat jedoch erstaunlicherweise aus.

„Die übliche Darstellung des architektonischen Gestaltungswillens dokumentiert sich ohnehin weitaus eindrucksvoller durch das fertiggestellte Bauwerk selbst,"[694] schloss Gilbert Becker lakonisch seinen Beitrag zur Publikation, in dem er sich ansonsten auf die Darstellung der Planungsgeschichte sowie konstruktive Fakten beschränkte. Daneben lieferte Bernhard Leitner, der örtliche Leiter der USA-Reise, einen allgemeinen Beitrag zu Unternehmensarchitektur, der Bauten des 19. und frühen 20. Jahrhunderts fokussierte sowie einige zeitgenössische Hochhäuser in New York vorstellte, und Manfred Pohl schrieb eine informative historische Darstellung von Gebäuden der Deutschen Bank – an welche sich eine „Würdigung" des Neubaus gut angeschlossen hätte. Abgerundet wird die Publikation von wenigen Fotos, die in erster Linie den Bauprozess dokumentieren. Die Publikation „Taunusanlage 12" wirkt – gerade gegenüber dem Hochhausbuch der Dresdner Bank – deutlich nüchterner und sachlicher (wie es erwünscht war), aber auch weniger aussagekräftig. Damit spiegelt das Buch letztlich die Schwierigkeiten der Werbeabteilung wider, die markante Firmenzentrale Anfang der 1980er Jahre in das gewünschte Unternehmensbild zu integrieren.

Völlig entgegengesetzt präsentiert sich das opulent und farbig bebilderte Buch, das die Deutsche Bank mit dem gefühlsbetonten Untertitel „Passion to Perform" anlässlich der umfassenden Renovierung ihrer Zentrale 2011 herausgab.[695] Eindrucksvolle Fotos vom Umbauprozess und Fakten zu den Hochhäusern wurden mit global anmutenden Stimmungsbildern (im Unterschied zu den lokalen Milieudarstellungen der Dresdner) oder auch Darstellungen aus der Arbeitswelt des Unternehmens zu einem emotional ansprechenden und facettenreichen Panorama der Deutschen Bank kombiniert. Aussagen wie „Gebäude sind auch Symbole. Sie verkörpern Werte und Identität der Erbauer"[696] oder „Die neuen Türme sind Ausdruck des Selbstverständnisses der Deutschen Bank"[697] zeigen nicht nur das gewachsene Bewusstsein für den hohen identitätsstiftenden Wert, den die Zwillingstürme für die Deutsche Bank erzeugt haben, sondern auch, dass man es mittlerweile geschafft hat, Corporate Identity und Architektur an der Taunusanlage in ihrer Wechselwirkung zu synchronisieren. Bemerkenswert ist hierbei auch, dass die historische Dimension der Architektur für die Identitätsbildung erkannt und herausgestellt wurde: „Zukunft braucht Herkunft – Die Baugeschichte der Deutschen Bank ist Teil Ihrer Identität".[698]

## 2.4.7 Zusammenfassung: Die Deutsche Bank-Türme – Vom Investorenprojekt zum Symbol der Finanzwelt

Nur acht Jahre nach der Fertigstellung ihres neuen Hochhauses an der Gallusstraße entschied sich die Deutsche Bank als in Deutschland führendes und global agierendes Geld- und Kreditinstitut zu einem grundlegenden Neubau ihrer Unternehmenszentrale. Provoziert wurde die Bank durch die höheren und repräsentativeren Hochhausneubauten, die im Laufe der 1970er Jahre in Frankfurt am Main entstanden, vor allem durch den 1978 fertiggestellten, maßstabsetzenden

---

693 Ebd.
694 Becker 1984, S. 138.
695 Deutsche Bank 2011.
696 Ebd., S. 12.
697 Ebd., S. 13.
698 Ebd., S. 5.

Neubau ihrer größten inländischen Konkurrentin, der Dresdner Bank. Getrieben von der Sorge, kein ebenbürtiges Gebäude mehr in innerstädtischer Lage errichten zu können, entschied man sich Anfang 1979 kurzfristig zum Kauf der bereits im Bau befindlichen Türme an der Taunusanlage, die ABB Architekten (Entwurf und Projektleitung Walter Hanig) im Auftrag des Investors Schörghuber geplant hatten.

Während die Dresdner Bank ihre Zentrale als Bild eines modernen und fortschrittlichen Unternehmens von Grund auf neu konzipierte, musste die Deutsche Bank viele wesentliche Elemente des Baus wie Grundriss, Baukörper und Tragkonstruktion vom Vorgängerprojekt übernehmen. Dass man das Projekt dennoch als geeignet ansah, um die Deutsche Bank in Relation zu den anderen Banken und Unternehmen angemessen darstellen zu können, lag an der repräsentativen Lage als Point de Vue am Ende der Taunusanlage und vor allem an der bereits genehmigten Höhe, die man mittels geschickter Modifikationen von Planungsdetails auf 155 Meter und damit quasi auf Augenhöhe mit der Dresdner Bank anheben konnte. Der Deutschen Bank ging es folglich primär um Selbstdarstellung im Verhältnis zu ihren Konkurrentinnen.

Auf die Gestaltung des Gebäudes konnte die Deutsche Bank lediglich im Rahmen von Ausbau und Innenausstattung Einfluss nehmen. Im Vergleich zur Dresdner Bank, die sich auch im Inneren des Gebäudes als progressiv darstellen wollte, wirken die Ansätze der Deutschen Bank konservativ bis retrospektiv. Anstelle von Großraumbüros organisierte man die Grundrisse mit traditionellen Einzelbüros und auch in der Innenausstattung lehnte man sich nach Entwürfen von Charles Pfister mit opulenteren Materialien wie Naturstein und Edelhölzern an die Bankenikonographie vergangener Zeiten an. Dies entsprach Anfang der 1980er Jahre allerdings ganz dem postmodernen Zeitgeist, der in Abkehr von der funktionalistischen Moderne und dem damit einhergehenden Fortschrittsoptimismus, der sich noch in der Dresdner Bank-Zentrale manifestierte, eine Hinwendung zu geschichtlichen Referenzen wie auch spielerisch-dekorativen Gestaltungen vollzog. Das gilt auch für die Fassade, deren verspiegelte Glashaut die massive Konstruktion aus Betonwänden mit Lochfenster verhüllt.

Ungeachtet der in weiten Teilen feststehenden Gestalt des neuen Hauptquartiers beschäftigte sich der Vorstand während des Bauprozesses mit der Frage, wie die Bank mittels der Architektur dargestellt würde. Nachdem ein Engagement Otl Aichers nicht zustande kam, erstellte die Werbeabteilung ein Konzept zur Integration der Zwillingstürme in die bestehende Corporate Identity. Während die Werbeabteilung mögliche negative Aspekte in der Wahrnehmung der Gebäude genau erkannte, hatte sie merklich Schwierigkeiten, konkrete Verbindungen zwischen dem vollendeten Gebäude und der bestehenden Corporate Identity zu ziehen.

Es ist eine Ironie der Geschichte, dass ausgerechnet die Zwillingstürme an der Taunusanlage, obwohl sie ohne konkretes Corporate Image oder Corporate Designkonzept von der Deutschen Bank übernommen wurden, zu einem visuellen Symbol nicht nur des Unternehmens selbst, sondern wahlweise des Finanzplatzes Frankfurt, des Finanzgewerbes allgemein oder sogar generell des Kapitalismus geworden sind. Die zeichenhaften Qualitäten der Zwillingstürme (Taf. 25) resultieren neben ihrer kristallinen Form und ihrer guten vollständigen Wahrnehmbarkeit im städtebaulichen Kontext auch aus der charakteristischen Spiegelglasfassade (Taf. 28), die einerseits aufgrund ihres sinnlichen Spiels mit Licht und Reflexionen bewundert wurde, aber andererseits von kapitalismuskritischen Betrachtern auch als kühles und verschlossenes Symbol der Finanzwelt aufgefasst wurde. Zum Zeitpunkt der Planung 1978 stellten Spiegelglasfassaden indes eine neuartige Technik dar, die erstmals an Hochhäusern der Privatwirtschaft in den USA zum Einsatz kam und später Teil einer neuen Bankenikonographie wurden.

Zugespitzt lässt sich resümieren, dass nicht das Unternehmensbild die Architektur der neuen Zentrale der Deutschen Bank bestimmte, sondern umgekehrt die zeichenhafte und einprägsame Architektur der Zwillingsürme das Bild des Unternehmens in der Öffentlichkeit prägte und zu einem unverkennbaren Markenzeichen der Deutschen Bank wurde. Als solches wurde sie bei der umfassenden Renovierung 2010 aus guten Gründen erhalten.

## 2.5 „Umweltverträglicher Fortschritt" – Die Hauptzentrale der Commerzbank in Frankfurt am Main

### 2.5.1 Einleitende Baugeschichte

Nachdem die 1974 fertiggestellte Frankfurter Unternehmenszentrale der Commerzbank (Abb. 70) für kurze Zeit das höchste Haus der Stadt war,[699] wurde sie bald darauf von den Hauptquartieren der Konkurrentinnen Dresdner Bank (Taf. 19) und Deutsche Bank (Taf. 25) wie auch weiterer Hochhäuser deutlich übertroffen.[700] Es mag daher kaum verwundern, dass die Commerzbank bereits in den 1980er Jahren konkret über den Bau eines neuen Haupthauses nachdachte, das neben dem bestehenden Hochhaus errichtet werden sollte.[701] Auf diese Weise sollte ein Commerzbank-Block vergleichbar mit demjenigen der Dresdner Bank entstehen. Diese Pläne sind jedoch vom seit 1977 CDU-geführten Magistrat der Stadt Frankfurt verhindert worden, der gemäß dem von Albert Speer 1983 erstellten „City-Leitplan" keine weiteren Hochhäuser in der Innenstadt wünschte.[702] Die Commerzbank verhandelte daraufhin jahrelang mit der Kühl KG, einem ehemaligen Wirtschaftsunternehmen des Kommunistischen Bunds Westdeutschland, um Grundstücke an der Mainzer Landstraße in Nähe des Hauptbahnhofs zu arrondieren, wo der City-Leitplan Hochhausbauten erlaubte.[703]

Doch nur wenige Monate nachdem die Commerzbank das Grundstück endlich erworben hatte,[704] kam es in der Kommunalpolitik zu einer fulminanten Wende in der Stadtentwicklungsplanung. Der 1989 neu gewählte rot-grüne Magistrat rückte auf das Betreiben des Frankfurter SPD-Vorsitzenden und neuen Baudezernenten Martin Wentz vom City-Leitplan ab und favorisierte stattdessen eine Verdichtung im Bankenviertel, so dass der ursprünglich von der Commerzbank angestrebte Bau eines neuen Hochhauses neben der alten Zentrale an der Neuen Mainzer Straße plötzlich realisierbar schien.[705] In dieser Situation legte der Vorstand der Commerzbank die Pläne für den Neubau an der Mainzer Landstraße auf Eis und wartete zunächst die konkreten Entscheidungen der Stadt Frankfurt ab.[706] Diese beschloss 1991 den ein Jahr zuvor vorgelegten „Rahmenplan Bankenviertel" des Architekturbüros Novotny Mähner Assoziierte, in dem die Errichtung von weiteren Hochhäusern im Bereich der Neuen

---

699 Den Wettbewerb 1968 gewann der Frankfurter Architekt Richard Heil. Mit den Bauarbeiten wurde 1970 begonnen, das Hochhaus und die Basis am Blockrand wurden 1974 fertiggestellt. In einem zweiten Bauabschnitt wurden bis 1976 Sitzungssaal und Kassenhalle erweitert (Datierung nach: Zur Baugeschichte der Hauptverwaltung der Commerzbank in Frankfurt/Main, Manuskript ohne Verfasserangabe v. 25.8.1988; Commerzbank. Zentrale Hauptverwaltung – Hauptgeschäft Frankfurt am Main, circa 1976 (Faltprospekt); Interne Neubau-Information Nr. 2 v. 10.6.1974, unterzeichnet Dr. Behrenbeck u. Knappertsbusch).
700 S. die vorangegangenen Kapitel.
701 Gespräch mit Prof. Dr. Martin Wentz, 7.5.2018.
702 Rodenstein 2014, S. 29–31.
703 FAS v. 13.7.1997; FAZ v. 30.8.1988.
704 Die Commerzbank finanzierte der Kühl KG im Gegenzug den Bau des sogenannten Öko-Hauses am Westbahnhof (Abb. 73), das von Joachim Eble und Burkhardt Sambeth geplant und 1993 fertiggestellt wurde (FAZ v. 27.2.1993 und 4.1.1992; NZ v. 22.2.1992; SZ v. 4.1.1992).
705 FR v. 20.4.1989.
706 Notiz von Peter Pietsch v. 7.8.1989 betr. die Information der Fachabteilungen über die Baupläne der Commerzbank (HAC S6).

2.5 „Umweltverträglicher Fortschritt" – Die Hauptzentrale der Commerzbank in Frankfurt am Main

Abb. 70 Frankfurt am Main, Foto 1974, rechts: Alte Commerzbank-Zentrale, Frankfurt am Main, 1970–1973, Richard Heil, links: Altes Hochhaus der Deutschen Bank, 1968–1971, Herbert Dionisius, Abriss 2018

Mainzer Straße projektiert wurde, darunter auch konkret ein neues Hochhaus für die Commerzbank neben der alten Zentrale.[707]

Bestärkt wurde die städtebauliche Planung in Frankfurt am Main durch die Ereignisse im Kontext der deutschen Wiedervereinigung am 3. Oktober 1990. In der Mainmetropole war man über eine mögliche Abwanderung der finanzkräftigen Großbanken in eine künftige Kapitale Berlin besorgt und bemühte sich, die Attraktivität des Standortes zu steigern. Vor diesem Hintergrund beschloss die Commerzbank AG, „ein Zeichen für Frankfurt zu setzen"[708] und verlegte im Mai 1990 ihren Sitz formal von Düsseldorf, wo er juristisch seit der Währungsreform 1948 lag, nach Frankfurt am Main, von wo aus die Hauptverwaltung de facto seit Jahrzehnten operierte.[709] Es braucht nicht viel Fantasie, um einen Zusammenhang mit dem von der Bank gewünschten Hochhausneubau am alten Standort herzustellen.

Anfang 1991 scheint der Neubau am Kaiserplatz dann beschlossene Sache gewesen zu sein, denn die Commerzbank veranstaltete im Frühling des Jahres einen Architektenwettbewerb für ein Hochhaus neben der alten Zentrale.[710] Das Ergebnis des Wettbewerbs wurde bemerkens-

---

707 FAZ v. 29.6.1991; FR v. 29.3.1990. – Nach anfänglicher Ablehnung stimmte schließlich auch die CDU für den Bebauungsplan, der den Rahmenplan Bankenviertel in Baurecht umsetzte (FR v. 12.11.1991; FAZ v. 25.10.1991).
708 FAZ v. 27.3.1990.
709 FAZ v. 19.5.1990.
710 Unterlagen für einen „Ideenwettbewerb – Commerzbank Frankfurt am Main – Erweiterung der Zentrale im Bankenviertel", 1991 (HAC E 1081). – Die Ausgabe erfolgte am 13.2.1991; Abgabetermin war der 3.6.1991. – Zum Wettbewerb eingeladen waren: ABB Hanig, Scheid, Schmidt; Helge Bofinger; Norman Foster; HPP (Hentrich,

2 Fallstudien

Abb. 71: Wettbewerbsmodell (1. Preis) von Norman Foster für den Neubau der Commerzbank Zentrale in Frankfurt am Main, 1991

werterweise am selben Tag bekanntgegeben, an dem der Magistrat den Rahmenplan Bankenviertel beschloss.[711] Aus dem Wettbewerb ging mit Norman Foster ein Architekt mit seinem Büro als Sieger hervor (Abb. 71),[712] der zu den weltweit führenden und einflussreichsten Architekten seiner Zeit zählt und als Mitbegründer der sogenannten Hightech-Architektur gilt. Mit diesem architektonischen Ansatz[713] baute Foster bereits in der ersten Hälfte der 1980er Jahre den vielbeachteten Hauptsitz der Hongkong & Shanghai Banking Corporation (HSBC) in Hongkong (Abb. 72) und profilierte sich damit als innovativer Architekt von Bankhochhäusern.[714]

Abb. 72 Hochhaus der HSBC, Hongkong (China), 1986, Norman Foster (Foto 2008)

Der symbolische „Erste Spatenstich" zum Bau des Hochhauses folgte schließlich am 26. Mai 1994.[715] Nach einer erstaunlich kurzen Bauzeit von nur drei Jahren wurde die neue Commerzbank-Zentrale bereits im Mai 1997 als seinerzeit höchstes Gebäude Europas fertiggestellt und bis zum Juli bezogen (Taf. 30).[716]

Petschnigg & Partner); Christoph Ingenhoven; JSK Architekten; Kiemle, Kreidt & Partner, Kochta und Lechner, Nägele, Hofmann, Tiedemann; Pei, Cobb, Freed; PSP (Pysall, Stahrenberg & Partner); SOM (Skidmore, Owings, Merrill) (Uwe Böttcher: „Wettbewerb Ökologisches Hochhaus in Frankfurt", unveröffentlichte Seminararbeit, verfasst bei Prof. Per Krusche, Institut für Entwicklungsplanung und Siedlungswesen, Technische Universität Carolo-Wilhelmina Braunschweig, SS 1992 (HAC E 1081)).

711 FAZ v. 29.6.1991.
712 Den zweiten Platz belegte Christoph Ingenhoven mit Frei Otto (db 125, 10/1991; FAZ v. 29.6.1991).
713 „Stil" wäre hier ein unpassender Begriff, da er die Charakteristika der Hightech-Architektur auf die Gestaltung beschränken würde.
714 Der Sitz der HSBC in Hongkong wurde seinerzeit von vielen Seiten als mustergültiges Beispiel von Unternehmensarchitektur gepriesen (z. B. Gerken 1991, S. 77; Antonoff 1989, S. 27; Hackelsberger 1989, S. 53; Die Welt v. 11.2.1989 (Charles Jencks)).
715 Einladung des Vorstands der Commerzbank AG zum „Ersten Spatenstich" am 26.5.1994 (HAC S6).
716 Pressemitteilung der Commerzbank AG v. 15.5.2017 (HAC S6); Hinweise zum Umzug, hg. vom Zentralen Stab Filialorganisation – Umzugsleitstelle, vermutlich 1991 (HAC S6); Info-Flyer „Erweiterung der Commerzbank Zentrale im Bankenviertel, Frankfurt am Mainz, hg. vom Zentralen Servicebereich Bau (ZSB) und dem Zentralen Stab Kommunikation (ZKV) der Commerzbank AG, vermutlich 1997 (HAC S6).

## 2.5.2 Das Hochhaus als Teil der Corporate Identity

Die Commerzbank AG beschäftigte sich, wie im Folgenden ausgeführt wird, im Vorfeld des Neubaus ihrer Zentrale eingehend mit Unternehmensarchitektur im Kontext einer Corporate Identity. Bereits für den angedachten Neubau an der Mainzer Landstraße begann man sich in der Zentralen Abteilung Volkswirtschaft und Kommunikation Gedanken darüber zu machen, „was bei der Planung dieses Projekts aus PR- und Kommunikationssicht zu berücksichtigen ist."[717] Das hierbei auch die Architektur als kommunikatives Medium verstanden wurde, zeigt die Materialsammlung, die in der Kommunikationsabteilung angelegt wurde: Dort finden sich nicht nur Zeitungs- und Zeitschriftenartikel über Neubauten von Banken wie auch anderen Gewerben, sondern auch Aufsätze über Architektur und Corporate Identity sowie Berichte über Seminare, die diese Beziehung beleuchteten.[718]

Aus der Sammlung hervorzuheben ist ein längerer Aufsatz über „Kathedralen für den Geldverkehr" aus der Welt vom 11. Februar 1989.[719] Diese „Anmerkungen zu einer neuen architektonischen Selbstdarstellung der Großbanken", wie es im Untertitel heißt, verfasste kein geringerer als der berühmte Architekturtheoretiker und Vordenker der postmodernen Architektur Charles Jencks. Neben der Formulierung allgemeiner Hinweise auf die kommunikativen Vorzüge zeichenhaft konzipierter Unternehmenssitze („Kurzfristig kann ein bauliches Wahrzeichen die wirksamste, weil auffälligste Art der Firmenwerbung darstellen"[720]) konkretisierte Jencks seine Thesen anhand von drei seiner Ansicht nach mustergültigen Bauwerken. Eines davon war – und das ist im Hinblick auf den später realisierten Neubau der Commerzbank bemerkenswert – der Hauptsitz der Hongkong und Shanghai Banking Corporation (HSBC) in Hongkong von Norman Foster (Abb. 72), den Jencks als Wendepunkt in der Bankenarchitektur bezeichnet, welcher das „Ende der Nadelstreifenmoderne"[721] markiere. Und noch ein weiterer personaler Bezug lässt sich zwischen dem Aufsatz und dem späteren Bau der Commerzbank herstellen: Jochem Jourdan, einer der Köpfe der Architektengemeinschaft, die die von Jencks ebenfalls thematisierte Landeszentralbank in Frankfurt plante,[722] fungierte beim Wettbewerb um den Neubau der Commerzbank Zentrale 1991 als Fachpreisrichter.

Man darf mit an Sicherheit grenzender Wahrscheinlichkeit davon ausgehen, dass leitende Angestellte der Commerzbank auch an dem Symposium „Architektur als Selbstdarstellung der Finanzwelt" teilnahmen, das Ende Februar 1989 in einem der Zwillingstürme der Deutschen Bank abgehalten wurde.[723] Der Bericht über das Symposium in der Welt vom 27. Februar 1989 findet sich jedenfalls in der Materialsammlung der Kommunikationsabteilung und wurde erkennbar durchgearbeitet.[724] So ist zum Beispiel das Satzfragment „Architektur als Imagefaktor der Wirtschaft, Ausdruck von ‚Corporate Identity'" mittels Unterstreichung hervorgehoben, ebenso der Satz: „So solle die Größe des Hauses [...] Kompetenz und Marktdurchdringung ausdrücken".

Hatte man sich auf Seiten der Commerzbank im Zusammenhang mit dem Neubau an der Mainzer Landstraße bereits mit den kommunikativen Qualitäten einer Unternehmenszentrale und deren Bedeutung für die Corporate Identity auseinander-

---

717 Schreiben v. Heinz Sparr, Zentrale Abteilung Volkswirtschaft und Kommunikation, v. 15.9.1988 an die Mitglieder der Projektgruppe „Neubau unserer Hauptverwaltung" (HAC E 1081).
718 Ordner 88/89 (HAC E 1081).
719 Die Welt v. 11.2.1989.
720 Ebd.
721 Ebd.
722 Das dritte war der Neubau der Nederlandse Middenstandsbank (NMB) in Amsterdam.
723 Die Welt v. 27.2.1989.
724 Ebd.; Ordner 88/89 (HAC E 1081).

gesetzt, so intensivierte man die Vorbereitungen im Vorfeld der Planungen für den Hochhausbau neben der alten Zentrale. Im hierfür eigens angelegten Ordner „Hochhausphilosophie" finden sich zum Beispiel Kopien von Büchern, in denen Architektur unter dem Gesichtspunkt der Corporate Identity betrachtet wird.[725] Die Commerzbank ließ 1992 sogar ein Seminar im Deutschen Architekturmuseum Frankfurt zum Thema „Unternehmens-Philosophie – Unternehmens-Ästhetik" organisieren, um ihre Mitarbeiter weiter in die Thematik einzuarbeiten.[726] Auf dem Seminar referierten als externe Experten der Philosoph Prof. Dr. Wilhelm Vossenkuhl, der in den 1980er Jahren mit Otl Aicher zusammenarbeitete, Prof. Dr. Vittorio M. Lampugnani, Direktor des Deutschen Architekturmuseums in Frankfurt am Main, Hans Hermann Wetcke von der Bayerischen Rückversicherung, der die Corporate Architecture seines Unternehmens vorstellte, sowie von der Commerzbank AG Dr. Horst Grüneis und – anscheinend in Vertretung von Ulrich Ramm – Dr. Rolf Darmstadt. Vor allem der Vortrag von Horst Grüneis gewährt Einblick in die Zielsetzungen der Commerzbank AG. Dort heißt es:

„Die bedeutendste Ausdrucksform der Unternehmens-Ästhetik einer Bank ist nicht der im Sinne einer CD-Strategie gestylte Briefkopf und die Werbebroschüre, sondern insbesondere die Gestaltung der Gebäude, mit der das Institut identitätsfähig und identifizierbar wird – die Identity-Architektur. [...] Architektur wird damit zum Mittler zwischen der Unternehmensphilosophie und dem Betrachter. Architektur baut Beziehungen auf, wird als Werbe- bzw. Marketinginstrument einsetzbar und nutzbar. [...] Mit einem Neubau wollen wir uns abheben vom Standarddesign gesichtsloser Raum- und Gebäudehüllen, die nicht zu erkennen geben, für wen sie gebaut wurden, was in ihnen produziert oder verwaltet wird, also letztlich keine Identität mehr besitzen und somit auch nicht in der Lage sind,
– mit ihrer Umgebung (Außenfunktion)
– mit den inneren Abläufen (Innenfunktion)
– mit den Mitarbeitern (Individualfunktion)
zu kommunizieren."[727]

Grüneis stellt damit Architektur als wichtigstes Medium des Corporate Designs dar, das noch über einem einheitlichen Grafikdesign steht. Als visuelles Medium könne Architektur dem Betrachter die Unternehmensphilosophie vermitteln und würde damit als „Werbe- und Marketinginstrument" des Unternehmens nutzbar. Folglich wird Identitätsstiftung als zwingende Anforderung an den Neubau der Konzernzentrale formuliert. Die Identität bildet sich nach Grüneis, indem das Gebäude zu erkennen gibt, für wen es gebaut worden sei oder was in ihm produziert beziehungsweise verwaltet wird. Wesentlich ist zudem, dass Grüneis einen Zusammenhang zwischen der Identität des Gebäudes und seinen kommunikativen Eigenschaften herstellt. Nur Gebäude mit Identität seien in der Lage zu kommunizieren. Weiterhin definiert er drei Kategorien von Empfängern: die Außenwelt, die Innenwelt des Unternehmens und die Mitarbeiter als Individuen.

Im weiteren Verlauf des Vortrags überlegte Grüneis, wie das vom Unternehmen definierte Leitbild von einem Architekten kreativ verwirklicht werden könne. Hierfür sei es notwendig, als Auftraggeber eine „hohe Präzision bei der Erarbeitung der Planungsvorgaben"[728] aufzubringen. Grundsätzlich sollen diese Planungsvorgaben die

---

725 Z. B: Klage 1991, S. 55f.
726 Flyer zum Seminar „Unternehmens-Philosophie – Unternehmens-Ästhetik" am 15.10. bzw. 13.11.1992 im Deutschen Architekturmuseum, Frankfurt (HAC E 1081); Seminarskript „Unternehmens-Philosophie – Unternehmens-Ästhetik", Philosophisches Institut Wiesbaden, 1992 (HAC E 1081).
727 „Unternehmens-Ästhetik als Herausforderung der Unternehmensdarstellung und -kommunikation. Die neue Architektur eines Konzerns", Vortragsskript v. Dr. Horst Grüneis, Commerzbank AG, in: Seminarskript „Unternehmens-Philosophie – Unternehmens-Ästhetik", Philosophisches Institut Wiesbaden, vermutlich 1991 (HAC E 1081).
728 Ebd.

drei genannten Empfängerkategorien („drei Elemente der Identity-Architektur"[729]) beschreiben:

„a. Forderungen an die Kommunikation bzw. die Darstellung nach außen (IHR-Beziehung), d. h. die gestalterische Darstellung von Image, Rolle, Funktionsbereiche, sozialer Auftrag, Selbstwert.

b. Forderungen an das Innenklima (WIR-Beziehung), d. h. die gestalterische Darstellung von „Corporate Feelings", Führungsprinzipien, Arbeitsweisen, Sozialverhalten.

c. Forderungen an den Arbeitsplatz (ICH-Beziehung), d. h. die gestalterische Darstellung von Funktionalität, Ambiente, Physiologie (Licht, Luft, Akustik), Individualität und Differenzierung."[730]

### 2.5.3 Die Architektur als Zeichen für „umweltverträglichen Fortschritt"

**Ökologie als Imagefaktor**
In den späten 1970er und 1980er Jahren etablierte sich zunehmend der Umweltschutz als bedeutendes Thema in der politischen Diskussion der Bundesrepublik Deutschland.[731] Die Gründung der Partei Die Grünen 1980 und ihr rascher Aufstieg in der politischen Landschaft der Republik kann als Indikator für das gewachsene Bewusstsein für Umweltschutz und Ökologie in der Gesellschaft gesehen werden.[732] Vor diesem gesellschaftlichen Hintergrund bot ein Engagement für den Umweltschutz ein hohes Potential für eine positive Imagebildung eines Unternehmens.[733]

Bereits im April 1990 erkannte man in der Kommunikationsabteilung der Commerzbank, dass der Neubau der Hauptverwaltung eine herausragende Chance bot, um das Engagement der Bank für den Umweltschutz mittels der Architektur zu verbildlichen und auf diese Weise glaubhaft an einen großen Kreis von Adressaten zu kommunizieren. In einem internen Schreiben forderte der Leiter der Zentralen Abteilung Volkswirtschaft und Kommunikation Ulrich Ramm, „das Leitbild des Commerzbank-Konzerns muß in dem HV-Neubau sichtbar Gestalt annehmen"[734] und nahm dabei Bezug auf Ausführungen des Architekturtheoretikers Charles Jencks wie auch Eberhard Martinis, Vorstandssprecher der Bayerischen Hypotheken- und Wechselbank,[735] die, wie zuvor erwähnt, in der Materialsammlung dokumentiert waren, welche in der Kommunikationsabteilung in Vorbereitung eines Neubaus der Hauptverwaltung an der Mainzer Landstraße angelegt wurde.[736]

Im weiteren Verlauf des Schreibens konkretisierte Ramm, welcher Teil des Leitbildes „sichtbar Gestalt annehmen" müsse:

„Im Leitbild heißt es:
*Wir engagieren uns für umweltverträglichen Fortschritt.*
Dieser Satz wirkt in unterschiedlichsten Bereichen der Bank,
– in der Produktpolitik → CBM Umwelt
– im internen Umweltschutz → Umweltschutzbeauftragter

---

729 Ebd.
730 Ebd.
731 So wurde bankintern wiederholt auf eine Studie der GfK Marktforschung von 1988 verwiesen, derzufolge die deutsche Bevölkerung sich am meisten um die Umwelt sorge, sogar mehr als um den eigenen Arbeitsplatz (z. B.: Internes Schreiben v. Ulrich Ramm, Zentrale Abteilung Volkswirtschaft und Kommunikation, v. 24.4.1990, betr. „HV-Neubau aus Kommunikationssicht/Betr. Umweltverträglichkeit" (HAC E 1081)).
732 Zur Entwicklung der Umweltschutzbewegung: Uekötter 2015, ders. 2011; jeweils mit weiterführenden Literaturangaben.
733 Zum Bild vom ökologisch korrekten Unternehmen s. Kap. 3.7.
734 Internes Schreiben v. Ulrich Ramm, Zentrale Abteilung Volkswirtschaft und Kommunikation, v. 24.4.1990, betr. „HV-Neubau aus Kommunikationssicht/Betr. Umweltverträglichkeit" (HAC E 1081).
735 Die Welt v. 27.2.1989 (Martini); Die Welt v. 11.2.1989 (Jencks).
736 Ordner 88/89 (HAC E 1081).

– in der Öffentlichkeitsarbeit → Umweltsponsoring

Zur Unterstreichung der Ernsthaftigkeit unserer Unternehmensphilosophie und der Glaubwürdigkeit der genannten Engagements als Teil der Commerzbank-Philosophie ist es konsequent und dringend geboten, ein ökologisch orientiertes Gebäude zu bauen. […]

Das Umweltbewusstsein in der Bevölkerung und damit das unserer Kunden und potentiellen Kunden steigt. […] Zusammen mit der stetigen Entwicklung neuer Konzepte für ökologisches Bauen drohen wir mit einem konventionellen Hochhaus langfristig in ein Image-Abseits zu geraten, denn das neue HV-Hochhaus wird für lange Zeit als Zeichen für den Geist der Commerzbank in den Himmel ragen. Und dort steht es in ‚Konkurrenz' zu den bestehenden Hochhäusern und zu den geplanten Verwaltungsbauten der Mitbewerber.

Wir haben heute die Chance, uns durch einen ökologisch orientierten Neubau als innovative Bank darzustellen, die ihre gesellschaftliche Verantwortung ernst nimmt. Mit einem Neubau, der über mehrere Jahre als vorbildliches Beispiel für umweltfreundliche Hochhausarchitektur gelten wird, zeigen wir als Bank Persönlichkeit, die uns positiv von unseren Mitbewerbern unterscheidet.

Aus diesen Gründen legen wir nahe, ökologisch zu bauen; was auch nicht unbedingt teurer sein muß."[737]

Ulrich Ramm stellte somit mehrere Vorzüge heraus, die für die Umsetzung eines ökologisch orientierten Neubaus sprächen. In erster Linie verwies er auf die Chance, das politisch korrekte Engagement der Bank für den gesellschaftlich geforderten Umweltschutz visuell erfahrbar und damit glaubwürdig zu machen. Zugleich ließe sich die Bank mittels eines ökologischen Hochhauses als „innovativ" darstellen, da Ökologie in der Planung von Hochhausbauten zu jenem Zeitpunkt in der Regel nur eine marginale Rolle spielte. Der ökologische Hochhausbau der Commerzbank solle nicht weniger als über „mehrere Jahre als vorbildliches Beispiel" gelten, definierte Ramm das hohe Anforderungsprofil an den Neubau. Schließlich erkannte Ramm, dass die Commerzbank sich mittels eines ökologischen Ansatzes „positiv" von den Hochhäusern der übrigen Banken unterscheiden könne. Dabei wies er explizit auf die sichtbare „‚Konkurrenz' zu den bestehenden Hochhäusern" im Frankfurter Stadtraum hin. Auf Seiten der Commerzbank war man sich folglich absolut im Klaren darüber, dass die Zentralen der Banken die Unternehmen selbst repräsentieren und als solche in Relation zueinander visuell wahrgenommen werden.

Die Vorschläge Ramms müssen bei den Entscheidungsträgern der Commerzbank auf eine breite Zustimmung gestoßen sein, denn Formulierungen seines internen Schreibens flossen teils wortwörtlich in den Ausschreibungstext für den Architektenwettbewerb ein, wo unter dem Punkt „Unternehmensleitbild (Corporate Identity)" ausschließlich der Aspekt der Ökologie fokussiert wurde.[738]

Nicht in den Wettbewerbstext übernommen wurden die Ausführungen Ramms, die den Neubau in Bezug zu den Bauwerken der Konkurrentin-

---

[737] Internes Schreiben v. Ulrich Ramm, Zentrale Abteilung Volkswirtschaft und Kommunikation, v. 24.4.1990, betr. „HV-Neubau aus Kommunikationssicht/Betr. Umweltverträglichkeit" (HAC E 1081) [Hervorhebung im Original fett].

[738] „Im Unternehmens-Leitbild der Commerzbank […] heißt es: *Wir engagieren uns für umweltverträglichen Fortschritt*. Zur Unterstreichung der Ernsthaftigkeit unserer Unternehmensphilosophie und der Glaubwürdigkeit der genannten Engagements als Teil der Commerzbank-Philosophie ist es konsequent und dringend geboten, ein ökologisch orientiertes Gebäude zu bauen, d. h. neuen ökologischen Technologien unter Wirtschaftlichkeitsaspekten eine Chance zu geben. […] Das Umweltbewusstsein in der Bevölkerung und damit das unserer Kunden und potentiellen Kunden steigt. […] Wir haben heute die Chance, uns durch einen ökologisch orientierten Neubau als innovative Bank darzustellen, die ihre gesellschaftliche Verantwortung ernst nimmt. Mit einem Neubau, der über mehrere Jahre als vorbildliches Beispiel für umweltfreundliche Architektur gelten wird, zeigen wir als Bank Persönlichkeit, die uns positiv von unseren Mitbewerbern unterscheidet." (Unterlagen für einen „Ideenwettbewerb – Commerzbank Frankfurt am Main – Erweiterung der Zentrale im Bankenviertel", 1991 (HAC E 1081)) [Hervorhebung wie im Original].

## 2.5 „Umweltverträglicher Fortschritt" – Die Hauptzentrale der Commerzbank in Frankfurt am Main

**Abb. 73** Ökohaus, Frankfurt am Main, 1993, Joachim Eble und Burkhardt Sambeth (Foto 2019)

nen setzen. Während man sich intern der visuellen Konkurrenzsituation voll bewusst war, sollte die Verbalisierung dieses Aspektes nach außen hin offenbar vermieden werden. Das ist nachvollziehbar, weil die gewünschte positive Imagebildung durch die Betonung der Ökologie unter dem Gesichtspunkt eines eher negativ konnotierten Übertrumpfen-Wollens sicher beeinträchtigt worden wäre und man Glaubwürdigkeit eingebüßt hätte.

Von Interesse ist weiterhin ein hinzugefügter Nebensatz, mit dem man gegenüber dem originalen Schreiben von Ramm präzisierte, was man unter einem ökologisch orientierten Gebäude verstand, nämlich „neuen ökologischen Technologien unter Wirtschaftlichkeitsaspekten eine Chance zu geben."[739] Sah Ramm bereits das Potential, die Bank mittels ökologischer Architektur auch als innovativ darzustellen, so wurde dieses Anliegen im Wettbewerbstext expliziert, indem Ökologie und technologischer Fortschritt verquickt wurden. Gewünscht war demnach keine alternativ-ökologische Ästhetik, wie sie Anfang der 1990er Jahre architektonisch anspruchsvoll am Frankfurter Ökohaus von Joachim Eble und Burkhardt Sambeth umgesetzt wurde (Abb. 73),[740] das – wie geschildert – auch von der Commerzbank im Zusammenhang mit den Neubauplänen finanziert wurde,[741] sondern eine rational-funktionelle Integration ökologischer Ansätze im Rahmen einer Architektur, die mit innovativer Gebäudetechnik operiert. Diesem Anforderungsprofil entsprachen zu jener Zeit vor allem Entwürfe der sogenannten Hightech-Architektur, wie sie von Architekten wie Renzo Piano, Richard Rogers oder eben Norman Foster (Abb. 72) praktiziert wurde.

### Ökologische Hightech-Architektur

Der Entwurf von Norman Foster entsprach auf verschiedenen Ebenen in nahezu idealer Weise dem Wunsch der Commerzbank nach einer technologieorientierten ökologischen Architektur.[742] Der Hauptansatz, der hierbei zugrunde lag, war die Einsparung von Ressourcen und Energie, welche zugleich eine Kostenreduzierung bedeutete und somit dem Wirtschaftlichkeitsstreben der Bank Rechnung trug. Bereits der Grundriss des Hochhauses (Abb. 74), ein Bogendreieck mit abgerundeten Ecken, resultiert aus energetischen Überlegungen, denn die Mitte wurde in Form eines dreieckigen Atriums freigelassen, um auch im Inneren des Gebäudes eine natürliche Belichtung zu gewährleisten.[743] In den somit gebildeten drei Flügeln des Hochhauses verfügen nahezu alle Arbeitsplätze trotz des enormen Bauvolumens über einen Fensterplatz mit Bezug nach Außen, was auch die Qualität der Arbeitsplätze steigert (Abb. 75).

In hohem Maße technisiert ist die Vorhangfassade aus Glas und Aluminium. Eine zweischalige Fensterkonstruktion (Abb. 76) reduziert im Winter nicht nur den Verlust an Heizenergie, sondern ermöglicht auch eine natürliche Lüftung der Büros bei gleichzeitiger Wahrung der Sicherheits-

---

739 Ebd.
740 FAZ v. 27.2.1993 und 4.1.1992; NZZ v. 22.2.1992.
741 FAS v. 13.7.1997; SZ v. 4.1.1992; FAZ v. 30.8.1988.
742 Nähere Erläuterungen zum im Folgenden zusammengefassten energetischen Konzept: Architectural Review 7/1997, S. 36–39; Grüneis 1997; Commerzielles v. 6.9.1996 und 14.2.1996.
743 Das ursprünglich als durchgehender Freiraum geplante Atrium wurde aufgrund behördlicher Vorgaben alle zwölf Geschosse durch eine Glasdecke unterteilt (Stahl und Form 1997, S. 20).

2 Fallstudien

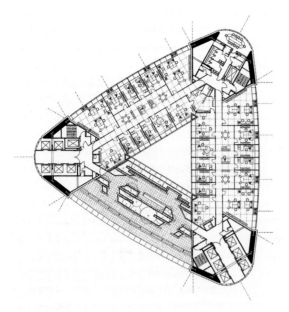

**Abb. 74** Commerzbank-Zentrale, Frankfurt am Main, Grundriss Regelgeschoss (1997)

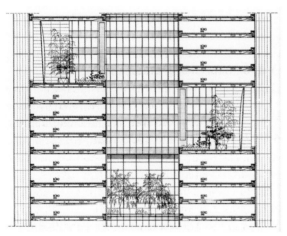

**Abb. 75** Commerzbank-Zentrale, Frankfurt am Main, Schnitt (Ausschnitt Gebäudemitte) (1997)

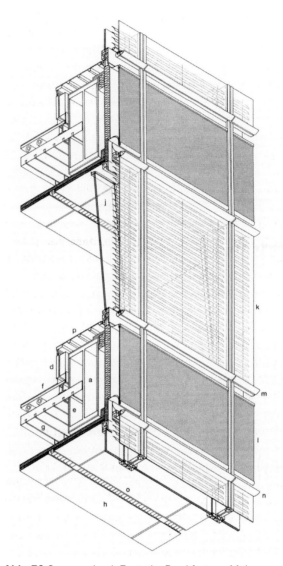

**Abb. 76** Commerzbank-Zentrale, Frankfurt am Main, Isometrie der Fassadenkonstruktion (Zeichnung ca. 1995)

vorschriften im Hochhaus. Realisiert wurde das durch Kippfenster an den Innenseiten in Kombination mit Luftdurchlässen an den Außenseiten. Im Sommer werden die Fenster über Nacht mit Hilfe einer automatisierten Regelungstechnik geöffnet, um die Bauteile mittels der natürlichen Ventilation zusätzlich zu kühlen, wohingegen die Fenster bei extremen Witterungsverhältnissen automatisch geschlossen werden. Zwischen den Glasscheiben befinden sich motorgesteuerte Jalousien, deren verstellbare Lamellen einen Blendungsschutz bei fortwährender natürlicher Belichtung ermöglichen und im Sommer, wiederum automatisch gesteuert, einer Überhitzung entgegenwirken. Die notwendige Kühlung an heißen Sommertagen wird von einem wasserbasierten Kühlsystem in den Decken übernommen. Die Gesamtheit der Maßnahmen führte dazu, dass auf die bis dato in Hochhäusern übliche energieintensive Klimaanlage vollständig verzichtet werden konnte.

Weitere Maßnahmen, um den Verbrauch von Energie und Ressourcen zu reduzieren, umfassten etwa eine automatische Ausschaltung der Beleuchtung, wenn längere Zeit keine Bewegung im Raum registriert wurde, die Nutzung von Grauwasser aus dem Kühlturm zur Toilettenspülung oder den Verzicht auf Warmwasser bei den Handwaschbecken der Bäder. Besonders letzterer Punkt wurde gerne nach außen kommuniziert, da er das in der Öffentlichkeit geläufige, aber vom Unternehmen nicht erwünschte Bild einer luxuriösen Bankenarchitektur konterkarierte.

Die Commerzbank kommunizierte nach der Fertigstellung des Hochhauses, dass die gebäudetechnischen Maßnahmen zusammengenommen zu einer Energieeinsparung von 30 Prozent gegenüber herkömmlichen Hochhäusern führen würden.[744] Das Büro Foster bezifferte die erwartete Einsparung sogar mit 50 – 66 Prozent gegenüber klimatisierten Hochhäusern des gleichen Volumens.[745] Den Angaben eines Experten des Energiereferats der Stadt Frankfurt zufolge lag der Energieverbrauch des neuen Hochhauses 2004 (wohl relativ gesehen) um die Hälfte unter dem Verbrauch der alten Commerzbank-Zentrale.[746]

**Die Gärten als Sinnbild grüner Architektur**
Das markanteste ökologische Element des Commerzbank-Hochhauses sind neun Gärten, die jeweils das Volumen von vier Geschossen umfassen und sich spiralförmig um die drei Seiten des Hochhauses herumwinden (Taf. 31). In Abhängigkeit der Himmelsrichtung wurden die Gärten thematisch gestaltet: nach Osten asiatisch, nach Süden mediterran und nach Westen nordamerikanisch. Da zwei Büroflügeln stets ein Garten gegenüberliegt (Abb. 74), haben die zum Atrium orientierten Büros anstelle eines Blicks auf den gegenüberliegenden Büroflügel einen Bezug zu Grünflächen und darüber hinweg eine Aussicht in den Stadtraum. Außerdem wird auf diese Weise eine natürliche Belüftung auch der Büros am Atrium ermöglicht, deren Luft von den Pflanzen natürlich aufgefrischt wird. Neben der Verbesserung des Mikroklimas und der Arbeitsplatzbedingungen erfüllen die Gärten als attraktive Treffpunkte und Pausenräume für die Angestellten zudem eine wichtige soziale Funktion.

Über diese ökologischen und sozialen Funktionen hinaus visualisieren die spektakulären „Himmelsgärten" den Anspruch einer grünen Architektur. Die Fassaden der Gärten zeichnen sich am Gebäude deutlich ab, indem sie gegenüber der sanft geschwungenen Gebäudehülle zurückgesetzt und im Schnitt schräggestellt wurden (Taf. 30). Außerdem wurden die Gartenfassaden gänzlich aus Klarglas konstruiert und setzen sich auch auf diese Weise von den horizontal gestreiften Bürogeschossen ab. Die Gärten gliedern folglich die Fassade und machen ihre Verteilung im Gebäude auch in der Fernsicht ablesbar.

Die Wettbewerbsjury erkannte das kommunikative Potential der Gärten und würdigte dies in ihrer Beurteilung entsprechend: „Daß diese Gliederung durch Grünterrassen bewirkt wird, macht den ökologischen Entwurfsansatz besonders deutlich. Ein weiteres Merkmal ist, daß die ökologisch orientierte Hochhauskonzeption als weithin sichtbar konzipiert worden ist."[747] Und auch der Architekt Norman Foster war sich der „starken Außenwirkung der Gärten"[748] voll bewusst, die sich nicht nur über die direkte Wahrnehmung des Bauwerks entfaltete, sondern auch indirekt über die mediale Berichterstattung. Die aufsehenerregenden „Himmelsgärten" erzielten erwartungsgemäß viel Aufmerksamkeit in der Presse: Nahezu jede Zeitung oder Zeitschrift, die über die neue Commerzbank Zentrale berichtete,

---

744 Infoheftchen: Die neue Commerzbank Zentrale in Frankfurt am Main, hg. v. Zentralen Stab Kommunikation der Commerzbank AG, Frankfurt a. M , vermutlich 1997, S. 9.
745 Nach: Architectural Review 7/1997, S. 36.
746 Nach: FR v. 9.12.2004.
747 Zitiert nach Fischer 1997, S. 8.
748 „Ein Gebäude für Menschen", Interview mit Norman Foster (Commerzielles 14.2.1996).

ging ausführlich auf die Gärten ein oder berichtete sogar in einem eigenen Artikel darüber.[749] Die Gärten machten den ökologischen Ansatz folglich nicht nur am Gebäude selbst sichtbar, sondern fungierten ebenso als interesseweckende und öffentlichkeitswirksame Symbole eines grünen Hochhauses in den Medien.

Auch in der internen Kommunikation, etwa über Extraausgaben der Mitarbeiterzeitschrift „Commerzielles", nutzte man die Gärten, um eine positive Einstellung gegenüber dem Hochhaus zu erwirken.[750] Neben den ökologischen Vorzügen wurde dabei vor allem der Aufenthaltswert und die Steigerung der Arbeitsplatzqualität hervorgehoben.

### 2.5.4 Die städtebauliche Integration

**Städtebauliche Zielsetzungen**

Die städtebauliche Einbindung der neuen Zentrale spielte bei den Planungen eine wichtige Rolle und wurde mitunter in einem Zug mit den ökologischen Anforderungen an das Hochhaus genannt. So hieß es etwa in den Unterlagen zum Ideenwettbewerb, dass „die Forderung des Auslobers […] nur mit einer städtebaulich qualitativ hochwertigen Lösung und mit umweltverträglicher Architektur möglich"[751] sei. Diesem Anspruch folgend hob Vorstandssprecher Martin Kohlhaussen auf dem Richtfest hervor, dass die von der Bank formulierten Anforderungen an den Umweltschutz und den Städtebau einen Mehrwert bildeten, der über die als selbstverständlich erachtete Funktionalität eines modernen Bürohochhauses hinausginge:

„Funktionalität ist eine Selbstverständlichkeit. […] Uns kam und kommt es auch darauf an, die zeitgemäß hohen Anforderungen an umweltschonendes Bauen zu erfüllen und das Gebäude harmonisch in die unmittelbare Umgebung und das gesamte Stadtbild zu integrieren."[752]

Der Städtebau wurde, wie es auch aus den Worten Kohlhaussens hervorgeht, in zwei unterschiedlichen Maßstäben gedacht: Einerseits die Fernwirkung des Hochhauses im Stadtbild und andererseits die Einbindung in den unmittelbaren Straßenraum, den der Passant am Fuß des Wolkenkratzers wahrnimmt.

**Die Silhouette der Stadt**

Die Gestaltung der Silhouette wurde von der Stadt Frankfurt mit dem neuen Rahmenplan Bankenviertel gesteuert, der die Gruppierung der Hochhäuser in Clustern vorsah.[753] In diesem städtebaulichen Kontext war es vonseiten des Baudezernats erwünscht, mit dem Hochhaus der Commerzbank ein Landmark Building zu implementieren, das die Silhouette Frankfurts wesentlich prägt und in der Fernsicht einen Gegenpol zum 1990 fertiggestellten Messeturm bildet (Taf. 1).[754] Dies führte dazu, dass nach dem Wettbewerb die Höhe und die Proportionen des Gebäudes in enger Abstimmung mit dem Planungsdezernat noch einmal modifiziert wurden. Der Umfang der Grundfläche wurde verringert, im Gegenzug jedoch das Gebäude beträchtlich erhöht, so dass es im Stadtbild deutlich schlanker wirkt.[755]

---

749 Z. B.: FAS v. 13.7.1997; Architectural Review 7/1997; Zeitmagazin v. 1.11.1996; FAZ v. 13.10.1996; Focus 34/1996.
750 „Jetzt wird's grün in der Bank" (Commerzielles 1/1997); „Gärten in schwindelnder Höhe" (ebd. v. 6.9.1996); „Mittagspausen unter Magnolien" (ebd. v. 14.2.1996).
751 Unterlagen für einen „Ideenwettbewerb – Commerzbank Frankfurt am Main – Erweiterung der Zentrale im Bankenviertel", 1991 (HAC E1081).
752 Manuskript für die Rede von Vorstandssprecher Martin Kohlhaussen anlässlich des Richtfests für die Zentrale der Commerzbank AG am 23.8.1996 (HAC S6).
753 Kap. 2.5.1.
754 Gespräch mit Prof. Dr. Martin Wentz, 7.5.2018, Gespräch mit Dr. h. c. Martin Kohlhaussen, 27.3.2018.
755 Im Archiv des Deutschen Architekturmuseums in Frankfurt am Main befinden sich drei Entwurfsmodelle aus dem Büro Foster, an denen sich die Modifikation der Proportionen vom Wettbewerbsentwurf zum realisierten Bau nachvollziehen lassen.

Um eine Prüfung der Fernwirkung zu ermöglichen, erstellte das Büro Foster im Zuge der Entwurfsplanungen eigens eine Fotomontage, die visualisiert, wie sich das Hochhauses vom Eisernen Steg[756] aus gesehen im Stadtbild einfügen würde. (Taf. 33). Das Bild gibt die städtebauliche Wirkung, die sich nach dem Bau real einstellte, bis zur Höhe des Daches erstaunlich genau wieder. Tatsächlich entwickelte sich diese Perspektive seither zu einem der beliebtesten Motive für Fotografien der Frankfurter Skyline. Entsprechende Aufnahmen zu jeder Tages- und Nachtzeit finden sich im Internet in unzähligen Varianten. Als wesentliches Element in der Fernsicht wirkt die Abstufung des Gebäudes nach oben hin, die schließlich in einer hohen Antenne gipfelt. In einer Informationsbroschüre der Commerzbank heißt es dazu:

„Die abgestufte Spitze des Turms zielt auf eine signifikante Fernwirkung ab. Gemeinsamer Leitgedanke mit der Stadt Frankfurt war es, einen markanten Gebäudeabschluss entwickeln zu lassen und damit ein ausdrucksstarkes Zeichen für das Bankenviertel zu setzen."[757]

Eine Fotomontage des Büros Foster zeigt eine elegante Nadelantenne, die heroisch in den Himmel sticht und an die epochemachenden Hochhäuser im New York der 1920er und 1930er Jahre erinnert (Taf. 33). Aus technischen Gründen ließ sich die Antenne allerdings nicht wie geplant realisieren und büßte in der baulichen Umsetzung – wie auch der klobiger ausgeführte Kühlturm – viel von der ursprünglich angedachten Eleganz ein (Taf. 30). Dennoch setzt der gestufte Abschluss des Hochhauses mit der Antenne auch in der gebauten Ausführung den gewünschten Akzent in der Silhouette der Mainmetropole.

### Die Blockrandbebauung

Während es weitgehend der Kreativität der Wettbewerbsarchitekten überlassen wurde, das Hochhaus silhouettengerecht zu gestalten, wurde in den Wettbewerbsunterlagen klar umrissen, wie man sich die städtebauliche Integration des Hochhauses im Straßenraum vorstellte:

„Die beabsichtigte Struktur der baulichen Erweiterung wird als städtebauliche Einheit mit einem straßenbegleitenden quartier- und baublockbildenden Neubau gewünscht. Daher soll in Anlehnung an den städtebaulichen Rahmenplan die Blockrandbebauung im Bereich Große Gallusstraße, Kirchnerstraße und Kaiserstraße nach einem Abbruch der vorhandenen Bausubstanz in geeigneter Form neu errichtet werden. Die Nutzungsvielfalt im Bereich Kirchnerstraße 3–9 und Kaiserstraße 18 soll erhöht werden durch:
– Ladengeschäfte im Erdgeschoss und ersten Obergeschoss sowie
– Wohnungen in den darüber liegenden Geschossen."[758]

Die Stadtplanung wandte sich in Folge der postmodernen Städtebaudiskussion also vom Konzept eines im Stadtraum freigestellten Hochhauses ab, wie es beim Seagram Building in New York (1954–58, Architekt Ludwig Mies van der Rohe) prominent gemacht (Taf. 37) und mit der Anlage des Jürgen-Ponto-Platzes Ende der 1970er Jahre auch in Frankfurt am Main verwirklicht wurde (Abb. 52).[759] Stattdessen orientierte sich der städtebauliche Rahmenplan wieder an der traditionellen europäischen Blockrandbebauung des 19. Jahrhunderts. Da allerdings „eine Platzierung von Hochhauskörpern über

---

756 Frankfurter Mainbrücke.
757 Die neue Commerzbank Zentrale in Frankfurt am Main, hg. v. Zentralen Stab Kommunikation der Commerzbank AG, Frankfurt a. M., circa 1997 (Informationsbroschüre).
758 Unterlagen für einen „Ideenwettbewerb – Commerzbank Frankfurt am Main – Erweiterung der Zentrale im Bankenviertel", 1991 (E 1081).
759 Horn 2016, S. 239–243.

2 Fallstudien

**Abb. 77:** Skizzen aus dem Büro Foster mit drei verschiedenen Möglichkeiten der Raumteilung im Hochhaus der Commerzbank, Frankfurt am Main (Zeichnung ca. 1995)

**Abb. 78** Blockrand mit Zugang zum Commerzbank Hochhaus vom Kaiserplatz aus, rechts die Blockrandbebauung von Norman Foster, ca. 1997 (Foto 2015)

dem Blockrand [...] nicht gewünscht"[760] wurde, wie man es vom New Yorker Hochhausbau der 1920er und 30er Jahre kannte, musste die neue Commerzbank-Zentrale zwangsläufig im Innenhof des Blocks errichtet werden.

Zum belebten Kaiserplatz und zur Kirchnerstraße hin wird der Commerzbankturm deshalb vollständig von einer neuen, ebenfalls vom Büro Foster entworfenen Blockrandbebauung umfasst, so dass das Hochhaus zwar über den Blockrand hinaus steil in den Himmel ragt, seine Basis jedoch nicht erlebbar ist, was das Gebäude merkwürdig unzugänglich erscheinen lässt (Abb. 78). Zur vom Autoverkehr dominierten Großen Gallusstraße hin wurde hingegen ein Teil des Blockrandes geöffnet, so dass die Nordfassade freigestellt ist. Allerdings hebt sich der dortige Haupteingang mit einer großen Freitreppe vom Straßenniveau ab. Man kann sich des Eindrucks nicht erwehren, dass die beiden Maßstäbe, in denen der Städtebau gedacht wurde, zu einem ambivalenten Ergebnis geführt haben: Während das Hochhaus in der Silhouette der Stadt sehr präsent ist, wird seine Präsenz im Straßenraum fast schon negiert.

Norman Foster hatte die städtebauliche Problematik erkannt und im Wettbewerb andere Lösungen vorgeschlagen (Abb. 71). So wäre nach Foster der Blockrand zur Großen Gallusstraße hin geschlossen worden und stattdessen eine großzügige Öffnung vom Hochhaus zum Kaiserplatz hin angelegt worden. Diese Lösung wurde jedoch vom Planungsdezernat der Stadt verworfen, welches das Hochhaus „vom Kaiserplatz zur Großen Gallusstraße hin abrücken"[761] wollte und verlautbaren ließ, dass „die Stadt allenfalls eine überbaute Passage vom Kaiserplatz zum Hochhaus erlauben [würde] – der Blockrand aber bleibe geschlossen."[762]

**Die Plaza**

Norman Foster versuchte schließlich die Quadratur des Kreises (in diesem Fall wäre Ovaliatur des Fünfecks treffender), indem er einen öffentlich zugänglichen Platz im Sinne der Seagram Building Plaza am Fuße des Wolkenkratzers im Blockinneren vorschlug (Abb. 79). Bei diesem in seiner Ausführung mehr halböffentlich geratenen Raum, der im Sprachgebrauch der Commerzbank

---

760 Unterlagen für einen „Ideenwettbewerb – Commerzbank Frankfurt am Main – Erweiterung der Zentrale im Bankenviertel", 1991 (E 1081).
761 FR v. 25.10.1991.
762 Ebd.

## 2.5 „Umweltverträglicher Fortschritt" – Die Hauptzentrale der Commerzbank in Frankfurt am Main

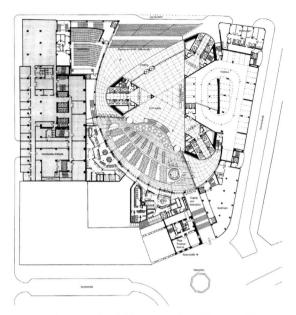

**Abb. 79** Commerzbank Hochhaus, Frankfurt am Main, Grundriss des Blockinneren mit „Plaza" (Plan 1997)

**Abb. 80** „Plaza" am Fuß des Commerzbank Hochhauses, Frankfurt am Main (Foto 1997)

als „Plaza" geführt wird, handelt sich um einen mit Glas überdachten, gastronomisch genutzten Raum (Abb. 80), der durch einen relativ schmalen Zugang vom Kaiserplatz den Zugang zum Foyer des Hochhauses ermöglicht (Abb. 78).[763] Was als „neuer Anziehungspunkt für die Innenstadt"[764] gedacht war, hat sich allerdings eher zu einer für „die Öffentlichkeit zugängliche Kantine"[765] der Commerzbank entwickelt.

Ebenfalls eine Folge der postmodernen Städtebaudiskussion war die von Stadt und Commerzbank angestrebte „Nutzungsvielfalt"[766] in der Blockrandbebauung. In Abkehr von einer Funktionstrennung in der Stadt, wie sie die Moderne gemäß der Charta von Athen forderte, versprach man sich in Anlehnung an die lebendige Funktionsmischung vormoderner Städte eine „Belebung des umliegenden Straßenraumes durch Läden zur Verbesserung der Urbanität in der Innenstadt."[767] Infolgedessen realisierte man in der Blockrandbebauung diverse Ladengeschäfte, 27 Wohnungen, eine Filiale der Commerzbank sowie ein Auditorium und stellte heraus, dass diese Maßnahmen die „Lebendigkeit des Komplexes erhöhen".[768]

Inwieweit die städtebauliche Kombination des Hochhauses mit einer umschließenden Blockrandbebauung und der „Plaza" im Blockinneren gelungen ist, soll in diesem Untersuchungsrahmen nicht weiter diskutiert werden. Wichtig ist im Hinblick auf die übergeordnete Fragestellung festzuhalten, dass die Bank mit der Integration in

---

763 In den Wettbewerbsunterlagen wurde vom Haupteingangsbereich gefordert: „Er soll Menschen anziehen und Distanz abbauen. Eine maßgeblich differenzierte aber gleichzeitig repräsentative Eingangszone soll einladend, sympathisch, vertrauenswürdig, originell und fortschrittlich in ihrem visuellen Eindruck sein" (Unterlagen für einen „Ideenwettbewerb – Commerzbank Frankfurt am Main – Erweiterung der Zentrale im Bankenviertel", 1991 (HAC E 1081).
764 „Treffpunkt: Commerzbank-Plaza" (Commerzielles v. 6.9.1996).
765 fr.de, 17.1.2017 (Vz. Internetquellen).
766 Unterlagen für einen „Ideenwettbewerb – Commerzbank Frankfurt am Main – Erweiterung der Zentrale im Bankenviertel", 1991 (HAC E 1081).
767 Ebd.
768 Manuskript von Vorstandssprecher Martin Kohlhaussen für ein Pressegespräch anlässlich der Eröffnung der Commerzbank Plaza am 24.7.1997.

vorhandene städtische Strukturen – wie mit der umweltschonenden Konzeption des Bauwerks – ein gesellschaftliches Verantwortungsbewusstsein visuell zum Ausdruck bringen wollte.

## 2.5.5 Die Höhenfrage

Mit dem Bau des Messeturms 1988–1990 (Architekt Helmut Jahn) verschoben sich die Maßstäbe im Frankfurter Hochhausbau (Abb. 81). Mit 257 Metern Höhe übertraf er nicht nur den fast 100 Meter niedrigeren Silberturm, der bis dato noch immer das höchste Gebäude Deutschlands gewesen war, sondern stellte zugleich einen neuen europäischen Rekord auf, der wiederum 1997 vom neuen Commerzbank Tower eingestellt werden sollte. In Folge der neuen Realitäten wurde im Rahmenplan Bankenviertel eine maximale Höhe von 200 Metern, bezogen auf das höchste Nutzgeschoss, festgelegt, die eine einheitliche Traufhöhe in der Skyline gewährleisten sollte.[769]

In diesem von der Stadt vorgegebenen Rahmen bewegte sich der Wettbewerb um den Bau der neuen Commerzbank-Zentrale 1991, der folglich von vornherein die Möglichkeit beinhaltete, die Zentralen der Dresdner und der Deutschen Bank in der Höhe zu übertreffen, wovon die Wettbewerbsteilnehmer denn auch Gebrauch machten.[770] Norman Foster schlug mit seinem siegreichen Entwurf eine Höhe von 185 Metern für das höchste Nutzgeschoss vor,[771] und diese Höhe wurde zunächst auch kommuniziert.[772] Geflissentlich verschwiegen wurde dabei, dass Fosters Entwurf mit dem Technikgeschoss, das üblicherweise bei der Höhenangabe eines Hochhauses hinzugerechnet wird, eine Höhe von 200 Metern erreicht hätte und die von Foster vorgesehene Antenne noch darüber hinausging (Abb. 71).[773] Bei der Vorstellung des Wettbewerbsergebnisses im Juni 1991 teilte die Bank sogar mit, dass die im Modell auffällige Antenne wohl nicht gebaut würde.[774] Vor dem Hintergrund des Messeturms und anderer Hochhausplanungen bis an die 200-Meter-Marke wie dem Kronenhochhaus (DZ Bank), dem Trianon (ehemals BfG) oder dem Maintower (Hessische Landesbank) wurde in der Öffentlichkeit kaum wahrgenommen, dass die Commerzbank auch mit einer Höhe von 185 Metern die Zentralen ihrer Konkurrentinnen Dresdner und Deutsche Bank klar übertroffen hätte.

Die folgende Genehmigungsplanung stellte ein Novum in der Frankfurter Hochhausgeschichte dar: Während die Stadt Frankfurt in vorangegangenen Jahren stets bemüht war, das Höhenstreben der Bauherren zu begrenzen, lud das vom Stadtrat und SPD-Vorsitzenden Martin Wentz geführte Planungsdezernat die Commerzbank ein, höher zu bauen als im Wettbewerb vorgesehen, um die gewünschte Wirkung für die Skyline zu erzielen.[775] Die Commerzbank nahm diese Einladung dankend an. Zum einen schöpfte man unter Beibehaltung der Grundrissfläche die maximal mögliche Höhe von 200 Metern für das höchste Nutzgeschoss aus, was für schlankere Proportionen des ausgeführten Gebäudes gegenüber dem Wettbewerbsentwurf sorgte.[776] Zum anderen streckte man den Technikturm erheblich bis auf eine Höhe von 259 Metern und übertraf auf diese Weise kaum zufällig den Messeturm um zwei Meter, was die Commerzbank-Zentrale zum

---

769 Gespräch mit Prof. Dr. Martin Wentz, 7.5.2018.
770 Vorprüfbericht v. 30.5.1991 zum „Ideenwettbewerb Commerzbank Frankfurt am Main – Erweiterung der Zentrale im Bankenviertel".
771 Ebd.
772 FAZ v. 22.2.1992; db 10/1991; FAZ v. 29.6.1991.
773 Vorprüfbericht v. 30.5.1991 zum „Ideenwettbewerb Commerzbank Frankfurt am Main – Erweiterung der Zentrale im Bankenviertel".
774 FAZ v. 29.6.1991.
775 Gespräch mit Prof. Dr. Martin Wentz, 7.5.2018, Gespräch mit Dr. h. c. Martin Kohlhaussen, 27.3.2018.
776 Die Verschlankung des Wettbewerbsentwurfs war ein Wunsch des Planungsdezernats (Gespräch mit Dr. h. c. Martin Kohlhaussen, 27.3.2018; FR v. 25.10.1991).

## 2.5 „Umweltverträglicher Fortschritt" – Die Hauptzentrale der Commerzbank in Frankfurt am Main

**Abb. 81** Messeturm, Frankfurt am Main, 1988–1990, Helmut Jahn (Foto 2013)

höchsten Gebäude Europas machte.⁷⁷⁷ Die Antenne geriet schließlich zum Instrument, um die 300-Meter-Marke zu durchbrechen, was ebenfalls vom Planungsdezernat unterstützt wurde.⁷⁷⁸

Wie bereits bei der Bekanntgabe des Wettbewerbsergebnisses war die Commerzbank während der Genehmigungsphase bemüht, die Höhenfrage nicht ins Blickfeld der Öffentlichkeit gelangen zu lassen. So sollte, wie interne Papiere belegen, nach der Einreichung des Bauantrags im Dezember 1992 gegenüber der Öffentlichkeit eine Höhe von 200 Metern kommuniziert werden, die sich jedoch lediglich auf die Höhe des obersten Nutzgeschosses bezog, wohingegen die mit Technikturm erreichte Rekordhöhe von 259 Meter nicht genannt werden sollte.⁷⁷⁹ Noch Mitte 1993 wird die Höhe des geplanten Commerzbankhochhauses daher in der Presse mit 200 Metern angegeben.⁷⁸⁰ Erst kurz vor dem Beginn der Bauarbeiten Anfang 1994, als die Genehmigungen der Stadt vorlagen, gerieten die geplanten Dimensionen des Commerzbankhochhauses in die Wahrnehmung der Öffentlichkeit und wurden im Stadtparlament kontrovers diskutiert.⁷⁸¹ Planungsdezernent Martin Wentz bestätigte neben den beiden Niveaus von 197 Meter für das höchste Vollgeschoss und 258 Metern für den Kühlturm auch eine Höhe von 298 Meter bis zu Antennenspitze an und wies auf die Rechtmäßigkeit des Genehmigungsverfahrens hin.⁷⁸² Die CDU-Fraktion forderte zwischenzeitlich, das Hochhaus auf die im Wettbewerb vorgesehene Höhe von 185 Meter zu begrenzen, nahm einen entsprechenden Antrag aber wieder zurück.⁷⁸³

So wurde das Commerzbankhochhaus pünktlich zur Feier des symbolischen ersten Spatenstichs am 26. Mai 1994 als „höchstes Bürogebäude Europas"⁷⁸⁴ mit einer Höhe von 258 Metern plus 40 Meter langer Antenne angekündigt. 1996 gelang es der Commerzbank schließlich, auch die psychologisch und medial wirksame 300-Meter-Marke noch zu durchbrechen und zwar mit Hilfe einer mannshohen Flugsicherungsleuchte, die an der Spitze der Antenne angebracht wurde.⁷⁸⁵ Das Überschreiten dieser imaginären Grenze war so bedeutsam auch für das Image der Stadt Frankfurt, dass man die Höhe von mehr als 300 Metern eigens durch ein Vermessungsbüro bestätigen ließ.⁷⁸⁶ Ein Kommentar der hochhausfreundlichen Frankfurter Allgemeinen Zeitung gewährt einen guten Einblick in die Wahrnehmung des Höhenstrebens in der Öffentlichkeit:

„Der Messeturm in Frankfurt ist 256,50 Meter hoch, das neue Gebäude der Commerzbank wird auf 258,70 Meter wachsen. Die Commerzbank, auf dem schmalen Grat zwischen Prahlerei und berechtigtem Stolz, Größe und Gigantomanie balancierend, wird nicht müde zu beteuern, wie wenig ihr daran liegt, daß sie bald das höchste Bürogebäude des Kontinents ihr eigen nennt. Bescheidenheit ist schließlich eine Zier, und 2,20 m Differenz sind im Grunde nur eine Winzigkeit. Doch die Commerzbank weiß auch, daß der kleine Unterschied für ein riesiges Medienecho bürgt: Der Gewinner ist eben immer interessanter als der Zweitplatzierte. Doch damit ist der Höhenflug

---

777 Bei der Einreichung des Bauantrags Ende 1992 war die geplante Gebäudehöhe auf 258,70 Meter gestiegen – ein bemerkenswertes Plus von über 25 Prozent gegenüber dem Wettbewerbsentwurf (Zusammenstellung der Daten zur Erweiterung der Zentrale im Bankenviertel v. 26.1.1993, unterzeichnet Ringsleben (HAC E 1081)).
778 Gespräch mit Prof. Dr. Martin Wentz, 7.5.2018.
779 Interne Zusammenstellung von technischen Daten zum Commerzbank-Hochhaus-Projekt v. 17.12.1992, handschriftlich gezeichnet Fra/Wa/DNP/Pi (HAC E 1081)).
780 FAZ v. 2.8.1993
781 FR v. 15.3.1994; FR v. 8.3.1994.
782 FR v. 8.3.1994.
783 Ebd.
784 Pressemeldung der Commerzbank AG v. 26.5.1994 (HAC E 1081); siehe auch: FAZ v. 27.5.1994; FR v. 27.5.1994.
785 FAZ v. 4.5.1996.
786 Gespräch mit Prof. Dr. Martin Wentz, 7.5.2018; FAZ v. 28.8.1998.

in Bankkreisen noch lange nicht zu Ende. Schließlich schmücken sich andere im Turmgebirge von Mainhattan mit einer Krone oder einer Leuchtpyramide als Gipfelkreuz. Die Commerzbank will sich eine Mammutantenne aufsetzen. 40,04 Meter misst das gute Stück und damit wird die Hochhausspitze verführerisch nah an die 300-Meter-Marke gerückt. Ein Meter und 30 Zentimeter sind eigentlich ‚Peanuts', werden sich die Männer von der Commerzbank gesagt haben, denn schließlich musste noch eine Warnlampe aufs hohe Haus. Die Größe des Hindernisfeuers beträgt, welch ein Zufall 1,60 Meter. Damit misst das Commerzbank Hochhaus von der Sohle bis zum Scheitel genau 300,34 m."[787]

Die Höhenfrage beim Bau der Konzernzentrale lässt sich kaum treffender kommentieren. Die Höhe eines Hochhauses wird in der Öffentlichkeit in Relation zu den bestehenden Bauwerken wahrgenommen. In Abhängigkeit der Bemessungsgrundlage lassen sich jedoch verschiedene Höhenmarken an einem Hochhaus setzen: oberstes Nutzgeschoss, oberste Dachfläche, Spitze der technischen Aufbauten. Die Höhenniveaus des Commerzbankhochhauses wurden derart justiert, dass auch bei unterschiedlichen Bemessungsgrundlagen jeweils ein Rekord erzielt wurde. Dies garantierte hohe mediale Aufmerksamkeit und setzte ein klares Zeichen gegenüber der Konkurrenz.

Im Bewusstsein über die Brisanz von Höhenrekorden beim Bau von Konzernzentralen in der öffentlichen Wahrnehmung nutzte die Commerzbank während der Genehmigungs- und Bauphase eine Salamitaktik, bei der man die verschiedenen Höhen so lange wie möglich verschleierte, bevor sie sukzessiv publik wurden. Um negativen Wahrnehmungen („Prahlerei", „Gigantomanie")[788] in der Öffentlichkeit entgegen zu treten, wird die Höhenfrage von der Konzernkommunikation bewusst relativiert und auf funktionale Aspekte reduziert. Dieses Muster wiederholte sich in erstaunlicher Kontinuität bei den Hochhausbauten aller Großbanken, wobei im Fall der Commerzbank stärker als zuvor noch ästhetische Aspekte des Städtebaus hinzutraten. So führte Vorstandssprecher Martin Kohlhaussen auf dem Richtfest im August 1996 aus:

„Wir sehen daran, Größe hat nicht unbedingt etwas mit Höhe zu tun. Ich sage das ganz bewußt für alle diejenigen, die glauben, die Höhe unserer neuen Zentrale hätte für uns einen eigenständigen Wert. Der erste Entwurf von Sir Norman Foster sah nur eine Höhe von 185 Metern vor; dafür war der geplante Turm aber sehr viel breiter und wuchtiger. Nicht zuletzt auf Drängen der Stadt haben wir den Turm schlanker und damit höher geplant. Dies war erforderlich, um das Gebäude einerseits harmonischer ins Städtebild einzupassen und andererseits aber dennoch die für unseren Geschäftsbetrieb notwendige Bürofläche bauen zu können."[789]

Die stereotype Auffassung, „daß der Konzern in langen Verhandlungen mit dem rot-grünen Magistrat seine wirtschaftlichen Interessen voll durchgesetzt hat"[790], entsprach jedoch nicht der Realität, denn die Commerzbank ging eine bis dato einmalige Allianz mit dem städtischen Planungsdezernat ein, das die Dimensionen des Hochhauses wesentlich beeinflusste.

### 2.5.6 Transparente Büroräume

In Zusammenarbeit mit dem Quickborner Team, der Beratungsfirma, die bereits beim Neubau der Dresdner Bank-Zentrale mitwirkte,[791] wurden die

---

787 FAZ v. 4.5.1996.
788 Ebd.
789 Manuskript für die Rede von Vorstandssprecher Martin Kohlhaussen anlässlich des Richtfests für die Zentrale der Commerzbank AG am 23.8.1996 (HAC S6).
790 FR v. 27.5.1994.
791 S. Kap. 2.3.5.

regulären Büroetagen der Commerzbank-Zentrale als eine Mischung aus traditionellen Bürozellen und einem Großraumbüro organisiert (Abb. 74).[792] Umgesetzt wurde das 1995 erarbeitete Konzept, indem die Trennwände zwischen den Büros und den Fluren als Pfosten-Riegel-Konstruktion mit raumhohen Glasscheiben gebaut wurden (Taf. 32), so dass sich die kommunikativen Sichtbeziehungen und die Offenheit eines Großraumbüros mit der Schallisolation eines Einzelbüros kombinieren ließen.[793] Möglich wurde dieses hohe Maß an Transparenz im Innenraum, weil aufgrund der Tragkonstruktion, die aus zwischen den Kernen eingespannten Vierendeel-Rahmen besteht,[794] keine tragenden Wände in den Büroetagen notwendig waren. Skizzen aus dem Büro Foster, die verschiedene Varianten der Raumteilung für die Büroorganisation veranschaulichen, machen die hohe Flexibilität des freien Grundrisses deutlich (Abb. 77).

Die Flure zwischen den Büros gestaltete man als Kommunikationszonen, „Meeting-Points"[795] genannt, die mit Sitzgruppen, Aktenschränken und Bürogeräten bestückt wurden. Aufgrund der gläsernen Bürowände bestand nicht nur Sichtkontakt zwischen den Büros und den Kommunikationszonen, sondern es gelangte auch viel Tageslicht in diese innenliegenden Räume. In dieser Beziehung konnten die gläsernen Wände auch dem ökologischen Ansatz des Hochhauses subsumiert werden, wie es Vorstandsmitglied Dr. Jürgen Terrahe, nach den Vorzügen der gläsernen Bürowände gefragt, tat: „Worum es geht: Transparenz, Offenheit, Kommunikation einerseits, Tageslicht, Wohlbefinden, Energieeinsparung andererseits, das sind wichtige Argumente."[796]

Diese in einer Mitarbeiterzeitschrift der Commerzbank getätigte Äußerung Terrahes zeigt darüber hinaus, dass neben der umweltbewussten Begründung ein zweiter Argumentationsstrang eröffnet wurde, welcher die Transparenz, die in diesem Kontext mit Offenheit und Kommunikation in Verbindung gebracht wurde, als Zielsetzung nennt. Das muss deshalb hervorgehoben werden, weil es, wie im nächsten Kapitel belegt wird, nach dem Baubeginn 1994 zu einem Strategiewechsel in der Darstellung des Hochhauses kam, bei dem die – dann symbolisch ausgelegte – Transparenz als architektonische Leitidee herausgestellt wurde, welche den ökologischen Ansatz teilweise überdeckte. Die Organisation der Büroetagen mit Glastrennwänden konnte folglich sowohl als Resultat des ökologischen Entwurfsansatzes wie auch als Ausdruck einer transparenten Architektur kommuniziert werden.

### 2.5.7 Mediale Darstellung und Wahrnehmung des Hochhauses

**Der Bau als Public Relations-Aufgabe**
Angesichts des hohen Bewusstseins für die Wirkung des neuen Hochhauses auf das Image des Unternehmens wundert es nicht,[797] dass die Commerzbank die Wahrnehmung der neuen Zentrale mit gezielter Öffentlichkeitsarbeit in ihrem Sinne zu steuern suchte:

„Das Bauprojekt soll von der Planungsphase bis zur Fertigstellung durch intensive PR-Arbeit begleitet werden. Es ist wichtig, die Öffentlichkeit und die Mitarbeiter der Commerzbank

---

792 „Mitten drin: der Meeting-Point" (Commerzielles extra v. 14.2.1996).
793 Vorstandsmitglied Dr. Jürgen Terrahe beschrieb das Konzept folgendermaßen: „Wenn man der Kommunikation und der Teamarbeit hohe Priorität beimißt, die mit einem Großraumbüro verbundenen Störfaktoren aber vermeiden will, kommt man fast zwangsläufig zu unserem Konzept" („Nachgefragt: Das gläserne Büro? – Interview mit Dr. Jürgen Terrahe" (Commerzielles extra v. 14.2.1996)).
794 Bei einem Vierendeel-Rahmen handelt es sich um einen aus Stäben zusammengesetzten Träger mit rechteckigen Feldern, bei dem die Verbindungen nicht als Gelenke, sondern biegesteif ausgeführt werden, so dass auf diagonale Streben verzichtet werden kann. Nähere Informationen zum Tragwerk des Commerzbank Hochhauses: Stahl und Form 1997, S. 9–17; Commerzbank Tower 1996.
795 „Mitten drin: der Meeting-Point" (Commerzielles extra v. 14.2.1996).
796 „Nachgefragt: Das gläserne Büro? – Interview mit Dr. Jürgen Terrahe" (Commerzielles extra v. 14.2.1996.
797 S. Kap. 2.5.2.

anzusprechen: Das Projekt – technisch und ökologisch innovativ – kann einen erheblichen Imagegewinn für die Bank bedeuten."[798]

Ein bereits vor dem Beginn der Bauarbeiten beschlossener Bestandteil der vorgesehenen PR-Maßnahmen war ein bildbetontes Buch, auf das weiter hinten näher eingegangen wird. Ebenfalls 1994 wurde eine gemeinsam von der Bau- und der Kommunikationsabteilung der Bank konzipierte Informationsbroschüre erstellt,[799] die zur Fertigstellung 1997 in aktualisierter und überarbeiteter Fassung neu aufgelegt wurde.[800] Im Vorentwurf der Broschüre 1993 finden sich noch Ausführungen zur „Unternehmensphilosophie", die in Anlehnung an die Wettbewerbsunterlagen die umweltbewusste Konzeption in den Vordergrund rücken:

„[...] als Teil der Commerzbank-Philosophie standen bei den Planungsüberlegungen Fragen der Umweltfreundlichkeit an erster Stelle. Die neue Commerzbank-Zentrale hat sich zur Aufgabe gesetzt, zum Meilenstein in der Entwicklung ökologisch orientierter Gebäude zu werden."[801]

In Ergänzung dessen wird im Entwurf der Broschüre unter der Rubrik „Die öffentliche Meinung" noch unverblümt ausgeführt, dass die Konzeption der Architektur als Instrument der Identitätsstiftung und Imagebildung begriffen wird:

„Die Commerzbank und das Planungsteam sehen in dem Projekt eine Gelegenheit, durch einen ökologisch orientierten Neubau das Image einer innovativen und fortschrittsbewußten Bank zu festigen. Durch einen Neubau, der [...] über mehrere Jahre als vorbildliches Beispiel für umweltfreundliche Architektur gelten wird, beweist die Bank, daß sie ihre gesellschaftliche Verantwortung ernst nimmt."[802]

**Vom Umweltschutz zur Transparenz – Ein Strategiewechsel**

In der 1994 zum Baubeginn aufgelegten Informationsbroschüre wurde demgegenüber auf Angaben zur im Hochhaus versinnbildlichten Unternehmensphilosophie gänzlich verzichtet.[803] Bemerkenswerterweise wurde nicht einmal mehr der entwurfsbestimmende umweltfreundliche Ansatz als solcher erwähnt. Stattdessen beschränkte sich die Broschüre auf eine nüchterne Darstellung von Fakten, bei der das energieeffiziente Bauen auf eine summarische Aufzählung von gebäudetechnischen Maßnahmen reduziert wurde. Selbst unter der Rubrik „Neue Hochhausgeneration" wurde der ökologische Entwurfsansatz Fosters – der ja eigentlich erst dazu berechtigte, von einer neuen Hochhausgeneration zu sprechen – ausgeklammert. Stattdessen findet sich dort in der Hauptsache eine technokratisch anmutende Beschreibung des Grundrisses. Als positive Merkmale des Turms werden allein dessen „hohe Transparenz" und die „schlanke und leichte" Erscheinung hervorgehoben.

In der Einladung zum Richtfest am 23. August 1996 wird das Hochhaus zwar wieder als Sinnbild der Unternehmensphilosophie dargestellt, allerdings wird nicht der umweltfreundliche Ansatz, sondern die Transparenz des Gebäudes damit in Verbindung gebracht: „Die neue Zentrale der Commerzbank am Kaiserplatz ... ein Haus der

---

798 Protokoll des Gesprächs von DS mit Dr. Grüneis und Herrn Ringsleben, ZAB, am 10.4.1992 (HAC E 1081).
799 Erweiterung der Commerzbank Zentrale im Bankenviertel, Frankfurt am Main, hg. v. Zentralen Servicebereich Bau und dem Zentralen Stab Kommunikation der Commerzbank AG, Frankfurt a. M., circa 1994 (Informationsbroschüre).
800 Die neue Commerzbank Zentrale in Frankfurt am Main, hg. v. Zentralen Stab Kommunikation der Commerzbank AG, Frankfurt a. M., circa 1997 (Informationsbroschüre).
801 Entwurf für eine Informationsbroschüre über das neue Commerzbank-Hochhaus, 1993 (HAC E 1081).
802 Ebd.
803 Erweiterung der Commerzbank Zentrale im Bankenviertel, Frankfurt am Main, hg. v. Zentralen Servicebereich Bau und dem Zentralen Stab Kommunikation der Commerzbank AG, Frankfurt a. M., circa 1994 (Informationsbroschüre).

Transparenz und Kommunikation, Ausdruck der Unternehmensphilosophie."[804]

Diese neue Linie in der Kommunikation des Unternehmens kam auch in den Reden und Statements der Konzernrepräsentanten zum Ausdruck. Vorstandssprecher Martin Kohlhaussen bezeichnete die neue Zentrale auf dem Richtfest als „Haus der Transparenz, der Kommunikation und der Teamarbeit".[805] An anderer Stelle schrieb Kohlhaussen, das Hochhaus würde „ein sehr offener Bau sein, ein Symbol für die Transparenz im Bankgeschäft."[806] Und selbst Ulrich Ramm, der Initiator des ökologischen Architekturansatzes, ließ 1997 verlautbaren, das Commerzbank-Hochhaus „solle nach außen ‚Transparenz und Aufgeschlossenheit' signalisieren."[807] Um die Zeit der Fertigstellung hoben die Repräsentanten der Commerzbank demnach die Transparenz des Gebäudes hervor, die sinnbildlich für die Bank stehen sollte.

In der überarbeiteten Informationsbroschüre von 1997 hieß es schließlich: „Bereits hier erlebt der aufmerksame Betrachter die Leitidee, Transparenz und Funktionalität ausgewogen zu vereinen."[808] Konsequenterweise wird der ökologische Entwurfsansatz auch in der neuen Broschüre nicht herausgestellt, jedoch nicht mehr so konsequent ausgeblendet wie in der älteren. So finden in der neueren Broschüre immerhin Begriffe wie „nachhaltige Energieeinsparung" oder „Energiewirtschaftlichkeit" im Zusammenhang mit spezifischen Themen Verwendung.

Es lässt sich resümieren, dass ganz offensichtlich mit dem Baubeginn 1994 ein grundlegender Strategiewechsel in der öffentlichen wie auch internen Kommunikation des Hochhausprojektes auf Unternehmensseite stattfand, über dessen Hintergründe nach derzeitigem Forschungsstand nur gemutmaßt werden kann. Der ökologische Ansatz wurde seither nicht mehr expliziert, sondern marginalisiert. Vor allem in der Broschüre von 1994 wurde das Hochhaus als nüchterner Zweckbau charakterisiert, bei dem es zuvorderst um die Erfüllung funktionaler Anforderungen ging. Diese betonte Sachlichkeit findet auch an der Fassade einen Widerhall, wo die Palette auf Grau- und Weißtöne beschränkt wurde (Taf. 30).[809] Um den Zeitpunkt der Fertigstellung 1997 finden sich in den bankseitigen Darstellungen des Hochhauses zwar wieder Hinweise auf ökologische Qualitäten, doch werden „Transparenz und Funktionalität"[810] anstelle des „Umweltverträglichen Fortschritts"[811] als Leitidee des Entwurfs kommuniziert.

Die Deutung der neuen Commerzbank-Zentrale folgte damit einem Muster, das bei US-amerikanischen Bankgebäuden bereits Ende der 1950er Jahre bemüht wurde und in den 1990er Jahren längst zum Kanon einer modernen Bankenikonographie gehörte.[812] Hierzu gehörte die Betonung des Funktionalen, um die repräsentativen Aspekte des Hochhauses zu relativieren, wie auch die Hervorhebung der Transparenz, die symbolisch vom Gebäude auf die Bank übertragen wurde. In diesem Untersuchungsrahmen ist bemerkenswert, dass das Schlüsselattribut „Transparenz" bei den Vorüberlegungen und in den Wettbewerbsunterlagen keine Rolle spielte und man stattdessen mit

---

804 Einladung zum Richtfest für die neue Zentrale der Commerzbank AG am 23.8.1996 (HAC S6). – Interpunktion entspricht dem Originalzitat.
805 Manuskript für die Rede von Vorstandssprecher Martin Kohlhaussen anlässlich des Richtfests für die Zentrale der Commerzbank AG am 23.8.1996 (HAC S6).
806 Vorwort von Martin Kohlhaussen (Commerzielles extra v. 14.2.1996).
807 Zitiert nach Welt am Sonntag v. 24.8.1997.
808 Die neue Commerzbank Zentrale in Frankfurt am Main, hg. v. Zentralen Stab Kommunikation der Commerzbank AG, Frankfurt a. M., circa 1997. (Informationsbroschüre)
809 Nach Aussage des damaligen Planungsdezernenten Martin Wentz sah Norman Fosters Entwurf eine andersartige, vertikaler strukturierte Fassade vor. Aus Kostengründen setzte die Bank aber die realisierte Fassung gegen den Willen des Architekten durch (Gespräch mit Prof. Dr. Martin Wentz, 7.5.2018).
810 Die neue Commerzbank Zentrale in Frankfurt am Main, hg. v. Zentralen Stab Kommunikation der Commerzbank AG, Frankfurt a. M., circa 1997 (Informationsbroschüre).
811 Interner Katalog der Planungsvorgaben für den Hochhausneubau, vermutlich 1990 (HAC E 1081).
812 S. Kap. 3.4.

dem ökologischen Entwurfsansatz eigentlich ein Alleinstellungsmerkmal gegenüber den anderen Banken schaffen wollte. Insofern stellt sich die Frage, wo die von den Repräsentanten der Bank gepriesene Transparenz des Gebäudes überhaupt zum Ausdruck kommt. An der Fassade sorgen Fensterbänder zwar für einen hohen Anteil transparenter Flächen, doch geht dieser nicht über die für Bürohochhäuser mit Curtain Wall übliche Größenordnung hinaus. Von einem hohen Maß an Transparenz gekennzeichnet sind hingegen die Büroetagen mit ihren Glastrennwänden (Taf. 32), deren Konzeption 1995 sich mit der aufkommenden Betonung von Transparenz zeitlich überlagert, so dass hier durchaus ein Zusammenhang angenommen werden kann.[813]

### Die Präsentation des Hochhauses im Buch

Wie bereits Dresdner Bank und Deutsche Bank ließ auch die Commerzbank ein Buch über ihre neue Zentrale erstellen. Anders als ihre Konkurrentinnen trat die Commerzbank aber nicht offen als Auftraggeberin in Erscheinung, sondern ließ dieses in einer prominenten Reihe für Architektur-Monografien veröffentlichen. Man entschied sich Anfang 1994 für eine Publikation in der bildbetonten Reihe „Opus" der Edition Axel Menges.[814] Die Kosten für die Publikation waren im PR-Budget für den Hochhausbau veranschlagt.[815] Als Autor für den Begleittext engagierte die Bank mit Volker Fischer einen Fachmann für zeitgenössische Architektur, der bis dato als stellvertretender Direktor des Deutschen Architekturmuseums in Frankfurt am Main fungierte.[816] Außerdem lieferte Horst Grüneis, der den Bau von Seiten der Commerzbank beaufsichtigte, technische Erläuterungen zum Gebäude.

Auf diese Weise gelang der Commerzbank gewissermaßen eine Synthese der Bücher, die Dresdner Bank und Deutscher Bank anlässlich der Einweihung ihrer Zentralen publizierten: eine opulente Präsentation von Bildern kombiniert mit einem sachlichen Text aus externer Feder. Damit konnte das Hochhaus visuell beeindruckend dargestellt werden, ohne dass das Buch in den Verdacht geriet, ein Werbeprodukt zu sein. Gleichwohl kann man sich ob einiger übertrieben affirmativer Aussagen Fischers nicht des Eindrucks erwehren, dass der Text von der Kommunikationsabteilung des Unternehmens redigiert worden ist.[817] Darüber hinaus eignete sich das Format, auch einen größeren Kreis von Architekturexperten und -interessierten anzusprechen.

### Die Rezeption des Hochhauses in Medien und Öffentlichkeit

Die Architektur der neuen Commerzbank-Zentrale erfuhr im Vergleich zu den vorangegangenen Bankhochhäusern eine weitaus größere Aufmerksamkeit in der Presse, auch überregional. Zwei Gründe waren dafür ausschlaggebend: Der eine ist die Rekordhöhe des seit 1997 höchsten Gebäudes Europas,[818] der andere ist der ökologische Entwurfsansatz des Hochhauses.[819] Während sich bei der Höhe Kritik und Bewunderung mischten, wurde über die umweltfreundliche Konzeption durchgängig positiv berichtet. Sogar der hochhauskritische Spiegel lobte den Com-

---

813 S. Kap. 2.5.6.
814 Opus 1997. – Schreiben von Ulrich Ramm und Weber an Dr. Jürgen Terrahe und Martin Kohlhaussen v. 17.1.1994 betr. Herstellung eines Bildbandes über den Neubau (HAC E 1081).
815 Internes Schreiben von Ulrich Ramm und Dr. Franck an Dr. Horst Grüneis v. 15.4.1994 betr. Kommunikationskonzept (HAC E 1081).
816 Schreiben von Prof. Dr. Volker Fischer an Weber, Zentraler Stab Kommunikation, v. 25.4.1994 betr. Annahme der Autorenschaft für den „Opus-Band" (HAC E 1081).
817 Z. B. zur „Plaza": „Hier zeigt sich eindrucksvoll die Idee eines der Bürgerschaft verpflichteten, gleichwohl privat finanzierten Raumes, gewissermaßen eine in der Gegenwart realisierte ‚Civitas'-Vorstellung" (Fischer 1997, S. 12).
818 S. Kap. 2.5.5.
819 Z. B.: Welt am Sonntag v. 24.8.1997, FAZ v. 14.8.1996, Focus 34/1996, Zeitmagazin 45/1996, FR v. 27.5.1994, NZZ v. 22.2.1992.

merzbank Tower als „Geniestück"[820]. Auch in der Fachpresse und -welt wurde das Commerzbankhochhaus – im Unterschied zu vorangegangenen Bankzentralen – viel beachtet und gewürdigt.[821] Für seine architektonische Qualität wurde das Gebäude unter anderem vom Bund Deutscher Architekten (BDA) in Frankfurt mit der Martin-Elsässer-Medaille ausgezeichnet und vom Royal Institute of British Architects mit dem RIBA Architecture Award.[822] Die Frankfurter Allgemeine Sonntagszeitung stellte somit treffend fest: „Auch, daß ökologische Überlegungen stärker als üblich in die Planung einflossen, verschaffte Fosters Entwurf eine ungewöhnlich starke Resonanz bei Fachleuten und Öffentlichkeit."[823]

Generierte die Rekordhöhe auf der einen Seite ein hohes Maß an öffentlicher Aufmerksamkeit, sorgte das Konzept einer technologisch fortschrittlichen, aber umweltverträglichen Architektur auf der anderen Seite für einen hohen Grad an öffentlicher Akzeptanz und wirkte Ressentiments gegenüber Bankhochhäusern erfolgreich entgegen. Damit griff das im Vorfeld erarbeitete CI-Konzept eines ökologischen Hochhauses bemerkenswerterweise genau so, wie es von der Kommunikationsabteilung des Unternehmens angedacht war, auch wenn es nach einem Strategiewechsel in der Öffentlichkeitsarbeit der Bank im Bauverlauf relativiert wurde. Die nachträglich zur Leitidee erhobene Transparenz wurde hingegen nur am Rande wahrgenommen.

## 2.5.8 Zusammenfassung: Das Hochhaus der Commerzbank als Symbol eines fortschrittlichen und umweltbewussten Unternehmens

Setzte die Commerzbank mit ihrem Hochhaus 1974 noch neue Maßstäbe, so erschien die Unternehmenszentrale Anfang der 1980er Jahre vor dem Hintergrund von Neubauten insbesondere der Dresdner Bank und der Deutschen Bank bereits wieder zu klein. Aufgrund sich ändernder lokalpolitischer Rahmenbedingungen konnte der Wunsch eines Neubaus am etablierten Platz jedoch erst in den 1990er Jahren nach einer längeren, bewegten Vorgeschichte realisiert werden (Taf. 30).

Vor dem Hintergrund eines gestiegenen Bewusstseins für die Bedeutung von Architektur im Rahmen einer Corporate Identity wurde von der Commerzbank ein Anforderungsprofil an das zu planende Gebäude entwickelt, das hinsichtlich der kommunikativen Dimension der Konzernzentrale in Quantität und Qualität über vergleichbare Überlegungen der Mitbewerberinnen hinausging. Im maßgeblich von Ulrich Ramm, dem Leiter des Zentralen Abteilung für Volkswirtschaft und Kommunikation, erarbeiteten Konzept wurde ein ökologischer Ansatz in den Fokus gestellt, der im politischen Klima der späten 1980er und frühen 90er Jahre eine breite gesellschaftliche Akzeptanz versprach und das positive Image eines verantwortlich handelnden Unternehmens evozierte. Umgesetzt werden sollte der ökologische Ansatz mittels innovativer Gebäudetechnik, die das Unternehmen zugleich fortschrittlich erscheinen lassen sollte. So sollte der als Ziel im Leitbild der Commerzbank formulierte „umweltverträgliche Fortschritt"[824] architektonisch visualisiert werden. Dabei war man sich im Klaren darüber, dass die Konzernzentrale in Relation zu den Gebäuden der anderen Großbanken gesehen werden würde und wollte die Gelegenheit nutzen, sich mittels der Hochhausarchitektur positiv von den Mitbewerberinnen abzuheben.

Mit Norman Foster wurde nach einem Wettbewerb 1991 ein weltbekannter Architekt beauftragt, dessen architektonischer Ansatz den Anforderungen einer technologiebasierten ökologischen Bau-

---

820 Der Spiegel 38/1997, S. 226.
821 Z. B.: Architectural Review 7/1997, Baumeister 5/1997, Detail 3/1997, Design Report 9/1994.
822 https://www.fosterandpartners.com/projects/commerzbank-headquarters/ [8.8.2018]; FAZ v. 9.4.1998; FR v. 9.4.1998.
823 FAS v. 13.7.1997.
824 Unterlagen für einen „Ideenwettbewerb – Commerzbank Frankfurt am Main – Erweiterung der Zentrale im Bankenviertel", 1991 (HAC E 1081).

weise geradezu ideal entsprach. Der schließlich 1994–1997 errichtete neue Commerzbankturm wurde vom Büro Foster derart konzipiert, dass auf die bis dahin bei Hochhausbauten übliche Klimaanlage komplett verzichtet werden konnte, was hohe Energieeinsparungen möglich machte. Im Mittelpunkt des Konzepts stand eine natürliche Belüftung der Büroräume, die zum einen durch eine in hohem Maße technisierte Vorhangfassade erreicht werden konnte. Zum anderen gruppierte Foster die Bürotrakte um ein zentrales Atrium, das auch eine natürliche Belüftung innenliegender Büroflächen ermöglichte. Darüber hinaus wurden zahlreiche weitere Maßnahmen ergriffen, um den Energie- und Ressourcenverbrauch des Hochhauses gegenüber vergleichbaren Gebäuden zu reduzieren. Sichtbar zum Ausdruck bringen den ökologischen Ansatz mehrere geschossübergreifende Gärten, die spiralförmig um das Hochhaus angeordnet sind und die Fassade strukturieren. Diese spektakulären Grünräume erzielten erwartungsgemäß ein hohes Interesse in der Öffentlichkeit und transportierten das Bild eines ökologischen Hochhauses in die Medien.

Als zweites Leitmotiv des Hochhauses kommunizierte die Bank nach dem Beginn der Bauarbeiten die Transparenz, deren Bedeutung dann teilweise über den ökologischen Ansatz gestellt wurde. Nennenswert umgesetzt wurde das Motiv der Transparenz allerdings nur im Innenraum, wo mittels gläserner Trennwände die Grundrisse als Mischung aus Bürozellen und Großraumbüro organisiert sind. Ansonsten handelt es sich eher um eine rhetorische Anlehnung an eine in der zweiten Hälfte des 20. Jahrhunderts etablierte moderne Bankenikonographie. Hierzu gehören ebenso die von der Commerzbank hervorgehobenen Eigenschaften Funktionalität und Sachlichkeit.

Die Betonung dieser beiden Eigenschaften stand auch in einem Zusammenhang mit der Höhe des Gebäudes und folgte damit ebenfalls einem im Bankhochhausbau mittlerweile fest etablierten rhetorischen Muster. Während die nach dem Wettbewerb kommunizierte Höhe von 185 Metern vor dem Hintergrund der neuen Hochhausgeneration, vor allem des 257 Meter hohen Messeturms, keine große Aufmerksamkeit erregte, änderte sich das schlagartig, als bekannt wurde, dass die Commerzbank mit 259 Metern bis zur Traufe respektive 300 Metern bis zur Antennenspitze das höchste Gebäude Europas bauen würde. Der damit einhergehenden Möglichkeit einer negativen Wahrnehmung des Hochhauses wirkte die Bank entgegen, indem sie erstens die geänderten Höhenangaben so spät wie möglich bekannt gab und zweitens bei der Kommunikation in geschickter Weise unterschiedliche Höhenreferenzen nutzte. Unterstützung erhielt die Commerzbank vom städtischen Planungsdezernat um Martin Wentz, das die Bank aus städtebaulichen und ästhetischen Gründen ermunterte, höher zu bauen als im Wettbewerb vorgesehen – ein Novum in der Frankfurter Hochhausgeschichte.

Den Anspruch gesellschaftlicher Verantwortung wollte die Commerzbank neben der umweltfreundlichen Konzeption auch über die städtebauliche Integration des Hochhauses visuell zum Ausdruck bringen. Hierbei dachte man in zwei verschiedenen Maßstäben. Zum einen sollte sich das Hochhaus in der Fernwirkung in das Stadtbild fügen und die Silhouette akzentuieren. Dies führte dazu, dass die Höhe und die Proportionen des Hochhauses in enger Abstimmung mit dem Planungsdezernat der Stadt modifiziert wurden. Zum anderen sollte – ebenso nach städtischer Maßgabe – der historische Blockrand mit gemischten Nutzungen im Sinne eines postmodernen Städtebaus wiederhergestellt werden. Um das im Blockinneren situierte Hochhaus dennoch an den städtischen Raum anzubinden, wurde eine halböffentliche „Plaza" mit gastronomischen Angeboten an der Basis des Gebäudes vorgesehen.

Der Commerzbankturm wurde in der Öffentlichkeit, in den Medien und in der Fachwelt viel beachtet und übertraf vorangegangene Bankhochhäuser in dieser Hinsicht deutlich. Ursächlich dafür waren in erster Linie zwei Aspekte: die Rekordhöhe des Gebäudes und seine ökologische Konzeption. Letztere trug maßgeblich dazu bei, ein positives Bild des Commerzbankturms zu erzeugen. Trotz einer vergleichsweise zurückhaltenden Begleitung des Baus von Seiten der Public

2 Fallstudien

**Abb. 82** RWE Zentrale, Essen, 1994–1997, Ingenhoven Overdiek und Partner (Foto 2019)

Relations, die sich etwa darin äußerte, dass eine Publikation über das Hochhaus einem externen Herausgeber überlassen wurde, erzeugte der innovative umweltfreundliche Ansatz ein beachtliches öffentliches Interesse an dem Gebäude, das bis heute anhält und sich in einer hohen Nachfrage nach Architekturführungen durch das Hochhaus äußert.

Damit lässt sich resümieren, dass das ursprüngliche Konzept Ulrich Ramms, mittels einer innovativ ökologischen und zugleich technisch fortschrittlichen Architektur ein positives Image der Bank zu erzeugen und sich auf diese Weise von den Mitbewerberinnen abzuheben, letztlich voll aufging. Obgleich die Bank während der Bauzeit ein Stück weit davon abrückte, führte der Erfolg des Konzepts schließlich nicht nur dazu, dass die Commerzbank sich wieder voll dazu bekannte, sondern auch zu einer starken Identifikation der Bank und ihrer Angestellten mit dem Gebäude.

## 2.6 „Der gläserne Riese" – Die Hauptzentrale von RWE in Essen

### 2.6.1 Einleitende Baugeschichte

Vielbeachtet, auch und besonders wegen seiner ökologischen Konzeption, wurde die neue Zentrale der RWE AG in Essen (Abb. 82), die nahezu zeitgleich mit dem neuen Commerzbank-Hochhaus in Frankfurt am Main im Bau war. Die Vorgeschichte der beiden Hochhäuser weist darüber hinaus Verbindungen auf. Christoph Ingenhoven, der Architekt des RWE-Hochhauses, gewann 1991 hinter Norman Foster den zweiten Platz beim Wettbewerb für den Neubau der Commerzbank in Frankfurt am Main (Abb. 83).[825]

**Abb. 83** Wettbewerbsmodell (2. Preis) von Christoph Ingenhoven für den Neubau der Commerzbank Zentrale in Frankfurt am Main, 1991

Ebenfalls im Frühjahr 1991 veranstaltete die Rheinisch-Westfälische Elektrizitätswerk AG (RWE) einen gemeinsamen städtebaulichen Wettbewerb mit der Ruhrkohle AG (RAG) für ein Grundstück südlich des Essener Hauptbahnhofs, aus dem eine Arbeitsgemeinschaft der bis dahin unbekannten jungen Düsseldorfer Architekten Christoph Ingenhoven und Bob Gansfort als Siegerin hervorging.[826] Der Entwurf von Ingenhoven und Gansfort sah unter anderem drei punktuelle Hochhäuser vor, die städtebauliche Akzente im bereits von Verwaltungsbauten geprägten südlichen Stadtzentrum setzen sollten (Abb. 84). Für das Hochhaus am Opernplatz, das als neue Kon-

---

825 db 125, 10/1991; FAZ v. 29.6.1991.
826 aw 150/1992; Wettbewerbe Aktuell 9/1991. Der 2. Platz ging an HPP, Düsseldorf, der 3. Platz an Auer + Weber, München/Stuttgart. Den Vorsitz der Jury hatte der Stadtplaner Prof. Peter Zlonicky inne.

2 Fallstudien

**Abb. 84** Städtebauliches Wettbewerbsmodell für das Areal RWE/RAG in Essen von Christoph Ingenhoven und Bob Gansfort (1. Preis), 1991

zernzentrale der RWE AG vorgesehen war, erhielt Ingenhoven schließlich den Auftrag für die Realisierung.[827] Seit 1993 firmierte sein Architekturbüro unter dem Namen Ingenhoven Overdiek und Partner. Wie Ingenhoven ausführte, wurden die Wettbewerbsentwürfe für die Commerzbank und das Gelände der RWE/RAG im Büro nebeneinander bearbeitet.[828]

Für die detaillierte Entwurfsplanung des RWE-Hochhauses

„konnten die Erfahrungen des Frankfurter Entwurfs – an dem auch Frei Otto mitgewirkt hatte – produktiv genutzt werden. Das war möglich, obwohl die Bauaufgabe in Essen wesentlich kleiner dimensioniert war als die des Commerzbank-Hochhauses. Dennoch mußten verschiedene Komplexe – etwa die energetisch optimale Grundrissfigur oder die doppelschalige Fassade – nicht völlig neu konzipiert werden."[829]

Die symbolische Grundsteinlegung für das Hochhaus erfolgte am 12. September 1994.[830] Nach dreijähriger Bauzeit fand am 13. März 1997 schließlich die feierliche Eröffnung statt.[831]

### 2.6.2. „Fort vom alten ‚Wattikan'" – der Bau der neuen Zentrale vor dem Hintergrund der neuen Konzernstruktur

Mit der Übernahme des Mineralölkonzerns Deutsche Texaco 1988 begann der grundlegende Umbau des bis dahin primär als Stromversorger aufgetretenen Rheinisch-Westfälischen Elektrizitätswerks zu einem international ausgerichteten, diversifizierten Mischkonzern.[832] 1990 wurde mit der RWE AG, welche die ehemalige Abkürzung als neuen Firmennamen führte, eine Holding gegründet, die als strategische Dachgesellschaft für sechs weitgehend eigenständige Tochtergesellschaften aus unterschiedlichen Geschäftsfeldern fungierte: RWE Energie, Rheinbraun (Bergbau und Rohstoffe), RWE-DEA (Mineralöl und Chemie), Lahmeyer (Maschinenbau etc.), RWE Entsorgung und Hochtief (Bau).[833] In diesem Zusammenhang sollte mit dem Bau der neuen Konzernzentrale in Essen nicht nur ein eigener Sitz für die neu geschaffene Muttergesellschaft RWE AG errichtet werden, sondern der Holding auch buchstäbliche Sichtbarkeit verliehen und die neue Unternehmensstruktur zum Ausdruck gebracht werden. Dietmar Kuhnt, Vorstandsvorsitzender der RWE AG, formulierte diese Zielsetzung auf dem Richtfest 1996: „Mit dem Turm erhält der Konzern ein neues Zentrum, architektonisch ein neues Gesicht."[834]

---

827 Bob Gansfort erhielt den Auftrag für die vorgesehene Wohnbebauung und HPP wurden mit der Randbebauung sowie der Tiefgarage beauftragt (Pressemitteilung der RWE AG v. 12.9.1994 (HK RWE)).
828 Briegleb/Ingenhoven/Frankenheim 2000, S. 88.
829 Ebd., S. 89.
830 Nagel/Leitner 2000, S. 104.
831 Ebd., S. 108.
832 Heck 1998, S. 261–264.
833 Ebd.
834 Redemanuskript des Vorstandsvorsitzenden der RWE AG Dietmar Kuhnt anlässlich des Richtfestes am 27.6.1996 (HK RWE).

2.6 „Der gläserne Riese" – Die Hauptzentrale von RWE in Essen

**Abb. 85** Alte Hauptverwaltung des RWE („Wattikan"), Essen, Erweiterungsbau, 1975–1981, Hanns Dustmann (Foto 2018)

Der alte Sitz des RWE, ein im Essener Volksmund mehrdeutig als „Wattikan" bezeichneter Komplex aus zwei Hochhäusern und weiteren Verwaltungsbauten (Abb. 85), der sich nur einige hundert Meter Luftlinie entfernt befand, wurde zum Sitz der neuen Tochtergesellschaft RWE Energie umgenutzt. Der Spitzname Wattikan für den nach Plänen von Hanns Dustmann in den 1960 und 70er Jahren erbauten Verwaltungskomplex des RWE spiegelte auch eine gewisse Skepsis in der Bevölkerung gegenüber der historisch bedingt engen Verflechtung des Energiekonzerns mit der kommunalen Politik wider. Seit 1924 verfügten die kommunalen Anteilseigner des RWE über ein Sonderrecht, das ihnen die Stimmenmehrheit im Konzern sicherte, auch wenn sie nicht mehr über die Kapitalmehrheit verfügten.[835] Das hatte nicht nur zur Folge, dass die Kommunen als Hauptabnehmer des Stroms die Geschäftspolitik ihres Lieferanten maßgeblich mitbestimmen konnten und umgekehrt, sondern auch, dass lokale Mandatsträger und Politiker leitende Funktionen im RWE bekleideten. Dass in dieser Konstellation leicht der Verdacht von Filzokratie, Seilschaften und Nepotismus aufkommen konnte, liegt auf der Hand.[836] Der Neubau des RWE-Turms sollte vor diesem Hintergrund nicht nur der neuen Unternehmensstruktur Ausdruck verleihen, sondern auch das Symbol einer neuen Unternehmenskultur sein. „Zum Ausdruck kommen soll auch die neue Philosophie: Transparenz, Offenheit und vorbehaltlose Information: nach innen wie nach außen,"[837] wies der Vorstandsvorsitzende Dietmar Kuhnt auf die gewünschte sinnbildliche Entsprechung von neuer Zentrale und neuem Unternehmensimage hin. Damit war der Turm Teil einer neuen „Kommunikationsstrategie mit dem Ziel, das Unternehmen in seiner Vielfalt transparent zu machen, um von einer Abschottungs- zu einer Dialogkultur zu kommen."[838]

Für den beabsichtigten Wandel im Konzern prägte Dietmar Kuhnt die griffige Formel „Der Umzug ist ein Aufbruch",[839] die sowohl auf die neue Unternehmensstrategie als auch das neue Unternehmensimage bezogen werden konnte und die architektonische Veränderung als Zeichen der Veränderung im Konzern auswies. Die Analogie zwischen Architektur und Image wurde auch in der Öffentlichkeit wahrgenommen. Mit

---

835 Heck 1998, S. 265f.
836 Z. B. Der Spiegel 10/1975, S. 34. – Vor dem Hintergrund einer Novellierung des Aktienrechts wurde 1998 das Sonderstimmrecht der Kommunen abgeschafft, die dadurch zwar die absolute Stimmenmehrheit verloren, aber weiterhin der größte Anteilseigner blieben.
837 Redemanuskript des Vorstandsvorsitzenden der RWE AG Dietmar Kuhnt anlässlich des Richtfestes am 27.6.1996 (HK RWE).
838 Schweer 2000, S. 126.
839 Zitiert nach Peck 1998, S. 42.

der Schlagzeile „Fort vom alten ‚Wattikan' – Ein neues Bild der RWE"[840] setzte zum Beispiel die Frankfurter Allgemeine Zeitung den alten Firmensitz mit dem alten Firmenimage gleich, wohingegen die neue „Konzernzentrale [...] eine neue Philosophie ausstrahlen [soll]."[841]

### 2.6.3 Symbolische Transparenz

Die Fassade des neuen RWE-Turms besteht zu einem außerordentlich hohen Anteil aus Klarglas und setzte damit neue Maßstäbe in Sachen architektonischer Transparenz. Das Büro Ingenhoven Overdiek und Partner sah im RWE-Turm „zum ersten Mal die Umsetzung der vollständigen Transparenz eines Hochhauses",[842] wie sie Ludwig Mies van der Rohe früh mit seinem nicht realisierten Entwurf für das Hochhaus an der Friedrichstraße in Berlin (1922) ersann und damit Generationen von Architekten beeinflusste (Abb. 86).[843] Für RWE spielte diese Reminiszenz an eine Ikone der Moderne in der Außendarstellung zwar keine Rolle. Doch formulierte die Bauherrin den Anspruch, „ein äußerst transparentes Hochhaus zu bauen"[844] und „dieses Ziel in beispielhafter Form zu erreichen."[845]

**Abb. 86** Projekt „Hochhaus an der Friedrichstraße", Berlin, 1921, Mies van der Rohe, Fotomontage

Verwirklicht werden konnte der hohe Glasanteil durch die Verwendung einer Curtain Wall mit innovativer Fassadentechnologie, die auf Wunsch der Bauherrin von dem Architekturbüro Ingenhoven Overdiek und Partner in Zusammenarbeit mit dem Fassadenbauer Gartner eigens für die neue Konzernzentrale entwickelt wurde, um das Ziel größtmöglicher Transparenz zu erreichen (Abb. 87).[846] Ausgangspunkt des Fassadenkonzepts war eine zweischalige Außenhülle, die auch aus energetischen Gründen gewählt wurde:[847] Auf der Innenseite wurde in den Büros auf Brüstungen, wie sie der Commerzbank-Turm aufweist, verzichtet und stattdessen raumhoch verglast (Abb. 88). Die bei herkömmlichen Vorhangfassaden obligatorischen Querstreifen, welche die Geschossdeckenplatten nachzeichnen, konnten an der Außenschale des RWE-Turms vermieden werden, indem sich das multifunktionale Verbindungsprofil, als „Fischmaul" bezeichnet, zwischen den Schalen nach außen hin verjüngt (Abb. 92), so dass die äußeren Scheiben größer

---

840 FAZ v. 8.10.1996.
841 Ebd.
842 Fax v. Ingenhoven Overdiek und Partner v. 30.8.1994, gez. A. Nagel, an Herrn Encke betr. „Stichworte für die Ansprache zur Grundsteinlegung" (HK RWE).
843 Das Büro Ingenhoven Overdiek und Partner zog selbst den Vergleich zu Mies van der Rohes Projekt (ebd.).
844 Behr/Gartner/Heussler 2000, S. 62.
845 Ebd.
846 Ebd.
847 S. Kap. 2.6.4.

2.6 „Der gläserne Riese" – Die Hauptzentrale von RWE in Essen

Abb. 87 RWE Zentrale, Essen, Fassadenausschnitt (Foto 2018)

Abb. 88 RWE Zentrale, Essen, Büro mit raumhoher Glasfassade (Foto 2018)

sind als die inneren. Noch weiter minimieren konnten die Architekten die vertikalen Streifen, die bei herkömmlichen Curtain Walls durch die Pfosten der Fassadenkonstruktion hervorgerufen werden. Mittels punktförmiger Halterungen im Glas gelang es, die Pfosten komplett in den Schalenzwischenraum zu verlagern, so dass von außen nur die elastischen Stoßfugen zwischen den Scheiben aus kurzer Distanz erkennbar werden (Abb. 87).[848]

Das Motiv maximaler Transparenz bestimmte nicht nur die Regel-Bürogeschosse, sondern auch die äußere Gestaltung der Räume und Gebäudeteile mit anderen Funktionen: Eingangsgeschoss, Aufzugsturm, Technikgeschoss und Fluchttreppenhaus sind vollständig mit einer Glashaut um-

hüllt. Während die Vollverglasung des Eingangsgeschosses eine Offenheit zum Stadtraum hin erzeugt, die zwar symbolisch interpretiert werden kann, aber auch konkret vorhanden ist, zeigt die Verglasung eines opaken Bereiches wie des Technikgeschosses, dass die Transparenz als übergeordnetes ästhetisches und symbolisches Konzept den Turm ganzheitlich prägt. Selbst Details wie die Öffnungen für die Luftzufuhr und -abfuhr im Technikgeschoss wurden in minimalistischer Weise in die Verglasung integriert und so der Maxime von größtmöglicher Transparenz untergeordnet (Abb. 89).

Die beabsichtigte Analogie von transparentem Hochhaus und transparentem Unternehmen wurde von den Repräsentanten der RWE AG klar

---

848 Christoph Ingenhoven hob im Interview die ästhetische Dimension einer glatten Außenhaut hervor, der er die „klassizistische Anmutung" des Seagram Buildings in New York (Taf. 37) mit seinen außenliegenden Profilen entgegenstellte (Briegleb 2000, S. 27).

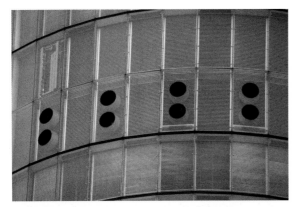

Abb. 89 RWE Zentrale, Essen, Lüftungsöffnungen (Foto 2019)

kommuniziert. So führte der damalige Vorstandsvorsitzende der RWE AG Dr. Dietmar Kuhnt anlässlich der Schlüsselübergabe für die neue Konzernzentrale am 13.3.1997 aus:

„Dieses neue Haus ist mehr als nur ein äußerlich reizvolles und funktionsfähiges Verwaltungsgebäude. Es ist ein weithin sichtbares Symbol für die Haltung eines Unternehmens, das bewußt an seinem traditionellen Standort festhält. [...] Schon optisch vermittelt unser Haus eine Philosophie der Transparenz und Offenheit. Dieses Zeichen setzen wir ganz bewusst. Mehr denn je strebt RWE nach einem vorbehaltlosen Dialog mit der Gesellschaft."[849]

Ganz ähnlich äußerte sich Dieter Schweer, der Leiter des Zentralbereichs Konzernkommunikation der RWE AG, an anderer Stelle:

„So unmittelbar und eindeutig erfassbar wie ihre Zentrale, so will auch die RWE AG in der Öffentlichkeit erscheinen. Nicht verschlossen und geheimnisvoll wie in früheren Zeiten – nein, modern, diversifiziert und transparent. So wie der Turm eben. Daß der Konzern das

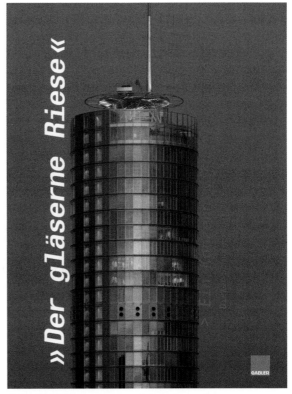

Abb. 90 RWE Hochhaus auf dem Cover der Jubiläumsschrift „Der gläserne Riese" (1998)

Gebäude nutzt, um seine neue Offenheit zu demonstrieren, ist keine aufgesetzte Attitüde. Mit dem Umzug startet RWE eine neue, integrierte Kommunikationsstrategie mit dem Ziel, das Unternehmen in seiner Vielfalt transparent zu machen, um von einer Abschottungs- zu einer Dialogkultur zu kommen. [...] Mit dem Turm hat sich der Konzern nicht nur architektonisch einen neuen Ausdruck gegeben."[850]

Als die RWE AG 1998 ihr hundertjähriges Firmenjubiläum feierte, konnte die gerade erst bezogene Hauptzentrale trefflich als Symbol des Unternehmens herausgestellt werden. Ein Bild des Hochhauses ziert deshalb das Titelbild der

---

849 Redemanuskript von Dr. Dietmar Kuhnt, Vorstandsvorsitzender der RWE AG, anlässlich der Schlüsselübergabe am 13.3.1997 (HK RWE).
850 Schweer 2000, S. 126.

Jubiläumsschrift „Der gläserne Riese", Untertitel „Ein Konzern wird transparent" (Abb. 90).[851] In diesem Kontext lässt sich die Metapher des „Gläsernen Riesen" sowohl auf den Konzern (im Zusammenhang mit der Titelschrift) als auch auf das Hochhaus (im Zusammenhang mit dem Foto) beziehen. Mit dieser gewollten Zweideutigkeit wird dem Leser deutlich vor Augen geführt, dass das neue Hochhaus als Sinnbild für das Unternehmen stehen sollte. Die erste Analogie, der „Riese", spielt auf die Größe des Konzerns an, seinerzeit fünftgrößter Industriekonzern Deutschlands,[852] die sich in der Größe des Turms, mit 162 Metern bis zur Antennenspitze immerhin das höchste Haus des Ruhrgebiets,[853] widerspiegelte. Die zweite Analogie rekurriert auf die Glashaut des Gebäudes und überträgt dessen vornehmliche Eigenschaft – die Transparenz – auf das Unternehmen. Und damit an dieser symbolischen Gleichsetzung erst gar keine Zweifel aufkommen, wird im Untertitel noch einmal expliziert: „Ein Konzern wird transparent".

### 2.6.4 Ökologische Verantwortung eines Energieerzeugers

**Umweltschädliche Energieerzeugung als Imageproblem**

Vor dem Hintergrund eines seit den 1970er Jahren zunehmenden Umweltbewusstseins, das mit einer wachsenden Skepsis am technischen Fortschritt einherging, geriet die Stromerzeugung, also das Kerngeschäftsfeld des RWE, in das Blickfeld einer kritischen Öffentlichkeit.[854] Die Kritik entzündete sich an den Formen der Stromerzeugung: Atomkraft, die im Störfall eine verheerende Wirkung auf die Umwelt entfalten konnte, wurde in der Bundesrepublik aufgrund ihrer Sicherheitsrisiken und der ungeklärten Entsorgungsfrage von einer breiten Antiatomkraftbewegung abgelehnt, die Kohleverstromung, weil sie umweltschädliche Abgase wie Stickoxide oder das klimaschädliche Kohlendioxid produzierte und Braunkohlegewinnung, weil durch sie im Tagebau großflächig Naturräume zerstört wurden. Neben dem Vorwurf der Filzokratie wirkte sich deshalb auch das Kerngeschäftsmodell, die Stromerzeugung, angesichts eines Anfang der 1990er Jahre von großen Teilen der Gesellschaft geforderten Umweltschutzes negativ auf das Image des RWE aus. Insofern begriff man den Bau des Hochhauses als Chance, das Bild des Unternehmens auch aus dieser Perspektive heraus aufzubessern, indem man die neue Konzernzentrale unter ökologischen Gesichtspunkten errichten wollte.[855]

Eine Hightech-Architektur, die Energieeffizienz und Schonung der Ressourcen jenseits einer alternativen Ästhetik mittels innovativer Gebäudetechnik erzielte, von der Presse als „non-muesli-ecological-architecture"[856] bezeichnet, bot hierbei eine ideale Lösung für das technikorientierte Unternehmen, denn mehr noch als bei der Commerzbank-Zentrale in Frankfurt ließ sich ein derart konzipiertes Gebäude sinnbildlich auf RWE beziehen: So, wie beim RWE-Turm innovative Technik eingesetzt wurde, um schonend mit Ressourcen und Energie umzugehen, so praktiziere es das Unternehmen auch bei der Energieerzeugung und auf den weiteren Geschäftsfeldern. Oder allgemeiner formuliert: RWE nimmt den Umweltschutz ernst und nutzt moderne Technologie, um die Umweltprobleme zu lösen. Diese Botschaften verkündete auch der Vorstandsvorsitzende Dietmar Kuhnt bei der Schlüsselübergabe 1997 zwischen den Zeilen:

„Es ist ein Haus, das Maßstäbe setzt für den schonenden Umgang mit Ressourcen und Energien. [...] Auch die Verbindung

---

851 Schweer/Thieme 1998.
852 Ebd., S. 7.
853 Peck 1998, S. 42; FAZ v. 1.9.1997.
854 Radkau 1998, S. 229–241; Heck 1998, S. 268–217.
855 Laut Christoph Ingenhoven wurde eine ökologische Orientierung bereits in der Ausschreibung gefordert (Interview in Briegleb 2000, S 24f.).
856 Berliner Zeitung v. 14.1.1998.

einer High-Tech-Bauweise mit ökologischen Ansprüchen spiegelt unser Selbstverständnis, das sich in den letzten Jahren gewaltig verändert hat."[857]

Einige Jahre später hieß es dann in einer Infobroschüre des RWE: „Innovation und Energie: Das weltweit erste ökologisch orientierte Hochhaus ist Architektur gewordene Vision ohne Ecken, ohne Winkel."[858]

### Das ökologische Gebäudekonzept

Die mehrdeutige „Vision ohne Ecken" spielt auf die Grundrissgeometrie des Hochhauses an, die bereits von Überlegungen zur Energieeffizienz mitbestimmt wurde (Abb. 91).[859] Der Kreis wurde von Ingenhoven als „energetisch optimale Grundrissfigur"[860] bezeichnet, weil er im Vergleich mit anderen Figuren gleicher Fläche den geringsten Umfang und damit auch den geringsten Energieverlust aufweist. Der Kern des ökologischen Konzept basiert jedoch, wie auch beim Commerzbank-Hochhaus, auf dem Gedanken, die Büroräume möglichst natürlich zu belüften und somit auf eine energieintensive Klimatisierung zu verzichten.[861] Hierfür konstruierte man eine innovative zweischalige Glasfassade,[862] die an der Außenseite über Lüftungsschlitze verfügt und an der Innenseite mittels Schiebetüren spaltweise geöffnet werden kann. Die Steuerung der Be- und Entlüftung an der Außenseite erfolgt mittels eines eigens für den RWE-Turm entwickelten Elementes, des bereits oben erwähnten „Fischmauls", das sich im Fassadenzwischenraum auf Höhe der Geschossdecken befindet (Abb. 92).[863] In das Fischmaul wurden zudem Jalousien integriert, die nicht nur für

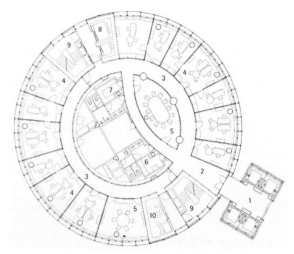

**Abb. 91** RWE Zentrale, Essen, Grundriss eines Regelgeschosses (Plan 2000)

den Blendschutz sorgen, sondern auch vor einer Überhitzung im Sommer schützen sollen und gleichzeitig die weitere Nutzung des Tageslichts ermöglichen. Die Neuartigkeit und Anschaulichkeit des Fischmauls wie auch seine einprägsame Bezeichnung ließen es zum Sinnbild einer durch innovative Technik erzielte ökologischen Architektur werden, so dass es nicht nur in den meisten Fachaufsätzen eingehend beschrieben wurde, sondern auch in der Tagespresse oder in Unternehmenspublikationen Erwähnung fand.[864]

Neben der Möglichkeit zur natürlichen Belüftung bietet die doppelschalige Glasfassade weitere energetische Vorteile. So fungiert der Zwischenraum der Doppelfassade als thermischer Puffer, der den Energieverlust in den Büros im Winter verringert. Eine zusätzliche Reduzierung des Energiebedarfs im Winter erfolgt durch solare Wärmegewinne, welche die großen Glasflächen

---

857 Redemanuskript von Dr. Dietmar Kuhnt, Vorstandsvorsitzender der RWE AG, anlässlich der Schlüsselübergabe am 13.3.1997 (HK RWE).
858 Infobroschüre „Zu Besuch bei RWE – Gewinnen Sie neue Perspektiven", 2001.
859 Schweer 2000, S. 128; db 4/1997, S. 52.
860 Briegleb/Ingenhoven/Frankenheim 2000, S. 89.
861 Daniels/Henze 2000, S. 83f.
862 S. hierzu auch Kapitel 2.6.3.
863 Behr/Gartner/Heussler 2000, S. 64.
864 Z. B. Peck 1998, S. 43; FR v. 13.3.1997.

2.6 „Der gläserne Riese" – Die Hauptzentrale von RWE in Essen

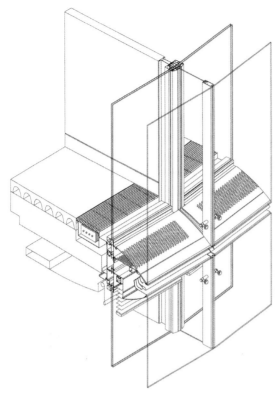

**Abb. 92** RWE Zentrale, Essen, Fassadendetail mit sogenanntem „Fischmaul" (Zeichnung 2000)

an sonnigen Tagen durch den Treibhauseffekt erzeugen. Außerdem sorgt die großflächige Verglasung der Räume für eine hohe Tageslichtausnutzung, welche durch die schräg zur Fassade ansteigenden Decken noch erhöht wird.

**Die Verschleierung des realen Energieverbrauchs**

Die Energieeinsparung, die hauptsächlich durch die natürliche Belüftung erzielt werden konnte, wurde von den verantwortlichen Ingenieuren für die Gebäudetechnik mit 25 Prozent gegenüber konventionell klimatisierten Hochhäusern beziffert.[865] RWE wollte entgegen der Planung der Architekten allerdings nicht gänzlich auf den Komfort einer Klimaanlage verzichten, da man erwartete, dass die natürliche Belüftung an circa 30 Prozent der Arbeitstage wegen der Witterung nicht durchführbar wäre.[866] An diesen Tagen sollte das Gebäude deshalb konventionell klimatisiert werden, was die reale Energieeinsparung gegenüber ganzjährig klimatisierten Gebäuden auf zehn Prozent minderte.[867] Das las sich für ein Hochhaus mit explizitem ökologischen Anspruch nicht mehr ganz so spektakulär, so dass man in der öffentlichen Kommunikation die Höhe der Energieeinsparung durch eine natürliche Belüftung aufgerundet mit 30 Prozent kolportierte, wohlweislich ohne zu erwähnen, dass der RWE-Turm an rund einem Drittel der Tage gar nicht natürlich belüftet wurde und somit real einen deutlich höheren Energieverbrauch aufwies.[868]

**Das Photovoltaik-Vordach**

Ein weiteres Element des ökologischen Konzepts war die Integration von Photovoltaik auf dem monumentalen Vordach des Vorplatzes, das den Blockrand auf Dachhöhe der Nachbarbebauung nachzeichnet (Abb. 93). Das städtebaulich motivierte Dach besteht aus fischbauchförmigen Lamellen, auf deren Oberseite Photovoltaikzellen angebracht sind, welche die Sonnenenergie in Strom umwandeln. Die Gesamtleistung der Anlage wurde mit 19 KWp angegeben,[869] was dem Jahresverbrauch von vier bis fünf Einfamilienhäusern entspricht. Angesichts des realen Stromverbrauchs des Hochhauses, in dem ca. 500 Menschen arbeiten, deckt der solar erzeugte Strom demzufolge nur einen marginalen Prozentsatz des Gesamtenergiebedarfs. Wichtiger war offenbar die Symbolkraft, die von dem Photovoltaik-Dach ausging, das an der Schnittstelle zwischen öffentlichem Straßenraum und halböffentlichem Hochhausvorplatz nicht nur von Besuchern, son-

---

865 Daniels/Henze 2000, S. 83.
866 Daniels/Henze 2000, S. 83; Baumeister 5/1997, S. 32;
867 Infoblatt des RWE, ZB P, Zentrale Dienste v. 5.5.1997 (HK RWE).
868 Z. B. Schweer 2000, S. 128; Peck 1998, S. 46. – Offenbar wurde dieser Wert auch über Pressemeldungen an die Fachzeitschriften lanciert (Baumeister 5/1997, S. 28).
869 Daniels/Henze 2000, S. 81.

**Abb. 93** RWE Zentrale, Essen, Eingangsbereich mit Vordach (Foto 2019)

dern auch von Passanten an der belebten urbanen Lage gut wahrgenommen werden konnte.⁸⁷⁰ Während der Sinn der doppelten Glasfassade den meisten Laien ohne fachliche Erklärung verborgen blieb, darf man annehmen, dass Photovoltaikzellen von vielen Menschen erkannt und mit umweltfreundlicher Energieerzeugung assoziiert wurden. Damit eignete sich das Photovoltaikdach in besonderer Weise, um pars pro toto die technologieorientierte ökologische Architektur zu repräsentieren, die ihrerseits symbolisch für den Energiekonzern RWE stehen sollte. Es wundert insofern nicht, dass in der öffentlichen Kommunikation von RWE in besonderer Weise auf das Photovoltaikdach hingewiesen wurde: „Auf dem Vordach werden Photovoltaikzellen Strom aus Sonnenlicht erzeugen – dies ist ein weiteres sichtbares Zeichen für unseren Willen, das ökologisch Wünschbare mit dem technisch Machbaren zu vereinen."⁸⁷¹

An anderer Stelle wird deutlich, dass mittels Photovoltaik nicht nur Sonne in Strom, sondern vor allem das negative Atomstromimage in ein positives Solarstromimage umgewandelt werden sollte: „Immerhin produziert das Haus einen Teil seines Strombedarfs selbst. Keinen Atom-, sondern Solarstrom. [...] Vielleicht nicht mehr als ein energetisches Aperçu, aber es erlaubt Kuhnt, darauf hinzuweisen, daß auch ein Konzern wie RWE ‚seine ökologische Verantwortung ernst nimmt.'"⁸⁷² Dass ein Konzern, der sein Geld unter anderem mit Atomstrom verdiente, an seinem Hauptsitz die regenerative Solarenergie in den Blickpunkt rückt, ist bemerkenswert und zeigt einmal mehr, wie bewusst die Architektur zur Gestaltung des eigenen Images eingesetzt wurde.

### 2.6.5 Die Wahrnehmung des RWE-Turms in den Medien und der Öffentlichkeit

Die neue Zentrale von RWE wurde in der Fachwelt viel beachtet. Die meisten Fachzeitschriften berichteten ausführlich über das Hochhaus,⁸⁷³ das vom Bund Deutscher Architekten (BDA) mit dem Architekturpreis NRW 1998 ausgezeichnet wurde.⁸⁷⁴ Auch in vielen großen Wochen- und Tageszeitungen wurde über den RWE-Turm berichtet. Während die Presse die neue Zentrale im Zuge der Bauarbeiten im Zusammenhang mit der angestrebten neuen Unternehmenskultur des RWE sah,⁸⁷⁵ dominierte nach der Fertigstellung des Hochhauses das ökologische Architekturkonzept die Berichterstattung.⁸⁷⁶ Dabei wurde der Bezug auf das Geschäftsfeld des Energiekonzerns aufmerksam registriert: „RWE, der rheinisch-westfälische Strom-Großhändler, führt das Wort Energie nicht nur im Firmennamen. Auch der Bau handelt von Energie und davon, wie man sie einsparen kann."⁸⁷⁷ „Dass eines der grössten [sic] Energie-

---

870 Dafür, dass die öffentliche Wahrnehmung eine wichtige Rolle für die Planung der Anlage spielte, spricht, dass auf dem lamellierten Dach, welches das Hochhaus wie ein Heiligenschein bekrönt, keine Photovoltaik integriert wurde.
871 Redemanuskript von Dr. Dietmar Kuhnt, Vorstandsvorsitzender der RWE AG, anlässlich der Schlüsselübergabe am 13.3.1997 (HK RWE).
872 Peck 1998, S. 46.
873 Z. B.: Baumeister 5/1997, S. 28–35; Arch+ 4/1997, S. 98f; db 4/1997, S. 50–61; AT 4/1996, S. 38–43.
874 www.ingenhovenarchitects.com/projekte/weitere-projekte/rwe-de-de/awards [14.12.2018].
875 FAZ v. 8.10.1996.
876 Z. B.: Berliner Zeitung v. 14.1.1998; FAZ v. 1.9.1997; Die Zeit v. 22.8.1997; Die Welt v. 31.5.1997; Die Welt am Sonntag v. 20.4.1997; NZZ v. 4.4.1997; FR v. 13.3.1997.
877 FAZ v. 1.9.1997.

versorgungsunternehmen der Bundesrepublik für eine energiebewusste, umweltverträgliche Konzeption votierte, könnte sich richtungsweisend auswirken."[878]

Dem Zeitgeist entsprechend wurde die energiebewusste Bauweise überwiegend positiv beurteilt. So wurde der RWE-Turm als „erstes deutsches Öko-Hochhaus"[879] gepriesen und auch in kritischeren Beiträgen als „freundliches Hochhaus [...], bei dem ökologischer Verstand Beiträge leistete,"[880] gewürdigt. Insofern lässt sich festhalten, dass RWE sein Image in Bezug auf den Aspekt „Energie" aufbessern konnte, vielleicht mehr noch als geplant. Von diesem PR-Erfolg angespornt, rückte man in firmeneigenen Info- und Imagebroschüren, die nach der Fertigstellung des Hochhauses aufgelegt wurden, das energetische Konzept stärker in den Vordergrund und präsentierte die Firmenzentrale als das (angeblich) „weltweit erste ökologische Hochhaus,"[881] dass die für den Konzern essentiellen Aspekte „Innovation und Energie"[882] in positiver Weise verbinde.

## 2.6.6 Zusammenfassung: Die RWE-Zentrale als Symbol für Transparenz, ökologische Verantwortung und innovative Technik

Die Planungen für eine neue Konzernzentrale der RWE AG in Essen begannen kurz nach einer grundlegenden Neustrukturierung des Unternehmens 1990. Damit einher ging eine neue Kommunikationsstrategie von RWE: Wurde der Energieerzeuger vorher oftmals als verschlossener, mit der Kommunalpolitik verfilzter Großkonzern wahrgenommen, sollten in Zukunft Offenheit und Transparenz die neustrukturierte Gesellschaft kennzeichnen. Das 1994–97 errichtete Hochhaus (Abb. 82) im Essener Südviertel sollte deshalb nicht nur ein Zeichen der neuen Konzernstruktur sein, sondern auch die neue Unternehmensphilosophie widerspiegeln. Um diese bildlich auszudrücken, sollte die neue Zentrale so transparent wie möglich konstruiert werden. Christoph Ingenhoven und sein Architekturbüro kamen dieser Forderung mit einer Vorhangfassade nach, die zu einem außergewöhnlich hohen Anteil aus Klarglas besteht. Durch innovative Details wurde selbst das Tragwerk der Fassade optisch weitgehend minimiert. Über funktionale Aspekte hinaus erhoben die Architekten die maximale Transparenz zu einem ästhetischen Motiv, indem sie alle Gebäudeteile konsequent mit der Glashaut umhüllten. Damit erfüllte Ingenhoven auf ideale Weise die Forderung des Bauherrn, der die Transparenz symbolisch verstanden wissen wollte: „Schon optisch vermittelt unser Haus eine Philosophie der Transparenz und Offenheit. Dieses Zeichen setzen wir ganz bewusst."[883]

Neben der Filzokratie wirkte sich das Kerngeschäftsfeld des RWE, die Stromerzeugung aus Kohle und Atomkraft, aufgrund des gewachsenen Umweltbewusstseins in der deutschen Bevölkerung negativ auf das Image der Aktiengesellschaft aus. Um mit der neuen Zentrale auch in dieser Hinsicht das Image verbessern zu können, legte RWE Wert auf ein ökologisches Architekturkonzept, das mittels innovativer Technologien umgesetzt werden sollte. Christoph Ingenhoven kam diesen Vorstellungen mit seinem Hightech-Ansatz optimal entgegen. Im Zentrum des Konzepts stand eine doppelschalige Konstruktion der Glasfassade, die eine natürliche Belüftung der Büros ermöglichte und eine energieintensive Klimaanlage obsolet machen sollte. Ein weiteres Element des ökologischen Konzepts, das auch ohne fachliches Hintergrundwissen als umweltfreundliche Technologie erkannt werden konnte,

---

878  NZZ v. 4.4.1997.
879  Die Welt am Sonntag v. 20.4.1997.
880  FR v. 13.3.1997.
881  Steile Karriere – der RWE Turm, 2002 (Imagebroschüre).
882  Infobroschüre „Zu Besuch bei RWE – Gewinnen Sie neue Perspektiven", 2001.
883  Redemanuskript von Dr. Dietmar Kuhnt, Vorstandsvorsitzender der RWE AG, anlässlich der Schlüsselübergabe am 13.3.1997 (HK RWE).

waren die Photovoltaikzellen auf dem städtebaulich wirksamen Vordach des Hochhauses.

Wie hoch die Verantwortlichen von RWE die Symbolwirkung der ökologischen Komponenten einschätzten, zeigt der Blick auf die reale Effizienz der Maßnahmen. So trägt das Photovoltaik-Dach nur marginal zur Deckung des Strombedarfs im Hochhaus bei und ist somit primär als „sichtbares Zeichen für unseren [d. h. des RWE] Willen, das ökologische Wünschbare mit dem technisch Machbaren zu vereinen,"[884] zu verstehen. Die natürliche Belüftung mittels der Doppelfassade hätte hingegen den Energieverbrauch wesentlich senken können, wurde jedoch vom Einbau einer Klimaanlage konterkariert, der die Einsparung deutlich minderte. In der Kommunikation nach außen wurde dieser den Werbeeffekt mindernde Umstand allerdings verschleiert.

Die öffentliche Darstellung des Hochhausbaus von Unternehmensseite aus legt nahe, dass die Priorität des RWE auf der Visualisierung der neuen Kommunikationsstrategie lag. Das ökologische Konzept war zwar auch relevant, schien aber zunächst nicht denselben Stellenwert zu genießen. Die Berichterstattung über das Hochhaus nach dessen Fertigstellung zeigte jedoch ein umgekehrtes Interesse der Öffentlichkeit. Zwar wurde die Transparenz wahrgenommen und gewürdigt, noch mehr aber beschäftigte man sich mit dem ökologischen Konzept des Gebäudes, das ein überwiegend positives Echo hervorrief. In späteren Unternehmenspublikationen wurden die ökologischen Aspekte infolgedessen stärker herausgestellt. Mit dem Neubau seiner Zentrale gelang es der RWE AG folglich, den gewünschten Imagegewinn zu erzielen und ein nachhaltiges Sinnbild des neustrukturierten Unternehmens im Essener Stadtraum zu verankern: höchst transparent, ökologisch verantwortungsvoll, technisch innovativ.

---

884 Redemanuskript von Dr. Dietmar Kuhnt, Vorstandsvorsitzender der RWE AG, anlässlich der Schlüsselübergabe am 13.3.1997 (HK RWE).

# 3 GESCHICHTE DER UNTERNEHMENSARCHITEKTUR ALS KOMMUNIKATIONSFORM – EIN ÜBERBLICK[885]

## 3.1 Advertising Architecture vor 1945

Waren es bis ins späte 19. Jahrhundert hinein vornehmlich Sakralbauten und Bauwerke herrschaftlicher Repräsentation, die nicht nur in technischer, sondern auch in künstlerischer Hinsicht die höchsten Ansprüche an die Architektur stellten, so gerieten diese Bauaufgaben im 20. Jahrhundert vielfach in den Schatten privater Unternehmensarchitektur, was man in Städten wie New York, London oder Frankfurt am Main durchaus wörtlich verstehen darf. Galt der Kölner Dom bei seiner Fertigstellung 1880 mit 157 Metern noch als höchstes Gebäude der Welt, so stieß nur drei Jahrzehnte später das Woolworth Building in New York (1913, Cass Gilbert), Sitz der gleichnamigen Handelskette und weiterer Firmen, mit einer Höhe von 241 Metern in ganz andere Dimensionen vor (Abb. 94).[886] Dieser Übergang vom Sakralen zum Kommerziellen als neue Triebkraft architektonischer Entwicklung in den Industrienationen, der letztlich einen tiefgreifenden gesellschaftlichen Wandel indizierte, wurde schon von den Zeitzeugen aufmerksam registriert: Das Woolworth Building wurde zur Fertigstellung tiefsinnig als „Cathedral of Commerce"[887] bezeichnet. Die Kathedrale, architektonische Manifestation christlichen Glaubens und kirchlicher Macht, wurde zur Metapher für das kommerzielle Hochhaus, das als Maßstab für bauliche Höchstleistungen an ihre Stelle trat.

Erste Ansätze repräsentativer Unternehmensarchitektur lassen sich mindestens in das 19. Jahrhundert zurückverfolgen. Eine Orientierung bot zu jener Zeit die repräsentative Architektur früherer Epochen, vor allem die Herrschaftsarchitektur der frühen Neuzeit, die in zeittypisch historistische Formen übersetzt wurde. Vergleichsweise gut erforscht ist für diese Periode die Architektur der Großbanken,[888] die relativ früh eine spezifische Architektursprache herausbildeten, wobei sich

---

885 In der im Folgenden skizzierten Geschichte von Advertising Architecture geht es gemäß der zugrundeliegenden Fragestellungen nicht um Firmengebäude jeglicher Art, zu denen Verkaufsräume ebenso wie Lagerhallen oder Produktionsstätten gehören, sondern primär um identitätsprägende repräsentative Firmensitze, also um die Selbstdarstellung der Unternehmen im Medium der Architektur. Überblicke zur Geschichte der Unternehmensarchitektur verfassten unter anderen Fragestellungen und mit anderen Beispielen: Vonseelen 2012, S. 99–182; Messedat 2005, S. 26–73.
886 Zum Woolworth Building grundlegend: Fenske 2008; Cochran 1918.
887 So lautet auch der Titel einer Monografie, die anlässlich der Fertigstellung erschien (Cochran 1918). – Die Sakralbauten blieben ein wichtiger kultureller Maßstab. Beispielsweise wurde das Hochhaus der Hypo-Bank in München (1975–78, Walther + Bea Betz) zur Eröffnung 1981 als „Kathedrale des Kapitalismus" bezeichnet (SZ v. 24.11.1981) und aufmerksam registriert, dass es die Frauenkirche als höchstes Münchener Gebäude übertraf (z. B. FAZ v. 24.11.1981: „Der ‚Hypo-Dom' überragt die Frauentürme").
888 Zimmerl/Graul 2015 (Leipzig); Bopp-Schumacher 2002 (Deutschland); Fischer 1995 (Commerzbank); Booker 1990 (England); Hagedorn 1990 (Frankfurt am Main); Pohl 1984 (Deutsche Bank); Raèv 1974 (Köln). – Darüber hinaus wurden zahlreiche Darstellungen zu einzelnen historischen Gebäude veröffentlicht: z. B. Krause/Lege/Zimmer 2016 (ehemaliges Hauptquartier der Commerzbank in Hamburg); Jurk/Lege 2011 (ehemaliges Hauptquartier der Dresdner Bank in Berlin). – Zur frühen Unternehmensarchitektur s. auch Schlüter 1991 (rheinisch-westfälische Stahlindustrie) sowie zusammenfassend Stroux 2009, S. 23–31 (deutsche Industrie).

3 Geschichte der Unternehmensarchitektur als Kommunikationsform – ein Überblick

**Abb. 94** Woolworth Building, New York (USA), 1913, Cass Gilbert (Foto ca. 1918)

3.1 Advertising Architecture vor 1945

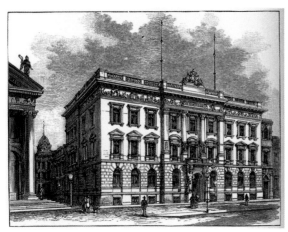

**Abb. 95** Ehemaliger Hauptsitz der Dresdner Bank, Berlin, 1887–1889, Ludwig Heim (Holzstich 1892)

die Gebäude der Unternehmenssitze von denen der Filialen im Prinzip nicht unterschieden. Beliebt waren in der frühen Bankenarchitektur formale Bezüge auf den barocken Schlossbau sowie die Palazzi der italienischen Renaissance, in denen man die Vorläufer des modernen Bankwesens – man denke an die Medici in Florenz – erkennen konnte (Abb. 95; Taf. 26). Die häufig eklektizistisch kombinierten historischen Vorbilder ermöglichten eine Bankenikonographie, die Sicherheit, Seriosität und Wohlstand in solidem Quadermauerwerk und edlen Materialien ausdrücken wollte. So schrieb Paul Kick 1902 im „Handbuch der Architektur" zu Bankgebäuden:

„Nach außen ergibt sich besonders die architektonische Betonung des [...] Erdgeschosses mit den Haupteingängen. Mehr oder weniger stark profilierte Rustikaquaderungen sind hierfür sehr beliebt, denn damit wird am besten der Charakter der Festigkeit ausgedrückt, versinnbildlichend das Bestreben, die verwahrten Schätze möglichst zu sichern."[889]

Zusätzlich wurden die historistischen Bankgebäude mit figurativer Bauskulptur geschmückt, die mittels der in der frühen Neuzeit geläufigen Ikonographie den Zweck des Gebäudes zum Ausdruck bringen sollte. Zum Beispiel befand sich an den Fassaden vieler Bankgebäude eine plastische Darstellung von Merkur, dem Gott des Handels. Die Großbanken wollten sich demnach weniger als Institut im Sinne einer Marke profilieren, sondern bemühten vielmehr eine allgemeine Architekturikonographie, welche das Gebäude als Bankhaus zu erkennen gab und dabei typische Eigenschaften der Bank transportieren sollte.

Richtungsweisend für einen neuen Umgang mit Unternehmensarchitektur im Allgemeinen, und deshalb auch in diesem Kontext zu erwähnen, sind im frühen 20. Jahrhundert die Bauwerke für die AEG von Peter Behrens (Abb. 8), der als künstlerischer Beirat die materiellen Ausprägungen des Elektrokonzerns von der Werbegrafik über die Produkte bis hin zur Architektur nach einem umfassenden Konzept gestaltete.[890] Aufgrund der ganzheitlichen Gestaltung des Erscheinungsbildes wird Peter Behrens in der Literatur zu Recht als Pionier des (damals weder theoretisch gefassten noch so genannten) Corporate Designs angesehen.[891] Peter Behrens ging es bei der AEG jedoch nicht darum, eine Identität des Unternehmens im Sinne einer modernen Corporate Identity zum Ausdruck zu bringen,[892] sondern vielmehr um die Suche nach adäquaten Ausdrucksformen von hochtechnischen Produkten aus industrieller Fertigung, die sich im visuellen Auftritt des Unternehmens spiegeln sollten. Die moderne Industriearchitektur verwies auf die modernen Produkte, die darin gefertigt wurden.

Interessanterweise, wenngleich weniger prominent, gab es gerade im Umfeld von Unternehmen, die in der jungen und progressiven Elektri-

---

889 Kick 1902, S. 150. An anderer Stelle heißt es: „Man greift daher auch bei der Ausführung zu den edelsten und besten Baustoffen, die oft aus großer Entfernung herbeigeschafft werden" (ebd., S. 149).
890 Grundlegend zu Behrens und der AEG: Buddensieg 1979.
891 Zum Begriff des CD s. Kap. 1.3.
892 Es ist insofern falsch, Peter Behrens als Begründer der Corporate Identity darzustellen, wie es in der jüngeren Literatur häufiger der Fall ist. S. hierzu Kap. 1.4.

zitätsbranche tätig waren, auch andere Ansätze, die spätere Entwicklungen vorwegnahmen. Am Gas and Electric Building in Denver (1910, Frank Edbrooke) beispielsweise wurden 13.000 Glühbirnen in einem dekorativen Muster über die ganze Fassade verteilt, die bei nächtlicher Beleuchtung die architektonischen Möglichkeiten der damals noch jungen Elektrifizierung auf beeindruckende Weise im Stadtraum zur Schau stellten (Taf. 34).[893] Viele US-amerikanische Elektrizitätsfirmen folgten dem Beispiel und nutzten ihre Firmensitze als Demonstrationsobjekte für die imposante Wirkung elektrischen Lichts.[894] Abermals Peter Behrens entwickelte diese kommunikative Verbindung von Produkt und Firmenarchitektur am Technischen Verwaltungsgebäude der Farbwerke Hoechst (1920–24) bei Frankfurt weiter. Während das Gebäude außen eher an traditionelle Bauformen anknüpfte, wurden dem Betrachter in der schillernd bunten Eingangshalle die Produkte der Farbwerke und deren Einsatzmöglichkeiten eindrucksvoll vor Augen geführt (Taf. 35). Die opulente Farbgestaltung, die in der Literatur meist stilgeschichtlich als typisches Kennzeichen des Expressionismus angeführt wurde,[895] erscheint aus der Perspektive der Advertising Architecture vielmehr als künstlerisch anspruchsvoll verpackte Werbestrategie, welche die besonders in der Nachkriegszeit verbreitete Nutzung des Firmensitzes als Musterhaus der eigenen Produkte vorformulierte.[896]

In der Zeit zwischen den Weltkriegen fand auch eine grundlegende theoretische Auseinandersetzung mit Werbung und Marketing statt. Hervorzuheben sind die vielzitierten Schriften des unter anderem für Reemtsma und Siemens tätigen Gestalters Hans Domizlaff,[897] dessen wegweisende Theorie der Markenbildung und -führung auf spätere Corporate Design-Konzepte großen Einfluss ausübte. Vor diesem Hintergrund lässt sich in den 1920er und 1930er Jahren auch eine Tendenz beobachten, die Architektur von historischen Verweisen zu lösen und stattdessen im Sinne einer Advertising Architecture explizit auf die Geschäftsbereiche der Unternehmen zu beziehen. Bereits bei der vielbeachteten Turbinenhalle der AEG in Berlin (1909) verzichtete Peter Behrens ausgerechnet am „Tympanon" der tempelartigen Stirnfassade auf traditionelle Bauplastik und setzte dort stattdessen das (von ihm entworfene) Logo der AEG in Szene (Abb. 1.08).

Das Chrysler Building in New York (1928–1930, William van Alen) stellt eines der prominentesten Beispiele einer frühen Advertising Architecture dar (Taf. 1/02), die als solche wahrgenommen und bezeichnet wurde.[898] Im Sinne einer Architecture Parlante rekurrierte der figürliche Bauschmuck, etwa ein Fries aus stilisierten Autos mit Radkappen aus Edelstahl oder skulpturale Eckbekrönungen in Form der Kühlerfiguren eines Chrysler-Automobils, auf den Geschäftsbereich des Fahrzeugherstellers wie auch auf das Unternehmen selbst (Abb. 96). In diesem Kontext ikonischer Zeichen provozierte die expressive, silbern glänzende Spitze des Chrysler Buildings, von Zeitgenossen als „der i-Punkt der Reklame"[899] wahrgenommen, mit ihren zackenförmig eingeschnittenen Kreissegmenten Assoziationen zu Autofelgen oder anderen Elementen aus der Welt des Automobils.[900] Gleichzeitig stellte

---

893 Neumann 2002, S. 98f.
894 Eh. GE Building, Buffalo (1912, Esenwein & Johnson); San Joaquin Light & Power Corporation Building, Fresno (1924, Raymond R. Shaw); Pacific Gas & Electric Building, San Francisco (1925, Bakewell & Trumbull); Pennsylvania Power & Light Co. Building, Allentown (1927, Helmle, Corbett & Harrison); Philadelphia Electric Co. Edison Building, Philadelphia (1927, John T. Windrim); Kansas City Power & Light Co. Building, Kansas City (1931, Holt, Price & Barnes). – Zur Beleuchtung der Bauten s. den Katalog bei Neumann 2002.
895 Z. B. Pehnt 1998, S. 94–96.
896 Zu Firmenzentralen als Musterhäusern s. Kap. 3.2.
897 Domizlaff 1939; ders. 1927. – Zum Wirken Domizlaffs: Jacobs 2007 (Reemtsma); Liebenau 1967 (Siemens).
898 S. Kap. 1.3.
899 Die Umschau 33/1929, zitiert nach Korten 2012, S. 91.
900 Jules Stewart sieht in der Spitze beispielsweise eine Anspielung auf einen Kühlergrill (Stewart 2016, S. 136).

**Abb. 96** Chrysler Building, New York (USA), 1928–1930, William van Alen, Kühlerfiguren als Eckzier und Fries mit stilisierten Autos (Foto 2019)

die signifikante Spitze aus Edelstahlblechen der Krupp'schen Marke Nirosta ein neuartiges Hightech-Material zur Schau,[901] das erst wenige Jahre zuvor auf den Markt gebracht worden war und am Chrysler Building, unter Beteiligung der konzerneigenen Ingenieure,[902] weltweit erstmalig in großem Umfang bei einem Bauprojekt eingesetzt wurde. Auf diese Weise demonstrierte die signifikante Spitze die technische Kompetenz und Fortschrittlichkeit des Automobilkonzerns. Während die bildlich-plakativen Verweise auf das Unternehmen von Zeitgenossen teils scharf kritisiert wurden,[903] wiesen die frühen Ansätze einer markenanalogen Architektur auf zukünftige Strategien der Advertising Architecture, besonders in der Automobilbranche.

Aus den oberen Etagen des Chrysler Buildings hatte man seinerzeit einen freien Blick auf ein weiteres nennenswertes, wenngleich weniger bekanntes Beispiel einer Advertising Architecture. Am nahezu zeitgleich errichteten GE Building[904] in New York (1930–31, Cross & Cross) machten die Architekten ein ikonisches, auf das Geschäftsfeld der Firma verweisendes Zeichensystem zum gestalterischen Hauptthema. An zahlreichen Stellen, von den Eingängen über die Fassade bis hin zur Spitze des Wolkenkratzers wurde mittels der Bauplastik und -dekoration unübersehbar auf das Geschäftsfeld der Radiogesellschaft RCA Victor, die den Bau beauftragte, verwiesen (Abb. 97). Stand dieses Konzept, also die Kommunikation über figurative Bildwerke, noch ganz in der Tradition des 19. Jahrhunderts, so griff man bei der Umsetzung nicht auf eine etablierte Ikonographie zurück, sondern entwickelte ein eigenes Formenvokabular, das Radiowellen visualisieren sollte.

---

901 Kruppsche Monatshefte 12/1931. – Edelstahl wurde 1922 von Krupp unter der Marke Nirosta auf den Markt gebracht und anscheinend 1926 in den USA eingeführt, wo es auch unter Lizenznahme von US-amerikanischen Stahlfirmen produziert wurde.
902 Stewart 2016, S. 135.
903 Ebd., S. 139.
904 Ursprünglich RCA Victor Building, heute 570 Lexington Av.

**Abb. 97** GE Building (vormals RCA Victor Building), New York (USA), 1930–1931, Cross & Cross, allegorische Darstellung von Elektrizität/Radiowellen (Foto 2019)

Bei der Übernahme des Bauwerks durch den Mutterkonzern General Electric (GE) 1932 konnte der blitz- und wellenförmige Bauschmuck leicht zu einer künstlerischen Darstellung von Elektrizität umgedeutet werden.[905] Bei Nacht wurde das Gebäude schließlich mittels einer aufsehenerregenden Beleuchtung in ein Schauobjekt für die Anwendung von Elektrizität verwandelt. Dieses in die Moderne weisende Konzept der architektonisch integrierten Produktpräsentation wurde 1940 mit einer „dramatischen Installation"[906] aus farbigem Licht und einer Zeitschaltung nochmals gesteigert.

## 3.2 Advertising Architecture in der Nachkriegsmoderne

### Architektur als visuelles Medium im International Style

Die Architektur der Nachkriegszeit wurde bekanntlich von einem teils radikalen Funktionalismus geprägt, der als sogenannter International Style zu einer weltweit weitgehend vereinheitlichten Formensprache führte, die lokale, historische und ikonographische Traditionen mehr oder weniger ignorierte und damit herkömmlichen Repräsentationsansprüchen an die Architektur vermeintlich entgegenstand.[907] Die Hauptzentrale des Stahlunternehmens Mannesmann in Düsseldorf (1958, Taf. 4) zum Beispiel glich auffallend dem Hauptquartier des Drogerieartikelherstellers Lever Brothers in New York (1952, Taf. 36),[908] weshalb es im Vorstand von Mannesmann zunächst auch Vorbehalte gegen den Entwurf Paul Schneider-Eslebens gab.[909] Eine große Ähnlichkeit wiesen beispielsweise auch die Zentralen der Inland Steel Company (Chicago, 1957, Abb. 101), des Chemiekonzerns Union Carbide (New York, 1960, Abb. 98) und der Chase Manhattan Bank (New York, 1961, Abb. 99) auf, was nur bedingt

---

905 Eine ähnliche Bildsprache findet sich am zeitgleich entstandenen Kansas City Power & Light Co. Building, Kansas City (1931, Holt, Price & Barnes).
906 Neumann 2002, S. 182.
907 Der Semiotiker Renato de Fusco schrieb, dass die „Theorie des Funktionalismus aus der Polemik heraus gegen das entstand, was bisher die Bedeutung der Architektur ausgemacht hatte" (de Fusco 1972, S. 139).
908 So auch Pehnt 2006, S. 301.
909 „Diese Forderung nach einer einprägsamen Form wird aber vor allem von unserem Vorstand [d. i. der Vorstand von Mannesmann; Anm. Verf.] erhoben, für den der Entwurf von Schneider-Esleben noch zu sehr dem Lever-Haus ähnelt. Das war auch der Grund, weshalb der Vorstand so lange gezögert hat, Schneider-Esleben zur Weiterbearbeitung des Projektes heranzuziehen." (Schreiben v. Herbert Knothe und Paul Schneider-Esleben an Egon Eiermann v. 3.8.1954, Nachlass Schneider-Esleben, zitiert nach Stroux 2009, S. 180)

3.2 Advertising Architecture in der Nachkriegsmoderne

Abb. 98 Union Carbide, New York (USA), 1960, SOM, Abriss 2019 (Foto 2008)

Abb. 99 Chase Manhattan Bank, New York (USA), 1961, SOM (Foto 2019)

darauf zurückgeführt werden kann, dass sie alle von demselben Architekturbüro – SOM – entworfen wurden.

Man könnte demnach mit dem damaligen Mannesmann-Vorstand annehmen, dass die primär aus der Funktion und Konstruktion entwickelte Formensprache des International Style mit ihrem universalen Geltungsanspruch einer individuell auf das Unternehmen bezogenen repräsentativen und somit letztlich kommunikativen Architektur a priori entgegenstünde. Dies ist jedoch, so ein durchaus überraschendes Ergebnis dieser Arbeit, nicht der Fall. Bereits Reinhold Martin und Sara Stroux konnten in ihren Arbeiten exemplarisch aufzeigen, dass Unternehmen in den 1950er und 1960er Jahren funktionalistische Architektur sehr wohl als Medium für ihre Zwecke zu nutzen wussten.[910] Diese Erkenntnis konnte am Fallbeispiel des Thyssenhauses in Düsseldorf (1960, HPP) verdichtet und differenziert werden.[911]

Die Sprache der Architektur änderte sich und zum Teil auch der kommunizierte Inhalt, jedoch nicht die Funktion der repräsentativen Firmengebäude als visuelles Medium. In den ersten Jahrzehnten des 20. Jahrhunderts wurden, wie gezeigt, historische Stile zur Distinktion von Firmenarchitektur genutzt und es wurden figurative Bildwerken verwendet, die auf das Unternehmen und sein Geschäftsfeld verwiesen, wofür die Bankenarchitektur ein anschauliches Beispiel lieferte. Diese Kommunikationswege entfielen im Funktionalismus zur Gänze. Damit endete auch ein Trend der Zwischenkriegszeit, die tradierte Ikonographie figurativer Bauplastik durch ikonische

---

910 Stroux 2009; Martin 2003.
911 S. Kap. 2.1.

**Abb. 100** Alcoa Building, Pittsburgh (USA), 1952, Harrison & Abramovitz (Postkarte, ca. 1952)

**Abb. 101** Inland Steel Building, Chicago (USA), 1957, SOM (Foto ca. 1960)

Darstellungen zu ersetzen, die im Sinne einer Architecture Parlante direkt auf das Unternehmen verwiesen. Stattdessen wurden im International Style konstruktive Elemente und Materialien auf das Unternehmen bezogen oder symbolische Bezüge auf einer abstrakten Ebene von Assoziationen hergestellt. Beide Konzepte entstanden jedoch nicht gänzlich neu, sondern wurden, wie gezeigt, bereits in den ersten Jahrzehnten des 20. Jahrhunderts vorgeprägt, wenn auch anders artikuliert.

### Zentralen als Musterhäuser

Die konstruktive und materielle Bezugnahme erfolgte durch die Ausbildung der Hauptquartiere zu beispielhaften Musterhäusern, welche die Produkte des Unternehmens offen zur Schau stellten und deren Leistungsfähigkeit wie auch die des Unternehmens demonstrieren sollten.[912] Auf diese Weise fungierten nicht wenige Unternehmenszentralen in der Nachkriegszeit als Werbemedien, die strategisch zur „Propaganda"[913], wie es in damaligen Quellen noch häufig hieß, genutzt wurden. Es liegt in der Natur der Sache, dass dieser Ansatz einer Advertising Architecture vor allem bei Firmen funktionierte, die Werkstoffe und Bauprodukte herstellten, und es ist auffällig, dass er in den 1950er und 1960er Jahren

---

[912] Im Hinblick auf die USA siehe auch Martin 2003, S. 102f.
[913] Z. B. Internes Schreiben von Dr. Karl Bender an Fritz-Aurel Goergen v. 11.10.1955 betr. „Bau unseres Verwaltungshochhauses" (tkA TRW/1834).

**Abb. 102** US Steel Building, New York (USA), 1969–1973, SOM (Foto 2019)

besonders bei den Zentralen von Aluminium- und Stahlunternehmen zum Tragen kam. In den USA waren die Hauptquartiere von Alcoa in Pittsburgh (1952, Harrison & Abramovitz, Abb. 100), Inland Steel in Chicago (1956–57, SOM, Abb. 101) und Reynolds Metals in Richmond (1955–58, SOM/ Gordon Bunshaft) richtungsweisend.

„Die Aluminum Company of America wünschte sich ausdrücklich, dass das Bauwerk der Demonstration sowohl von Standardmöglichkeiten als auch neuer Anwendungen im Bauen diene",[914] hieß es in der zeitgenössischen Berichterstattung. Und der Präsident von Reynolds Metal forderte „ein Gebäude vom modernsten Typ, das Aluminium in größtmöglicher Weise als Baumaterial nutzt. Die Firma erwartet, dass das Bauwerk einen Schauplatz bildet, um zu illustrieren, was mit Aluminium im modernen Bauen gemacht werden kann."[915]

Diesen Anforderungen wurde beim Bau beider Zentralen mit der Verwendung einer großen Bandbreite von Aluminium-Produkten entsprochen, von Fassadenelementen bis hin zu Mobiliar und Rohrleitungen. Auch die Zentrale von Inland Steel in Chicago (1956–57, SOM) wurde als „Schaukasten für das Hauptprodukt der Firma"[916] errichtet, indem etwa das Tragwerk aus Stahl plakativ vor der Fassade angeordnet wurde.[917] Mit einem ähnlichen Habitus trug beziehungsweise trägt das US Steel Building in New York (1969–73, SOM) den Wünschen des Bauherrn entsprechend sein Tragwerk zur Schau (Abb. 100): Das Skelett aus verkleideten Stahlträgern ist so dominant ausgebildet, das die Ver-

Abb. 103 US Steel Building, Pittsburgh (USA), 1967–1971, Harrison & Abramovitz (Foto 2015)

glasungen dazwischen optisch verschwinden, wenn man sich dem Gebäude nähert.[918] Kurz zuvor nutzte US Steel den Neubau seiner Zentrale in Pittsburgh (1967–71, Harrison & Abramovitz), um den neu entwickelten Werkstoff Cortenstahl als Fassadenverkleidung öffentlichkeitswirksam zu präsentieren (Abb. 103).[919]

---

914 „The Aluminum Company of America expressly wished the building to serve as a demonstration of both standard and new uses of aluminum in construction" (Architectural Record 8/1952) [Dt. Übers. Verf.].

915 „[...] the building will be of the most modern type, utilizing aluminum building materials to the greatest extent possible. The company expects the building to constitute a showplace illustrating what can be done with aluminum in modern construction [...]" Richard S. Reynolds, Jr., zitiert nach: National Register of Historic Place, Registration Form v. 11.4.2000 (Vz. Internetquellen) [Dt. Übers. Verf.]. – Unter der gleichen Prämisse ließ Reynolds Metal auch sein Regional Sales Office in Detroit erbauen (1956–1959, Minoru Yamasaki) (Ong Yan 2017).

916 LeBlanc 1998, S. 104, bezogen auf das Inland Steel Building.

917 Hierüber berichtete z. B. die Bauwelt 27/1955, „Das Stahlskelett bleibt sichtbar".

918 „Die vom Bauherrn und Teileigentümer, der U.S. Steel, gestellten Bedingungen waren ein außen klar und kräftig in Erscheinung tretendes Stahlskelett [...]" (SOM 1974, S. 150).

919 Zuvor befand sich die Hauptverwaltung von US Steel im ebenfalls von Harrison & Abramovitz entworfenen Pittsburgher Hochhaus 525 Penn Place (1951). Bereits dort wurde der Werkstoff Stahl architektonisch herausgestellt.

## 3.2 Advertising Architecture in der Nachkriegsmoderne

Abb. 104 Rheinstahl-Hochhaus, Essen, 1958–1963, Albert Peter Kleinwort mit Hanns Dustmann (Foto 1961)

Abb. 105 ATH-Hauptverwaltung, Duisburg, 1960–1963, Gerhard Weber (Foto 1965)

Für die Wiederaufbauwirtschaft im Nachkriegsdeutschland war die Stahlindustrie von tragender Bedeutung,[920] was sich im Zusammenhang mit dem Bauwesen auch wörtlich verstehen lässt. Am Beispiel des von Phoenix-Rheinrohr erbauten Düsseldorfer Thyssenhauses (1960, HPP, Taf. 3) konnte anhand von Archivalien nachgewiesen werden, dass innerhalb des Vorstands nicht nur ein hohes Bewusstsein für die Werbewirkung der Unternehmenszentrale vorherrschte, sondern auch Impulse für die demonstrative Verwendung von Stahl vom Auftraggeber ausgingen[921] und sogar Mehrkosten billigend in Kauf genommen wurden, wenn diese der öffentlichkeitswirksamen Präsentation von Stahl am Gebäude dienten.[922] In vergleichbarer Weise wurden auch die Hauptverwaltungen von Mannesmann in Düsseldorf (1955–57, Paul Schneider-Esleben, Taf. 4),[923] Rheinstahl in Essen (1958–63, Albert Peter Kleinwort mit Hanns Dustmann, Abb. 104)[924] und der ATH in Duisburg (1960–63, Gerhard Weber, Abb. 105)[925] als Musterhäuser des Stahlbaus konzipiert. Die Firma Krupp ließ sich für einen neuen Hauptsitz in Essen 1960 sogar einen Entwurf vom Nestor des modernen Stahlskelettbaus, Ludwig

---

So zeigte sich eine Delegation von Phoenix-Rheinrohr, die das Gebäude auf ihrer Studienreise durch die USA 1956 besuchte, beeindruckt von einer „imposante[n] Eingangshalle, unter starker Verwendung von Nirosta-Blechen", und Karl Bender wandte sich schriftlich an das US-amerikanische Stahlunternehmen, um nähere Informationen über das Gebäude zu erhalten (Brief v. Dr. Karl Bender an die United States Steel Export Company v. 21.1.1957 (tkA TRW/1848)).

920  S. zuletzt Bähr 2015.
921  S. Kap. 2.1.4.
922  Hier zeigt sich im Übrigen, dass die Auftraggeberschaft weitaus mehr Einfluss auf die Gestaltung der modernen Architektur ausübte, als die Architekturgeschichtsschreibung ihr bisher zugestehen wollte.
923  Faltbroschüre „Mannesmann-Hochhaus am Rhein" [circa 1958]; S. auch: Wessel 2014; Stroux 2009; dies. 2008.
924  Zum Rheinstahl-Hohchaus: Fröhlich 2014. – Wie Phoenix-Rheinrohr nahm auch Rheinstahl bewusst in Kauf, dass ein Stahlbau mehr kostete als ein Stahlbetonbau (ebd., S. 169).
925  „Bei diesem Verwaltungsbau geht die Verwendung von Stahl in Konstruktion und Ausbau weit über das bisher in der Bundesrepublik übliche Maß hinaus" (Architekt Gerhard Weber über den Neubau der ATH, zitiert nach: Pressemitteilung der ThyssenKrupp AG v. 4.12.2013). – Zum Gebäude: Baumeister 5/1964.

3 Geschichte der Unternehmensarchitektur als Kommunikationsform – ein Überblick

**Abb. 106** Dyckerhoff Hochhaus, Mainz-Amöneburg, 1961–1963, Ernst Neufert (Foto ca. 1970)

Mies van der Rohe, anfertigen, der allerdings nicht zur Ausführung kam.[926]

Als Verbundwerkstoff aus Zement, Sand, Kies und Stahl, der zudem im Wesentlichen auf Anwendungen im Bausektor beschränkt war, hatte der Stahlbeton keine der Stahlindustrie vergleichbare Lobby, so dass entsprechende Firmensitze weniger prominent sind.[927] Als ausgewiesenes Musterhaus für den Betonbau errichtete der Zementhersteller Dyckerhoff seinen Firmensitz in Mainz-Amöneburg (Ernst Neufert, 1961–63) (Abb. 106).[928]

---

926 Hierzu grundlegend Dörnemann 2000. – Der Verwaltungssitz von Krupp hätte sich in mehrfacher Hinsicht von den Hauptzentralen der anderen Stahlunternehmen unterschieden. So plante Krupp kein Hochhaus, sondern einen in die Fläche gehenden Bau, der nicht in der Essener Innenstadt errichtet werden sollte, sondern sich in die Landschaft des noblen Vorortes Bredeney in Nähe der Villa Hügel einpassen sollte. Astrid Dörnemann geht davon aus, dass finanzielle Gründe für die Nichtrealisierung des Projekts ausschlaggebend waren (dies. 2000, S. 262–265).
927 Die Stahlindustrie war auch am Stahlbetonbau, für den sie Bewehrungsstahl lieferte, beteiligt. Das Beispiel Phoenix-Rheinrohr zeigte, dass sich das Stahlunternehmen, das selbst Bewehrungsstahl herstellte, entgegen wirtschaftlichen Argumenten für einen Stahlbau entschied, weil somit der Bezug zum Stahl besser sichtbar gemacht werden konnte (Kap. 2.1.4).
928 Heymann-Berg/Netter/Netter 1973, S. 216–229.

"Es lag nahe, bei dem Neubau den Baustoff Zement – und damit Beton – zu verwenden, den der Bauherr selbst herstellt, und zugleich die Möglichkeiten seiner architektonischen Anwendung in Konstruktion, Fassadengestaltung und Innenausbau deutlich sichtbar zu machen,"[929] heißt es hierzu in der 1973 erschienen Monografie über Ernst Neufert, dessen Texte anscheinend von seinem Architekturbüro selbst bereitgestellt wurden.

Folglich besteht nicht nur die Tragkonstruktion des Hochhauses gänzlich aus Stahlbeton, wobei an der Außenwand erstmalig vorgefertigte Rundstützen aus dem Material zum Einsatz kamen, sondern auch die Fassade, die aus Waschbeton-Fertigteilen konstruiert wurde. Darüber hinaus fanden Zementprodukte auch bei der Innenraumgestaltung auf unterschiedliche Weise Verwendung. Bei sichtbaren Betonflächen kam der weiße Portlandzement zum Einsatz, den das Unternehmen Dyckerhoff exklusiv in Deutschland anbot.

Aber auch Unternehmen, die nicht primär für die Baubranche produzierten, versuchten ihre Erzeugnisse am Gebäude zu präsentieren und damit auch ihr technisches Know-how zum Ausdruck zu bringen. Der Chemiekonzern BASF (1954–57, HPP) (Abb. 13) zum Beispiel beabsichtigte, seine neue Hauptverwaltung als Musterhaus für seine Kunststoffprodukte zu nutzen.[930] In einem internen Besprechungsprotokoll hieß es:

„1.) Es sollten sämtliche Bereiche des Neubaues daraufhin geprüft werden, wo für BASF-Kunststoffe und Produkte von Firmen, bei denen BASF-Vorprodukte verwendet werden, Einsatzmöglichkeiten bestehen. 2.) Die werbende Wirkung hiervon kann für so beträchtlich angesehen werden, daß es nicht angebracht erscheint, die Frage des Einsatzes von Kunststoffen nur nach dem Sparsamkeitsprinzip zu beurteilen. 3.) [...] Gerade in diesen Räumen, die im Brennpunkt der Öffentlichkeit stehen, macht sich eine eindrucksvolle, moderne Ausstattung mit teureren Kunststoffen am meisten bezahlt, ohne daß dadurch der sachlich schlichte Rahmen des gesamten Hauses gesprengt wird."[931]

Mit der gleichen Motivation waren auch die Chemiekonzerne Hoechst und Bayer bestrebt, ihre neuen Zentralen in Frankfurt (1954–55, Gerhard Weber) beziehungsweise Leverkusen (1959–63, HPP) zu einem möglichst hohen Anteil mit Produkten aus hauseigenen Kunststoffen auszustatten.[932] Der italienische Reifenhersteller Pirelli wiederum ließ in seinem Hochhaus in Mailand (1958–60, Giò Ponti, Abb. 14) Böden aus dem hauseigenen Reifenmaterial Kautschuk verlegen, die mit ihrer expressiven Farbigkeit besonders ins Auge fielen.[933] Und die Ingenieure von General Motors demonstrierten beim Bau des Technical Centers in Warren (1949–56, Eero Saarinen, Abb. 107) ihre Kompetenz, indem sie ihre Kenntnisse aus der Automobiltechnik auf baukonstruktive Details übertrugen. So entwickelten sie Neopren-Dichtungen für die Verglasungen der Curtain Wall, indem sie eine Technologie, die bereits für Windschutzscheiben an Automobilen

---

929 Ebd., S. 220.
930 Stroux 2009, S. 157–159.
931 Internes Besprechungsprotokoll der BASF AG v. 19.10.1954 betr. Hochhaus E100, zitiert nach Stroux 2009, S. 159.
932 Bayer: „Großer Wert ist auf die Anwendung von Kunststoffen bei den Einbauten, Möbeln und Ausstattungen gelegt. Fast sämtliche Flächen der Arbeitsräume sind entweder mit Kunststoffen und synthetischen Fasern belegt oder mit Kunstharzlacken behandelt" (Mittag/Böker 1963, S. 113). – Hoechst: „Von besonderem Interesse dürfte die Tatsache sein, daß die Farbwerke Hoechst AG in ihren neuen Räumen demonstrieren, daß und wieweit heute eine völlige Ausstattung mit Produkten aus Kunststoffen möglich ist. Es kamen bei der Einrichtung der Räume nicht nur vollsynthetische Textilien, ferner Kunststoff-Folien, Kunststoff-Fußböden, Kunststoff-Beleuchtungen zur Anwendung, sondern auch beim Einbau von Installationen, bei der Einrichtung von Labors, Werkstätten usw. wurden grundsätzlich Kunststofferzeugnisse weitgehend verarbeitet. Das Besondere ist außerdem, daß alle diese Produkte aus der Produktion oder den Erzeugnissen der Farbwerke Hoechst hervorgegangen sind. Die Menschen, die in diesem Haus arbeiten, haben dadurch die Endprodukte, deren Ursprung aus dem eigenen Haus stammt, stets vor Augen" (Heimtex 9/1956).
933 www.baunetzwissen.de/boden/objekte/buero-verwaltung/pirelli-hochhaus-in-mailand-i-69976 [4.12.2018].

3 Geschichte der Unternehmensarchitektur als Kommunikationsform – ein Überblick

**Abb. 107** Technical Center von GM, Warren (Michigan/USA), 1949–1956, Eero Saarinen (Foto ca. 1956)

zum Einsatz kam, für die Anwendung am Bau modifizierten.[934]

**Analoge Eigenschaften**
Über die demonstrative Präsentation von Produkten und technischem Know-how hinaus wurde die moderne Architektursprache gezielt genutzt, um bestimmte Eigenschaften, die mit ihr verbunden wurden, sinnbildlich auf das Unternehmen zu beziehen und visuell in die Öffentlichkeit zu tragen. Dies konnten je nach Bedarf Fortschrittlichkeit, Zweckmäßigkeit, Weltoffenheit, Bescheidenheit, Sauberkeit etc. sein.

Das Hochhaus des Seifen- und Waschmittelherstellers Lever Brothers in New York (1952, SOM/ Gordon Bunshaft) kann in seiner Vorbildwirkung für den Verwaltungsbau im Allgemeinen und die Architektur moderner Unternehmenssitze im Besonderen gar nicht überschätzt werden (Taf. 36).[935] Das neuartige „Ganzglas-Haus"[936] fand international große Beachtung und war Ziel diverser Delegationen deutscher Unternehmen auf ihren Reisen durch die USA, welche dem Studium der aktuellen amerikanischen Firmenarchitektur dienten.[937] An der zeitgenössischen Berichterstattung fällt auf, dass der Reinigung der Fassade besondere Aufmerksamkeit geschenkt wurde und die damit verbundene Sauberkeit des Gebäudes stets mit dem Geschäftsbereich der Lever Brothers zusammengebracht wurde.

„Hier in New York nun, dem Bau eines reinlichen Seifenfabrikaten, hat man also den Fensterputzern ein ‚Paradies geschaffen',"[938] hieß es zum Beispiel in der Bauwelt 1952. Noch deutlicher beschrieb eine zeitgenössische Werbeannonce das Lever House: „Seine 24 Geschosse aus Edelstahl und blau-grünem Glas stehen als glänzendes Symbol der Sauberkeit, die das Geschäft motiviert. Die Herrschaft über Dreck und Schmutz hält dieses Symbol aufrecht."[939]

Dieses Narrativ wurde jedoch auch von Lever Brothers selbst bedient. „die geraden, klaren Linien suggerieren in Verbindung mit dem schimmernden Glasturm Sauberkeit, und als Seifenhersteller ist Sauberkeit das Geschäft von Lever. Das gewagte Design des Gebäudes selbst deutet darauf hin, dass das Unternehmen, das es gebaut hat, eine fortschrittliche Organisation ist, die

---

934 Martin 2003, S. 148.
935 Adams 2019, S. 50–58; LPC 1982; SOM 1962, S. 22–27.
936 Bauwelt 48/1952. – Sämtliche Fachzeitschriften berichteten über das Lever House, u. a.: Architectural Forum 6/1952; Architectural Record 6/1952; Die Bauzeitung 9/1952; L'architecture d'aujourd'hui 12/1953. – Zur Resonanz siehe auch Gretes 1988 und Krinsky 1988, S. 18f.
937 Die Delegation von Phoenix-Rheinrohr fand das Lever House 1956 „sehr eindrucksvoll" (Bericht über eine Studienreise zur Besichtigung amerikanischer Hochhäuser v. 7.10.1956– 9.11.1956 (tka TRW/1850)) und die Delegation der BASF sah darin 1954 den „bemerkenswertesten Neubau in New York Midtown" (Camill Santo und Helmut Hentrich zitiert nach Stroux 2009, S. 173). Auch die Delegation von Krupp zeigte sich 1960 vom Lever House beeindruckt (Dörnemann 2000, S. 248).
938 Bauwelt 48/1952.
939 „Its 24 stories of stainless steel and blue-green glass stand as a gleaming symbol of the cleanliness that motivates the business. Mastery over dirt and grime perpetuates this symbol" (Werbeanzeige in Architectural Record 11/1952) [Dt. Übers. Verf.].

Imagination, Visionen und Courage besitzt."⁹⁴⁰ Reinhold Martin konstatierte insofern zu Recht, dass am Lever House „die moderne Obsession für Hygiene in Publicity für einen Seifenhersteller konvertiert wurde."⁹⁴¹ Der renommierte Architekt Egon Eiermann sah „Sauberkeit" sogar als ästhetische Kategorie, die er der modernen Architektur im Kontext der Planung der Mannesmann-Zentrale in Düsseldorf prinzipiell zusprach: „Wir sind […] von einer Ästhetik der Architektur längst in eine Ästhetik der Sauberkeit unserer Gedanken vorgedrungen, bei der die äußere Form das Ergebnis, nicht aber einen Ausgangspunkt darstellt."⁹⁴²

Daneben prägte das campusartige Technical Center von General Motors (GM) in Warren, Michigan (USA), das zwischen 1949 und 1956 nach Plänen von Eero Saarinen errichtet wurde (Abb. 107), das Bild moderner Unternehmensarchitektur wesentlich. Mit einer radikal modernen Architektur kam Saarinen nicht nur den funktionalen Anforderungen des von der Rationalität industrieller Produktion bestimmten Bauherrn nach, sondern schuf zugleich „ein stimmiges Bild von technischer Virtuosität und stilvollem Fortschrittsoptimismus"⁹⁴³. Zwar handelte es sich beim Technical Center nicht um den Hauptsitz von GM, doch sollten wichtige Abteilungen des Unternehmens wie Forschung, technische Entwicklung oder Design dort angesiedelt werden, so dass die Architektur als Spiegel des Corporate Image dienen konnte.⁹⁴⁴ Das GM Technical Center gehörte wie das Lever House zu den bewunderten Reisezielen deutscher Unternehmensdelegationen.⁹⁴⁵

Für die Unternehmen der jungen Bonner Republik war die Kommunikation von Eigenschaften wie Fortschrittlichkeit, Zweckmäßigkeit, Weltoffenheit, Bescheidenheit etc., für welche die moderne Architektur in der Nachkriegszeit symbolisch stand, von zusätzlicher politischer Tragweite, weil sie sich auf diese Weise sichtbar von ihren Verstrickungen in die NS-Zeit distanzieren und stattdessen als Teil eines demokratischen und weltoffenen Wirtschafts- und Gesellschaftssystems verorten konnten.⁹⁴⁶ Als leichte und lichte Skelettbauten mit gläsernen Vorhangfassaden ließen sich die funktionalistischen Hochhäuser der Nachkriegszeit nicht nur als Musterhäuser ausbilden, welche die Leistungsfähigkeit und Möglichkeiten des Werkstoffs Stahl demonstrierten und diesen zugleich als modernen Baustoff codierten, sondern sie stellten auch einen bewussten Ge-

---

940 „the straigt clear lines with its shimmering glass tower suggests [sic] cleanliness, and being a soap company, cleanliness is Lever's business. The daring design of the building itself implies that the company that built it is a progressive organization which has imagination, vision, and courage." Rede von J. E. Drew, Public Relations Director von Lever Brothers, auf einem Kongress des American Institute of Architects im Juni 1959 (zitiert nach Adams 2019, S. 57) [Dt. Übers. Verf.].
941 Martin 2003, S. 102 [Dt. Übers. Verf.]. – Martin maß in diesem Kontext auch den sichtbaren Schienen für den Laufwagen der Fensterputzer, welche die Vorhangfassade vertikal gliedern, einen symbolischen Wert zu.
942 Egon Eiermann 1954 zitiert nach Stroux 2012, S. 123.
943 „[…] a coherent image of technical virtuosity and stylish, forward-looking optimism […]" (Martin 2003, S. 148) [Dt. Übers. Verf.].
944 Martin 2003, S. 123–155. – Reyner Banham verglich die Leistung von Saarinen mit der einer „guten Werbeagentur" (Arts Magazine 2/1962).
945 So rühmte 1956 eine Delegation von Phoenix-Rheinrohr, welcher die Architekten Hentrich und Petschnigg angehörten, die „hervorragende architektonische Gestaltung" des Technical Center und sah darin „eines der besten Beispiele amerikanischer Architektur" (Bericht über eine Studienreise zur Besichtigung amerikanischer Hochhäuser v. 7.10.1956–9.11.1956 (tka TRW/1850)). – Helmut Hentrich besichtigte das Technical Center bereits 1954 mit einer Delegation der BASF (Stroux 2009, S. 171), und 1960 reiste eine Delegation von Krupp nach Warren (Dörnemann 1960, S. 248). – Paul Schneider-Esleben reiste 1956 gemeinsam mit Egon Eiermann im Auftrag von Mannesmann in die USA. In einem überlieferten Schreiben an Eero Saarinen äußerte er sein besonderes Interesse an den neuen Gebäuden für GM in Warren im Hinblick auf den Bau der Mannesmann-Zentrale in Düsseldorf und äußerte eine Bitte um ein persönliches Treffen, der Saarinen offenbar entsprach (Stroux 2009, S. 187f.).
946 S. beispielsweise Donges 2014 (Vereinigte Stahlwerke); Wixforth 2011; ders. 2006; Bähr 2006, Henke 2006; Ziegler 2006 (Dresdner Bank). – Sara Stroux spricht mit Blick auf die westdeutschen Industrieunternehmen der Nachkriegszeit zu Recht von einer „programmatischen Bescheidenheit" (Stroux 2009, S. 230–238).

genentwurf zur steinernen Monumentalarchitektur der NS-Zeit dar. Dies ließ sich am Beispiel des vom Stahlkonzern Phoenix-Rheinrohr erbauten Thyssenhauses in Düsseldorf (HPP, 1957–60)[947] belegen (Taf. 3) und spielte auch beim Bau der neuen Hauptverwaltung der Dresdner Bank in Frankfurt am Main (ABB) in den 1970er Jahren noch eine wichtige Rolle (Taf. 19).[948]

**Zwischenresümee**
Es lässt sich damit resümieren, dass Großunternehmen sowohl in den USA als auch der Bundesrepublik Deutschland nach dem Zweiten Weltkrieg maßgeblich zur Promotion des modernen Bauens beitrugen. Man wollte sich nicht nur als modernes Unternehmen präsentieren – was in Deutschland immer auch vor dem Hintergrund des Nationalsozialismus gesehen werden muss – sondern man nutzte die Gelegenheit des Baus einer repräsentativen Firmenzentrale auch, um das Know-how der Firma, die eigenen Produkte und deren bauliche Möglichkeiten zu präsentieren. Besonders die Aluminium- und die Stahlindustrie (erstere in den USA, letztere auch in Deutschland) hatte auf diese Weise einen wesentlichen Anteil an der Etablierung moderner Skelettbauweisen und baute somit auch einen neuen Markt auf.

Der anfangs angesprochene vermeintliche Widerspruch, dass sich die Hauptsitze der Unternehmen im International Style einerseits optisch anglichen, da sie einer international vereinheitlichten funktionalistischen Formensprache folgten, aber andererseits innerhalb dieses Rahmens Möglichkeiten suchten (und fanden), die Architektur konkret auf das Unternehmen zu beziehen und somit zu individualisieren, lässt sich auflösen, wenn man die Wandlung der medialen Bedingungen und Voraussetzungen moderner Architektur berücksichtigt. Die Architektur vollzog nach 1945 nicht nur in konstruktiver und ästhetischer Hinsicht einen fundamentalen Wandel, sondern auch auf der ikonologischen Ebene. An die Stelle der traditionellen Kommunikationskanäle wie der figurativen Bauplastik und historistischer Zitate traten konstruktive und abstrakte Bezugsrahmen, die aus einer rein stilgeschichtlichen Perspektive notwendig verborgen bleiben mussten. Mit dem grundlegenden Wandel in der Nachkriegsarchitektur ging folglich, was in der bisherigen Forschung meist übersehen wurde, kein Verlust der repräsentativen und kommunikativen Funktion von Unternehmensarchitektur einher, sondern es wurde eine neue Architektursprache etabliert.

**Programmatisches Corporate Design der 1950er und 1960er Jahre**
Als die westliche Wirtschaftswelt in den späten 1950er Jahren ausgehend von den USA begann, sich eingehend mit dem Image von Unternehmen zu beschäftigen,[949] erkannten immer mehr Firmen im Corporate Design ein geeignetes Instrumentarium, um ihr visuelles Erscheinungsbild einheitlich und umfassend zu gestalten und damit das Corporate Image in die gewünschte Richtung zu beeinflussen. Die damit in der Regel einhergehende Modernisierung des Images vollzog sich auf verschiedenen Ebenen wie dem Produktdesign und dem Grafikdesign, bei dem insbesondere das Logo, die Hausfarbe und die Typografie im Vordergrund standen. Architektur wurde zwar grundsätzlich als Teil des Corporate Images erkannt, blieb aber in der Theorie und dementsprechend auch in zahlreichen Corporate Design-Konzepten der 1950er bis 1970er Jahre eher nebensächlich. So spielte die Architektur bei den Maßstäbe setzenden und weltweit beachteten Neugestaltungen der visuellen Erscheinungsbilder für den Elektronikkonzern Braun (1954–62) und die Fluggesellschaft Deutsche Lufthansa (1962–64),[950] die Otl Aicher, Vordenker und prägende Gestalt des Corporate Designs in der Bonner Republik, kreierte, noch keine nennenswerte Rolle.

---

947  S. Kap. 2.1.3.
948  S. Kap. 2.3.2.
949  S. Kap. 1.4.
950  Rathgeb 2015, S. 50–71; Schreiner 2005, S. 12–38.

Daneben entstanden jedoch auch Ansätze, die Architektur des Unternehmens zwar nicht in der Stringenz des Grafikdesigns, aber doch nach bestimmten Leitlinien systematisch in das Corporate Design mit einzubeziehen. Neben der für ihre Schreibmaschinen bekannten italienischen Firma Olivetti, die bereits in den 1930er Jahren an die umfassende, Qualität und Modernität verpflichtete Gestaltungsphilosophie der AEG anknüpfte,[951] wurde der amerikanische Büromaschinen- und Computerhersteller IBM, der seinerzeit auf manchen Geschäftsfeldern mit Olivetti konkurrierte,[952] mit seinem Mitte der 1950er Jahre gestarteten Designprogramm bereits von Zeitgenossen als Paradebeispiel für ein umfassendes Corporate Design wahrgenommen: „IBM sieht von Produkten zu Gebäuden alles als Ausdruck des Unternehmens an. Qualität wird durch den Einsatz hervorragender Designer und Architekten erreicht."[953] Unter Leitung des Architekten und Industriedesigners Eliot Noyes, dem auch die Prägung des Begriffs „Corporate Design" zugeschrieben wird, engagierte IBM neben renommierten Designern wie Charles Eames und Paul Rand, der sich für die Modernisierung des berühmten IBM-Logos verantwortlich zeichnete (Abb. 108),[954] mit Eero Saarinen einen Architekten, der sich gerade mit seinen Bauten für General Motors einen Namen als progressiver Konstrukteur von Firmenarchitektur gemacht hatte.[955] Für IBM entwarf Saarinen die stilbildende Manufacturing and Training Facility in Rochester, Minnesota (1956–1958), deren

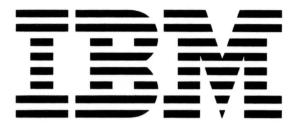

**Abb. 108** IBM-Logo von 1972, Entwurf Paul Rand

strikt aus der Funktion und Technik entwickelte modulare Konstruktion zu einer architektonischen Klarheit führte (Taf. 39), die das neue Design der IBM-Computer spiegelte und dem gewünschten Image des Technologiekonzerns entsprach.[956] Wie beim Technical Center von GM, so handelte es sich bei der IBM Facility in Rochester zwar nicht um den Hauptsitz des Konzerns, doch sollte der Komplex das Unternehmen architektonisch repräsentieren. Wie Olivetti, so verfolgte IBM in der Folgezeit die Strategie, Gebäude weltweit nicht wie die Restaurants einer Fast Food-Kette nach festen Gestaltungsvorgaben zu errichten, sondern namhafte Architekten mit individuellen Entwürfen zu beauftragen, die im Einklang mit dem gewünschten Corporate Image standen.[957] Häufig griffen die Architekten dabei spielerisch Elemente des grafischen Corporate Designs von IBM auf. Die betont horizontale Linearität mancher Gebäude, wie etwa der deutschen IBM-Zentrale in Stuttgart (1972, Egon Eiermann), erinnert nicht zufällig an das bekannte Streifenlogo von

---

951 Zu Olivetti siehe: Bothe 1997; Kat. Neue Sammlung München 1986; Olivetti 1983; Kat. Neue Sammlung München 1962. – Überblickend: Bauwelt 22/2018; Vonseelen 2012, S. 256–265. – Unter dem Aspekt der Corporate Identity bereits Mayr-Keber 1980, S. 293f.
952 Tatsächlich war Olivetti das direkte Vorbild für die Initiierung eines Corporate Design-Programms bei IBM durch Thomas J. Watson Jr., dem damaligen Präsidenten der IBM. Dieser war der Überlieferung nach von einem Olivetti Showroom in New York (1952, BBPR) derart beeindruckt, dass er eigens nach Italien flog, um sich mit Adriano Olivetti über dessen Designprogramm auszutauschen (Martin 2003, S. 166).
953 „IBM sees everything from products to buildings as an expression of the corporation. Quality is achieved by using outstanding designers and architects" (Pilditch 1970, S. 40) [Dt. Übers. Verf.].
954 Zu Paul Rands Arbeiten für IBM: Heller 1999, S. 149–172.
955 Martin 2003, S. 164–166.
956 Ebd., S. 159–170.
957 Saarinen schuf für IBM noch das Thomas J. Watson Research Laboratory (Yorktown Heights, New York, 1961). Weitere namhafte Architekten, die für IBM bauten, waren u. a. Marcel Breuer (La Gaude bei Nizza, 1962, und Boca Raton, Florida, 1970), Egon Eiermann (Stuttgart, 1972) und Ludwig Mies van der Rohe (Chicago, 1973).

**Abb. 109** IBM-Zentrale Deutschland, Stuttgart, Egon Eiermann, 1968–1972 (Foto ca. 1972)

Rand (Abb. 109)[958] und die Hausfarbe Blau spielte bereits beim Entwurf von Saarinens IBM Campus in Rochester eine bestimmende Rolle (Taf. 39).

## 3.3 Corporate Images im Wandel – das Bankgewerbe als Paradebeispiel

**Das Imageproblem der Banken in den 1960er Jahren**

Anhand des Bankgewerbes lässt sich nicht nur exemplarisch nachvollziehen, wie Großunternehmen in den Nachkriegsjahrzehnten einen Imagewandel mittels der Architektur auszudrücken suchten, sondern darüber hinaus ein grundlegender ikonographischer Wandel einer ganzen Branche fassen. In den 1960er und 70er Jahren wurde das noch zu Beginn des 20. Jahrhunderts vorherrschende Bild einer steinschweren und opulenten, an repräsentativen Vorbildern der Renaissance und des Barock orientierten Bankenarchitektur zunehmend als Sinnbild eines konservativen, elitären und verschlossenen Bankwesens empfunden (Abb. 95; Abb 3/18). Die Banken waren sich dieser Problematik bewusst, die sich verschärfte, als Unternehmen Anfang der 1960er Jahre begannen, die Löhne ihrer Angestellten über Bankkonten auszuzahlen und die Banken infolgedessen einen neuen Kundenkreis erschlossen, der zahlenmäßig den größten Teil der Privatkundschaft ausmachte:

„Viele sehen in den Banken, speziell den privaten Banken, von der Aura des Geheimen umgebene Schaltstellen der Wirtschaft mit enormer Machtkonzentration. Mangelnde Aufklärung, im Kundeninteresse notwendige Diskretion und nicht zuletzt die bis vor wenigen Jahren gering ausgeprägte Bereitschaft zu Publizität haben dazu beigetragen, daß dem Kreditwesen ein mit anderen Wirtschaftszweigen verglichen überdurchschnittliches Ausmaß an Misstrauen und Abneigung entgegengebracht wird."[959]

Wie bereits bei den Stahlunternehmen thematisiert, bestand bei den deutschen Großbanken zusätzlich die Notwendigkeit, sich von der NS-Vergangenheit zu distanzieren – die Dresdner Bank galt etwa als Hausbank der SS – und sich

---

958 So auch Vonseelen 2012, S. 268f.
959 „Wandel im Bankenimage?", in: WIR 59, 1977, Beilage für junge Mitarbeiter.

erkennbar in der demokratischen Grundordnung der Bundesrepublik zu verorten.[960] Die deutschen Großbanken reagierten seit Mitte der 1960er Jahren auf ihr problematisches Image und begannen damit, einen grundlegenden Imagewandel einzuleiten. Anfang der 1970er Jahre legten sich die deutschen Banken erstmals programmatische Corporate Designs zu, die radikal mit dem alten Image brachen und deutlich in der Installation neuer, konsequent moderner Logos zum Ausdruck kamen (Taf. 40 bis Taf. 45).[961] In diesem Zusammenhang legten sich die Banken auch eine gänzlich neue, funktionalistisch geprägte Architektursprache zu, die Offenheit, Transparenz und Fortschrittlichkeit ausdrücken sollte.

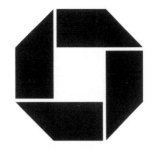

**Abb. 110** Logo der Chase Manhattan Bank von 1961, Entwurf Ivan Chermayeff

### Chase Manhattan als Vorreiter

Vorreiter für das moderne Bild einer Bank kamen aus den USA.[962] Vor allem die durch eine Fusion Mitte der 1950er Jahre entstandene Chase Manhattan Bank in New York wurde richtungsweisend. Von Beginn an baute Chase Manhattan auf ein Corporate Design, das die Bank als modern, freundlich und kundennah charakterisieren sollte.[963] Dies spiegelte sich in der Einführung des von Ivan Chermayeff entwickelten Logos 1961, das mit seiner Reduktion auf abstrakte geometrische Formen die Bankenikonographie weltweit nachhaltig beeinflusste (Abb. 110). Die architektonische Entsprechung bildete der Bau des Hauptquartiers von Chase Manhattan im Financial District von New York, das auf Betreiben David Rockefellers, seinerzeit Executive Vice President der Bank, 1956–61 von SOM (Projektleitung Gordon Bunshaft) als konsequent modernes Hochhaus ohne historische Zusätze errichtet wurde (Abb. 99).[964] Die Vorhangfassade der Chase Manhattan Bank erinnert mit ihrem gleichartigen Raster aus Fensterbändern und Metallpaneelen in Kombination mit den vor der Fassade stehenden Stützen des Primärtragwerks deutlich an das ebenfalls von SOM geplante Inland Steel Building in Chicago (Abb. 101). Abgesehen davon, dass hier die maßgebliche Rolle von SOM, die schließlich auch das Lever House (1952) konzipierten, bei der Etablierung einer neuen und modernen Unternehmensarchitektur in den USA der 1950er und 60er Jahre offensichtlich wird,[965] lässt sich das Hochhaus der Chase Manhattan Bank somit einem International Style zuordnen, der vordergründig auf Basis funktionaler Anforderungen und konstruktiver Erfordernisse entwickelt wurde und deshalb an verschiedenen Orten unabhängig von lokalen Traditionen und Verhältnissen eine ähnliche Gestalt annahm. So wie das Inland Steel Building die Möglichkeiten des Werkstoffs Stahl eindrücklich vor Augen führte, so passte die

---

960 Wixforth 2011; ders. 2006; Bähr 2006; Henke 2006; Ziegler 2006.
961 Hierzu ausführlich weiter hinten.
962 Zum Wandel US-amerikanischer Bankfilialen in der Moderne: Dyson/Rubano 2000. – Als sehr frühes Beispiel eines modernen Bankhochhauses wäre das PSFS Building in Philadelphia (1932, William Lescaze und George Howe) zu nennen, das jedoch keine Schule machte.
963 Pilditch 1970, 67f.
964 Adams 2019, S. 71–79; LPC 2009; SOM 1962, S. 159–169.
965 Weitere moderne Unternehmenssitze, mit denen SOM das Bild von Unternehmensarchitektur in der Nachkriegszeit prägte, waren: General Life Insurance (1957, Hartfort/Connecticut), Warren Petroleum (1957, Tulsa/Oklahoma), Crown Zellerbach (1959, San Francisco), Union Carbide (1960) (Abb. 98), Pepsi-Cola (1960) (beide New York), Upjohn (1961, Kalamazoo/Michigan), sowie im Hinblick auf Banken die Filiale des Manufacturers Trust an der Fifth Avenue in New York (1954) (Abb. 115).

**Abb. 111** „Moneten-Tempel", ehemalige Hauptzentrale der Commerzbank, Düsseldorf, 1911–1912, Carl Moritz und Werner Stahl (Foto 2019)

**Abb. 112** Hochhaus der Commerzbank, Düsseldorf, 1962–1963, Paul Schneider-Esleben (Foto ca. 1968)

offene und klare Architektursprache des Chase Manhattan Headquarters augenscheinlich zum modernen Image einer kundenorientierten und freundlichen Bank, das auch in einem modernen Corporate Design zum Ausdruck kommen sollte. „Die Chase Manhattan Bank entschied, sich ein sehr modernes, hohes und elegantes Gebäude im steinern traditionellen Gebiet der Wall Street in New York zu bauen. Sie wollten ihre Fortschrittlichkeit klar herausstellen,"[966] urteilte der Kommunikationsdesigner James Pilditch, der Chase Manhattan 1970 als mustergültiges Beispiel für Corporate Design anführte.

In Deutschland wurde der architektonische Trend früh von der Commerzbank aufgegriffen, die sich 1962/63 in Düsseldorf, wo das Kreditinstitut bis 1990 juristisch seinen Sitz hatte,[967] gegenüber ihrem alten, historistischen Hauptsitz, im Volksmund „Moneten-Tempel"[968] genannt (Abb. 111), von Paul Schneider-Esleben ein Hochhaus mit einer innovativen Fassadenkonstruktion aus Aluminium-Fertigpaneelen bauen ließ (Abb. 112).[969]

---

966 „Chase Manhattan Bank decided to build a very modern, high, and elegant building for themselves in the solidly traditional Wall Street Area of New York. They wanted to make their progressivness clear" (Pilditch 1970, S. 67) [Dt. Übers. Verf.].
967 FAZ v. 19.5.1990; FAZ v. 27.3.1990.
968 Fischer 1995, S. 251f.
969 Zum Gebäude: Bauen und Wohnen 1963, S. 344–347 (Paul Schneider-Esleben). In der Forschung wurde das Hochhaus zwar wahrgenommen (Horn 2014, S. 280; Fischer 1995, S. 260f.; Klotz 1986, S. 296), jedoch steht eine umfassende architekturhistorische Bearbeitung noch aus.

Führt man sich vor Augen, dass nur wenige Jahre zuvor die vielbeachteten Hauptsitze von Mannesmann und Phoenix-Rheinrohr (später Thyssen) in der Rheinmetropole fertiggestellt wurden (Taf. 3; Taf 4), so erscheint Düsseldorf um 1960 als Laboratorium für modernen Städtebau und Architektur, in dem richtungsweisende Bauwerke nicht nur für die Unternehmensrepräsentation der Nachkriegszeit, sondern für den Hochhausbau in Deutschland allgemein formuliert wurden. Als wichtige Akteure auf Seiten der Architektenschaft lassen sich Paul Schneider-Esleben (Mannesmann, Commerzbank) und vor allem das Büro Hentrich, Petschnigg und Partner (HPP) fassen, das neben dem Thyssenhaus in Düsseldorf auch die Hauptsitze für BASF in Ludwigshafen (1954–57) (Abb. 13), Bayer in Leverkusen (1959–63) und Unilever in Hamburg (1961–63) entwickelte.[970]

**Banken im Wettbewerb – Der Hochhausbau in Frankfurt am Main**

In Frankfurt am Main entstand durch die räumliche Nähe der Bankzentralen eine besondere Situation. Im städtischen Raum konnte der Betrachter die neuen Hauptquartiere quasi mit einem Blick in Bezug zueinander setzen und vergleichen (Taf. 1). Mehr als anderenorts konkurrierten die Großbanken deshalb in Frankfurt auch auf der architektonischen Ebene.[971] Treffend lässt sich eine allgemein formulierte Aussage von Roman Antonoff, einem Wegbereiter der Corporate Identity in Deutschland, auf diese Situation beziehen: „Sein Ort im Raum, den man beansprucht, sein Stellenwert, seine Nachbarn und Antipoden sind letztlich Orientierungspunkte, aus denen man das Wesen seiner Identität, partiell zumindest, ablesen kann."[972]

Damit wird neben der alten Bankenarchitektur noch ein zweiter Bezugsrahmen für die neuen Hauptquartiere erkennbar, nämlich die Bauwerke der Wettbewerber. Die neuen Zentralen sollten demnach einerseits ein neues freundlicheres Image transportieren, aber andererseits repräsentativ genug sein, um die Wettbewerber zu übertreffen. Diese Referenz war auf der Ebene des leitenden Managements von Bedeutung, wie die Auswertung der Akten ergab, wurde jedoch in der öffentlichen Kommunikation in der Regel verschwiegen oder sogar negiert.[973] Beim Bau des Commerzbankhochhauses zur Mitte der 1990er Jahre wurde die Relation zu den Konkurrentinnen zumindest implizit genannt: „Für die Commerzbank ist das neue Gebäude gleichzeitig ein Symbol des Anspruchs, eine führende europäische Großbank zu sein."[974]

Der Hochhausbau in Frankfurt am Main gewann um 1970 an Dynamik, als zunächst die Deutsche Bank (1968–71, Herbert Dionisius) mit einem betont funktionalistischem Hochhaus, der sogenannten „Abshaube" (Abb. 63),[975] ein seinerzeit noch markantes Zeichen im Stadtraum setzte, das nur wenige Jahre später vom neuen Hauptsitz der Commerzbank (1970–74, Richard Heil) buchstäblich in den Schatten gestellt wurde (2.5/01).[976] War für den nüchternen Zweckbau der Deutschen Bank noch die hauseigene Bauabteilung unter Leitung des Architekten Herbert Dionisius tätig, so zeigt sich die Bedeutung, welche die Commerzbank ihrem neuen Hauptsitz beimaß, an der Durchführung eines Wettbewerbes, zu dem mit

---

970  Zur BASF: Stroux 2009, besonders S. 73–103, 163–178; dies. 2008, S. 310–314; BASF 1958. – Zu Bayer: Mittag/Böker 1963. – Zu Unilever: Jungnickel 1966.
971  So hieß es bankintern zum Neubau der Commerzbank Zentrale: „[...]das neue HV-Hochhaus wird für lange Zeit als Zeichen für den Geist der Commerzbank in den Himmel ragen. Und dort steht es in ‚Konkurrenz' zu den bestehenden Hochhäusern und zu den geplanten Verwaltungsbauten der Mitbewerber" (Internes Schreiben v. Ulrich Ramm, Zentrale Abteilung Volkswirtschaft und Kommunikation, v. 24.4.1990, betr. „HV-Neubau aus Kommunikationssicht/ Betr. Umweltverträglichkeit" (HAC E 1081)).
972  Antonoff 1982, S. 41.
973  S. Kap. 2.3.6 und Kap. 2.4.3.
974  Einladung zum Richtfest für die neue Zentrale der Commerzbank AG am 23.8.1996 (HAC S6).
975  S. Kap. 2.4.1.
976  S. Kap. 2.5.1.

Ludwig Mies van der Rohe auch ein international angesehener Stararchitekt eingeladen wurde,[977] dessen Hochhaus für den Spirituosenhersteller Seagram in New York (1954–58) als Meilenstein der modernen Architektur bewundert wurde (Taf. 37). Erbaut wurde allerdings nicht der Wettbewerbsbeitrag Mies van der Rohes, der dem Seagram Building frappierend ähnelte, sondern ein Entwurf aus der Feder des Frankfurter Architekten Richard Heil. Das Hochhaus im International Style griff mit einer Gliederung in zwei Hochhausscheiben den von HPP geschaffenen Typus des Scheibenhauses auf und ergänzte einen niedrigeren Baukörper am Blockrand. Die gediegene glatte Fassade aus Glas und bronzefarbenen Aluminiumpaneelen konnte als Reverenz an die neue Unternehmensfarbe Gelb verstanden werden.

**Die Corporate Design-Kampagnen um 1970**
Parallel zum Bau der neuen Unternehmenszentrale startete eine Kampagne, die mittels eines modernen Corporate Designs den im neuen Hauptquartier ersichtlichen „Abschied vom Marmor-Image"[978] auch auf anderen Ebenen der visuellen Kommunikation besiegeln sollte. Sinnbild für das neue Erscheinungsbild der Commerzbank wurde das neue Logo „Quatre vents" (frz., „Vier Winde") (Taf. 45), welches das seit 1940 gebräuchliche Firmenzeichen, ein C mit Merkurflügeln (Taf. 44), ersetzte.[979] Entsprach das ältere Logo mit seinem Bezug auf den römischen Gott des Handels noch einer seit der Renaissance gängigen Ikonographie, die einen kulturellen Bogen bis in die Antike schlug, so brach das neue Logo mit der Tradition, indem es keine gegenständlichen Bezüge zum Unternehmen mehr aufwies, sondern als abstraktes farbiges Zeichen Eigenschaften assoziativ zu vermitteln suchte. Die Parallele zwischen der zeitgleichen Modernisierung des Logos und des Hauptquartiers ist offensichtlich; Grafik und Gebäude erscheinen beide als visuelle Manifestationen eines grundlegenden Imagewandels der Commerzbank Anfang der 1970er Jahre, so wie er sich bei der Chase Manhattan schon zehn Jahre zuvor beobachten ließ.

Die Deutsche Bank zog nach und präsentierte 1974 im Zusammenhang mit der Erarbeitung eines modernen Corporate Designs ein neues Logo, welches das alte Zeichen von 1937 mit den Anfangsbuchstaben DB im Oval (Taf. 42) ersetzte. Der von Anton Stankowski entworfene und noch heute gebräuchliche „Schrägstrich im Quadrat" in der neuen Hausfarbe Blau (Taf. 43)[980] sollte „sachlich, nüchtern, seriös, unkompliziert, ohne Beiwerk, optisch unaufdringlich"[981] wirken. Dieselben Eigenschaften ließen sich auch bei der Beschreibung des wenige Jahre zuvor errichteten Hochhauses der Deutschen Bank anführen, das optisch einen klaren Kontrast zum historistischen Stammhaus am Roßmarkt (1904, Hermann Ritter) bildete (Abb. 62)[982] und damit bereits das neue Erscheinungsbild der Bank vorankündigte. Dass es sich hierbei nicht nur um eine äußerliche Modernisierung handelte, sondern die Architektur als Ausdruck des modernisierten Bankwesens zu verstehen sei, wurde vor allem in Bezug auf die neue Schalterhalle kommuniziert:

„Das Erdgeschoß vermittelt unseren Besuchern den ersten Eindruck unserer neuen Kundenhalle und damit zugleich Einblicke in den neuen Stil des Bankgeschäfts: Keine ‚kalte Pracht' mehr, keine trennenden Schalter-Barrieren, sondern moderne Zweckmäßigkeit,

---

977 Kat. DAM Frankfurt 2014, S. 104–106.
978 So der Titel eines Berichts in: W&V 7/1973. Dort hieß es an anderer Stelle: „Die Commerzbank AG zog die Konsequenzen und stieg 1972 endgültig vom Marmor-Sockel."
979 Stuttgarter Zeitung v. 29.12.1972.
980 ArtMag 80, 2014 (Vz. Internetquellen); Funck 1980.
981 Funck 1980, S. 399.
982 Zum Gebäude am Roßmarkt: FAZ v. 7.12.2004; Pohl 1984, S. 124–129; Zentralblatt der Bauverwaltung 66/1908.

## 3.3 Corporate Images im Wandel – das Bankgewerbe als Paradebeispiel

technische Perfektion und persönliche Kontaktpflege zwischen unseren Kunden und uns."[983]

Die Dresdner Bank arbeitete zum Ende der 1960er Jahre unter der Führung von Jürgen Ponto an einem umfassenden Corporate Design, welches das Image der Dresdner Bank modernisieren sollte. An der Entwicklung maßgeblich beteiligt war Otl Aicher;[984] das 1972 eingeführte Logo „Dreieck im Sechseck" (Taf. 3/08), das nicht zu Unrecht mit dem Logo der Chase Manhattan (Abb. 110) verglichen wurde[985] und den Merkurstab mit den flankierenden Initialen „DB" von 1917 (Taf. 40) ersetzte,[986] stammte allerdings aus der Feder des Münchener Grafikers Jürgen Hampel.[987] Der fundamentale Bruch des abstrakten, aus geometrischen Formen konstruierten „Ponto-Auges", wie das Dresdner Bank-Logo im Volksmund getauft wurde, mit der traditionellen Ikonographie (Merkurstab) ist offensichtlich. Architektonisch äußerte sich dieser Bruch zunächst in einem neuen Corporate Design, das einheitliche Vorgaben für die Innenarchitektur der Bankfilialen machte. Das von Otl Aicher in Zusammenarbeit mit ABB Beckert + Becker entwickelte Konzept, das 1971 erstmals in einer Musterfiliale an der Frankfurter Gallusanlage umgesetzt wurde,[988] brach – wie die zeitgleich realisierte Schalterhalle in der neuen Hauptverwaltung der Deutschen Bank – radikal mit der Ikonographie des historischen Bank-Palazzo (Abb. 113), indem ein konsequent moderner und funktionalistisch orientierter Innenraum an die Stelle kostbarer Materialien und historischer Zitate trat (Abb. 114). Die Filialgestaltung wurde jedoch nicht nur äußerlich einem grundlegenden Wandel unterzogen, sondern vor allem auch in der inneren Organisation. Ein offener Großraum, in dem ein modulares System eine variable Anordnung von Möbeln erlaubte, hob die tradierte Form der Schalterhalle auf, in welcher der „steife, respekteinflößende Bankbeamte"[989] durch eine trennende Glaswand mit der Kundschaft kommunizierte, und schaffte somit eine neue Offenheit und Nähe zu den Kunden. Dies wurde in der Firmenkommunikation, die in ihrer Wortwahl der Deutschen Bank ähnelte,[990] besonders hervorgehoben:

„Vorstandsmitglied Professor Hagenmüller stellte in seinen Ansprachen besonders heraus, daß es in Zukunft keine trennende Barriere mehr geben wird. Die ehemals nüchternen Schalterhallen werden zu freundlichen, ja fast heiteren, Kontakträumen. Sie sind die gelungene architektonische Übersetzung des neuen Dresdner-Bank-Images: ‚Im Mittelpunkt steht der Kunde'."[991]

Als weithin im Stadtraum sichtbares Zeichen sollte schließlich auch das neue Hauptquartier der Dresdner Bank (Taf. 19) das neue Image transportieren.[992] Obgleich sich wiederum ABB

---

983 Anatomie einer Bank, hg. v. der Deutschen Bank, 1971 (Informationsbroschüre). – An der Inneneinrichtung arbeitete die Stuttgarter Professorin und Innenarchitektin Herta-Maria Witzemann mit (Presseinformation der Deutschen Bank, o. J., vermutlich 1971 (HIDB/Sammelordner „Bankgebäude – Frankfurt a. M. – Zentrale/Filiale")).
984 Konzeptpapier „Dresdner Bank – Visuelles Erscheinungsbild" von Otl Aicher, v. 7.6.1970 (HAC-500/120053). – Das Engagement Aichers geht offenbar auf Pontos Initiative zurück, der von Aichers Arbeit bei Blohm & Voss angetan war (Internes Schreiben von Jürgen Ponto v. 21.6.1966 betr. Werbung (HAC-500/120053)).
985 Stuttgarter Zeitung v. 29.12.1972.
986 S. auch Kap. 2.3.2.
987 Kretschmer 2009, S. 174.
988 WIR 26, 1972. – Eine frühe Anwendung fand das Konzept beim Neubau der Filiale in Bad Homburg.
989 WIR 59, 1977.
990 S. das Zitat mit Fußnote 981.
991 WIR 26, 1972; Ein neuer Weg, hg. v. der Dresdner Bank, circa 1971 (Informationsbroschüre); Konzeptpapier „Dresdner Bank – Erscheinungsbild in der Architektur" von Hannsgeorg Beckert, Architektenbüro Beckert + Becker v. 7.6.1970 (HAC-500/120053).
992 S. Kap. 2.3.

Abb. 113 Schalterhalle im eh. Hauptsitz der Dresdner Bank, Berlin, 1887–1889, Ludwig Heim (Foto Mitte 1920er Jahre)

Architekten für Entwurf und Planung verantwortlich zeichneten,[993] wurde der repräsentative Unternehmenssitz nicht im Corporate Design der Filialen konzipiert, sondern individuell auf die funktionalen, konstruktiven und städtebaulichen Anforderungen entworfen und auf das neue Bankenimage abgestimmt. Es wurde also differenziert zwischen einem Interior Design für die Geschäftsräume mit Kundenverkehr, dessen Elemente ortsunabhängig einen Wiedererkennungswert erzeugten, der jede Filiale als „Dresdner Bank" codierte, und dem repräsentativen, in Sichtweite zu anderen Großbanken liegenden Hauptsitz der Verwaltung, der symbolisch für das Unternehmen als Ganzes stand und folglich dem neuen Image einen sichtbaren Ausdruck verleihen sollte. Analog zu den anderen Großbanken galt die Devise „weg vom Marmor-Komplex,"[994] stattdessen sollte das neue Hauptquartier „leicht und klar"[995] wirken. Mit dem 1980 eröffneten Silberturm, der die Häuser der Konkurrentinnen an Modernität und vor allem Höhe übertraf, ging auch eine bis dato im deutschen Bankgewerbe ungekannte mediale Vermittlung des Hauptquartiers durch die Dresdner Bank einher, welche das Hochhaus im Sinne des gewünschten Images auf

---

993 Entwerfer und Projektleiter war der spätere Inhaber Heinz Scheid.
994 Dr. Hans Friderichs zitiert nach: Manuskript v. 6.6.1980 für die Rede anlässlich der Eröffnung des Hochhauses der Dresdner Bank AG in Frankfurt am Main am 10.6.1980 (HAC-500/130924).
995 Jürgen Ponto zitiert nach: Notiz v. 27.3.1974 über die 7. Sitzung des Bauausschusses; Notiz v. 14.2.1974 über die am 23.1.1974 stattgefundene 6. Sitzung des Bauausschusses (HAC-500/7994-2002).

**Abb. 114** Musterfiliale der Dresdner Bank an der Gallusanlage in Frankfurt am Main, 1971, ABB Beckert + Becker mit Otl Aicher (Foto 1971)

bestimmte Zielgruppen abgestimmt darstellte.[996] Drei Maßnahmen aus der „breite[n] Palette von PR-Instrumenten"[997] sind in diesem Rahmen besonders erwähnenswert: Die Publikation eines Buches mit vielen Farbabbildungen, die Produktion eines 18-minütigen Films sowie die Veranstaltung eines Bürgerfestes im Zusammenhang mit einem Etappenstart der Tour de France 1980 am Silberturm sollten das Hochhaus – als Sinnbild der Dresdner Bank – modern, human und sympathisch präsentieren.

Die ungeheure Dynamik in der architektonischen Entwicklung des Bankensektors im Westdeutschland der 1970er Jahre wird anhand der Situation, in der sich die Deutsche Bank Ende des Jahrzehnts befand, deutlich. Läutete die Großbank mit dem Bau ihres Hochhauses 1971, nach dem Dom seinerzeit höchstes Gebäude der Stadt, einen in Europa beispiellosen architektonischen Wettbewerb im Frankfurter Stadtraum ein, so galt das Gebäude nur sieben Jahre später im Angesicht der neuen Hauptsitze von Commerzbank, Dresdner Bank und BfG wie auch weiterer Hochhäuser in der Stadt bereits als veraltet und unscheinbar. Dem bankintern geringschätzig als „Reihen-Hochhaus"[998] bezeichneten Bau wurde deshalb (nicht zu Unrecht) abgesprochen, die größte deutsche Bank noch angemessen

---

996 S. Kap. 2.3.7.
997 Schreiben von Dr. Vielmetter, Informations- und Presseabteilung, an Dr. Friderichs v. 4.12.1979 betr. Einweihung des Hochhauses (HAC-500/119021.MS).
998 Brief v. Dr. Klaus Mertin an die Herren des Vorstands v. 17.11.1978 (HIDB V40/86).

repräsentieren zu können.[999] Getrieben von der Sorge, den architektonischen Anschluss endgültig zu verpassen, erwarb die Deutsche Bank 1979 das bereits im Bau befindliche Projekt der Zwillingstürme an der Taunusanlage (1978–84, ABB Hanig, Scheid, Schmidt) (Tab. 2.4/01), um mit der Dresdner Bank buchstäblich wieder auf Augenhöhe zu residieren.[1000] Im Unterschied zu den anderen deutschen Großbanken hat die Deutsche Bank folglich kein Konzept erarbeiten lassen, wie ihr Anfang der 1970er Jahre modernisiertes Image einen adäquaten architektonischen Ausdruck fände, sondern musste im Nachhinein überlegen, wie sich die erworbene Immobilie im Sinne der Corporate Identity, die bei der Deutschen Bank im Unterschied zu den vorherigen Bauvorhaben der Banken erstmals als übergeordneter Bezugsrahmen genannt wird, vermitteln ließe. Die zuständige Werbeabteilung erkannte den Bedarf, fand aber letztlich kein schlüssiges Konzept. Dass die Zwillingstürme der Deutschen Bank mit ihren markanten Baukörpern und ihren effektvoll spiegelnden Glasfassaden trotzdem zu einem Symbol der Finanzwelt mit hoher medialer Präsenz wurden, ist somit nicht nur eine Ironie der Geschichte, sondern auch ein Ausweis für die Komplexität des Kommunikationsprozesses in der (Unternehmens-)architektur, bei dem die Wahrnehmung des Gebäudes auf der Empfängerseite offenbar entscheidender sein kann als die auf der Senderseite formulierte Botschaft.

## 3.4 Eine neue Bankenikonographie für die Moderne (und Postmoderne)

**Vom Image zur Ikonographie**

Wie beschrieben versuchten die Großbanken vor allem in den 1960er und 70er Jahren, ihr überkommenes Image grundlegend zu verändern. Dieser Wandel umfasste alle Bereiche des visuellen Erscheinungsbildes und äußerte sich in der Abkehr vom Bild des opulenten historistischen Palazzo aus Naturstein. In den Reden und Schriften der Nachkriegszeit wurde „Marmor"[1001] zum Sinnbild dieser Bankenikonographie des späten 19. und frühen 20. Jahrhunderts. Mit einer modernen Architektursprache wollten die Banken „die Barriere der Erhabenheit und Ehrwürdigkeit, die bisher zum gepflegten Habitus gehörte,"[1002] ablegen und bescheidener, offener und kundennäher auftreten. In Deutschland war damit – wenngleich selten offen angesprochen – auch stets eine sichtbare Distanzierung von der NS-Vergangenheit, die man mit monumentalen Steinbauten verband, impliziert. Die neue Bankenarchitektur definierte sich folgerichtig in Gegensätzen: leichte Skelettbauten aus Stahl und Glas anstelle massiver Bauwerke aus Stein; die sachliche Ästhetik des Funktionalismus statt historischer Bilder frühneuzeitlicher Palastarchitektur; Verzicht auf ornamentale Dekorationen und figürliche Bauplastik, stattdessen ein auf die Konstruktion reduzierter Minimalismus nach dem Vorbild der Architektur Mies van der Rohes („less is more").

Der Imagewandel erfasste die gesamte westliche Finanzwelt, verständlicherweise: Wer wollte schon im Vergleich zu den modern, offen und sympathisch auftretenden Wettbewerbern als rückwärtsgewandt, verschlossen und unsympa-

---

999 Ebd.
1000 S. Kap. 2.4.
1001 Z. B.: „in den feudalen Hallen eines repräsentativen Klassizismusses mit noch relativ viel Marmor und Gold" (Konzeptpapier „Dresdner Bank – Visuelles Erscheinungsbild" von Otl Aicher, v. 7.6.1970 (HAC-500/120053)); „Abschied vom Marmor-Image" (W&V 7/1973); „weg vom Marmor-Komplex" (Dr. Hans Friderichs zitiert nach: Manuskript v. 6.6.1980 für die Rede anlässlich der Eröffnung des Hochhauses der Dresdner Bank AG in Frankfurt am Main am 10.6. 1980 (HAC-500/130924)).
1002 Konzeptpapier „Dresdner Bank – Visuelles Erscheinungsbild" von Otl Aicher, v. 7.6.1970 (HAC-500/120053).

thisch gelten? Die kurze Zeitspanne von wenigen Jahren, in denen die deutschen Großbanken in den frühen 1970er Jahren ein modernes Corporate Design einführten und parallel dazu neue, moderne Hauptquartiere bauten beziehungsweise mit dem Bau begannen, verdeutlicht, welchen Druck der Wettbewerb auf die Banken ausübte und wie schnell auf die Maßnahmen der Konkurrenz reagiert wurde. Da die Banken sich gegenseitig beeinflussten, vollzogen sie ihren Imagewandel in der gleichen modernen Architektursprache, was letztlich zur Ausbildung einer neuen Bankenikonographie führte, das heißt, einer formelhaften Bildsprache mit feststehenden Zeichen, deren Bedeutung konventionell und damit allgemein verständlich geworden sind.

**Glas statt Marmor**
An die Stelle des „Marmors" trat das „Glas", das sich aufgrund seiner Transparenz vorzüglich eignete, Offenheit und Leichtigkeit zur Schau zu stellen. Mit der Filiale des Manufacturers Trust an der Fifth Avenue in New York (Abb. 115) loteten SOM unter der Leitung von Gordon Bunshaft bereits 1954 die Grenzen einer gläsernen Bankenarchitektur aus, die bewusst in Opposition zur klassischen Steinarchitekur der Bankhäuser trat.[1003]

„We had an idea that it was time to get the banks out of mausoleums. [...] We're trying to make the bank more human,"[1004] formulierte Louis Skidmore, Mitgründer von SOM, den moralischen Anspruch, den die radikal moderne Architektur verbildlichen sollte.

Höhepunkt der transparenten Inszenierung war der öffentlich sichtbare Tresor, dessen imposante, eigens vom renommierten Industriedesigner Henry Dreyfuss gestaltete Tür nur wenige

Abb. 115 Manufacturers Trust, New York (USA), 1954, SOM (Foto ca. 1960)

Meter hinter der Glasfassade lag und die Blicke der Passanten an der Fifth Avenue wie in einem Schaufenster auf sich zog.[1005] Auf diese Weise ersetzte der Tresor zugleich die in der traditionellen Bankenikonographie übliche Bauskulptur als Verweis auf die Funktion des Gebäudes.[1006] „Manufacturer vermarktete nicht Sicherheit, sondern verkaufte progressiven Modernismus,"[1007] wie Carol Dyson und Anthony Rubano hierzu treffend bemerkten. Die moderne Architektur zahlte sich buchstäblich aus: Im Eröffnungsjahr hat sich die Zahl der Konten in der Zweigstelle an der Fifth Avenue mehr als verdreifacht, und es wurden doppelt so viele Konten eröffnet als in jeder anderen Filiale des Manufacturers Trust je zuvor in einem Jahr.[1008]

Mit dem Bau des Hochhauses der Chase Manhattan Bank (1956–61) übertrugen SOM die neue Architektursprache erstmals auf das Hauptquartier einer führenden Großbank.[1009] Wie das etwas ältere Seagram Building verfügte auch das

---

1003 Adams 2019, S. 58–64; LPC 2011; LPC 1997; SOM 1962, S. 42–47; Architecurals Forum 12/1954; Architectural Record 11/1954.
1004 Time Magazine v. 31.8.1953. („Wir hatten die Idee, dass es an der Zeit ist, die Banken aus den Mausoleen zu holen. [...] Wir versuchen, die Bank menschlicher zu machen" (Dt. Übers. Verf.).
1005 Asendorf 1994, S. 51f; SOM 1962, S. 46.
1006 Vgl. Kap. 3.1.
1007 Dyson/Rubano 2000, S. 47.
1008 Ebd; LPC 1997.
1009 Als die die Filiale des Manufacturers Trust an der 5th Avenue später von Chase Manhattan übernommen wurde, fügte sich die Architektur insofern gut in das architektonische Erscheinungsbild des Unternehmens ein.

3 Geschichte der Unternehmensarchitektur als Kommunikationsform – ein Überblick

**Abb. 116** Blick über die Plaza zum verglasten Foyer der Chase Manhattan Bank, New York (USA), 1961, SOM (Foto 2019)

Chase Manhattan-Hochhaus über ein raumhoch verglastes Foyer, welches die Trennung zwischen dem öffentlichen Vorplatz und dem Foyer weitgehend aufhob (Abb. 116). Beim Bau des Dresdner Bank Hauptquartiers in Frankfurt wurde diese städtebauliche Geste der Offenheit aufgegriffen (Abb. 50)[1010] und im Sinne des gewünschten Images kommuniziert:

> „Es ist noch nicht allzu lange her, da war das Innere einer Bank nur einem kleinen Kreis privilegierter Bürger zugänglich; heute sind Banken offen für jedermann. Obwohl ausschließlich Verwaltungsgebäude, also ohne Kundenverkehr, gewähren die Glaswände zu ebener Erde jedermann Einblick […]."[1011]

In Wirklichkeit war die gezeigte Offenheit und Transparenz rein symbolisch. Weder im Foyer der Chase Manhattan noch der Dresdner Bank konnte der Passant tatsächlich Einblick in Bankgeschäfte nehmen und wurde nach unbefugtem Eintreten alsbald vom Sicherheitspersonal abgefangen. Ungeachtet dessen war das Bild der gläsernen Bank imagemäßig so erfolgreich, dass Transparenz zu einem Topos der Bankenarchitektur wurde. Noch Mitte der 1990er Jahre bezeichnete die Commerzbank ihre neue Hauptzentrale in Frankfurt als „ein Haus der Transparenz und Kommunikation, Ausdruck der Unternehmensphilosophie",[1012] obgleich ein zu jener Zeit überdurchschnittliches Maß an Transparenz lediglich durch die gläsernen Trennwände der Büroetagen erreicht wurde und sich somit auf die Selbstdarstellung des Unternehmen nach innen beschränkte (Taf. 32).

War Glas in den ersten Nachkriegsjahrzehnten Mittel und Symbol für Offenheit und Transparenz, so wurde es im Zuge postmoderner Architekturkonzepte zum Ende der 1970er Jahre zum ästhetischen Selbstzweck. Die Spiegelglasfassade der Deutsche Bank-Türme eröffnete keine Einblicke mehr, sondern verschleierte die dahinterliegenden Strukturen, sowohl die architektonischen als auch die unternehmerischen (Taf. 28).[1013] Die Türme der Deutschen Bank entsprachen mit ihren gläsernen Vorhangfassaden zwar der neuen Bankenikonographie, doch blieben sie verschlossen und undurchsichtig und entsprachen damit wieder dem alten Image des Bankwesens, das man mit der modernen Glasarchitektur der Nachkriegszeit ablegen wollte. Vielleicht ist es diese Ambivalenz eines formal progressiven, aber inhaltlich traditionellen Bankimages, welche die Türme der Deutschen Bank zu einem medial präsenten Symbol des Finanzgewerbes schlechthin werden ließ. Hingegen entsprach das Hauptquartier der Dresdner Bank wohl zu wenig den gängigen, zum Teil auch von Misstrauen geprägten Vorstellungen von einer Bank in weiten Teilen der Öffentlichkeit.

**Das Hochhaus als Statussymbol**

Mit dem Hauptquartier der Chase Manhattan Bank führten SOM auch ein weiteres wesentliches Element der modernen Bankenikonographie

---

1010 Kap. 2.3.4. – Das mag nicht unwesentlich damit zusammenhängen, dass der Gründer von ABB Architekten, Otto Apel, nach dem Zweiten Weltkrieg als Kontaktarchitekt für SOM in Deutschland arbeitete.
1011 Haus am Jürgen-Ponto-Platz 1980, o. S.
1012 Einladung zum Richtfest für die neue Zentrale der Commerzbank AG am 23.8.1996 (HAC S6).
1013 Kap. 2.4.4.

ein, nämlich den Typus des modernen Hochhauses (Abb. 99), der zum Standard für die repräsentativen Hauptquartiere der Banken wurde.[1014] Da Skelettbauweise und Funktionalismus die technischen und wirtschaftlichen Voraussetzungen des modernen Hochhausbaus bildeten,[1015] hing die Verbreitung des Hochhauses eng mit der modernen Architektursprache zusammen. Unabhängig davon stand die Höhe des Hochhauses in einem proportionalen Verhältnis zu dessen Herstellungskosten, das sich auf die banale Formel „je höher das Bauwerk, desto höher die Kosten" reduzieren lässt. Die finanziellen Mittel, die für den Hochhausbau aufgewandt wurden, waren immens. Die Kosten für Hochhausbauten der deutschen Großbanken beispielsweise bewegten sich im Bereich mittlerer dreistelliger Millionenbeträge.[1016] Die Höhe des Bauwerks geriet somit zwangsläufig zum Ausweis finanzieller Solvenz und wirtschaftlicher Potenz. Psychologische Aspekte verstärkten diese Wahrnehmung. Es dürfte unstrittig sein, dass hohe Gebäude auch unabhängig von dem finanziellen Aufwand Menschen beeindrucken und als Symbole von Macht und Stärke wahrgenommen werden.[1017] In der Nachkriegszeit notierte der Architekturhistoriker Winston Weisman mit Blick auf die frühen New Yorker Wolkenkratzer: „Die Höhe steigerte das Prestige von Individuen und Unternehmen. Sie symbolisierte Stellung, Stärke und Wohlstand. Sie war öffentlichkeitswirksam."[1018]

Anstelle der Zitate frühneuzeitlicher Herrschaftsarchitektur und der luxuriösen Materialien verbildlicht in der modernen Bankenikonographie nunmehr die Gebäudehöhe die wirtschaftliche Potenz der Banken. So attestierte Wally Olins dem Hochhaus von HSBC in Hongkong (1986, Norman Foster, Abb. 72) zwar ein „Meisterstück der zeitgenössischen Architektur"[1019] zu sein, aber auch „ein traditionelles Stück Symbolismus"[1020], weil es „offenkundig dazu bestimmt [ist], zu beeindrucken, zu zeigen, daß die Bank in einem ganz traditionellen Sinn reich und stark ist."[1021] Gerade im Frankfurt der 1970er und 1980er Jahre wurde das Hochhaus als im Stadtraum weithin sichtbare Machtdemonstration vielfach kritisch betrachtet und war für die Banken in Hinsicht auf den angestrebten Imagewandel problematisch.[1022] Mit ihren neuen Corporate Designs und einer offenen Architektur wollten sich die Banken schließlich bescheidener und kundennäher präsentieren. Folgerichtig mahnte Otl Aicher die Deutsche Bank, beim Bau der Zwillingstürme nicht „ihren rang zur schau zu stellen" und empfahl „nobles understatement".[1023]

Die konsequente Berücksichtigung der beiden wesentlichen Referenzpunkte für das Bild

---

1014 Eine interessante Ausnahme bilden die Verwaltungsgebäude, die Sep Ruf für die Bayerische Vereinsbank im Münchener Tucherpark konzipierte (Technisches Zentrum 1968–70, Verwaltungsbau Ost 1969–72, Verwaltungsbau West 1981–86). Die Bauten entwickeln sich in die Breite statt in die Höhe und fügen sich somit in das städtebauliche Konzept einer durchgrünten Parklandschaft ein. Zum Tucherpark: Meissner 2013, S. 328–336; Sottanelli 2011; Kat. Architekturmuseum TUM 2008, S. 136–139.
1015 Durch die Skelettbauweise ließen sich die Massen des Gebäudes erheblich reduzieren; der Funktionalismus ermöglichte den Verzicht auf kostspielige Dekorationen, Ornamente und eine rein gestalterisch motivierte handwerkliche Bearbeitung der Baumaterialien vor Ort.
1016 Die Kosten für die Türme der Deutschen Bank beispielsweise lagen 1984 bei rund 600 Millionen Mark (Tabelle Budget-Entwicklung – Übersicht und Ergebnis v. 30.6.1984 (HIDB V40/91)).
1017 Falk Jaeger zum Beispiel interpretierte den 828 Meter hohen Burj Khalifa in Dubai (2010, SOM) als „groteskes Potenzgehabe" (Jaeger 2010).
1018 „Height had prestige value both for an individual and a business firm. It symbolized position, power and prosperity. It had public relations value" (Weisman 1953, S. 19) [Dt. Übers. Verf.].
1019 Olins 1990, S. 64.
1020 Ebd.
1021 Ebd.
1022 „[…] in Frankfurt signalisieren die Geldtürme der Bank für Gemeinwirtschaft (142,70 Meter) und der Dresdner Bank (166,30 Meter) ihren Machtanspruch über den zerfallenden Bürgerhäusern des Bahnhofsviertels" (Der Spiegel 39/1975, S. 207).
1023 Brief von Otl Aicher v. 7.1.1981 (HIDB V40-86) [Rechtschreibung wie im Original].

einer neuen Bankenarchitektur – freundlicheres, modernes Image einerseits, Repräsentation im Verhältnis zu den Konkurrentinnen andererseits – stellte folglich zumindest die deutschen Bankunternehmen vor ein Dilemma.[1024] Dem versuchten die Banken mittels einer gezielten Öffentlichkeitsarbeit entgegenzuwirken. Die Höhe wurde stets als rein funktionale Notwendigkeit dargestellt, als Mittel, um die benötigten Raumvolumina, welche die rationale Zusammenlegung zuvor über den Stadtraum verteilter Abteilungen erforderlich mache, auf begrenzt zur Verfügung stehender Fläche zu erreichen.[1025] Repräsentative Absichten wurden hingegen bestritten.[1026] Dass jene sehr wohl existierten und ihre Umsetzung mit teils beträchtlichem Aufwand betrieben wurde, ließ sich jedoch mittels der Firmenarchivalien beweisen. Man denke beispielsweise an die Anlage des öffentlichen Jürgen-Ponto-Platzes, den die Dresdner Bank auf eigene Kosten durchführte, um die gewünschten 32 Geschosse von der Stadt genehmigt zu bekommen.[1027] Von seltener Offenheit war daher das Bekenntnis von Eberhard Martini, Vorstandssprecher der Bayerischen Hypo-Bank, der mit Bezug auf die Firmenzentrale rückblickend formulierte, dass „die Größe des Hauses Kompetenz und Marktdurchdringung"[1028] ausdrücken solle und außerdem „Sicherheit, Solidität und Leistungsfähigkeit [signalisiere]"[1029].

Es lässt sich festhalten, dass sich die Ikonographie der Bankenarchitektur nach dem Zweiten Weltkrieg grundlegend änderte. Die Banken modernisierten ihr visuelles Erscheinungsbild, zu dem die Architektur zwangsläufig gehört, um Kundennähe, Offenheit und Transparenz zu kommunizieren. Glas trat als symbolisches Leitmaterial an die Stelle von Marmor, eine funktionale und konstruktivistische Ästhetik an die Stelle historischer Formen und Bezüge. Wenngleich das Bild der Bank damit auf der formalen Ebene gänzlich erneuert wurde, so wurden manche inhaltliche Konnotationen des alten Images mehr oder weniger unbewusst in die neue Architektursprache übersetzt und blieben damit virulent. Vor allem die Höhe der Zentralen wurde zum sichtbaren Ausdruck wirtschaftlicher Macht. Aus den Marmorpalästen wurden gläserne Kathedralen des Geldes. Hierauf spielte Martin Kohlhaussen, Vorstandssprecher der Commerzbank, beim symbolischen ersten Spatenstich zum Bau des Commerzbank Hochhauses 1994, an: „Was wir nicht wollen, ist der Eindruck von einem kalten, abweisenden und bisweilen furchteinflößenden Glas- und Marmorpalast, der so gut in das aktuelle Klischee von den bösen Banken hineinpaßt."[1030]

---

1024 Die Untersuchung der Akzeptanz von Bankenarchitektur in anderen Länder hätte den Rahmen dieser Arbeit leider gesprengt.
1025 So forderte die Öffentlichkeitsabteilung der Dresdner Bank bei der öffentlichen Darstellung der Zentrale die „Betonung der Notwendigkeit für den Bau und der funktionalen Sinnhaftigkeit des Hochhauses" (Schreiben von Dr. Vielmetter, Informations- und Presseabteilung, an Dr. Friderichs v. 4.12.1979 betr. Einweihung des Hochhauses (HAC-500/119021.MS)).
1026 „Aber es muss doch auch gesagt werden, dass wir mit unserer Planung nicht einem Höhenrausch erlegen sind oder einen Rekord aufstellen wollten. Es waren schlicht die Grundstücksverhältnisse und der Raumbedarf, die uns etwas höher werden ließen als andere Banken [...]" (Manuskript für die Rede des Aufsichtsratsvorsitzenden Helmut Haeusgen anlässlich der Eröffnung des Hochhauses der Dresdner Bank AG in Frankfurt am Main am 10.6.1980 (HAC-500/130924)). – „Kraftausdrücke wie ‚Mammutbaustelle', ‚Bankpalast' [...] sind mir schlichtweg zuwider [...]. Das entstehende Gebäude ist ein reiner Zweckbau [...]" (Manuskript für die Begrüßungsansprache des Vorstandssprechers der Bayerischen Hypo-Bank Dr. Arendts beim Besuch Club Wirtschaftspresse am 18.7.1978 (HAUC E 18C Mappe 2)). – S. auch Kap. 2.3.6, Kap. 2.4.3 und Kap. 2.5.5.
1027 Kap. 2.3.4.
1028 Die Welt v. 27.2.1989.
1029 Ebd.
1030 Manuskript der Ansprache von Martin Kohlhaussen, Sprecher des Vorstands der Commerzbank AG, anlässlich des „Ersten Spatenstichs" am 26.5.1994 (HAC E 1081).

## 3.5 Das Bild vom sozial fortschrittlichen Unternehmen in den 1960er und 1970er Jahren

Im politischen Klima der 1960er und 1970er Jahre wurden die Strukturen von Konzernen und deren Verhältnis zur Gesellschaft im Allgemeinen sowie zu den Kunden und Mitarbeitern im Besonderen öffentlich hinterfragt. In den gesellschaftlichen Diskurs über Themen wie die Gleichberechtigung der Geschlechter, den Abbau autoritärer Strukturen und Hierarchien oder soziale Gerechtigkeit wurden auch die Unternehmen einbezogen. Infolgedessen gerieten Schlagworte wie „human", „menschlich" oder „sozial" zu wichtigen Kriterien für eine positive Imagebildung.

Während diese Aspekte bei der Planung des Thyssenhauses in den 1950er Jahren den Quellen zufolge nicht von Relevanz waren, fällt auf, dass Vorstandsmitglied Hermann Brandi 1962 seinen Stolz „auf die umfangreichen sozialen Einrichtungen für unsere Mitarbeiter"[1031] ausdrückt und diese „zeitgemäß"[1032] nennt. Offenbar kamen um 1960 soziale Aspekte auf die Agenda der Unternehmensarchitektur. Die berechtigte Frage, was Brandi mit den sozialen Einrichtungen überhaupt gemeint hat, lässt sich wohl hauptsächlich mit dem Mitarbeitercasino im obersten Stockwerk beantworten. Bereits beim Bau des BASF-Hochhauses in Ludwigshafen (HPP, 1954–57) sah die zeitgenössische Kritik im Mitarbeitercasino ein Zeichen „humanisierter Bürokratie".[1033]

Beim Bau der Hauptquartiere von BMW in München (1970–73, Karl Schwanzer), der Dresdner Bank in Frankfurt am Main (1973–78, ABB Beckert + Becker) und der Hypo-Bank in München (1975–81, Walther + Bea Betz) (Taf. 38) spielten soziale Aspekte hingegen eine zentrale Rolle in der Planung, was von den Unternehmen im Sinne einer Imagewerbung offensiv kommuniziert wurden, um das Bild eines sozialen Unternehmens zu formen.[1034] Hierbei wurde stets ein Zusammenhang mit der in den 1970er Jahren für die Unternehmensimages ebenfalls bedeutsamen „Fortschrittlichkeit" hergestellt, die sich vor allem in einer zeitgemäßen Bau- und Haustechnik der Hochhäuser ausdrückte und auch mittels einer avantgardistischen Gestaltung abgebildet werden sollte.[1035] Von Seiten der Hypo-Bank hieß es beispielsweise:

> „Es ist ein Haus des Fortschritts, und dieser Geist prägt nicht nur das Innere dieses auf die Bedürfnisse einer humanen Arbeitswelt ideal zugeschnittenen Gebäudes, sondern vor allem auch seine imponierende äußere Gestalt, die den internationalen Vergleich mit dem Spitzen-Niveau zukunftsweisender Architektur nicht zu scheuen braucht."[1036]

In allen drei Hochhäusern fanden sich neben der obligatorisch gewordenen Kantine und Cafeteria auch Pausenzonen in den Büroetagen, die als Orte der Entspannung für die Mitarbeiter in den jeweiligen Publikationen ins Bild gesetzt wurden (Taf. 11). Die Organisation der Grundrisse erfolgte in den drei Konzernzentralen jeweils nach dem Prinzip der Bürolandschaften,[1037] also räumlich gegliederter Großraumbüros (Abb. 24, Taf. 23), die von den Kommunikationsabteilungen jeweils als sozialer Fortschritt in der Arbeitswelt dargestellt wurden. Die Bürolandschaft im Vierzylinder wurde von BMW als „human bemessener Großraum"[1038] gepriesen, der zum „Abbau hierarchi-

---

1031 Vorwort von Hermann Brandi in: Mittag 1962.
1032 Ebd.
1033 FAZ v. 11.4.1957. „Man bedient sich selbst, da fallen die standesstärkenden Anreden der Kellner weg, und die vergnügliche Aussicht von hoch oben her über das Werkgelände lenkt vom beliebten deutschen Gesellschaftsspiel ‚Was bin ich? – Was ist der andere?' gründlich ab." (ebd.)
1034 Kap. 2.2.3; Kap. 2.3.5.
1035 Ebd.
1036 Das Hypohaus [1981], S. 6
1037 Kap. 2.2.3; Kap. 2.3.5.
1038 Entscheidung zur Form 1973, S. 30.

scher Strukturen"[1039] beitrage. Bemerkenswerterweise wurde dieses Bild über die Jahrzehnte gepflegt und ist noch immer in Gebrauch.[1040] Der Architekt Karl Schwanzer setzte die als „human" und „menschlich" charakterisierten Büroräume in Bezug zur Kreisgeometrie des Grundrisses und sah darin sogar den architektonischen Ausdruck einer egalitären Gemeinschaft.[1041] Die Hypo-Bank stellte die Bürolandschaft als beste Möglichkeit dar, um eine „humane Qualität der Arbeitsplätze"[1042] zu erzielen, und die Dresdner Bank hob die „menschliche Arbeitswelt"[1043] im Silberturm hervor. Außerdem wurde sowohl bei der Dresdner Bank als auch bei der Hypo-Bank die Beteiligung der Mitarbeiter bei der Planung und Einrichtung betont,[1044] bei der Dresdner zudem auch die Wahl des innerstädtischen Standorts mit den Bedürfnissen der Mitarbeiter begründet.[1045]

Darüber hinaus plante die Dresdner Bank anfänglich noch ein ganzes „Sozialgeschoss"[1046] mit einem Gruppenraum, einem Gymnastikraum, Tischtennisplatten und einem Schwimmbad für die Mitarbeiter (Taf. 24).[1047] Bei der zeitgleich im Bau befindlichen Zentrale der Bayerischen Hypo- und Wechselbank wurde neben Sporträumen und einem Schwimmbad auch ein bepflanzter Sonnenhof für die „Regenerationsbedürfnisse"[1048] der Mitarbeiter eingerichtet und die Bayerische Vereinsbank ließ im Tucherpark ab 1972 sogar eine eigene Sportanlage mit Schwimmbad, Turnhalle, Fußballfeld und Tennisplätzen sowie Gastronomie bauen.[1049] Bei der Hypo-Bank lagen darüber hinaus konkrete Planungen für einen Mitarbeiterkindergarten an der Zentrale vor,[1050] beim BMW-Hauptquartier wurde ein Kindergarten zumindest erwogen.[1051] Im Rückblick bezeichnete Eberhard Martini, Vorstandssprecher der Bayerischen Hypo- und Wechselbank, Humanität als „Kernprofilierungsfaktor", der durch „beziehungsfördernde Einrichtungen" in der Zentrale unterstrichen würde.[1052]

Bei der Dresdner Bank wurden die Sozialräume allerdings 1975 bis auf das Schwimmbad gestrichen,[1053] letzteres wurde schließlich von der Unternehmenskommunikation um 1980 wegen seiner zusätzlichen Nutzung als Löschwasserbecken auf eine „technische Notwendigkeit" reduziert.[1054] Dazu passt, dass im Manuskript für das imagebildende Hochhausbuch der Dresdner Bank zunächst Texte vorgesehen waren, welche die sozialen Komponenten stärker betonten, beispielsweise ein Hinweis auf die „Dresdner Bank-Philosophie über den humanen, sozialen und somit sympathischen Arbeitsplatz",[1055] entsprechende

---

1039 Hochhausreport 1973 (Innerbetriebliche Information der BMW AG).
1040 „Diese Struktur der Bürolandschaft im Hochhaus entspricht damit dem Prinzip der flachen Hierarchien bei BMW" (Medieninformation der BMW Group v. 9.7.2013 (Vz. Internetquellen)).
1041 „Der runde Raum versammelt zwingend zur Gemeinschaft, ähnlich dem runden Tisch, der gleichwertige, unprivilegierte Plätze bietet und in einem Kreis Menschen ‚gleicher Chancen' ohne Präferenz vereinigt" (Karl Schwanzer in: Entscheidung zur Form 1973, S. 32. – Mit fast gleichem Wortlaut auch Schwanzer 1973, S. 114).
1042 Das Hypohaus [1981], S. 24.
1043 Das Haus am Jürgen-Ponto-Platz 1980.
1044 Das Hypohaus [1981], S. 6; Das Haus am Jürgen-Ponto-Platz 1980.
1045 Kap. 2.3.5.
1046 Diese Bezeichnung wurde intern genutzt, z. B. Notiz über die am 13.1.1975 stattgefundene 11. Sitzung des Bauausschusses (HAC-500/7994-2002).
1047 Pressemitteilung der Dresdner Bank v. 2.12.1971 (HAC-500/130923). Einige Funktionen erschließen sich aus: Schreiben von Friedrich Wilhelm Kraemer an Jürgen Ponto v. 28.6.1975 (HAC-500/7994-2002).
1048 Das Hypohaus [1981], S. 27.
1049 Meissner 2013, S. 331; Sottanelli 2011, S. 43.
1050 Internes Schreiben von Stättner an Direktor Dr. Ernstberger v. 16.4.1973 (HAUC D-Hypo-A-10013).
1051 Der Spiegel 17/1973, S. 43.
1052 Zitiert nach: Die Welt v. 27.2.1989.
1053 Schreiben von Friedrich Wilhelm Kraemer an Jürgen Ponto v. 28.6.1975 (HAC-500/7994-2002). – Notiz über die am 11.8.1975 stattgefundene 13. Sitzung des Bauausschusses in Hamburg (HAC-500/7994-2002).
1054 S. Kap. 2.3.5.
1055 HAC-500/120054.

Textstellen aber für die Druckfassung gestrichen wurden. Offenbar verlor das Bild des sozial fortschrittlichen Unternehmens zum Ende der 1970er Jahre an Bedeutung.

## 3.6 Architektur im Rahmen von Corporate Identity seit den 1980er Jahren

**Identity-Architektur**

Als sich in den 1980er Jahren das Konzept der Corporate Identity in der Bundesrepublik zunehmend etablierte,[1056] wurde in Wirtschaftskreisen unter dem Begriff „Identity-Architektur" diskutiert, wie Unternehmensarchitektur zur Bildung und zum Ausdruck von Identität beitragen könnte.[1057]

„Die bedeutendste Ausdrucksform der Unternehmens-Ästhetik einer Bank ist nicht der im Sinne einer CD-Strategie gestylte Briefkopf und die Werbebroschüre, sondern insbesondere die Gestaltung der Gebäude, mit der das Institut identitätsfähig und identifizierbar wird – die Identity-Architektur. [...] Architektur wird damit zum Mittler zwischen der Unternehmensphilosophie und dem Betrachter. Architektur baut Beziehungen auf, wird als Werbe- bzw. Marketinginstrument einsetzbar und nutzbar."[1058]

Im Sinne der Corporate Identity sollte Architektur nicht nur der Außendarstellung des Unternehmens dienen, sondern auch nach innen und auf den einzelnen Mitarbeiter wirken.[1059] Als positive Beispiele wurden in den späten 1980er Jahren häufig die Hauptquartiere der Hypo-Bank in München (1975–81, Walther + Bea Betz) (Taf. 38) und von HSBC in Hongkong (1981–86, Norman Foster) (Abb. 72) genannt,[1060] die auch deshalb identitätsstiftend wirkten, weil sie sich mit ihrer individuellen Architektur von der als einheitlich empfundenen Gestaltung des Funktionalismus absetzten. Obgleich auch die Nachkriegsmoderne wie gezeigt herausragende Beispiele von repräsentativer Unternehmensarchitektur hervorgebracht hatte,[1061] attestierte man demgegenüber der grauen Masse moderner Alltagsarchitektur, die „vor allem die Gesetze der Funktionalität und Ökonomie"[1062] befolge, einen Mangel an kommunikativen Ausdrucksmöglichkeiten, der einer architektonischen Identitätsbildung entgegenstand. „Sachlichkeit wird meistens gleichgesetzt mit Neutralität, ja Profillosigkeit,"[1063] konstatierte etwa der Unternehmensberater Gerd Gerken 1991.

Ein Beispiel, das in der Diskussion um Identity-Architektur beziehungsweise Corporate Architecture, wie sie seit den späten 1990er Jahren bezeichnet wird,[1064] fast immer genannt wurde, war die Hauptverwaltung von BMW in München (1970–73, Karl Schwanzer), die mit ihrer individuellen und ikonischen Architektur vieles von dem vorwegnahm, was fünfzehn Jahre später für Corporate Architecture prinzipiell gefordert wurde

---

1056 Kap. 1.3; Kap. 1.4.
1057 Ebd.
1058 „Unternehmens-Ästhetik als Herausforderung der Unternehmensdarstellung und -kommunikation. Die neue Architektur eines Konzerns", Vortragsskript v. Dr. Horst Grüneis, Commerzbank AG, in: Seminarskript „Unternehmens-Philosophie – Unternehmens-Ästhetik", Philosophisches Institut Wiesbaden, vermutlich 1991 (HAC E 1081).
1059 Ebd.
1060 Z. B. Gerken 1991, S. 77; Antonoff 1989, S. 27; Hackelsberger 1989, S. 53; Die Welt v. 27.2.1989; Die Welt v. 11.2.1989.
1061 Zwar wirkten Bauwerke wie das Lever House, das Seagram Building oder das Thyssenhaus identitätsbildend, jedoch basierte die Erkennbarkeit und Unverwechselbarkeit dieser Bauwerke darauf, dass sie zu ihrer Bauzeit stark mit ihrer Umgebung kontrastierten und mit etablierten Architekturformen brachen. Die unzähligen Wiederholungen der vorbildlichen Hochhaustypen eliminierten jedoch diesen Effekt bei Nachfolgebauten.
1062 Die Welt v. 27.2.1989.
1063 Gerken 1991, S. 63.
1064 Kap. 1.3.

(Taf. 8).[1065] Mit dem neuen Hauptquartier rückten BMW und Schwanzer bereits Ende der 1960er Jahre, in einer Zeit also, als Semiotiker wie Umberto Eco und Renato de Fusco die Zeichenhaftigkeit von Architektur herausstellten,[1066] von einer rein rational begründeten Architektur ab und schufen bewusst eine emotional ansprechende Form, die Eigenschaften wie „Identifikation, Erkennbarkeit, Unterscheidung und Unverwechselbarkeit"[1067] aufweisen beziehungsweise ermöglichen sollte. Die Unternehmensführung von BMW wollte mit dem Hauptquartier von vornherein „etwas ganz Außergewöhnliches"[1068] schaffen lassen, das im Einklang mit dem Image des Unternehmens und seiner Fahrzeuge stünde.

Karl Schwanzer griff den Ansatz der markenanalogen Architektur auf, die im Rahmen neuer Corporate Designkonzepte bereits bei Bauten von beispielsweise IBM oder GM zum Tragen kam,[1069] und verband diese mit einer ausdrucksstarken Bildsprache und spektakulären Formen, welche die technischen Möglichkeiten der Zeit ausloteten (Taf. 8). Wie weiter vorne eingehend ausgeführt, sollte die neue Firmenzentrale in Analogie zum BMW-Image primär Eigenschaften wie technische Fortschrittlichkeit, Unverwechselbarkeit und Dynamik visualisieren.[1070] Die außergewöhnlichen Formen führten jedoch dazu, dass bereits zur Bauzeit bildliche Assoziationen zum Automobil hergestellt wurden.[1071] Der Vierzylinder wurde auf diese Weise zum ikonischen Zeichen eines Verbrennungsmotors, das Hochhaus zur Architecture Parlante.[1072] Dieses eingängige Bild, das nicht bloß über Analogien, sondern buchstäblich auf das Automobil verweist, trug sicher nicht unerheblich zur weltweiten Bekanntheit und Unverwechselbarkeit der BMW-Zentrale bei und wurde von der Konzernkommunikation gezielt gefördert.[1073]

**Architecture Parlante und Ducks**

Das Konzept einer Architecture Parlante war in der Unternehmensarchitektur nicht neu und wurde in den 1970er Jahren von der Architekturtheorie wie auch in der Pop Art wiederentdeckt.[1074] Bis dato waren es jedoch weniger repräsentative Unternehmenssitze,[1075] sondern vornehmlich kleine Verkaufsstände, die sich ikonischer Architektur bedienten, um auf das angebotene Produkt hinzuweisen.[1076] Die berühmteste dürfte wohl „Big Duck" (1931, Martin Maurer) sein, ein Geschäft in Form einer überdimensionalen Ente, in dem – was wohl? – Enten und Eier verkauft wurden (Abb. 117). Robert Venturi und Scott Brown hatten dieses Bauwerk vor Augen, als sie die „Ente" („Duck") in ihrem epochemachenden Werk „Learning from Las Vegas" zum Synonym für Gebäude erhoben, deren Form die Funktion figurativ abbildet.[1077] Die Ente ist folglich eine besondere, striktere Form der Architecture Parlante.

---

1065 Z. B. Olins 1990, S. 90f; Mayr-Keber 1980, S. 284f.
1066 de Fusco 1972; Eco 1972; ders. 1971; Carlini/Schneider 1971.
1067 Karl Schwanzer in: Entscheidung zur Form 1973, S. 4.
1068 Niederschrift über die Vorstandssitzung v. 15.10.1968 (BMW UA 412).
1069 Kap. 3.2.
1070 Kap. 2.2.3.
1071 Ebd.
1072 Charles Sanders Peirce definierte ikonische Zeichen (in Abgrenzung zu indexikalischen und symbolischen Zeichen) als Zeichen, die einen Bezug der Ähnlichkeit zwischen Signifikant und Signifikat aufweisen (Peirce 1983, S. 64–67).
1073 S. Kap. 2.2.3.
1074 Jencks 1988 [engl. Erstausg. 1978]; Venturi/Brown/Izenour 1979 [engl. Erstausg. 1972]. – Zu den Anfängen der Architecture Parlante s. Kap. 2.2.3.
1075 Ein seltenes Beispiel wäre etwa das Capitol Records Building in Los Angeles (1956, Welton Becket Associates), das an einen Stapel Schallplatten mit der Nadel eines Schallplattenspielers auf dem Dach erinnert.
1076 Eine Bildsammlung ikonischer Verkaufsgebäude stellte Ebert 1983 zusammen.
1077 Venturi/Brown/Izenour 1979, S. 104. – Die Autoren nutzten den Begriff „Ente" auch noch in einem zweiten Sinn, doch kann dieser Aspekt hier ebenso vernachlässigt werden wie der Umstand, dass sie die Ente als symbolisches Zeichen betrachteten, obgleich es sich um ein ikonisches Zeichen handelt. Dies stellte bereits Jencks richtig (Jencks 1988, S. 45).

## 3.6 Architektur im Rahmen von Corporate Identity seit den 1980er Jahren

Abb. 117 „Big Duck", Long Island (USA), 1931, Martin Maurer (Foto vor 1983)

Abb. 118 Longaberger Headquarters, Newark (Ohio/USA) 1997, NBBJ (Foto 2005)

Während jegliche Bauwerke, die in irgendeiner Weise bildlich auf ihren Zweck, ihre Funktion oder ihre Nutzer verweisen, sei es mittels Form oder Dekoration, als Architecture Parlante (engl. auch „Novelty Architecture") gelten,[1078] bilden Enten ihre Funktion so weit wie möglich figurativ ab und überspielen auf diese Weise ihr eigentliches architektonisches Wesen, zum Beispiel hinsichtlich der Konstruktion oder der Raumbildung. Die in Deutschland im Juni allgegenwärtigen, überdimensionierten Erdbeeren,[1079] in denen ebendiese angeboten werden, sind demnach Enten, wohingegen das Hauptquartier von BMW zwar als Architecture Parlante interpretiert werden kann, aber nicht den Kriterien einer Ente entspricht, denn es mag zwar Assoziationen zu einem Vierzylinder wecken, doch sieht ein entsprechender Verbrennungsmotor realiter ganz anders aus. Ein seltenes Beispiel für einen Unternehmenssitz, den man als Ente bezeichnen könnte, wäre der Hauptsitz des Korbherstellers Longaberger in Newark/Ohio, USA (1997, NBBJ), der als monumentale Nachbildung eines geflochtenen Holzkorbs gebaut wurde (Abb. 118).

Auf der Suche nach identitätsbildender Architektur wurde das Konzept einer Architecture Parlante in den 1980er Jahren, in einer Zeit also, als im Rahmen des postmodernen Diskurses architektonische Zitate und Bilder wieder salonfähig wurden, ernsthaft diskutiert.[1080] Das BMW-Hochhaus wurde auch unter diesem Gesichtspunkt oft als Beispiel angeführt.[1081] Als vorbildlich galt Ende der 1980er Jahre der Firmensitz des Kofferherstellers Rimowa in Köln (1986–87, Gatermann + Schossig), an dem Gebäude für Verwaltung, Produktion und Lager kombiniert wurden.[1082] Die verschiedenen Bauwerke erinnern mit ihren horizontal gerillten Aluminiumfassaden und den betonten abgerundeten Eckprofilen deutlich an die Aluminiumkoffer der Firma und wirken dennoch, als könnten sie auch ohne den bildlichen Bezug als eigenständige Architektur funktionieren (Abb. 119). Dieses Kunststück wurde mit mehreren Architekturpreisen ausgezeichnet.[1083]

Es gab jedoch auch Kritik am Konzept einer sprechenden Architektur. Klaus Jürgen Maack beispielsweise, Geschäftsführer des Leuchtenherstellers Erco, dessen Corporate Architecture am

---

1078 Definitionen: The Oxford Dictionary of Architecture 2015, Online Version, Stichwort „architecture parlante" (Vz. Internetquellen); Oxford Companion to Architecture 2009, S. 36.
1079 S. auch Vonseelen 2011, S. 214.
1080 S. etwa die Beiträge in Luedecke 1991a oder Adlbert 1989.
1081 Z. B. Maack 1989, S. 85; Mayr-Keber 1980, S. 284f.
1082 Z. B. Luedecke 1991c, S. 108f; Gerken 1991, S. 81.
1083 www.gatermann-schossig.de/pages/de/alle_projekte/industrial/37. rimowa_kofferfabrik_koeln.htm [6.6.2019].

3 Geschichte der Unternehmensarchitektur als Kommunikationsform – ein Überblick

Abb. 119 Rimowa-Hauptsitz, Köln, 1986/1987, Gatermann + Schossig (Foto 2015)

Firmensitz in Lüdenscheid mit ihrem markenanalogen Ansatz selbst viel Beachtung fand,[1084] kritisierte, „dass das Produkt eines Unternehmens selten zum Symbol taugt,"[1085] weil es fraglich scheine, ob sich über einen längeren Zeitraum – und Architektur ist in der Regel Jahrzehnte in Gebrauch – die Produkte des Unternehmens ebenso verändern können wie der Gebrauch des Gebäudes.[1086] Dies mag der Grund dafür sein, warum das Konzept einer sprechenden Unternehmensarchitektur für Verwaltungsbauten eher selten umgesetzt wurde, obwohl viele Autoren der 1980er Jahre und frühen 1990er Jahre ihre Sympathie dafür mehr oder weniger offen artikulierten.[1087]

### Zeichenhafte, aber nicht sprechende Architektur

Als tragfähiger erwies sich eine individuelle und ausdrucksstarke, und damit auch ohne ikonischen Verweis auf den Zweck zeichenhafter Architektursprache, die sich vom Formenkanon der Moderne absetzte und häufig mit analogen Eigenschaften, die einen identitätskonformen oder sogar -stiftenden Bezug zum Unternehmen herstellten, verbunden wurde. Nach der Zeichentheorie von Peirce handelt es sich bei dieser Art von Advertising Architecture nicht um Ikonen, wie sie der Architecture Parlante zugrunde liegen, sondern um Symbole.[1088]

Beim Hauptquartier von BMW in München wurde dieser Ansatz, ungeachtet der späteren Deutung als Architecture Parlante, früh und richtungsweisend umgesetzt, und auch die Zentrale der Hypo-Bank in München wirkte beispielhaft. Die Darstellung des Hypo-Hochhauses von Seiten der Bank belegt, wie sich die gesellschaftlichen Erwartungen an Architektur und ihre Akzeptanz um 1980 gewandelt hatten. Bezeichnete Vorstandssprecher Wilhelm Arendts das Hochhaus 1978 im Einklang mit der bis dahin üblichen Rhetorik noch als „reinen Zweckbau"[1089], der allein rationalen und funktionalen Überlegungen folge, wollte Arendts die Zentrale bei der Eröffnung 1981 „nicht als Zweckarchitektur im eingeschränkten, nur funktionalen Sinne"[1090] verstanden wissen und stellte die außergewöhnliche Architektur als Ausdruck des sozialen Unternehmens dar:

„[…] die Grundidee, eine Synthese von Funktionalität und Ästhetik zu suchen und den ausgetretenen Pfad allzu üblicher Büroarchitektur zu verlassen, erwuchs aus einer Geisteshaltung, die neben dem notwendigen wirtschaftlichen ein humanes Mass [sic]

---

1084 Z. B. Gerken 1991, s. 78; Antonoff 1989, S. 27. – Erco führte bereits in den 1970er Jahren in Zusammenarbeit mit Otl Aicher ein vielbeachtetes Corporate Design ein (Schreiner 2005, S. 115–203). Ende der 1980er Jahre machte Erco mit einem unter dem Gesichtspunkt Corporate Identity geplanten Technischen Zentrum (1989, Uwe Kiessler) von sich reden (Maack 1989, S. 36–40).
1085 Maack 1989, S. 35.
1086 Die Problematik zeigt sich etwa am Hauptsitz der mittlerweile insolventen Firma Longaberger (Abb. 118). Welchen Sinn ergibt der gigantische Korb ohne den Bezug zur Firma und wer will eine solche Immobilie nutzen?
1087 Z. B. Luedecke 1991b, S. 17–19; Gerken 1991, S. 79–82.
1088 Peirce 1983, S. 64–67.
1089 Manuskript für die Begrüßungsansprache des Vorstandssprechers Dr. Arendts beim Besuch Club Wirtschaftspresse am 18.7.1978 (HAUC D-Hypo-A-10016).
1090 Manuskript der Rede von Dr. Wilhelm Arendts, Vorstandssprecher, anlässlich der Einweihung der Zentrale der Bayerischen Hypotheken- und Wechsel-Bank AG am 16.11.1981 (HAUC D-Hypo-A-10014).

Abb. 120 Vitra Design Museum, Weil am Rhein, 1989, Frank O. Gehry (Foto 1998)

Abb. 121 Werksfeuerwehr auf dem Vitra-Werksgelände, Weil am Rhein, 1993, Zaha Hadid (Foto 1998)

fordert für die Gestaltung der Alltags- und Arbeitswelt."[1091]

In der unternehmenseigenen Publikation zum Hauptquartier wurde im Umkehrschluss die funktionalistische Architektur der Moderne als inhuman gebrandmarkt und das Hauptquartier demgegenüber bildlich ausgedeutet, allerdings nicht als Architecture Parlante:

„Die Entwerfer haben von ihrem Werk einmal gesagt, es erinnere sie an eine ‚Caravelle mit weißen, kraftvoll geblähten Segeln zwischen silbernen Masten'. Wenn sich angesichts dieses Verwaltungsgebäudes eine derart poetische Assoziation aufdrängt, wo doch bisher der Bautypus ‚Büro-Architektur' mit dem Ruch des öden und menschenfeindlichen ‚Kastens' behaftet war, dann zeigt sich daran, daß hier mehr angestrebt wurde, als nur einen praktikablen ‚Großbehälter' mit 2.400 Arbeitsplätzen zu errichten."[1092]

Die Frage, warum hier eine figurative, jedoch keinen Bezug zur Bank aufweisende Interpretation der zeichenhaften Architektur vorgenommen wurde, ob auf diese Weise vielleicht die nicht allein funktional zu begründende Formensprache legitimiert werden sollte, kann an dieser Stelle nicht weiter verfolgt werden. Wesentlich ist in diesem Kontext, dass um 1980 offenbar eine Akzeptanz für eine zeichenhafte Architektur, die sich bewusst gegen den Funktionalismus wendete, vorhanden war.

Auf eine ausgesprochen zeichenhafte, jedoch nicht sprechende Architektur setzte der mittelständische Schweizer Möbelhersteller Vitra, der in den 1980er Jahren einen eigenständigen Ansatz für Advertising Architecture fand. Wurde 1981 zunächst Nicolas Grimshaw mit einem Masterplan für das Firmengelände in Weil am Rhein beauftragt, dessen technoide, an zwei Fabrikhallen umgesetzte Architektursprache im Sinne eines einheitlichen Corporate Designs auf andere Gebäude des Unternehmens übertragen werden sollte,[1093] so änderte sich die Strategie zum Ende des Jahrzehnts dahingehend, verschiedene signifikante Gebäude von berühmten Architekten in deren jeweils unverwechselbarer Handschrift errichten zu lassen. So ließ Vitra innerhalb weniger Jahre unter anderem ein Museum von Frank O. Gehry (1989, Abb. 120), einen Konferenzpavillon von Tadao Ando (1993) und ein nur kurzzeitig als solches genutztes Feuerwehrhaus von Zaha Hadid (1993, Abb. 121) auf dem Werksgelände

---

1091 Ebd.
1092 Das Hypohaus [1981], S. 8f.
1093 Stock-Nieden 2006, S. 23, 171; Fehlbaum 1997, S. 132.

**Abb. 122** Vitra-Hauptquartier, Birsfelden (Schweiz), 1994, Frank O. Gehry (Foto 1998)

in Weil am Rhein errichten, sowie, ebenfalls von Frank O. Gehry, die Firmenzentrale in Birsfelden bei Basel (1994, Abb. 122) neu bauen.[1094]

Die Strategie, bekannte Architekten mit diversen Firmengebäuden zu beauftragen und damit den Qualitätsanspruch des Unternehmens zum Ausdruck zu bringen, erinnert an Olivetti und IBM,[1095] jedoch verfolgten jene die Strategie an verschiedenen Orten weltweit, wohingegen Vitra die Bauten an einem Ort in der Nähe des Stammsitzes konzentrierte. Die ungewöhnliche Ansammlung einzigartiger und formal unterschiedlicher Gebäude sicherte dem Unternehmen über die primäre Zielgruppe Architektur- und Designinteressierter hinaus eine hohe Aufmerksamkeit in der Öffentlichkeit. Insofern ist es folgerichtig, dass das mittlerweile als „Vitra Campus" vermarktete Werksgelände in jüngerer Zeit um weitere markante Bauwerke international führender Architekten erweitert wurde. So konzipierten Herzog & de Meuron dort einen Flagshipstore (2010) sowie ein Schaudepot (2016) und SANAA entwarfen eine neue Produktionshalle (2012).

Im Unterschied zu anderen Orten entwickelte sich bei dem Vitra-Konzept das Werksgelände in Weil am Rhein zunehmend zur Visitenkarte des Unternehmens, wohingegen die eigentliche Hauptverwaltung in den Hintergrund geriet, was mittlerweile auch so intendiert sein dürfte.[1096] Der damalige Firmenleiter Rolf Fehlbaum, ein promovierter Sozialwissenschaftler, erklärte die von ihm maßgeblich entwickelte Architekturstrategie von Vitra analog zur Corporate Identity, indem er Pluralismus als Unternehmensphilosophie darstellte, welche die Vielfalt des Produktangebotes widerspiegele:

„Die Vitra Identität basiert nicht auf der Eindeutigkeit, Disziplin und Normung der verschiedenen Manifestationen des Unternehmens. Im Gegenteil: das Vitra Programm, ob man ans Produktdesign denkt, das von Eames bis Starck reicht, oder an die Architektur von Ando bis Hadid, ist von Vielfalt, Komplexität und Widerspruch geprägt [...] Die Vitra Identity-Regel lautet: Spielräume für die Kreativität unterschiedlicher Persönlichkeiten zu schaffen."[1097]

Aus kommunikationstheoretischer Hinsicht ist interessant, dass Gebäude wie die Hypo-Bank in München, die Zentrale von HSBC in Hongkong oder die Bauwerke von Vitra, aber auch schon die richtungsweisende BMW-Zentrale in München, wenn man die im Nachhinein erfolgte Ausdeutung als „Vierzylinder" außer Acht lässt, an die Kommunikationsstrategien des Funktionalismus anknüpften. Die Identity-Architektur der 1980er und 1990er Jahre nutzte eine symbolische Architektursprache, die primär über Assoziationen auf Unternehmen bezogen werden konnte, aber auf figurative Bilder und ikonische Zeichen verzichtete. Der wesentliche Unterschied zu funktionalistischen Unternehmensbauten lag in den betont individuellen und gewollt aufsehenerregenden Entwürfen, die sich von der Gleichför-

---

1094 Ebd.
1095 S. Kap. 3.2.
1096 So ziert ein Foto der Hauptverwaltung in Birsfelden zwar den Auftritt des Unternehmens im Internet, doch finden sich dazu keine weiterführenden Informationen, wohingegen die Gebäude des Firmengeländes in Weil am Rhein ausführlich vorgestellt werden (www.vitra.com/de-de/about-vitra/company [8.7.2019]).
1097 Fehlbaum 1997, S. 130. – Sicher nicht zufällig ist die Anlehnung an Robert Venturi („Komplexität und Widerspruch").

migkeit der Nachkriegsmoderne absetzten. Dieser Entwicklungsstrang mündete unter anderem in die zeichenhaften Architekturspektakel der Automobilindustrie im frühen 21. Jahrhundert, wofür exemplarisch die BMW Welt angeführt sei (Taf. 18).[1098]

## 3.7 Das Bild vom ökologisch korrekten Unternehmen seit den 1990er Jahren

Präsentierte sich ein Unternehmen in den 1970er Jahren als sozial fortschrittlich, so wirkte sich das nicht nur positiv auf das Image aus, es war auch das entscheidende Kriterium, um das Unternehmen im moralischen Sinn als „gut" zu konnotieren. Die Bedeutung dieses moralischen Imagefaktors kann gar nicht überschätzt werden. Was nützt es einem Unternehmen, wenn es als technisch fortschrittlich und unverwechselbar, aber „böse" gilt? Als soziale Themen in den 1980er Jahren an Bedeutung für die Imagebildung verloren, übernahm in den 1990er Jahren ökologische Korrektheit die Funktion als Marker für ein „gutes" Unternehmen im moralischen Sinn.

Eine Vorreiterrolle kam in dieser Hinsicht der Commerzbank zu, die mit dem Bau ihrer neuen Zentrale in Frankfurt am Main (1994–97, Norman Foster) nicht nur neue Maßstäbe im ökologischen Hochhausbau setzte (Taf. 30), sondern auch das Thema Umweltbewusstsein zumindest in Deutschland als essentiellen Faktor für die architektonische Imagebildung verankerte.[1099] Aus dem Büro Foster hieß es dazu: „Aufgabe des Wettbewerbs 1991 war es, einen Entwurf zu finden, der dem Bautypus Hochhaus sein negatives Image nimmt und ihn somit wieder mehrheitsfähig macht: ein grünes, ein ökologisches Hochhaus."[1100]

In der Kommunikationsabteilung der Commerzbank beschäftigte man sich bereits zum Ende der 1980er Jahre intensiv mit dem Thema Architektur als Teil der Corporate Identity. In diesem Zusammenhang registrierte man das wachsende Umweltbewusstsein in der Bevölkerung und erkannte darin eine Chance, sich mit einem „ökologisch orientierten Neubau als innovative Bank darzustellen, die ihre gesellschaftliche Verantwortung ernst nimmt."[1101] Da die Integration ökologischer Themen in das Unternehmensimage einen neuen Ansatz darstellte, bot eine umweltfreundliche Zentrale darüber hinaus die Möglichkeit, die Firmenzentrale von den älteren Hochhäusern der Konkurrenz positiv abzusetzen.[1102]

Auch bei der zeitgleich mit dem Commerzbank-Turm erbauten Zentrale des RWE in Essen (1994–97, Christoph Ingenhoven) (Abb. 82) spielte das Bild eines ökologisch korrekten Unternehmens, dem für einen Energieerzeuger noch einmal eine andere Bedeutung zukommt, eine wichtige, wenn auch nicht die zentrale Rolle.[1103] Die architektonische Umsetzung des ökologischen Anspruchs vollzog sich bei den Hochhäusern der Commerzbank und des RWE auf ähnliche Weise. Beide Konzernzentralen sollten nicht der ökologisch-alternativen Ästhetik folgen, die sich in den 1980er Jahren im Milieu der tendenziell kapitalismuskritischen Umweltschutzbewegung entwickelt hatte, sondern ein rational und wirtschaftlich begründetes Öko-Konzept mittels innovativer Gebäudetechnik umsetzen, das in der Presse als „non-muesli-ecological-architecture"[1104] bezeichnet wurde. Diesen Anforderungen an eine

---

1098 Kap. 2.2.7; Kap. 3.8.
1099 Kap. 2.5.3.
1100 Bericht der Architekten in: Stahl und Form 1997, S. 2.
1101 Internes Schreiben v. Ulrich Ramm, Zentrale Abteilung Volkswirtschaft und Kommunikation, v. 24.4.1990, betr. „HV Neubau aus Kommunikationssicht/Betr. Umweltverträglichkeit" (HAC E 1081).
1102 „Mit einem Neubau, der über mehrere Jahre als vorbildliches Beispiel für umweltfreundliche Hochhausarchitektur gelten wird, zeigen wir als Bank Persönlichkeit, die uns positiv von unseren Mitbewerbern unterscheidet" (ebd.).
1103 Kap. 2.6.4.
1104 Berliner Zeitung v. 14.1.1998.

gleichermaßen technikorientierte und energieeffiziente Architektur entsprach idealerweise die Richtung der sogenannten Hightech-Architektur, die Norman Foster als Altmeister und Christoph Ingenhoven als Newcomer praktizierten. Mittels der Hightech-Architektur konnten sich die Unternehmen als technisch fortschrittlich und ökologisch korrekt zugleich präsentieren, aber auch ihr bürgerlich-konservatives Antlitz wahren. Kernpunkte der gebäudetechnischen Konzepte waren die Einsparung von Heizenergie und der Verzicht auf eine energieintensive Klimaanlage, was durch ein ausgeklügeltes, aber jeweils anders konstruiertes Doppelfassadensystem mit natürlicher Belüftungsmöglichkeit erreicht werden sollte.

Unterschiedliche Wege beschritten die Unternehmen bei der Visualisierung ihrer ökologischen Konzepte. Beim RWE-Turm setzte ein Vordach mit Photovoltaikzellen (Abb. 93) ein „sichtbares Zeichen für unseren [d. i. RWE] Willen, das ökologisch Wünschbare mit dem technisch Machbaren zu vereinen."[1105] Dass dieses architektonische Element primär symbolisch gedacht war, zeigt sich daran, dass die Photovoltaikanlage tatsächlich nur einen geringen Bruchteil des Strombedarfs im Hochhaus decken konnte.[1106] Bei der Commerzbank demonstrierten neun geschossübergreifende, die ganze Breite eines Flügels einnehmende Gärten, die sich spiralförmig um das Hochhaus winden, weithin sichtbar den ökologischen Anspruch der Architektur (Taf. 31). Dieser Kunstgriff wurde schon von der Wettbewerbsjury im Vorfeld gewürdigt.[1107]

Standen die Medien in den 1970er Jahren den sozialen Ambitionen der Großunternehmen, welche in den Firmenzentralen zum Ausdruck kommen sollten, oft skeptisch bis kritisch gegenüber,[1108] so übertraf die überwiegend positive Resonanz auf die ökologische Konzeption der Hauptquartiere von Commerzbank und RWE offenbar die Erwartungen der Konzerne. Während RWE seinen Turm in erster Linie als „weithin sichtbares Symbol"[1109] für „eine Philosophie der Transparenz und Offenheit"[1110] präsentierte, bekam das Hochhaus in der Presse hauptsächlich wegen seines ökologischen Konzepts Beifall,[1111] woraufhin dieser Aspekt in der Konzernkommunikation stärker betont wurde. Bei der Commerzbank kam es während der Bauzeit, vielleicht auch unter dem Einfluss der RWE-Kampagne, zu einem Strategiewechsel in der Darstellung des Hochhauses, bei dem die ökologische Konzeption an Bedeutung verlor, wohingegen mit der symbolischen Transparenz ein Topos der modernen Bankenikonographie stärker in den Vordergrund gerückt wurde.[1112] Bei der Einweihung stand jedoch die ökologische Konzeption im Mittelpunkt eines großen öffentlichen und medialen Interesses und führte zu einer ausgesprochen positiven Wahrnehmung des Gebäudes.[1113]

Der mediale Erfolg der umweltfreundlichen Architektur und der daraus resultierende Gewinn

---

1105 Redemanuskript von Dr. Dietmar Kuhnt, Vorstandsvorsitzender der RWE AG, anlässlich der Schlüsselübergabe am 13.3.1997 (HK RWE).
1106 Kap. 2.6.4.
1107 „Ein weiteres Merkmal ist, daß die ökologisch orientierte Hochhauskonzeption als weithin sichtbar konzipiert worden ist." (Zitiert nach Fischer 1997, S. 8).
1108 Z. B. Der Spiegel 17/1973.
1109 Redemanuskript von Dr. Dietmar Kuhnt, Vorstandsvorsitzender der RWE AG, anlässlich der Schlüsselübergabe am 13.3.1997 (HK RWE).
1110 Ebd.
1111 Kap. 2.6.5.
1112 „Die neue Zentrale der Commerzbank am Kaiserplatz … ein Haus der Transparenz und Kommunikation, Ausdruck der Unternehmensphilosophie" (Einladung zum Richtfest für die neue Zentrale der Commerzbank AG am 23.8.1996 (HAC S6). Interpunktion entspricht dem Originaltext)
1113 Kap. 2.5.7. – Martin Kohlhaussen wies darauf hin, dass die Zentrale der Commerzbank das erste Hochhaus in Frankfurt war, dessen Eröffnung nicht von Protesten begleitet wurde (Gespräch mit Dr. h. c. Martin Kohlhaussen, 27.3.2018).

für das Firmenimage blieben nicht ohne Wirkung für folgende Unternehmensbauten. Im frühen 21. Jahrhundert wurde eine sich in der Firmenarchitektur spiegelnde ökologische Korrektheit zu einem Standard für deutsche Großunternehmen. „Nicht nur unsere Strategie ist nachhaltig, auch unser Quartier",[1114] teilte etwa ThyssenKrupp auf seiner Homepage über das neue Hauptquartier in Essen mit (2008–10, Chaix & Morel) (Abb. 12).[1115] Bei der Präsentation der Konzernzentrale im Internet wurde dem Thema Nachhaltigkeit folglich gut ein Drittel des Umfangs gewidmet.[1116] Und Siemens stellte seine neue Konzernzentrale in München (2016, Henning Larsen) als „Benchmark für umweltverträgliches Bauen"[1117] vor, mit dem man ein „Zeichen setzen [wolle] für das Miteinander von globaler Unternehmerschaft, gesellschaftlicher Integration und nachhaltigem Handeln".[1118]

Besonders betont wurden die Themen Energieeffizienz und Nachhaltigkeit bei der umfassenden Modernisierung der Hauptzentrale der Deutschen Bank in Frankfurt am Main (2007–11, Mario Bellini mit gmp Architekten) (Taf. 25).[1119] Wohl wissend, dass die Deutsche Bank-Türme ein Symbol des Finanzmarktes von hoher medialer Präsenz sind, entschied man sich klugerweise, das markante Äußere der Zwillingstürme weitgehend zu bewahren.[1120] Die Gebäudetechnik wurde hingegen ganzheitlich unter ökologischen Gesichtspunkten erneuert, so dass die Türme mit den renommierten Zertifikaten für nachhaltiges Bauen LEED Platin und DGNB Gold zertifiziert wurden.[1121] Die umfassende Sanierung der Zwillingstürme wurde von einer gezielten PR-Kampagne der Deutschen Bank begleitet, bei der die Themen Energieeffizienz und Nachhaltigkeit in den Vordergrund gerückt wurden. Als „eines der umweltfreundlichsten Hochhäuser der Welt"[1122] wurde die Zentrale ausdrücklich als Zeichen für ein nachhaltig handelndes Unternehmen dargestellt: „Die neuen Türme sind weithin sichtbare Symbole für das ökonomische, ökologische und soziale Selbstverständnis der Deutschen Bank. Nachhaltiges Wirtschaften ist fester Bestandteil unseres Handelns."[1123] Dabei ging man sogar so weit, die Türme als „Greentowers"[1124] zu bezeichnen, was insofern bemerkenswert ist, als die Hausfarbe der Deutschen Bank – im Einklang mit der Glasfassade der Türme – „blau" ist, während „grün" eigentlich von der Dresdner Bank besetzt war. Offenbar wurde der Imagegewinn mit einer grünen Architektur höher eingeschätzt, als eine Übereinstimmung mit dem etablierten Corporate Design herzustellen.

---

1114 www.thyssenkrupp.com/de/unternehmen/quartier (Reiter „Nachhaltigkeit") [7.3.2019].
1115 Zur Architektur s. auch Müller 2014.
1116 www.thyssenkrupp.com/de/unternehmen/quartier (Reiter „Nachhaltigkeit") [7.3.2019].
1117 new.siemens.com/de/de/produkte/gebaeudetechnik/referenzen/siemens-zentrale-muenchen.html [9.9.2019].
1118 Joe Kaeser, Vorstandsvorsitzender der Siemens AG, zitiert nach: Referenz-Flyer „Benchmark für nachhaltiges Bauen, hg. v. der Siemens AG, 2017.
1119 Zum Umbau weiterführend: Deutsche Bank 2011; DBZ 9/2011; Detail 9/2011.
1120 „In der Deutschen Bank war absolut klar, dass wir das Haus in seinem formalen Ausdruck und mit seiner Bedeutung für die Corporate Identity der Bank erhalten wollen. Die Deutsche Bank Türme sind ein Markenzeichen unseres Hauses, sie sind ein markantes Gebäude in der Frankfurter Skyline und werden in den Medien gern als Bild für den Finanzmarkt gezeigt"(Interview mit Holger Hagge, Global Head of Building & Workplace Development der Deutschen Bank AG, in: DBZ 9/2011, S. 32). – Allein die zwecks Lüftung ausstellbaren Fenster haben das Fassadenbild nach der Sanierung geringfügig verändert, vorher konnten keine Fenster geöffnet werden.
1121 DBZ 9/2011, S. 30
1122 Deutsche Bank 2011, S. 106.
1123 Ebd., S. 104.
1124 Siehe z. B. FAS v. 27.02.2011; FAZ v. 1.12.2009. Auch der damalige Vorstandsvorsitzende Josef Ackermann nutzte die Bezeichnung „Greentowers" im Vorwort zur repräsentativen Publikation über die renovierten Türme (Deutsche Bank 2011, S. 10).

Abb. 123 Mercedes Benz Museum, Stuttgart, 2006, UN Studio/Ben van Berkel (Foto 2013)

Abb. 124 Porsche Museum, Stuttgart, Delugan Meissl, 2009 (Foto 2022)

## 3.8 Ausblick: Architectural Branding im frühen 21. Jahrhundert

Blickt man auf die Advertising Architecture des frühen 21. Jahrhunderts, so erkennt man zahlreiche Stränge, die im 20. Jahrhundert ansetzen. Das Bewusstsein über die mediale Wirksamkeit von Architektur ist in den Kommunikationsabteilungen der großen Unternehmen kontinuierlich gewachsen. Architektur wird mittlerweile nicht nur als Teil der Corporate Identity erkannt, sondern auch immer mehr zur Markensetzung und -prägung genutzt. „Architectural Branding" und „Brand Architecture" wurden im frühen 21. Jahrhundert zu vielgenutzten Schlagworten in den Öffentlichkeits- und Marketingabteilungen.[1125]

Viel Aufsehen erregten die spektakulären Bauwerke, mit denen sich die Unternehmen der deutschen Automobilindustrie im ersten Jahrzehnt des neuen Milleniums zu übertrumpfen suchten.[1126] Auf die rechtzeitig zur Expo in Hannover fertiggestellte VW Autostadt in Wolfsburg (2000, Gunter Henn)[1127] mit ihren spezifischen Markenpavillons und die Gläserne Manufaktur von VW in Dresden (2002, Gunter Henn, Taf. 18) reagierten die Bayerischen Motorenwerke mit der BMW Welt in München[1128] (2007, Coop Himmelb(l)au, Abb. 33) und dem Werk 7.1 in Leipzig (2005, Zaha Hadid, Abb. 44) sowie Mercedes-Benz und Porsche mit Firmenmuseen in Stuttgart (2006, UN Studio/Ben van Berkel, Abb. 123, beziehungsweise 2009, Delugan Meissl, Abb. 124). Allen diesen Bauwerken liegt eine ausdrucksstarke und individuelle Architektursprache zugrunde, die gleichermaßen Identität schafft und Aufmerksamkeit erregt. Damit kamen diese Architekturspektakel den in den 1980er Jahren formulierten Forderungen nach einer zeichenhaften Identity-Architektur nach, die in der Münchener BMW-Zentrale von Karl Schwanzer (1973, Taf. 8) vorgedacht und in Bauwerken wie der Zentrale der Hypo-Bank in München (1981, Taf. 38) oder den Bauten der Vitra in Weil am Rhein (um 1990, u. a. Frank O. Gehry, Zaha Hadid und Tadao Ando, Abb. 120–122) weiterentwickelt wurden. Sah Schwanzer 1973 in der Architektur bereits ein „nonverbales Kommunikationssystem",[1129] so bezeichnen die Autokonzerne ihre repräsentative Architektur im 21. Jahrhundert ganz offen als

---

1125 Zu den Begriffen s. Kap. 1.3. – Zum Thema vor allem: Klingmann 2007; Bracklow 2004.
1126 Zum Aspekt des Spektakels in der kommerziellen Architektur s. Saunders 2005.
1127 Zeitgleich entstand auch das Audi Forum mit museum mobile in Ingolstadt (2000, Gunter Henn).
1128 Kap. 2.2.7.
1129 Entscheidung zur Form 1973, S. 4.

„Kommunikationsplattform"[1130] oder „neue Generation von Kommunikationsbauten".[1131]

Hatte der Vierzylinder von BMW Züge eines ikonischen Zeichens, das im Sinne einer Architecture Parlante aufgefasst werden konnte,[1132] wie in den 1970er und 1980er Jahren vor allem im Kontext von Konsumarchitektur kontrovers diskutiert wurde, so blieben die Bauwerke der Automobilindustrie im 21. Jahrhundert abstrakte Symbole, die einen Bezug zu Unternehmen, Marke und Produkten über analoge Eigenschaften herstellten. So sollte die BMW Welt beispielsweise Dynamik, Innovation und Unverwechselbarkeit visualisieren, also Eigenschaften, die auch ein Fahrzeug von BMW beschreiben könnten.[1133] Damit griffen sie eine Strategie der Advertising Architecture auf, die bereits beim Chrysler Building (1930, van Alen) in New York ansatzweise zu beobachten war und vor allem in den funktionalistischen Unternehmenszentralen der Nachkriegsmoderne wie dem Lever House in New York (1952, SOM, Taf. 36) oder dem Thyssenhaus (1960, HPP, Taf. 3) in Düsseldorf zum Tragen kam.[1134]

Ein wesentlicher Grund für die kontinuierlich zu beobachtende, in jüngerer Zeit aber wieder stärker ausgeprägte Anwendung des Konzepts markenanaloger Architektur hängt sicherlich auch damit zusammen, dass die Markentheorien im 21. Jahrhundert primär wirkungs- statt wie früher merkmalsbezogen definiert wurden.[1135] Die Markenanalogie muss dabei nicht zwingend mit spektakulären Formen einhergehen, wie es bei den Bauten der Automobilindustrie der Fall war. Das von Tadao Ando für die Luxusmodemarke Armani entworfene Teatro Armani am Firmensitz in Mailand (2001) bestach beispielsweise durch einen stringenten Minimalismus, welcher mit der Attitüde der Modemarke korrespondierte (Abb. 125).[1136]

Abb. 125 Teatro Armani, Mailand (Italien), Korridor, 2001, Tadao Ando (Foto ca. 2001)

Das Konzept, die Zentrale als Musterhaus für die eigenen Produkte auszubilden, zieht sich gleichfalls wie ein roter Faden durch die Geschichte der Unternehmensarchitektur und kam vereinzelt schon zu Beginn des Jahrhunderts zum Tragen, etwa im Technischen Verwaltungsgebäude der Farbwerke Hoechst (1924, Peter Behrens, Taf. 35). In beachtenswertem Umfang fand das Konzept in der Nachkriegszeit Anwendung, als besonders die Aluminium- und Stahlkonzerne in den USA und der Bundesrepublik Deutschland ihre modernen Zentralen als Schaukästen der eigenen

---

1130 www.autostadt.de/corporate/was-ist-die-autostadt [11.2.2019].
1131 BMW Medieninformation 10/2007 (Vz. Internetquellen).
1132 Kap. 3.6.
1133 Kap. 2.2.7.
1134 Kap. 3.1; Kap. 3.2.
1135 Kap. 1.3.
1136 Müller-Rees 2008, S. 149–158.

Abb. 126 Apple Park, „Infinite Loop", Cupertino (USA), 2013–2017, Norman Foster (Foto 2018)

Abb. 127 Amazon Spheres, Seattle (USA), 2015–2018, NBBJ (Foto 2018)

Produkte konstruierten. An diese Tradition knüpfte noch die monumentale Hauptverwaltung von ThyssenKrupp in Essen an (2010, Chaix & Morel) (Abb. 12), wo verschiedene Unternehmensprodukte wie Fassaden- und Wandverkleidungen aus Stahlblech, Sonnenschutzelemente aus Edelstahl sowie Aufzüge und Fahrtreppen demonstrativ zur Schau gestellt wurden.[1137] Im Unterschied zu der Zeit um 1960 wurde der Mustercharakter der Essener Zentrale in der Konzernkommunikation explizit hervorgehoben und die verwendeten „ThyssenKrupp Produkte im Quartier"[1138] unter Slogans wie „Kompetenz sichtbar gemacht"[1139] oder „So viel thyssenkrupp steckt im Quartier"[1140] en detail vorgestellt.

Ebenso viel Raum wie der Produktpräsentation widmete ThyssenKrupp bei der Vorstellung seines Firmensitzes dem Aspekt der Nachhaltigkeit und stellte sich auf diese Weise als ökologisch korrektes Unternehmen dar.[1141] Dieses Bild gewann für die Corporate Identity in den 1980er Jahren mit der aufkommenden Umweltschutzbewegung an Bedeutung, wurde in den 1990er Jahren von Bauten wie der Commerzbank-Zentrale in Frankfurt und dem RWE-Hochhaus in Essen in Architektur übersetzt und gehört im 21. Jahrhundert zum Standard der Advertising Architecture. Es gibt vor allem in Mitteleuropa kaum ein repräsentatives Unternehmensgebäude, bei dem nicht auf die ökologische Korrektheit hingewiesen wurde, die sinnbildlich für die Unternehmenspolitik stehe. Ein jüngstes Beispiel bietet die Zentrale von Siemens in München (2016, Henning Larsen), die vom Konzern als „Benchmark für umweltverträgliches Bauen"[1142] deklariert wurde. Auch und gerade beim immer wichtiger werdenden Thema der Sanierung und Renovierung von Bestandsgebäuden rücken Energieeffizienz und Nachhaltigkeit aus Imagegründen zunehmend in den Vordergrund, wie etwa bei der 2011 abgeschlossenen Modernisierung der Deutsche Bank-Türme in Frankfurt (gmp mit Mario Bellini, Taf. 25).

Gespannt sein darf man schließlich auf die neueste Generation von Advertising Architecture, die derzeit im Silicon Valley und anderen Teilen der USA von vergleichsweise jungen IT-Unterneh-

---

1137 www.thyssenkrupp.com/de/unternehmen/quartier (Reiter „Produkte") [7.3.2019]; Das ThyssenKrupp Quartier. Ein Rundgang, circa 2010 (Informationsbroschüre); s. auch Müller 2014, S. 238–238.
1138 Das ThyssenKrupp Quartier. Ein Rundgang, circa 2010 (Informationsbroschüre).
1139 Ebd.
1140 www.thyssenkrupp.com/de/unternehmen/quartier (Reiter „Produkte") [7.3.2019]. – Mit der Einführung eines neuen Corporate Designs 2015 ändert der Konzern die Eigenschreibweise von ThyssenKrupp zu thyssenkrupp.
1141 www.thyssenkrupp.com/de/unternehmen/quartier (Reiter „Nachhaltigkeit") [7.3.2019].
1142 new.siemens.com/de/de/produkte/gebaeudetechnik/referenzen/siemens-zentrale-muenchen.html [9.9.2019].

men gebaut wird, die in den letzten Jahrzehnten von Garagenfirmen zu Weltkonzernen aufstiegen. An den Firmensitzen von Apple (Cupertino, Abb. 126), Facebook (Palo Alto) oder Amazon (Seattle, Abb. 127) errichten renommierte Architekturfirmen und Stararchitekten wie Norman Foster, Frank O. Gehry oder NBBJ innovative, zeichenhafte und identitätsstiftende Bauwerke. Was und wie werden diese neuen Global Player, die ihre Geschäfte großenteils in einer digitalen Welt tätigen, mit dem altehrwürdigen Medium der Architektur, das offensichtlich nichts von seiner Bedeutung eingebüßt hat, in der analogen Realität kommunizieren?

# 4 ADVERTISING ARCHITECTURE – EIN RESÜMEE

Architektur wurde von Großunternehmen in der zweiten Hälfte des 20. Jahrhunderts strategisch als kommunikatives Medium genutzt, um das Image und die Identität des Konzerns nicht nur visuell darzustellen, sondern auch gezielt zu konstruieren. Diese Aussage, welche die eingangs formulierte Fragestellung beantwortet, konnte im Rahmen dieser Arbeit eindeutig bewiesen werden.

Dabei zeigte sich, dass die mediale Nutzung von Unternehmensarchitektur stark mit ihrer Funktion zusammenhängt: Verkaufsräume, Produktionsstätten, Lagerhallen oder Verwaltungsgebäude müssen nicht nur vollkommen unterschiedliche Zwecke erfüllen, sondern stehen auch in ganz unterschiedlicher Weise in der öffentlichen Wahrnehmung. Eine übergreifende Vereinheitlichung der Architektur im Sinne eines Corporate Designs lässt sich vor allem für Verkaufsräume konstatieren, die dem Kunden ortsunabhängig einen einheitlichen und damit wiedererkennbaren architektonischen Rahmen für die Markenprodukte bieten sollen. Demgegenüber repräsentiert das Hauptquartier stets den Konzern als Ganzes und eignet sich insofern am besten für die identitätsprägende Selbstdarstellung des Unternehmens, die im Mittelpunkt dieser Untersuchung stand. In Abhängigkeit des zeitlichen Kontextes ließen sich verschiedene Strategien der medialen Nutzung von Firmenarchitektur nachvollziehen, die je nach Branche unterschiedlich ausgebildet sein konnten. Dabei ließ sich feststellen, dass die Konzerne die Entwicklungen in der Unternehmensarchitektur allgemein im Blick hatten, vor allem aber auf die Bauwerke der Mitbewerber reagierten.

Der epochale Einschnitt des Zweiten Weltkriegs bedeutete auch eine Wende in der Unternehmensarchitektur. Mit dem internationalen Durchbruch der modernen Architektur nach 1945 wandelte sich auch die Art und Weise, wie sich Unternehmen architektonisch darstellten, radikal. Die überkommene Unternehmensrepräsentation mit historischen Zitaten, figurativer Bauplastik, monumentaler Massivität und teuren Materialien hatte sich nicht nur überlebt, sondern galt in der Nachkriegszeit zunehmend als imageschädigend. Damit ging jedoch die repräsentative und kommunikative Funktion der Firmenarchitektur nicht verloren. Mit der neuen, primär aus der Funktion und Konstruktion entwickelten Architektursprache des International Style wurde vielmehr auch ein neues Zeichensystem etabliert. Obgleich die mit dem Funktionalismus einhergehende internationale Vereinheitlichung der Architekturformen einer individuellen Repräsentation vermeintlich entgegenstand, gelang es den Unternehmen in den 1950er und 1960er Jahren, die Architektur auch unter den neuen Bedingungen als kommunikatives Medium für ihre Zwecke zu nutzen, indem symbolische Bezüge auf einer abstrakten Ebene von Assoziationen hergestellt oder Materialien und konstruktive Elemente verwendet wurden, die unmittelbar auf das Unternehmen rekurrierten. Dies geschah kaum zufällig zu einer Zeit, als in Unternehmerkreisen das Konzept des Corporate Images aufkam und Firmen wie Olivetti und IBM begannen, programmatische Corporate Designs im heutigen Sinne zu entwickeln und (auch mittels Beteiligung namhafter Architekten) umzusetzen.

Eine Form der baulichen Bezugnahme auf das Unternehmen bot im Rahmen funktionalistischer Architektur die erkennbare Ausbildung der

## 4 ADVERTISING ARCHITECTURE – ein Resümee

Firmenzentrale als Musterhaus. Dieses Konzept wurde schon zu Beginn des 20. Jahrhunderts vereinzelt umgesetzt, zum Beispiel beim Technischen Verwaltungsgebäude der Farbwerke Hoechst (1924, Taf. 35); in der Nachkriegszeit fand es dann in größerem Umfang Verwendung. Eine tragende Rolle spielte dabei die Aluminium- und Stahlindustrie, welche die moderne Skelettbauweise mit Curtain Walls plakativ nutzte, um die Fähigkeiten und Einsatzmöglichkeiten ihrer Produkte beispielhaft zu demonstrieren. In den USA wurden Gebäude von Alcoa in Pittsburgh (1952, Abb. 100), Inland Steel in Chicago (1957, Abb. 101) und Reynolds Metal in Richmond (1958) richtungsweisend, in Deutschland wurde diese Strategie früh von Mannesmann (1957) und Phoenix-Rheinrohr (später Thyssen, 1960) in Düsseldorf adaptiert (Taf. 3–7). Die Schwer- und Metallindustrie hatte damit einen wesentlichen Anteil an der Etablierung der modernen Nachkriegsarchitektur, an der sie wirtschaftlich interessiert war. Die Nutzung von Firmenzentralen als Musterhaus der eigenen Produkte blieb nicht auf die Nachkriegszeit beschränkt. Markante Beispiele bieten auch die Gebäude von US Steel in Pittsburgh (1971) und New York (1973, Abb. 102), ein jüngeres Beispiel wäre die Unternehmenszentrale von ThyssenKrupp in Essen (2010, Abb. 12).

Eine andere Möglichkeit, das Bauwerk symbolisch auf das Unternehmen zu beziehen, waren analoge Eigenschaften. Diese semantische Ebene war bereits historistischen Bauwerken inhärent, wandelte sich in der Nachkriegsmoderne jedoch hinsichtlich der Mittel und Inhalte. Sollten beispielsweise massive Steinfassaden um 1900 Festigkeit und Sicherheit symbolisieren, so galten die an ihre Stelle getretenen Glasfassaden nach 1950 als Ausdruck von Transparenz und Offenheit. Die moderne Architektursprache vermittelte Eigenschaften wie Fortschrittlichkeit, Zweckmäßigkeit, Zurückhaltung, Weltoffenheit oder Sauberkeit, die sinnbildlich für das Unternehmen stehen sollten. Für die deutschen Großunternehmen hatte die Kommunikation dieser Eigenschaften oft auch einen politischen Hintergrund, weil sie sich auf diese Weise visuell vom Nationalsozialismus distanzieren und stattdessen als Teil der marktwirtschaftlich-demokratischen Ordnung der Bundesrepublik präsentieren konnten. Obgleich Eigenschaften wie Transparenz oder Zweckmäßigkeit zu allgemeinverbindlichen Topoi der westlichen Wirtschaftswelt wurden, die auch zu späterer Zeit immer wieder bemüht wurden, etwa beim Bau der Fondation Cartier in Paris (1994, Abb. 5), dem Hochhaus der Commerzbank in Frankfurt (1997, Taf. 30–33) oder der Zentrale von RWE in Essen (1997, Abb. 82), konnten sie doch branchenabhängig unterschiedlich akzentuiert und in unterschiedlicher Weise konkret auf die Unternehmen bezogen werden. Die glänzende Glasfassade des Seifenherstellers Lever Brothers in New York (1952, Taf. 36) galt beispielsweise als Symbol der Sauberkeit und die fortschrittliche Bautechnik des Technical Centers von GM in Michigan (1949–56, Abb. 107) wurde mit der fortschrittlichen Technik im Automobilbau in Bezug gesetzt.

Die deutschen Großbanken boten ein anschauliches Beispiel für einen grundlegenden, die ganze Branche in den späten 1960er und frühen 1970er Jahren erfassenden Imagewandel, der nach US-amerikanischem Vorbild (vor allem Chase Manhattan) in modernen Corporate Designs ebenso zum Ausdruck kam wie in den neuen Unternehmenszentralen, die zwischen 1970 und 1985 in Frankfurt und München entstanden.[1143] Das Beispiel der Banken zeigte auch, wie sich mit der modernen Architektur eine neue Ikonographie herausbildete. Beispielsweise trat Glas, das Kundennähe und Transparenz signalisieren sollte, als symbolisches Leitmaterial an die Stelle des Marmors, der als Sinnbild für massiven Steinbau und teure Materialien galt. In diesem Zusammenhang stellte sich heraus, dass das Bild der Banken zwar formal gänzlich erneuert wurde, einige der inhaltlichen

---

[1143] Frankfurt: Deutsche Bank 1971 (Abb. 63) und 1984 (Taf. 25), Commerzbank 1974 (Abb. 70), BfG 1977 (Abb. 59), Dresdner Bank 1980 (Taf. 19); München: Bayerische Vereinsbank 1970, 1972 und 1986, Bayerische Hypo- und Wechselbank 1981 (Taf. 38).

Konnotationen des alten Images aber lediglich in eine neue Architektursprache übersetzt wurden und damit erhalten blieben. So trat etwa das moderne Hochhaus als Zeichen wirtschaftlicher Potenz an die Stelle historischer Palastarchitektur.

In einer seinerzeit unkonventionellen Deutlichkeit gelang es BMW beim Bau seiner Hauptverwaltung in München (1973, Taf. 8–15), eine markenanaloge Architektur zu verwirklichen, deren Eigenschaften wie Fortschrittlichkeit, Unverwechselbarkeit und Dynamik dem deckungsgleichen Image des Automobilherstellers und seiner Produkte entsprechen. Der Architekt Karl Schwanzer bediente sich in bewusster Abkehr von der alltäglichen modernen Büroarchitektur einer expressiven und außergewöhnlichen Bildsprache, die Überlegungen zu Architektur und Bildlichkeit im Rahmen von Corporate Identity vorwegnahm.

In deutschen Wirtschaftskreisen begann in den 1980er Jahren eine intensivere Auseinandersetzung mit der Thematik (Stichwort „Identity-Architektur"), die eine höheres Bewusstsein in den Unternehmen für die Bedeutung von Architektur als Kommunikationsmittel nach sich zog. In diesem Zusammenhang und vor dem Hintergrund des postmodernen Architekturdiskurses wurde der Ansatz einer Architecture Parlante, der auch dem BMW-Hauptquartier unterstellt wurde, viel diskutiert, allerdings in der baulichen Realität nur an wenigen Firmensitzen umgesetzt, zum Beispiel von Rimowa in Köln (1987, Abb. 119).

Als tragfähiger erwies sich die Konzeption einer außergewöhnlichen und zeichenhaften Architektur ohne buchstäbliche Verweise, wie sie beim Bau der Zentrale der Hypo-Bank in München (1978, Taf. 37), der HSBC in Hongkong (1986, Abb. 72) oder den Bauwerken von Vitra in Weil am Rhein und Birsfelden (um 1990, Abb.120–122) prominent umgesetzt wurde. Dieser Entwicklungsstrang mündete in die Architekturspektakel des frühen 21. Jahrhunderts, mit denen sich besonders die deutsche Automobilindustrie – 30 Jahre nach dem BMW-Hauptquartier – zu profilieren suchte. Auch bei diesen zeichenhaften Bauwerken kam das Konzept markenanaloger Eigenschaften zum Tragen. Der BMW Welt in München (2007, Taf. 18) zum Beispiel wurden von der Konzernkommunikation die gleichen Attribute zugewiesen wie seinerzeit der Zentrale – unverwechselbar, dynamisch, innovativ/fortschrittlich.

Seit den frühen 1960er Jahren wurde das Image der Unternehmen zunehmend auch moralisch bestimmt. Architektur war dabei ein wichtiges Mittel, um das Bild eines „guten" Unternehmens zu kommunizieren. In diesem Zusammenhang präsentierten sich Großkonzerne in den späten 1960er und vor allem 1970er Jahren als sozial fortschrittlich. Die Zentralen etwa der Dresdner Bank (1973–80, Taf. 19–24) in Frankfurt sowie von BMW (1970–73) und der Hypo-Bank (1975–81) in München wurden von den PR-Abteilungen mit Schlagworten wie „human", „menschlich" oder „sozial" belegt. Zum Ausdruck kommen sollte der soziale Anspruch in erster Linie in der räumlichen Struktur der Bürogeschosse, die jeweils als Bürolandschaften organisiert wurden, einer zu jener Zeit in der Bundesrepublik beliebten Variante des Großraumbüros, bei welcher der offene Büroraum mittels mobiler Elemente in kleinere, aber durchlässige Kompartimente gegliedert wurde. Bei der BMW-Zentrale wurde die Bürolandschaft sogar als Ausdruck einer egalitären Gemeinschaft mit flachen Hierarchien dargestellt. Darüber hinaus sollten verschiedene Einrichtungen für die Mitarbeiter wie Kasinos, Pausenzonen, Sporträume oder sogar Schwimmbäder den sozialen Anspruch des Unternehmens sichtbar umsetzen, und wurden von der Konzernkommunikation entsprechend herausgestellt. Zum Ende der 1970er Jahre verlor das Bild des sozial fortschrittlichen Unternehmens für die Corporate Images zunehmend an Bedeutung.

Stattdessen kam Anfang der 1990er Jahre das Bild vom ökologisch korrekten Unternehmen als maßgeblicher moralischer Imagefaktor auf. An die Stelle des sozialen Fortschritts trat der umweltverträgliche Fortschritt. Um als „gutes" Unternehmen zu gelten, ist es seither von Bedeutung, sich ökologisch verantwortungsvoll und nachhaltig handelnd zu präsentieren. Als wegweisend erwiesen sich die Hauptquartiere der Commerzbank in Frankfurt (1997) und mit Abstrichen des RWE

## 4 ADVERTISING ARCHITECTURE – ein Resümee

in Essen (1997),[1144] bei denen von vornherein ein Nachhaltigkeits- und Energiekonzept erstellt wurde, das den Entwurf maßgeblich bestimmte.[1145] Die Unternehmen orientierten sich hierbei nicht an der alternativen Ästhetik der Umweltschutzbewegung, sondern strebten bei der Umsetzung des ökologischen Konzepts eine sichtbare Verbindung mit fortschrittlicher Technik an. Diesem Anforderungsprofil entsprach in idealer Weise der Ansatz der Hightech-Architektur, wie er von Norman Foster oder Christoph Ingenhoven praktiziert wurde. Das Bild vom umweltfreundlichen Hochhaus wurde nicht nur medial von den Konzernen kommuniziert, sondern ist auch an den Gebäuden selbst ablesbar, bei der Commerzbank-Zentrale etwa anhand von „Himmelsgärten", die sich spiralförmig um das Hochhaus winden. In der Öffentlichkeit riefen die umweltfreundlichen Konzernzentralen eine überaus positive Resonanz hervor, die erheblich dazu beitrug, dass die Berücksichtigung von Umweltschutz und Nachhaltigkeit (vor allem in Deutschland) mittlerweile zum Standard in der Unternehmensarchitektur zählt und mitunter im Mittelpunkt eines imageprägenden Architekturkonzepts steht, zum Beispiel bei der umfassenden Sanierung der Deutsche Bank-Türme in Frankfurt (2011, Taf. 25).

Die Hauptzentrale der Deutschen Bank ist auch ein instruktives Beispiel für das Verhältnis von Darstellung und Wahrnehmung einer Firmenarchitektur. Obgleich die Zwillingstürme 1977 nicht als Unternehmenssitz entworfen wurden und die Deutsche Bank deshalb nur begrenzte Möglichkeiten hatte, die Architektur in ihre Corporate Identity einzupassen, entwickelte sich das Hochhauspaar mit seiner markanten Architektur nicht nur zu einem medial sehr präsenten Markenzeichen der Deutschen Bank, sondern zu einem Symbol des Finanzmarktes schlechthin. Dessen waren sich die Manager der Deutschen Bank bewusst, als sie zu Beginn des 21. Jahrhunderts entschieden, die Gebäude grundlegend zu modernisieren, dabei aber das äußere Erscheinungsbild weitgehend zu bewahren.

Für die kommunikationstheoretische Betrachtung von Architektur lässt sich aus dem Beispiel der Deutsche Bank-Türme eine wichtige Erkenntnis gewinnen: Das von Paul Watzlawick postulierte metakommunikative Axiom „Man kann nicht nicht kommunizieren"[1146] trifft offensichtlich auch auf Architektur zu, vor allem wenn sie repräsentativ ist. Demzufolge ist Architektur stets auch ein Medium der Kommunikation. Das Hauptquartier eines Unternehmens wird immer als Statement verstanden, ganz gleich, ob dieses tatsächlich formuliert wurde oder nicht. Die charakteristische Spiegelglasfassade der Deutschen Bank (Taf. 28) faszinierte einerseits mit ihren vielfältigen optischen Effekten, wurde aber andererseits auch als kühl und verschlossen empfunden, was von kritischen Betrachtern als Sinnbild des Kapitalismus interpretiert und auf das Unternehmen selbst bezogen wurde. Für die semantische Erschließung der Bauwerke bedeutet das, und dies ist eine wichtige Erkenntnis, dass ein Gebäude von zwei Richtungen aus mit einer Bedeutung aufgeladen werden kann: Die Bedeutung kann von der Auftraggeberseite im Vorfeld angelegt oder von der Betrachterseite im Nachhinein an das Gebäude herangetragen worden sein.[1147] Mitunter kann es passieren, dass sich der Auftraggeber eine vom Betrachter an das Gebäude herangetragene Bedeutung zu eigen macht und diese wiederum selbst kommuniziert. Das war etwa bei der ikonischen Deutung des BMW-Hauptquartiers als Vierzylinder der Fall.

Kommunikationstheoretisch übersetzt heißt das, dass eine repräsentative Firmenarchitektur stets Botschaften aussendet, die von einer die Kundschaft einschließenden allgemeinen Öffent-

---

[1144] Taf. 30, Abb. 82.
[1145] Kap. 2.5.3, Kap. 2.6.4.
[1146] Watzlawick/Beavin/Jackson 1969, S. 53.
[1147] Auch der Architekt nimmt einen Einfluss auf den kommunikativen Gehalt des Gebäudes, so dass er neben dem Auftraggeber auf der Senderseite steht, wobei das Verhältnis von Architekt zu Auftraggeber jeweils genauer bestimmt werden muss.

## 4 ADVERTISING ARCHITECTURE – ein Resümee

lichkeit ebenso empfangen werden wie unternehmensintern von den Mitarbeitern. Die Botschaften können gezielt formuliert und auch an einen speziellen Adressatenkreis gerichtet worden sein. Ob die Botschaft verstanden wird oder überhaupt bei den angesprochenen Adressaten ankommt, ist eine andere Sache. Außerdem ist die Möglichkeit gegeben, dass der Betrachter Aussagen in das Gebäude hineininterpretiert, die vom Auftraggeber gar nicht formuliert wurden. Diese von außen an das Bauwerk herangetragenen Botschaften können aus Sicht des Unternehmens einen negativen Inhalt haben, aber mitunter auch positiv konnotiert sein. In den untersuchten Fällen waren die Unternehmen deshalb ohne Ausnahme, wenn auch in verschiedenem Umfang und mit unterschiedlichem Erfolg, daran interessiert, die Kommunikation über das Medium Architektur in ihrem Sinne zu steuern. Diese Steuerung erfolgt prinzipiell auf zwei verschiedenen Kommunikationsebenen. Die erste ist die direkte Kommunikation über die unmittelbare Wahrnehmung des Gebäudes, die zweite ist die indirekte Kommunikation über die gelenkte Darstellung des Bauwerks in anderen Medien.

Die direkte Kommunikation kann wiederum aus zwei grundsätzlich verschiedenen Perspektiven der Wahrnehmung erfolgen: Der Betrachter kann das Bauwerk von außen als Objekt im Stadtraum auf Fern- oder Nahsicht erfassen oder von innen als umhüllende Raumstruktur erfahren. Die Konzerne nahmen Einfluss auf Entwurf und Planung, um die direkte Kommunikation über das Gebäude zielgerichtet im Sinne des gewünschten Images oder, seit den 1980er Jahren, in Übereinstimmung mit der Corporate Identity zu steuern. Beim Bau des Thyssenhauses (1960) initiierte der Vorstand von Phoenix-Rheinrohr beispielsweise die plakative Verkleidung der Stirnseiten mit Edelstahl, der symbolisch auf das Stahlunternehmen verwies und zugleich eine Verwendungsmöglichkeit von Stahl demonstrierte. Der Entwurf für das Hochhaus der Commerzbank (1997) wiederum wurde auch deshalb gewählt, weil die Himmelsgärten eine hohe Außenwirkung versprachen, welche den ökologischen Ansatz des Gebäudes – als Sinnbild eines ökologisch korrekt handelnden Unternehmens – sichtbar kommunizierte (Taf. 31). Die Konzerne und ihre Architekten wussten die unterschiedlichen Wahrnehmungsperspektiven zu differenzieren. Beim Bau der BMW-Hauptzentrale in München (1973) wurde beispielsweise nicht nur die Nah- und Fernwirkung berücksichtigt, sondern auch die Wahrnehmung der Architektur aus dem vorbeifahrenden PKW und aus der Vogelperspektive des nahen Olympiaturms (Abb. 22). Die Kommunikation über den Innenraum wurde demgegenüber auf verschiedene Adressatenkreise abgestimmt. Während der Eingangsbereich als Schnittstelle zum öffentlichen Raum auch Besucher und Passanten ansprechen sollte, richtete sich die Organisation der Büroräume hauptsächlich an die Mitarbeiter. Die Dresdner Bank zum Beispiel signalisierte über das Foyer ihres Hochhauses (1980) Offenheit und Transparenz (Abb. 50), wohingegen über die Organisation der Regelgeschosse als Bürolandschaften mit Pausenräumen wie auch in der Anlage von sozialen Einrichtung wie eines Casinos und eines Schwimmbades das Bild des guten Arbeitgebers nach innen kommuniziert wurde (Taf. 23–24).

Die zweite Kommunikationsebene, die mediale Darstellung der Gebäude, umfasst eine breite Palette von möglichen Instrumenten. Auf diese Weise konnten die Unternehmen eine gezielt auf einen bestimmten Adressatenkreis zugeschnittene Interpretation der Architektur im eigenen Sinne anbieten. Eine quasi unumgängliche und damit essentielle Darstellungsform boten öffentliche Äußerungen des Konzerns etwa in Form von Pressemeldungen oder Reden von Führungspersonen. Darüber hinaus war die Publikation von Druckerzeugnissen, vom Flyer bis hin zum repräsentativen Buch, ein beliebtes Format, um das Bauwerk über ausgesuchte Bilder und passende Texte im Sinne des Unternehmens zu erläutern. Thyssen und die Dresdner Bank ließen sogar je einen kleinen Film produzieren. In diesem Untersuchungsrahmen von besonderem Interesse war die mitunter nachzuweisende Differenz zwischen den für die Architektur formulierten Kommunikationsinhalten und deren medialer Darstellung. Während einige Botschaften des Bauwerks offen in anderen Medien kommuniziert wurden (zum Beispiel die Zentrale als umweltfreundliches Hochhaus), wurden andere verfälscht dargestellt (zum Beispiel der reale Energiebedarf), verschwiegen (zum Beispiel Repräsentation in Relation zu Wettbewerbern) oder sogar negiert (zum Beispiel das Hochhaus als Zeichen wirtschaftlicher Potenz). Mittels der Architektur ließen sich demnach auch Botschaften formulieren, die man in der verbalen und schriftlichen Kommunikation nicht ausdrücken wollte. Hierbei machten sich die Unternehmen den Umstand zunutze, dass aus der Betrachterperspektive letztlich selten eindeutig zu entscheiden ist, ob eine empfangene Botschaft tatsächlich vom Auftraggeber gesendet wurde. So waren sich die Großbanken bewusst darüber, dass Hochhäuser als Zeichen wirtschaftlicher Macht interpretiert werden, stritten jedoch in der verbalen und schriftlichen Kommunikation ab, diese Botschaft gesendet haben zu wollen und rechtfertigten die Größe des Hauses über funktionale Notwendigkeiten.

Es lässt sich schlussendlich zusammenfassen, dass Unternehmen in der zweiten Hälfte des 20. Jahrhunderts ihre Architektur strategisch zu nutzen wussten, um ihr Image zu steuern und eine Identität zu konstruieren. Das Bewusstsein über die kommunikativen Möglichkeiten und die Wirkung von Architektur war bereits zur Mitte des 20. Jahrhunderts stark ausgeprägt. In den folgenden Jahrzehnten wurde das entsprechende Wissen vor dem Hintergrund der vor allem wirtschaftswissenschaftlich fundierten Konzepte von Corporate Design und, seit den späten 1970er Jahren, Corporate Identity zunehmend erweitert. Vor diesem Hintergrund stellte sich heraus, dass die Unternehmen als Auftraggeber erheblichen Einfluss auf die Architektur nahmen, um ihr Image zu beeinflussen und ihre Identität zu prägen. Die Architekturgeschichte des 20. Jahrhunderts kann nicht geschrieben werden, ohne die Unternehmen als gewichtige Akteure zu berücksichtigen. Ein Verständnis der Unternehmensarchitektur ist wiederum ohne die Berücksichtigung ihrer kommunikativen Funktion nicht möglich.

„Jeder Baukörper, jedes Bauwerk stellt für sich genommen eine Umsetzung und Sichtbarmachung der Persönlichkeit, der Identität seines Bauherrn dar, und es gehört wohl zu den schönsten Aufgaben eines Architekten, sie zu realisieren."[1148] (Roman Antonoff)

---

1148  Antonoff 1989, S. 27.

# ANHANG

## Abkürzungsverzeichnis

| | |
|---|---|
| ABB | Apel, Beckert, Becker; Frankfurt am Main |
| AEG | Allgemeine Elektricitäts-Gesellschaft; Berlin |
| Alcoa | Aluminum Company of America; Pittsburgh (USA) |
| ATH | August Thyssen-Hütte; Duisburg/Düsseldorf |
| BASF | Badische Anilin- & Soda-Fabrik; Ludwigshafen |
| BfG | Bank für Gemeinwirtschaft; Frankfurt am Main |
| BMW | Bayerische Motoren Werke; München |
| DEW | Deutsche Edelstahlwerke; Krefeld |
| DGNB | Deutsche Gesellschaft für Nachhaltiges Bauen; Stuttgart |
| EZB | Europäische Zentralbank; Frankfurt am Main |
| FIZ | Forschungs- und Innovationszentrum der BMW; München |
| GE | General Electric Company; ehemals Schenectady, New York (USA) |
| GM | General Motors; Detroit (USA) |
| gmp | von Gerkan, Marg und Partner; Hamburg |
| HPP | Hentrich, Petschnigg und Partner; Düsseldorf |
| HSBC | Hongkong and Shanghai Banking Corporation; London (GB) |
| Hypo-Bank | Bayerische Hypotheken- und Wechsel-Bank; München |
| IAA | Internationale Automobil Ausstellung; Frankfurt am Main |
| IBM | International Business Machines Corporation; Armonk/New York (USA) |
| LEED | Leadership in Energy and Environmental Design |
| NASA | National Aeronautics and Space Administration; Washington D. C. (USA) |
| NBBJ | Naramore, Bain, Brady, Johanson; Seattle (USA) |
| RAG | Ruhrkohle AG; Essen |
| RCA | Radio Corporation of America; New York (USA) |
| RWE | Rheinisch-Westfälisches Elektrizitätswerk; Essen |
| SANAA | Sejima And Nishizawa And Associates; Tokio (JAP) |
| SOM | Skidmore, Owings, Merrill; Chicago (USA) |
| Vestag | Vereinigte Stahlwerke; ehemals Düsseldorf |
| VW | Volkswagen; Wolfsburg |

Anhang

# Quellenverzeichnis

## Archivalien

### BMW – BMW Group Archiv, München

UA 412
Niederschrift über die Vorstandssitzung
v. 15.10.1968
Niederschrift über die Vorstandssitzung
v. 19.11.1968
Niederschrift über die Vorstandssitzung
v. 2.12.1968

UA 542/1
Tagesordnung zur Sitzung des Aufsichtsrates
am 30.10.1968 in Bad Homburg
Niederschrift über die Sitzung des Aufsichtsrates am 8.11.1968 in Moscia-Ascona

UA 1691/1
Manuskript für eine Presseinformation zum
Richtfest am 7.12.1971

UA 1691/2
Schreiben der BMW AG an die Wettbewerbsteilnehmer und Preisrichter v. 5.7.1968
Niederschrift über die Sitzung des Preisgerichts am 19.9.1968 im BMW-Pavillon am
Lenbachplatz

UP 216/10
Pressemitteilung der BMW AG v. 25.5.1973

UP 1410/10
Pressemitteilung der BMW AG v. 16.6.1992

UP 1860/10
Pressemitteilung der BMW AG v. 12.5.1998

UP 3631/20
Medieninformation der BMW Group Corporate
Communications v. 2011

### HAC – Historisches Archiv der Commerzbank, Frankfurt am Main

E 1081
Interner Katalog der Planungsvorgaben für den
Hochhausneubau, vermutlich 1990
Protokoll des Gesprächs von DS mit Dr. Grüneis
und Herrn Ringsleben, ZAB, am 10.4.1992
Entwurf für eine Informationsbroschüre über das
neue Commerzbank-Hochhaus, 1993

Ordner „88/89"
Schreiben v. Heinz Sparr, Zentrale Abteilung Volkswirtschaft und Kommunikation,
v. 15.9.1988 an die Mitglieder der Projektgruppe „Neubau unserer Hauptverwaltung"

Ordner „Hochhausphilosophie"
„Unternehmens-Ästhetik als Herausforderung
der Unternehmensdarstellung und -kommunikation. Die neue Architektur eines Konzerns",
Vortragsskript v. Dr. Horst Grüneis, Commerzbank AG, in: Seminarskript „Unternehmens-Philosophie – Unternehmens-Ästhetik",
Philosophisches Institut Wiesbaden, 1992
Unterlagen für einen „Ideenwettbewerb – Commerzbank Frankfurt am Main – Erweiterung
der Zentrale im Bankenviertel", 1991
Uwe Böttcher: „Wettbewerb Ökologisches
Hochhaus in Frankfurt", unveröffentlichte
Seminararbeit, verfasst bei Prof. Per Krusche,
Institut für Entwicklungsplanung und Siedlungswesen, Technische Universität Carolo-Wilhelmina Braunschweig, SS 1992

Ordner „Neubau – Einzelne Projekte"
Internes Schreiben v. Ulrich Ramm, Zentrale Abteilung Volkswirtschaft und
Kommunikation, v. 24.4.1990, betr.

„HV-Neubau aus Kommunikationssicht/Betr. Umweltverträglichkeit"

Flyer zum Seminar „Unternehmens-Philosophie – Unternehmens-Ästhetik" am 15.10. bzw. 13.11.1992 im Deutschen Architekturmuseum, Frankfurt

interne Zusammenstellung von technischen Daten zum Commerzbank-Hochhaus-Projekt v. 17.12.1992, handschriftlich gezeichnet Fra/Wa/DNP/Pi

Zusammenstellung der Daten zur Erweiterung der Zentrale im Bankenviertel v. 26.1.1993, unterzeichnet Ringsleben

Schreiben von Ulrich Ramm und Weber an Dr. Jürgen Terrahe und Martin Kohlhaussen v. 17.1.1994 betr. Herstellung eines Bildbandes über den Neubau

Internes Schreiben von Ulrich Ramm und Dr. Franck an Dr. Horst Grüneis v. 15.4.1994 betr. Kommunikationskonzept

Schreiben von Prof. Dr. Volker Fischer an Weber, Zentraler Stab Kommunikation, v. 25.4.1994 betr. Annahme der Autorenschaft für den „Opus-Band"

Mappe „Richtfest"
Manuskript der Ansprache von Martin Kohlhaussen, Sprecher des Vorstands der Commerzbank AG, anlässlich des „Ersten Spatenstichs" am 26.5.1994

Pressemeldung der Commerzbank AG v. 26.5.1994

S6
Interne Neubau-Information Nr. 2 v. 10.6.1974, unterzeichnet Dr. Behrenbeck u. Knappertsbusch

Zur Baugeschichte der Hauptverwaltung der Commerzbank in Frankfurt/Main, Manuskript ohne Verfasserangabe v. 25.8.1988

Notiz von Peter Pietsch v. 7.8.1989 betr. die Information der Fachabteilungen über die Baupläne der Commerzbank

Vorprüfbericht v. 30.5.1991 zum „Ideenwettbewerb Commerzbank Frankfurt am Main – Erweiterung der Zentrale im Bankenviertel"

Einladung des Vorstands der Commerzbank AG zum „Ersten Spatenstich" am 26.5.1994

Hinweise zum Umzug, hg. vom Zentralen Stab Filialorganisation – Umzugsleitstelle, vermutlich 1991

Einladung zum Richtfest für die neue Zentrale der Commerzbank AG am 23.8.1996

Manuskript für die Rede von Vorstandssprecher Martin Kohlhaussen anlässlich des Richtfests für die Zentrale der Commerzbank AG am 23.8.1996

Manuskript von Vorstandssprecher Martin Kohlhaussen für ein Pressegespräch anlässlich der Eröffnung der Commerzbank Plaza am 24.7.1997

Info-Flyer „Erweiterung der Commerzbank Zentrale im Bankenviertel, Frankfurt am Mainz, hg. vom Zentralen Servicebereich Bau (ZSB) und dem Zentralen Stab Kommunikation (ZKV) der Commerzbank AG, vermutlich 1997

Pressemitteilung der Commerzbank AG v. 15.5.2017

HAC-500/7994-2002
Protokoll über die Sitzung des Preisgerichts für den Wettbewerb „Neubau Dresdner Bank" v. 26.11.1971

Notiz v. 14.2.1974 über die am 23.1.1974 stattgefundene 6. Sitzung des Bauausschusses

Schreiben von Prof. Karl Hagenmüller v. 4.3.1974 an die Mitglieder des Vorstands der Dresdner Bank AG in Vorbereitung der Vorstandssitzung am 25.3.1974

Notiz v. 27.3.1974 über die 7. Sitzung des Bauausschusses

Notiz über die am 13.1.1975 stattgefundene 11. Sitzung des Bauausschusses

Schreiben von Friedrich Wilhelm Kraemer an Jürgen Ponto v. 28.6.1975

Notiz über die am 11.8.1975 stattgefundene 13. Sitzung des Bauausschusses in Hamburg

Brief von Heinz Mack an ABB Beckert + Becker, o. J., vermutlich 1976

Erläuterungen von Heinz Mack zum zweiten Entwurf für den Jürgen-Ponto-Platz, o. J., vermutlich 1976

Aktennotiz von Paul-Ernst Penndorf v. 19.3.1976 betr. die Aufstockung des Hochhauses
Notiz v. 29.4.1976 betr. eines Anrufs von Rudolf Sperner, gez. Haaß
Notiz über die am 2.8.1976 stattgefundene 15. Sitzung des Bauausschusses in Frankfurt
Aktennotiz v. 25.11.1976 betr. Pressegespräch am 1.12.1976
Notiz über die am 15.2.1977 stattgefundene 16. Sitzung des Bauausschusses in Frankfurt

HAC-500/119021.MS
Checkliste für Besprechung Hochhauseinweihung am 22.11.1979, gez. Sebastian
Schreiben von Dr. Vielmetter, Informations- und Presseabteilung, an Dr. Friderichs v. 4.12.1979 betr. Einweihung des Hochhauses
Neubau Hochhaus Dresdner Bank AG, Frankfurt, Leitfaden für Führungen, 5.1980

HAC-500/120053
Internes Schreiben von Jürgen Ponto v. 21.6.1966 betr. Werbung
Konzeptpapier „Dresdner Bank – Erscheinungsbild in der Architektur" von Hannsgeorg Beckert, Architektenbüro Beckert + Becker, v. 7.6.1970
Konzeptpapier „Dresdner Bank – Visuelles Erscheinungsbild" von Otl Aicher, v. 7.6.1970
Internes Schreiben v. R. Stößel an Penndorf v. 28.12.1978
Internes Schreiben der Zentralen Bauabteilung, gez. Hasse, vom 20.2.1979
Internes Schreiben v. Dr. Hans Friderichs an Dr. R. Stößel v. 7.1.1980 betr. Hochhaus-Film.
Text „Frankfurterin", vermutlich 1980
Rechnung der MultiMedia Werbegesellschaft v. 16.6.1980 für die Erstellung des Buches „Das Haus am Jürgen-Ponto-Platz"

HAC-500/120054
Konzept für das Hochhausbuch, ca. 1980

HAC-500/130923
Pressemitteilung der Dresdner Bank v. 2.12.1971

HAC-500/130924
Pressemitteilung der Dresdner Bank AG v. 6.6.1980
Manuskript v. 6.6.1980 für die Rede von Dr. Hans Friderichs anlässlich der Eröffnung des Hochhauses der Dresdner Bank AG in Frankfurt am Main am 10.6.1980
Manuskript für die Rede des Aufsichtsratsvorsitzenden Helmut Haeusgen anlässlich der Eröffnung des Hochhauses der Dresdner Bank AG in Frankfurt am Main am 10.6.1980

HAC-500/130925
Katalog der Informations- und Presseabteilung der Dresdner Bank AG v. 30.5.1980 mit fiktiven Fragen und Antworten zum Hochhaus

HAC-500/17261-2000
Werbeplan für die Dresdner Bank 1969 v. 3.12.1968

Handsammlung „Hochhaus Silberling"
Hochhausinformation Nr. 4, 9.1977

## HAUC – Historisches Archiv der UniCredit, München

D-Hypo-A-10013
Internes Schreiben von Stättner an Direktor Dr. Ernstberger v. 16.4.1973

D-Hypo-A-10014
Manuskript der Rede von Dr. Wilhelm Arendts, Vorstandssprecher, anlässlich der Einweihung der Zentrale der Bayerischen Hypotheken- und Wechsel-Bank AG am 16.11.1981

D-Hypo-A-10016
Manuskript für die Begrüßungsansprache des Vorstandssprechers Dr. Arendts beim Besuch Club Wirtschaftspresse am 18.7.1978

## HIDB – Historisches Institut der Deutschen Bank, Frankfurt am Main

V40/15
Schreiben von Fink an Hilmar Kopper v. 7.1.1980 betr. Architektenvertrag
Internes Schreiben von Kurt Huppert an Fink und Blume v. 6.4.1981 betr. Ideenwettbewerb Innenarchitekten
Brief v. Keller + Bachmann an Hilmar Kopper v. 16.6.1981
Brief von Richard Lippold an Hilmar Kopper v. 10.5.1982

V40/16
Protokoll des Gesprächs zwischen Vertretern der Deutschen Bank (u. a. Hilmar Kopper) und ABB Architekten am 19.2.1979, gez. Becker und Hanig
Ergebnisprotokoll der Besprechung am 20.8.1980 betr. Neubau Taunusanlage, gez. Fink
Ergebnisprotokoll der Besprechung am 17.8.1981 betr. Neubau Taunusanlage, gez. Fink
Ergebnisprotokoll der Präsentation am 4.12.1981 betr. Gestaltung Gastronomie, gez. Kurt Huppert
Ergebnisprotokoll der Besprechung am 8.3.1982 betr. Neubau Taunusanlage, gez. Fink
Ergebnisprotokoll der Besprechung am 22.4.1982 betr. Neubau Taunusanlage, gez. Fink
Ergebnisprotokoll der Besprechung am 15.8.1983 betr. Neubau Taunusanlage, gez. Fink

V40/86
Brief v. Dr. Klaus Mertin an die Herren des Vorstands v. 17.11.1978.
Vorlage zur Aufsichtsratssitzung am 30.1.1979.
Ergänzungen für den Vorstand zur Vorlage zur Aufsichtsratssitzung am 30.1.1979
Aktennotiz über ein Gespräch mit Baudirektor Lortz, Leiter des städtischen Planungsamtes, am 28.2.1979, gez. Blume
Manuskript mit Antworten auf denkbare Fragen auf der Aktionärsversammlung am 13.5.1980 für den Vorstandsprecher Dr. Wilfried Guth
Brief von Otl Aicher v. 7.1.1981.
Vorlage von Hilmar Kopper zur Vorstandssitzung am 13.1.1981
Manuskript mit Antworten auf denkbare Fragen auf der Aktionärsversammlung am 14.5.1981 für den Vorstandsprecher Dr. Wilfried Guth
Redemanuskript von Hilmar Kopper für die Aufsichtsratssitzung am 25.1.1982
Internes Schreiben von Schlegel an Dr. Weiss und Hilmar Kopper v. 27.10.1983, betr. Umzug in den Neubau Taunusanlage, Anlage: Belegungsplan

V40/88
Brief von Bernhard Leitner an Kurt Huppert v. 10.10.1979 betr. Ablauf der USA-Reise
Plan v. Kurt Huppert für die USA-Reise v. 12.9.1979
Manuskript der Rede von Vorstandsprecher Dr. Wilfried Guth anlässlich des Richtfests am 27.11.1982
Konzept für einen Rahmenplan zur Eröffnung des neuen Hauses Zentrale Deutsche Bank Frankfurt am Main v. 12.10.1983, erarbeitet von der Werbeabteilung
Manuskript der Rede von Vorstandsprecher Dr. Wilfried Guth anlässlich des Eröffnungsfeier am 23.1.1985

V40/91
Tabelle Budget-Entwicklung – Übersicht und Ergebnis v. 30.6.1984
Presse-Information der Deutschen Bank AG v. 18.1.1985

V40/92
Interne Datenaufstellung betr. den Neubau von Kurt Kurt Huppert für Hilmar Kopper v. 17.8.1984

Sammelordner „Bankgebäude – Frankfurt a. M. – Zentrale/Filiale"
Presseinformation der Deutschen Bank, o. J., vermutlich 1971 (HIDB/Sammelordner „Bankgebäude – Frankfurt a. M. – Zentrale/Filiale")

### HK RWE – Historisches Konzernarchiv RWE, Essen

Sammelordner „Unterlagen RWE-Turm"
Fax v. Ingenhoven Overdiek und Partner v. 30.8.1994, gez. A. Nagel, an Herrn Encke betr. „Stichworte für die Ansprache zur Grundsteinlegung"
Pressemitteilung der RWE AG v. 12.9.1994
Redemanuskript von Dr. Dietmar Kuhnt, Vorstandsvorsitzender der RWE AG, anlässlich des Richtfestes am 27.6.1996
Redemanuskript von Dr. Dietmar Kuhnt, Vorstandsvorsitzender der RWE AG, anlässlich der Schlüsselübergabe am 13.3.1997
Infoblatt des RWE, ZB P, Zentrale Dienste v. 5.5.1997

### SMA – Salzgitter AG-Konzernarchiv/Mannesmann-Archiv, Mülheim an der Ruhr

M 32.172
Faltbroschüre „Mannesmann-Hochhaus am Rhein", [ca. 1958]

M 35.350
Protokoll der Besprechung bei Dr. Winkhaus v. 7.8.1958

### tkA – thyssenkrupp Konzernarchiv, Duisburg

TRW/98
Stellungnahme Dr. Hentrich/Petschnigg [1956]

TRW/1816
Brief der Kultur- und Wirtschaft-Film GmbH an Dr. Karl Bender v. 31.12.1955 betr. Filmstreifen „Architekten-Wettbewerb"
Schreiben v. Dr. Karl Bender an Gerd Theunissen, Westdeutscher Rundfunk, v. 4.1.1956
Internes Schreiben v. Karl Bender, Vorstandsmitglied, an den Vorstandsvorsitzenden Fritz-Aurel Goergen, v. 18.1.1956 betr. Auswertung der Hochhaus-Ausstellung
Brief v. Hans Gammersbach an den Vorstand der Phoenix-Rheinrohr AG v. 20.2.1956
Brief der Kultur- und Wirtschaft-Film GmbH an Dr. Karl Bender v. 14.3.1956 betr. Filmstreifen „Architekten-Wettbewerb"

TRW/1828
Bericht über den Stand der Bauvorbereitung v. 10.5.1957

TRW/1829
Brief von Prof. Friedrich Tamms an Dr. Fritz-Aurel Goergen v. 14.6.1956
Niederschrift über die Sitzung der Kommission für den Bau eines Verwaltungsgebäudes v. 20.12.1956

TRW/1830
Aktenvermerk v. 22.1.1957
Niederschrift über die Sitzung der Kommission für den Bau eines Verwaltungsgebäudes v. 7.6.1957

TRW/1831
Internes Schreiben von Bender an Goergen v. 21.1.1956
Aktenvermerk von Bender v. 14.8.1956 betr. Ergebnisse einer Besprechung zum Bau des Verwaltungshochhauses

TRW/1832
Redemanuskript zu Geschichte und Aufbau von Phoenix-Rheinrohr [1956]

TRW/1834
Brief von Fritz-Aurel Goergen an Direktor Dr. Karl Bender v. 14.12.1954 betr. neue Verwaltungsräume
Brief v. Dr. Karl Bender an Prof. Dr. Robert Ellscheid v. 7.1.1955
Vermerk über die Sitzung des Koordinationsausschusses Phoenix-Rheinrohr v. 5.2.1955
Internes Schreiben von Dr. Karl Bender an Fritz-Aurel Goergen v. 11.10.1955 betr. „Bau unseres Verwaltungshochhauses"

TRW/1835
Aktenvermerk von Wilms zum Stand des Bauvorhabens am 31.12.1957
Baufortschrittsbericht v. 28.2.1958, 2. Entwurf, gez. Wilms
Bericht über den Baufortschritt v. 31.12.1958

TRW/1836
Auszug aus der Niederschrift über die Vorstandssitzung v. 4.6.1958
Auszug aus der Niederschrift über die Vorstandssitzung v. 29.9.1958
Auszug aus der Niederschrift über die Vorstandssitzung v. 13.4.1959
Auszug aus der Niederschrift über die Vorstandssitzung v. 13.8.1959
Auszug aus der Niederschrift über die Vorstandssitzung v. 17.8.1959
Auszug aus der Niederschrift über die Vorstandssitzung v. 14.1.1960
Auszug aus der Niederschrift über die Vorstandssitzung v. 2.5.1960
Auszug aus der Niederschrift über die Vorstandssitzung v. 17.4.1961
Auszug aus der Niederschrift über die Vorstandssitzung v. 3.12.1962

TRW/1838
Bericht zur Sitzung des Ausschusses für den Bau eines Verwaltungsgebäudes am 20.12.1956

TRW/1841
Internes Schreiben von Lester B. Knight Ass. v. 4.3.1959 betr. „Vertikale Belegung Verwaltungshochhaus"
Aktenvermerk Lester B. Knight Ass v. 13.3.1959 betr. Möblierung des Hochhauses
Schreiben von Lester B. Knight Ass. v. 7.4.1959 an Herrn Wilms u. w. betr. Farben im Hochhaus
Protokoll der Besprechung zwischen Lester B. Knight Ass. und HPP am 8.4.1959

TRW/1848
Brief v. Dr. Karl Bender an Dr. W. A. Menne, Präsident der Farbwerke Höchst, v. 13.9.1955 betr. Besichtigung des neuen Verwaltungsgebäudes
Brief v. Rudolf Wilms an Dr.-Ing. Camill Santo v. 13.9.1955 betr. Besichtigung des Hochhausbaus der BASF
Brief v. Rudolf Wilms an Dr.-Ing. Camill Santo v. 22.9.1955 betr. Besichtigung des Hochhausbaus der BASF
Brief v. Rudolf Wilms an Dr.-Ing. Camill Santo v. 29.9.1955 betr. Besichtigung des Hochhausbaus der BASF
Brief der Rhein-Main-Bank, früher Dresdner Bank (Unterschriften nicht leserlich), an die Phoenix-Rheinrohr AG v. 1.10.1955
Brief von Prof. Dr. Carl Wurster, Vorstandsvorsitzender der BASF, an Dr. Karl Bender v. 7.1.1957 betr. Besichtigung des Hochhauses der BASF
Brief v. Rudolf Wilms an Dr. Santo v. 10.1.1957 betr. Besichtigung des Hochhauses der BASF
Brief von Dr. Karl Bender an die United States Steel Export Company v. 21.1.1957

TRW/1845
Presseinformation anlässlich der Richtfeier für das Verwaltungshochhaus der Phoenix-Rheinrohr AG, Düsseldorf, am 5.9.1958

TRW/1850
Bericht über eine Studienreise zur Besichtigung amerikanischer Hochhäuser v. 7.10.1956–9.11.1956

TRW/1855
Internes Schreiben von Brandi an weitere Vorstandsmitglieder vom 24.9.1958
Schreiben v. 24.11.1958 an Direktor Dr. Georg Lösch, DEW

TRW/1857
Schreiben von Dir. Wilms v. 4.6.1959 an Prof. Dr. Robert Scherer, DEW, betr. Oberflächen des Edelstahls

TRW/1858
Aktenvermerk v. 14.8.1959 betr. Verkleidung der Kernwände mit Edelstahl

**Filme**

Bad Banks. 6 Folgen, Regie Christian Schwochow. D: Letterbox Filmproduktion/ Iris Productions 2018. Fassung Internet, www.zdf.de/serien/bad-banks, je 50–52 Min.

Das Hochhaus [arabischer Titel], hergestellt für Phoenix-Rheinrohr AG Vereinigte Hütten- und Röhrenwerke, D: Deutsche Industrie- und Dokumentarfilm 1961, Fassung DVD (tkA).

Thyssenhaus in neuem Glanz. Ein Baudenkmal der Moderne wird renoviert, hergestellt für Hochtief AG, D: Panavox 1994, Fassung DVD (tkA).

Unser neues Haus. Dresdner Bank, Regie: Uwe Krauss. D: Insel-Film 1980. Fassung DVD, 18 Min (HAC-Fotoarchiv).

**Gespräche und Korrespondenzen**

Michael Beye, Architekt, ehemaliger Mitinhaber von ABB Architekten, 24.9.2013.

Dr. h. c. Martin Kohlhaussen, 1991–2001 Vorstandsprecher der Commerzbank AG, 27.3.2018.

Heinz Scheid, Architekt, ehemaliger Mitinhaber von ABB Architekten, 1.6.2015.

Claudia Schicktanz, Senior Curator der Deutschen Bank AG, E-Mail v. 21.3.2017.

Kathy Wechterowicz, DB Immobilien Service, 14.1.2014.

Prof. Dr. Martin Wentz, 1989–2001 Stadtrat und 1989–2000 Planungsdezernent der Stadt Frankfurt am Main, 7.5.2018.

**Graue Literatur**

[chronologisch geordnet]

Anatomie einer Bank, hg. v. der Deutschen Bank, 1971 (Informationsbroschüre)

Ein neuer Weg. Dresdner Bank, ca. 1971 (Informationsbroschüre)

Hochhausreport. Information für Mitarbeiter im BMW-Haus München. Hg. v. der Innerbetrieblichen Information der BMW AG, München 1973

Commerzbank. Zentrale Hauptverwaltung – Hauptgeschäft Frankfurt am Main, ca. 1976 (Faltprospekt)

Das Haus am Jürgen-Ponto-Platz, hg. v. der Dresdner Bank AG, 1980 (Faltprospekt)

Erweiterung der Commerzbank Zentrale im Bankenviertel, Frankfurt am Main, hg. v. Zentralen Servicebereich Bau und dem Zentralen Stab Kommunikation der Commerzbank AG, Frankfurt a. M., ca. 1994 (Informationsbroschüre)
Die neue Commerzbank Zentrale in Frankfurt am Main, hg. v. Zentralen Stab Kommunikation der Commerzbank AG, Frankfurt a. M., ca. 1997 (Informationsbroschüre)

Zu Besuch bei RWE – Gewinnen Sie neue Perspektiven, 2001 (Imagebroschüre)

Steile Karriere – der RWE Turm, 2002 (Imagebroschüre)

Das ThyssenKrupp Quartier. Ein Rundgang, ca. 2010 (Informationsbroschüre)

Benchmark für nachhaltiges Bauen, hg. v. der Siemens AG, 2017 (Referenz-Flyer)

**Internetquellen**

[geordnet nach Datum der Veröffentlichung, wenn nicht bekannt, nach Datum des Abrufs]

National Register of Historic Place, Registration Form v. 11.4.2000:
www.dhr.virginia.gov/VLR_to_transfer/PDFNoms/043-0242_Reynolds_Metals_Co_Intl_HQ_2000_Final_Nomination.pdf

focus online, 22.11.2004, „München bleibt Dorf":
www.focus.de/politik/deutschland/buergerentscheid_aid_88742.html

Pressemitteilung der ThyssenKrupp AG v. 13.3.2007:
www.thyssenkrupp.com/de/newsroom/pressemeldungen/press-release-48247.html?id=182402

BMW Medieninformation 10/2007:
https://www.press.bmwgroup.com/austria/article/detail/T0029350DE/eroeffnung-bmw-welt?language=de

Pressemitteilung der Commerzbank AG v. 21.1.2009: www.commerzbank.de/de/hauptnavigation/presse/pressemiteilungen/archiv1/2009/quartal_09_01/presse_archiv_detail_09_01_5068.html

Pressemitteilung der ThyssenKrupp AG v. 17.6.2010:
www.thyssenkrupp.com/de/newsroom/pressemeldungen/press-release-48195.html?id=182402

Pressemitteilung der IVG Immobilien AG v. 2.11.2011:
www.ivg.de/presse/pressemitteilungen-archiv/pressemeldungen-2011/pressemiteilung-2011-detail/info/investorengemeinschat-unter-fuehrung-von-ivg-erwirbt-daslandmark-gebaeude-silberturm

Pressemitteilung der Commerzbank AG v. 16.2.2012:
www.commerzbank.de/de/hauptnavigation/presse/pressemitteilungen/archiv1/2012/quartal_12_01/presse_archiv_detail_12_01_9121.html

welt.de, 29.8.2012, „Investmentbanker lernen das Zittern":
www.welt.de/wirtschaft/article108858790/Investmentbanker-lernen-das-Zittern.html

Medieninformation der BMW Group v. 9.7.2013:
www.press.bmwgroup.com/deutschland/article/detail/T0143556DE/40-jahre-bmw-hochhaus-und-museum?language=de

Pressemitteilung der ThyssenKrupp AG v. 4.12.2013, „50 Jahre ThyssenKrupp Steel Europe Hauptquartier in Duisburg":
https://www.thyssenkrupp-steel.com/de/newsroom/pressemitteilungen/pressemitteilung-2512.html

ArtMag 80, 2014, „Revolutionär: Das Logo der Deutschen Bank feiert seinen 40. Geburtstag":
www.db-artmag.de/de/80/news/revolutionaer-das-logo-der-deutschen-bank-feiert-seinen-40-gebu/

zeit-online, 18.3.2015, „Ausschreitungen bei Blockupy-Protesten in Frankfurt":
www.zeit.de/politik/deutschland/2015-03/frankfurt-blockupy-ezb

The Oxford Dictionary of Architecture 2015, Online Version, Stichwort „architecture parlante":
www.oxfordreference.com/view/10.1093/acref/9780199674985.001.0001/acref-9780199674985-e-257?rskey=jbhbSD&result=288

ad-magazin.de, 18.1.2016, „Phoenix aus der Asche":
https://www.ad-magazin.de/article/2016-01-phoenix

deutschlandfunk.de, 9.5.2016, „Aus dem Dornröschenschlaf erwacht":
www.deutschlandfunk.de/finanz-standort-frankfurt-aus-dem-dornroeschenschlaf-erwacht-100.html

Jahresbericht 2015/1016 der Bundesregierung v. 16.1.2017:
www.bundesregierung.de/breg-de/themen/jahresberichte-der-bundesregierung/jahresbericht-der-bundesregierung-2015-2016/innovationen-und-zukunftsstrategien/elektromobilitaet

fr.de, 17.1.2017, „Eine Kantine nicht nur für Banker":
www.fr.de/frankfurt/commerzbank-eine-kantine-nicht-nur-fuer-banker-a-739743

sz.de, 5.10.2017, „Wie sich BMW die Zukunft vorstellt":
www.sueddeutsche.de/muenchen/autobauer-wie-sich-bmw-die-zukunft-vorstellt-1.3694452

Medieninformation der BMW Group v. 18.12.2017:
www.press.bmwgroup.com/deutschland/article/detail/T0277243DE/versprochen-geliefert:-bmw-group-bringt-wie-angekuendigt-100-000-elektrifizierte-automobile-in-2017-auf-die-strasse

meinbezirk.at, 11.6.2018, „Karl Schwanzer-Nachlass geht an Wien Museum"
www.meinbezirk.at/wieden/c-lokales/karl-schwanzer-nachlass-geht-an-wien-museum_a2666246

www.fosterandpartners.com/projects/commerzbank-headquarters/ [8.8.2018]

www.dreischeibenhaus.de/about [19.10.2018]

www.baunetzwissen.de/boden/objekte/buero-verwaltung/pirelli-hochhaus-in-mailand-i-69976 [4.12.2018]

www.ingenhovenarchitects.com/projekte/weitere-projekte/rwe-de-de/awards [14.12.2018]

www.bmw.com/de/innovation/e-mobility.html [9.1.2019]

www.atelier-brueckner.com/de/projekte/bmw-museum [31.1.2019]

schweger-architects.com/projects/bmw-hochhaus-areal-muenchen/ [31.1.2019]

www.olympiapark.de/de/derolympiapark/veranstaltungsorte/olympiaturm/daten/ [4.2.2019]

www.bmw-welt.com/de/locations/welt.html [10.2.2019]

www.autostadt.de/corporate/was-ist-die-autostadt [11.2.2019]

www.henn.com/de/projects/industry-urban-design/bmw-fiz-future [18.2.2019]
de.book-info.com/publisher/modulverlag+Wien.htm [21.2.2019]

www.thyssenkrupp.com/de/unternehmen/quartier/ [7.3.2019]

www.klingmann.com/about [22.3.2019]

www.messedat.com/deutsch/aufgaben/ [22.3.2019]

www.springer.com/de/book/9783824445967#aboutAuthors [22.3.2019]

www.toninsel.de/telekom-soundlogo-analyse [26.5.2019]

www.vitra.com/de-de/about-vitra/company [8.7.2019]

www.gatermann-schossig.de/pages/de/alle_projekte/industrial/37.rimowa_kofferfabrik_koeln.htm [6.6.2019]

www.vitra.com/de-de/about-vitra/company [8.7.2019]

new.siemens.com/de/de/produkte/gebaeudetechnik/referenzen/siemens-zentrale-muenchen.html [9.9.2019]

## Zeitungen und Zeitschriften

[geordnet alphabetisch nach Titeln]

### Arch+
4/1997, „RWE-Hochhaus in Essen", S. 98f

### Architectural Forum
6/1952, „Lever House Complete", S. 101–111
9/1953, „Big banking and modern architecture finaly connect", S. 132–137
12/1954, „Modern Architecture breaks through Glass Barrier", S. 104–111

### Architectural Record
6/1952, „Lever House, New York: Glas and Steel Walls", S. 130–135
8/1952, „Alcoa Building: Innovations in Aluminum"
11/1952, „Nobody but Lever lives here", Werbeanzeige der Sloan Valve Co.
11/1954, „Manufacturers Trust Company Builds Conversation Piece on Fifth Avenue", S. 149–156

### Architectural Review
7/1997, „High Expectations", S. 26–39

### L'architecture d'aujourd'hui
12/1953, S. 34–38.

### AT – Architektur und Technik
4/1996, „Konzernzentrale der RWE AG in Essen", S. 38–43

### aw – architektur + wettbewerbe
150/1992, „Dienstleistungszentrum Essen", S. 88–90

### Arts Magazine
2/1962 „The Fear of Eero's Mana", S. 73 (Reyner Banham)

### Bauen und Wohnen
18/1963, „Verwaltungshochhaus der Commerzbank, Düsseldorf" (Paul Schneider-Esleben), S. 344–347

### Baumeister
5/1964, „Hauptverwaltung der August Thyssen-Hütte AG in Duisburg-Hamborn", S. 465–480
1/1969, „Expansions-Symbol", S. 9–20
5/1997, „Commerzbank-Zentrale in Frankfurt am Main", S. 18–25
5/1997, „Konzernzentrale der RWE AG in Essen", S. 28–35

## Bauwelt
48/1952, „Das Ganzglas-Haus – aber Fensterputzen tut not", S. 768f
27/1955, „Das Stahlskelett bleibt sichtbar"
45/2014, „Das neue Dreischeibenhaus", S. 14–19
22/2018, „Città Olivettiana in Ivrea, Italien", S. 20–31
22/2018, „Grüße aus der Via Jervis", S. 32–35
22/2018, „Hand in Hand. Universelles Design von Olivetti", S. 36–41

## Die Bauzeitung
9/1952, „Wolkenkratzer aus Glas ohne Fenster", S. 342–345

## Berliner Zeitung
14.1.1998, „Hochhäuser in Aspik"

## Bild Frankfurt
10.7.1986, „Nicht mehr schön. Deutsche Bank reißt Turm ab"

## Commerzielles. Eine Information für die Mitarbeiter der Commerzbank im Frankfurter Raum
**Extraausgabe v. 14.2.1996:**
Vorwort von Martin Kohlhaussen
„Nachgefragt: Das gläserne Büro? – Interview mit Dr. Jürgen Terrahe"
„Ein Gebäude für Menschen" (Interview mit Norman Foster)
„Mittagspausen unter Magnolien"
„Prima Klima"

**Extraausgabe v. 6.9.1996:**
„Auf gutes Licht wird Wert gelegt"
„Frische Luft bis in den letzten Winkel"
„Gärten in schwindelnder Höhe"
„Treffpunkt: Commerzbank-Plaza"

**Extraausgabe 1/1997:**
„Jetzt wird's grün in der Bank"

## db – deutsche bauzeitung
10/1991, „High and higher…"
4/1997, „RWE-Hochhaus in Essen"
7/2005, „Das Zentralgebäude des BMW-Werks in Leipzig. Die Ästhetik der Produktion"
10/2007, „BMW Welt in München. Der dritte Buchstabe"

## db-aktuell. Mitteilungen für die Angehörigen der Deutschen Bank AG
August 1971, „Das Hochhaus bekommt Leben", S. 19f.
2/1981, „Unser Neubau in der Taunusanlage", S. 1–4
4/1981, „Die 20 ‚Größten'", S. 6

## DBZ – Deutsche Bauzeitschrift
2/1960, „Mannesmann-Hochhaus in Düsseldorf"
9/2011, „Grüne Bilanzen. Neue Deutsche Bank Türme, Frankfurt a. M."
9/2011, „Interview ‚Andauernde Massage'"
9/2015 „Abriss ist keine Lösung"

## Design-Report
9/1994, „Hängende Gärten"

## Detail
3/1997, „Hochhaus einer Bank in Frankfurt am Main", S. 349–354
9/2011, „Sanierung der Deutsche Bank-Hochhäuser in Frankfurt", S. 1041–1044

## Der Deutsche Baumeister
4/1956, „Das ‚Phoenix-Rheinrohr' Hochhaus in Düsseldorf", S. 139–145

## DN – Düsseldorfer Nachrichten
12.1.1956, „Baubeginn am Mannesmann-Hochhaus"
4.10.1957, „Grundstein für 30-Millionen-Hochhaus in Düsseldorf"
22.10.1957, „Heute Richtfest bei Mannesmann"
30.8.1958, „Statische Probleme im Drei-Scheiben-Haus"
18.7.1960

**Düsseldorfer Stadt-Nachrichten**
23.10.1957, „Richtkranz über Düsseldorfs höchstem Gebäude"

**Düsseldorfer Stadtpost**
6.9.1958, „Mit dem Feldstecher auf dem Richtfest"

**FAS – Frankfurter Allgemeine Sonntagszeitung**
13.7.1997, „Der Feind an meinem Verhandlungstisch"
13.7.1997, „Frankfurts neuer ‚Hingucker': Der weiße Riese des Sir Norman Foster"
13.7.1997, „Lavendel und Bambus 100 Meter über der Erde"
27.2.2011, „Ackermanns grüne Türme"

**FAZ – Frankfurter Allgemeine Zeitung**
11.4.1957, „Humanisierte Bürokratie"
16.6.1976, „Ein Sommer danach"
17.5.1975, „Ein Hochhaus der neuen Generation"
19.5.1978, „Luftige Türme im Raster bieten Raum in Fülle"
25.9.1980, „Hochhaus der Deutschen Bank kommt in die Diskussion"
24.11.1981, „Der ‚Hypo-Dom' überragt die Frauentürme"
23.5.1984, „Gleißende Kristalle in Frankfurts Skyline: Deutsche Bank"
4.1.1985, „Wo die Löwen Wache halten"
24.1.1985, „Ueber Soll und Haben hinaus verpflichtet"
24.1.1985, Kommentar: „Vor den Türmen"
30.8.1988, „Grundstückstausch für Neubau"
27.3.1990, „Signal für die Finanzmetropole"
19.5.1990, „Commerzbank-Aktionäre votieren für Frankfurt"
29.6.1991, „Ein Drittel mehr Bürofläche für das Bankenviertel"
29.6.1991, „Arbeit zwischen Panoramagärten"
25.10.1991, „CDU stimmt Verdichtung im Bankenviertel zu"
4.1.1992, „Durch die Toiletten rauscht das Regenwasser"
22.2.1992, „ ‚Mainhatten' ist nicht New York: Gebremster Höhenflug"
27.2.1993, „Die Arche Nova"
2.8.1993, „Lobby für Sonne, Wind und Biomasse"
27.5.1994, „Plaza als Treffpunkt, Gärten in luftiger Höhe"
4.8.1995, „Vom Lochmuster-Kleid zur Glitzerfassade"
4.5.1996, „Stöckelschuh auf dem Kopf"
8.10.1996, „Fort vom alten ‚Wattikan' "
13.10.1996, „Gärten in schwindelerregender Höhe"
1.9.1997, „Der Turm der atmenden Wände"
9.4.1998, „Lob für Commerzbank-Turm"
28.8.1998, „Kampf um jeden Zentimeter"
7.12.2004, „Ein Treppenhaus nach dem Vorbild der Würzburger Residenz"
1.12.2009, „Richtfest für ‚Greentowers' "
16.6.2019, „Da dreht was"

**Focus**
34/1996, „Der Turmbau zu Frankfurt"

**Frankfurter Anzeiger**
19.10.1979

**FR – Frankfurter Rundschau**
20.4.1989, „Sechs neue Hochhäuser könnten im klassischen Bankenviertel entstehen"
29.3.1990, „ ‚Rahmenplan Bankenviertel' schließt Hochhaus-Projekte und neue Fußgängerpassage ein – Vier neue Bürotürme vorgesehen"
25.10.1991 „Union betont das ‚Bekenntnis zum Wirtschaftsstandort Frankfurt' "
12.11.1991, „ ‚Ja' zu fünf neuen Bürotürmen in der Innenstadt"
8.3.1994, „Wentz verweigert neuen Beschluss im Römer"
15.3.1994, „Weg frei für vier neue Hochhäuser"
27.5.1994, „Ein Riese sucht Kontakt"
13.3.1997, „Ein Zylinder, zwei Häute"
9.4.1998, „Architekten loben Commerzbank"
9.12.2004, „Gestörtes Klima in den Glaspalästen"

**Handelsblatt**
18.7.1960

**Heimtex**
9/1956, „Bürohochhaus der Farbwerke Hoechst AG. Ausgestattet aus der Retorte"

**Kruppsche Monatshefte**
12/1931, „Nirosta und Chrysler-Gebäude"

**Die Kunst und das schöne Heim**
1951, „Empfangshalle und Sitzungssaal eines großen Industriewerks", S. 220–225

**NRZ – Neue Rhein Zeitung**
23.10.1957, „Am höchsten Bau der Stadt weht jetzt der Richtkranz"

**NZZ – Neue Zürcher Zeitung**
22.2.1992, „Öko-Haus ohne ‚Müesli-Touch'"
4.4.1997, „Arbeiten im Glashaus"
3.10.2012, „Ein authentisches Stück Baugeschichte"

**The New York Times**
17.5.1978, „Foreigners Buying Houston Properties"
4.10.1990, Nachruf: „Charles Pfister, Interior Designer, 50"
21.6.2013, „Wright's New York Showroom, Now Just a Memory"

**Phoenix-Rheinrohr Werkzeitung**
Nr. 22, August 1958, „Rohre formen unser Hochhaus"
Nr. 38, Dezember 1959, Titelblatt

**RP – Rheinische Post**
29.9.1955, „Der höchste Wolkenkratzer"
23.10.1957, „Sechs Zentner schwerer Richtkranz"
9.12.1958, „Möbelwagen vor 1232-Fenster-Haus"
18.7.1960, „Hunderttausend Mark als ‚Morgengabe'"

**Ruhrnachrichten**
4.10.1957, „Phoenix-Rheinrohr-Hochhaus wird in zwei Jahren bezogen"

**Der Spiegel**
18/1958, „Der Dolch im Gewande", S. 30f
40/1964, „Phoenix in der Tasche", S. 56f
17/1973, „Der Chef sitzt im Kral", S. 43–49
10/1975, „Pro Sitzung 8000", S. 34.
39/1975, „Architekten: Kistenmacher im Büßerhemd", S. 206–223
18/1980, „Etwas luftiger", S. 98–100
49/1980, „De Luxe", S. 251–256
38/1997, „Wildwest am Main", S. 226–230

**Stuttgarter Zeitung**
29.12.1972, „Das geflügelte ‚C' weicht einem neuen Emblem"

**SZ – Süddeutsche Zeitung**
24.3.1973, „Runde Räume und hängende Etagen"
24.11.1981, „Kathedrale des Kapitalismus" (Leserbrief Kurt Bechtold)
4.1.1992, „Ex-Kommunisten machen in Frankfurt Kasse"

**Time Magazine**
31.8.1953, „Something to See", S. 78

**Thyssen aktuell**
6/1994, „‚Denkmal' erneuert"

**W&V – werben & verkaufen**
7/1973, „Abschied vom Marmor-Image"

**WAZ – Westdeutsche Allgemeine Zeitung**
4.10.1957, „Grundstein zum ‚3-Scheiben-Haus' gelegt"
19.7.1960, „Hoch hinaus für 34 Millionen DM"

## Die Welt
11.2.1989, „Kathedralen für den Geldverkehr. Anmerkungen zu einer neuen architektonischen Selbstdarstellung der Großbanken" (Charles Jencks)

27.2.1989, „Hoch, höher, am höchsten – ein Turm allein ist keine sichere Bank"

31.5.1997, „Hochhaus als monumentale Mattscheibe"

## Die Welt am Sonntag
20.4.1997, „Erstes deutsches Öko-Hochhaus"

24.8.1997, „Gläserne Wände und offene Fenster – Arbeiten im höchsten Haus Europas"

## Wettbewerbe Aktuell
9/1991, „Realisierungswettbewerb mit städtebaulichem Aufgabenteil Dienstleistungszentrum in Essen"

## WIR. Zeitung für die Dresdner Bank und Ihre Tochterbanken
Ausgabe 26, 1971, „Gewandeltes Erscheinungsbild"

Ausgabe 59, 1977, Beilage für junge Mitarbeiter, „Wandel im Bankenimage?"

Ausgabe 62, 1977, „Höher als der Kölner Dom"

Ausgabe 77, 1979, Sonderdruck, „Arbeitsplatz in der Landschaft"

## Die Zeit
16.3.1973, „Vierzylinder-Büro" (Manfred Sack)

22.8.1997, „Nur Haut und Knochen"

## Zeitmagazin
1.11.1996, „Das Allerhöchste"

## Zentralblatt der Bauverwaltung
66/1908, „Das neue Geschäftsgebäude der Diskonto-Gesellschaft in Frankfurt a. M.", S. 445–448

## Zentralblatt für Industriebau
2/1956, „Der Hochhaus-Wettbewerb der Phoenix-Rheinrohr AG", S. 35–59

## ZfK – Zeitschrift für das gesamte Kreditwesen
Nr. 20, 15.10.1977, Beilagenheft, „Das neue Haus der Dresdner Bank", S. 6–12

## Literaturverzeichnis

**Adams 2019** – Adams, Nicholas: Gordon Bunshaft und SOM. Building Corporate Modernism, New Haven/New York 2019.

**Adlbert 1989** – Adlbert, Georg (Hg.): Das kultivierte Unternehmen. Funktion und Bedeutung der Architektur im System der ‚Corporate Identity', München 1989. (Bayerische Architektenkammer. Akademie für Fort- und Weiterbildung: Schriftenreihe, 4)

**Ahrens/Bähr 2013** – Ahrens, Ralf/Bähr, Johannes: Jürgen Ponto. Bankier und Bürger. Eine Biografie, München 2013.

**Andreas 2015** – Andreas, Paul: Das Mannesmann. Ikone des Wirtschaftswunders, in: Paul Schneider von Esleben. Das Erbe der Nachkriegsmoderne, hg. v. Museum für Architektur und Ingenieurkunst NRW, Bottrop 2015, S. 25–29.

**Antonoff 1975** – Antonoff, Roman: Methoden der Image-Gestaltung für Unternehmen und Organisationen. Eine Einführung, Essen 1975. (Girardet Taschenbücher, 25)

**Antonoff 1982** – Antonoff, Roman: Corporate Identity, Frankfurt am Main 1982.

**Antonoff 1989** – Antonoff, Roman: ‚Corporate Identity'. Bedingungen und Perspektiven einer neuen Einheit von Leistung, Verhalten und Präsentation aus Sicht eines Designers, in: Adlbert 1989, S. 27–32.

**Arch+ 2014** – Die Klotz-Tapes. Das Making-of der Postmoderne, Kat. Ausst. Deutsches Architekturmuseum Frankfurt am Main 2014, in: Arch+ 216, 2014.

**Asendorf 1994** – Asendorf, Christoph: Der Tresor. Inszenierung der Unantastbarkeit, in: Daidalos 53, 1994, S. 46–55.

**Assmann 2017** – Assmann, Aleida: Einführung in die Kulturwissenschaft. Grundbegriffe, Themen, Fragestellungen, 4. Aufl. Berlin 2017.

**Bachmann-Medick 2006** – Bachmann-Medick, Doris: Cultural Turns. Neuorientierungen in den Kulturwissenschaften, Reinbek bei Hamburg 2006. (rowohlts enzyklopädie)

**Bähr 2015** – Bähr, Johannes: Thyssen in der Adenauerzeit. Konzernbildung und Familienkapitalismus, Paderborn 2015. (Familie – Unternehmen – Öffentlichkeit: Thyssen im 20. Jahrhundert, 5)

**Bähr 2006** – Bähr, Johannes (Hg.): Die Dresdner Bank in der Wirtschaft des Dritten Reichs, München 2006. (Die Dresdner Bank im Dritten Reich, 1)

**Bandmann 1951a** – Bandmann, Günter: Mittelalterliche Architektur als Bedeutungsträger, Berlin 1951.

**Bandmann 1951b** – Bandmann, Günter: Ikonologie der Architektur, in: Jahrbuch für Aesthetik und allgemeine Kunstwissenschaft 1, 1951, S. 67–109.

**BASF 1958** – Das Hochhaus der BASF. Planung, Ausführung, Erfahrungen, hg. v. d. Badischen Anilin- & Soda-Fabrik AG, Stuttgart 1958.

**Becker 1984** – Becker, Gilbert: Taunusanlage 12, in: Taunusanlage 12, hg. von der Deutschen Bank AG, Dortmund 1984, S. 133–138.

**Behr/Gartner/Heussler 2000** – Behr, Ulrich/Gartner, Fritz/Heussler, Winfried: Fassaden, in: Briegleb 2000, S. 62–73.

**Berghoff 2007** – Berghoff, Hartmut: Marketing im 20. Jahrhundert. Absatzinstrument – Managementphilosophie – universelle Sozialtechnik, in: Ders. (Hg.): Marketinggeschichte. Die Genese einer modernen Sozialtechnik, Frankfurt am Main 2007, S. 11–60.

**Bergmann 2008** – Bergmann, Nicole: Die Entscheidung zur Form, 1968–1973, in: Zohlen 2008, S. 157–165.

**von Beyme 1996** – Beyme, Klaus von: Politische Ikonologie der Architektur, in: Hipp 1996, S. 19–34.

**Beyrow/Kiedaisch/Daldrop 2007** – Beyrow, Matthias/Kiedaisch, Petra/Daldrop, Norbert (Hg.): Corporate Identity und Corporate Design. Neues Kompendium, Ludwigsburg 2007.

**Birkigt/Stadler 1980** – Birkigt, Klaus/Stadler, Marinus (Hg.): Corporate Identity. Grundlagen, Funktionen, Fallbeispiele, München 1980.

**Birkigt/Stadler/Funck 2002** – Birkigt, Klaus/Stadler, Marinus/Funck, Hans-Joachim (Hg.): Corporate Identity. Grundlagen, Funktionen, Fallbeispiele, 11. überarb. u. aktual. Aufl., München 2002.

**Blake 1971** – Blake, John (Hg.): A Management Guide To Corporate Identity, London 1971.

**BMW Welt 2008** – BMW Welt. Von der Vision zur Realität, hg. v. der BMW AG, Kempen 2008.

**Böhm 1994** – Böhm, Gottfried: Die Wiederkehr der Bilder, in: Ders. (Hg.): Was ist ein Bild? München 1994, S. 11–38.

**Bomhard 1973** – Bomhard, Helmut: Das BMW-Hochhaus in München, in: Vorträge auf dem Betontag 1973, hg. v. Deutschen Beton-Verein, Lauterbach [1973], S. 171–201.

**Böninger 2007** – Böninger, Christoph: Das Produkt – die DNA von CI und CD, in: Beyrow/Kiedaisch/Daldrop, S. 144–151.

**Booker 1990** – Booker, John: Temples of Mammon. The Architecture of Banking, Edinburgh 1990.

**Bopp-Schumacher 2002** – Bopp-Schumacher, Ute: Die Architektur der Großbanken. Zum architektonischen Erscheinungsbild der Commerzbank, Deutsche Bank und Dresdner Bank seit Gründung, Diss. Halle 2002.

**Bothe 1997** – Bothe, Eva: Architektur für Olivetti, Münster 1997.

**Brauer 2002** – Brauer, Gernot (Hg.): Architektur als Markenkommunikation. Dynaform + Cube, Basel 2002.

**Braun 2005** – Braun, Andreas: Architektur, Philosophie und Zeitgeist des BMW Museums, in: Mobile Tradition live 3.2005, S. 46–49.

**Bracklow 2004** – Bracklow, Anne: Markenarchitektur in der Konsumwelt. Branding zur Distinktion, Wiesbaden 2004.

**Briegleb 2000** – Briegleb, Till (Hg.): Hochhaus RWE AG Essen. Ingenhoven Overdiek und Partner, Basel 2000.

**Briegleb/Ingenhoven/Frankenheim 2000** – Briegleb, Till/Ingenhoven, Christoph/Frankenheim, Klaus: Modelle, in: Briegleb, Till (Hg.): Hochhaus RWE AG Essen. Ingenhoven Overdiek und Partner, Basel 2000, S. 88–95.

**Bruhn 2001a** – Bruhn, Manfred (Hg.): Die Marke. Symbolkraft eines Zeichensystems, Bern 2001, S. 13–54. (Facetten der Medienkultur, 1)

**Bruhn 2001b** – Bruhn, Manfred: Begriffsabgrenzungen und Erscheinungsformen von Marken, in: Bruhn 2001a, S. 13–54. (Facetten der Medienkultur, 1)

**Bucci 1993** – Bucci, Federico: Albert Kahn. Architect of Ford, New York, 1993.

**Buddensieg 1979** – Buddensieg, Tilmann (Hg.): Industriekultur. Peter Behrens und die AEG 1907–1914, Berlin 1979.

**Buderath 1990** – Buderath, Bernhard (Hg.): Peter Behrens – Umbautes Licht. Das Verwaltungsgebäude der Hoechst Aktiengesellschaft, München 1990.

**Burggraf 2008** – Burggraf, Hansjörg: Das Tragwerk, in: Zohlen 2008, S. 128–131.

**Büttner/Gottdang 2006** – Büttner, Frank/Gottdang, Andrea: Einführung in die Ikonographie. Wege zur Deutung von Bildinhalten, München 2006.

**Bürklin/Reichardt 2019** – Bürklin, Thorsten/Reichardt, Jürgen (Hg.): Albert Kahns Industriearchitektur. Form Follows Performance, Basel 2019.

**Carlini/Schneider 1971** – Carlini, Alessandro/Schneider, Bernhard (Hg.): Architektur als Zeichensystem, Tübingen 1971. (Konzept; 1)

**Chermayeff/Geismar/Geissbuhler 2000** – Chermayeff, Ivan/Geismar, Tom/Geissbuhler, Steff: Trademarks designed by Chermayeff & Geismar, Baden 2000.

**Cochran 1918** – Cochran, Edwin: Cathedral of Commerce, Baltimore/New York 1918.

**Colomina 1994** – Colomina, Beatriz: Privacy and Publicity. Modern Architecture as Mass

Media, Cambridge (Massachusetts) 1994.

**Colomina 2001** – Colomina, Beatriz: Enclosed by Images. The Eameses' Multimedia Architecture, in: Grey Room 2, Winter 2001, S. 6–29.

**Commerzbank Tower 1996** – Commerzbank Tower Frankfurt/Main. Technische Erläuterungen zur Planung, Fertigung, Lieferung und Montage der Stahlkonstruktion, hg. von der DSD Dillinger Stahlbau GmbH, o. O. 1996.

**Daldrop 1997a** – Daldrop, Norbert (Hg.): Kompendium Corporate Identity und Corporate Design, Stuttgart 1997.

**Daldrop 1997b** – Daldrop, Norbert: Corporate Identity und Architektur. Mehr als nur Fassade, in: Daldrop 1997a, Stuttgart 1997, S. 58–65.

**Damler 2016** – Damler, Daniel: Konzern und Moderne. Die verbundene juristische Person in der visuellen Kultur 1880–1980, Frankfurt am Main 2016. (Studien zur europäischen Rechtsgeschichte, 300)

**Das Hypohaus [1981]** – Das Hypohaus. Akzent in Münchens Silhouette, hg. v. der Bayerischen Hypotheken- und Wechsel-Bank AG, München [vermutlich 1981].

**Das neue BMW Haus [1973]** – Das neue BMW Haus. Hg. v. der BMW AG, [München] [1973].

**Deutsche Bank 2011** – Deutsche Bank. Die neuen Türme. Passion to Perform, hg. v. der Deutschen Bank AG, Hamburg 2011.

**Daniels/Henze 2000** – Daniels, Klaus/Henze, Dieter: Haustechnik, in: Briegleb 2000, S. 80–85.

**Domizlaff 1927** – Domizlaff, Hans: Typische Denkfehler der Reklamekritik, Leipzig 1929.

**Domizlaff 1939** – Domizlaff, Hans: Die Gewinnung des öffentlichen Vertrauens. Ein Lehrbuch der Markentechnik, Hamburg 1939.

**Donges 2014** – Donges, Alexander: Die Vereinigte Stahlwerke AG im Nationalsozialismus. Konzernpolitik zwischen Marktwirtschaft und Staatswirtschaft, Paderborn 2014. (Familie – Unternehmen – Öffentlichkeit: Thyssen im 20. Jahrhundert, 1)

**Dorfles 1971** – Dorfles, Gillo: Ikonologie und Semiotik der Architektur, in: Carlini/Schneider 1971, S. 91–98. (Konzept; 1)

**Dörnemann 2000** – Dörnemann, Astrid: Mies van der Rohes Verwaltungsgebäude für das Unternehmen Fried. Krupp, in: Essener Beiträge 112, 2000, S. 233–291.

**Durth 1986** – Durth, Werner: Deutsche Architekten. Biographische Verflechtungen 1900–1970, Braunschweig 1986. (Schriften des Deutschen Architekturmuseums zur Architekturgeschichte und Architekturtheorie)

**Durth/Gutschow 1987** – Durth, Werner/Gutschow, Niels: Architektur und Städtebau der Fünfziger Jahre, Bonn 1987. (Schriftenreihe des Deutschen Nationalkomitees für Denkmalschutz, 33)

**Dyson/Rubano 2000** – Dyson, Carol/ Rubano, Anthony: Banking of the Future. Modernism and the Local Bank, in: Slaton, Deborah/Foulks, William (Hg.), Preserving the Recent Past 2, Washington D.C. 2000, S. 43–56.

**Ebert 1983** – Ebert, Wolfgang: Pop-Paläste. Werbearchitektur und gebaute Träume, Frankfurt am Main 1983.

**Eco 1971** – Eco, Umberto: Funktion und Zeichen (Semiologie der Architektur), in: Carlini/Schneider 1971, S. 19–68. (Konzept; 1)

**Eco 1972** – Eco, Umberto: Einführung in die Semiotik, München 1972. (Uni-Taschenbücher, 105) [ital. Original Mailand 1968]

**Entscheidung zur Form 1973** – Entscheidung zur Form. Monographie eines Baues, Wien/München 1973.

**Esch 2005** – Esch, Franz-Rudolf (Hg.): Moderne Markenführung. Grundlagen – Innovative Ansätze – Praktische Umsetzungen, 4. erw. Aufl., Wiesbaden 2005 [1. Aufl. 1999].

**Esch/Wicke/Rempel 2005** – Esch, Franz-Rudolf/ Wicke, Andreas/Rempel, Jan Eric: Herausforderungen und Aufgaben des Markenmanagements, in: Esch 2005, S. 3–60.

**Fauser 2011** – Fauser, Markus: Einführung in die Kulturwissenschaft, 5. Aufl., Darmstadt 2011.

**Fehlbaum 1997** – Fehlbaum, Rolf: Vitra. Eine pluralistische Identität, in: Daldrop 1997a, S. 130–143.

**Feil 2012** – Feil, Tanja: Altes Blech für neue Haut. Silberturm, Frankfurt, in: Metamorphose 2.2012, S. 36–41.

**Feireiss 2007** – Feireiss, Kristin (Hg.): Dynamic Forces. Coop Himmelb(l)au BMW Welt München, München 2007.

**Fenske 2008** – Fenske, Gail: The skyscraper and the city. The Woolworth Building and the Making of Modern New York, Chicago 2008.

**Fischer 1995** – Fischer, Volker: Bankarchitektur als Ausdruck der Unternehmenskultur. Die Baugeschichte(n) der Commerzbank von ihren Anfängen bis zur Gegenwart, in: Die Bank – Dienstleister im Wandel. 125 Jahre Commerzbank, hg. v. der Commerzbank AG, Frankfurt am Main 1995, S. 240–265.

**Fischer 1997** – Fischer, Volker: High Tech, Sky Tech, Green Tech. Der Neubau der Commerzbank-Zentrale in Frankfurt am Main, in: Opus 1997, S. 6–15.

**Frietsch/Rogge 2013** – Frietsch, Ute/Rogge, Jörg (Hg.): Über die Praxis kulturwissenschaftlichen Arbeitens. Ein Handwörterbuch, Bielefeld 2013.

**Fröhlich 2014** – Fröhlich, Nadja: Das Rheinstahl-Hochhaus in Essen. International Style und Unternehmensrepräsentation, in: Denkmalpflege im Rheinland 31, 4.2014, S. 161–171.

**Fuhrmeister 2001** – Fuhrmeister, Christian. Beton, Klinker, Granit – Material, Macht, Politik. Eine Materialikonographie, Berlin 2001.

**Funck 1980** – Funck, Hans-Joachim: Deutsche Bank AG. Signale an die Zukunft, in: Birkigt/Stadler 1980, S. 395–406.

**de Fusco 1972** – de Fusco, Renato: Architektur als Massenmedium. Anmerkungen zu einer Semiotik der gebauten Formen, Gütersloh 1972 [ital. Original Bari 1967]. (Bauwelt Fundamente; 33)

**Gabler Lexikon Werbung 2001** – Gabler Lexikon Werbung, hg. von Gerold Behrens, Franz-Rudolf Esch, Erika Leischner, Maria Neumaier, Wiesbaden 2001.

**Gilcher-Holtey 2001** – Gilcher-Holtey, Ingrid: Die 68er Bewegung. Deutschland – Westeuropa – USA, München 2001. (Beck'sche Reihe; 2183)

**Gilcher-Holtey 2008** – Gilcher-Holtey, Ingrid: 1968. Eine Zeitreise, Frankfurt am Main 2008. (Edition Suhrkamp, 2535)

**Gragert/Venhofen 2008** – Gragert, Gabriele/Venhofen, Angela: Die neuen Möbel, in: Zohlen 2008, S. 145–147.

**Gretes 1988** – Gretes, Frances: Lever House, an Architectural Landmark. Bibliography of Sources 1950–1983, Monticello 1988.

**Grüneis 1997** – Grüneis, Horst: Das Hochhaus aus technischer Sicht, in: Sir Norman Foster and Partners. Commerzbank, Frankfurt am Main, Stuttgart/London 1997, S. 16–19. (Opus, 21)

**Gutjahr 2002** – Gutjahr, Gert: Corporate Identity – psychologisch betrachtet, in: Birkigt/Stadler/Funck 2002, S. 75–93.

**Gutzmer 2015** – Gutzmer, Alexander: Architektur und Kommunikation. Zur Medialität gebauter Wirklichkeit, Bielefeld 2015. (Architekturen, 32)

**Hackelsberger 1989** – Hackelsberger, Christoph: Wirtschaftsunternehmen und Baukultur. Chancen für eine Neubewertung von Gestaltqualität im öffentlichen Raum, in: Adlbert 1989, S. 41–53.

**Hagedorn 1990** – Hagedorn, Waltraud: Bankgebäude in Frankfurt am Main von 1874 – 1914, Diss. Frankfurt am Main 1990.

**Haus am Jürgen-Ponto-Platz 1980** – Das Haus am Jürgen-Ponto-Platz, hg. v. der Dresdner Bank AG, o. O. 1980.

**Hauser 1982** – Hauser, Andreas: ‚Architecture parlante' – Stumme Baukunst?, in: Braegger, Carlpeter (Hg.): Architektur und Sprache, München 1982, S. 127–161.

**Heck 1998** – Heck, Heinz: Das RWE vom Stromkonzern zur Zukunftsgruppe 1988–1998, in: Schweer/Thieme 1998, S. 261–284.

**Heller 1999** – Heller, Steven: Paul Rand, Mainz 1999.

**Henke 2006** – Henke, Klaus-Dietmar: Die Dresdner Bank 1933–1945. Ökonomische Rationalität, Regimenähe, Mittäterschaft, München 2006. (Die Dresdner Bank im Dritten Reich, 4)

**Herrmann/Moeller 2006** – Herrmann, Christoph/Moeller, Günter: Innovation – Marke – Design. Grundlagen einer neuen Corporate Governance, Düsseldorf 2006.

**Heymann-Berg/Netter/Netter 1973** – Heymann-Berg, Joachim/Netter, Renate/Netter, Helmut (Hg.): Ernst Neufert. Industriebauten, Wiesbaden 1973.

**Hildebrand 1974** – Hildebrand, Grant: Designing for Industry. The Architecture of Albert Kahn, Cambridge (Massachusetts) 1974.

**Hipp/Seidl 1996** – Hipp, Hermann/Seidl, Ernst (Hg.): Architektur als politische Kultur. Philosophica Practica, Berlin 1996.

**Hofmann von Kap-herr 2011** – Hofmann von Kap-herr, Ulrich: Strategische Corporate Architecture im Automobilvertrieb, Diss. Hannover 2011.

**Horn 2014** – Horn, Hauke: „Höher als der Kölner Dom". Der Silberturm in Frankfurt am Main, in: INSITU 6, 2.2014, S. 269–284.

**Horn 2015** – Horn, Hauke: Die Tradition des Ortes. Ein formbestimmendes Moment in der deutschen Sakralarchitektur des Mittelalters, Berlin 2015. (Kunstwissenschaftliche Studien, 171)

**Horn 2016** – Horn, Hauke: Der Jürgen-Ponto-Platz in Frankfurt am Main von Heinz Mack. Kunst trifft Kapital im kommunalen Raum, in: Marburger Jahrbuch 2016, S. 227–247.

**Horn 2022** – Horn, Hauke: Ikonologie, Architektur und das Politische. Begriffliche, inhaltliche und methodische Bestimmungen der Architekturikonologie von Bandmann über Warnke bis heute, in: Probst, Jörg (Hg.): Politische Ikonologie. Bildkritik nach Martin Warnke, Berlin 2022, S 51–66.

**Jacobs 2007** – Jacobs, Tino: Zwischen Intuition und Experiment. Hans Domizlaff und der Aufstieg Reemtsmas, 1921 bis 1932, in: Berghoff, Hartmut (Hg.): Marketinggeschichte. Die Genese einer modernen Sozialtechnik, Frankfurt am Main 2007, S. 148–178.

**Jaeger 2010** – Jaeger, Falk: Groteskes Potenzgehabe, in: Kunstzeitung, 2.2010.

**Jencks 1988** – Jencks, Charles: Die Sprache der postmodernen Architektur. Entstehung und Entwicklung einer alternativen Tradition, 3. Aufl., Stuttgart 1988. [Engl. Erstausg. 1978]

**Johannsen 1971** – Johannsen, Uwe: Das Marken- und Firmenimage. Theorie, Methodik, Praxis, Berlin 1971. (Betriebswirtschaftliche Schriften, 46)

**Jungnickel 1966** – Jungnickel, Otto: Unilever-Haus Hamburg, München 1966.

**Jurk/Lege 2011** – Jurk, Michael/Lege, Katrin (Hg.): In bester Lage. Geschichte eines Quartiers an der Berliner Behrenstraße, Frankfurt am Main 2011. (Publikationen der Eugen-Gutmann-Gesellschaft, 6)

**Kaemmerling 1979** – Kaemmerling, Ekkehard (Hg.): Bildende Kunst als Zeichensystem. Bd. 1: Ikonographie und Ikonologie. Theorien, Entwicklung, Probleme, Köln 1979. (DuMont-Taschenbücher, 83)

**Kat. Aedes 2000** – Corporate Architecture. Autostadt Wolfsburg, Gläserne Manufaktur Dresden, Kat. Ausst. Aedes East Berlin 2000, hg. v. Henn Architekten Ingenieure und Aedes East, Berlin 2000.

**Kat. Architekturmuseum TUM 2008** – Sep Ruf, Kat. Ausst. Architekturmuseum der TU München in der Pinakothek der Moderne München 2008, hg. v. Winfried Nerdinger, München 2008.

**Kat. DAM Frankfurt 2000** – Architektur im 20. Jahrhundert. Deutschland, Kat. Ausst. Deutsches Architekturmuseum Frankfurt am Main 2000, hg. v. Romana Schneider, Winfried Nerdinger u. Wilfried Wang, München 2000.

**Kat. DAM Frankfurt 2014** – Hochhausstadt Frankfurt. Bauten und Visionen seit 1945, Kat. Ausst. Deutsches Architekturmuseum Frankfurt am Main 2014–2015, hg. v. Philipp Sturm u. Peter Cachola Schmal, München 2014.

**Kat. Neue Sammlung München 1962** – Stile Olivetti. Geschichte und Formen einer italienischen Industrie, Kat. Ausst. Neue Sammlung München 1962, München 1962.

**Kat. Neue Sammlung München 1986** – Olivetti Corporate Identity Design, Kat. Ausst. Neue Sammlung München 1986, München 1986.

**Kat. Städtische Galerie Karlsruhe 2004** – Egon Eiermann (1904–1970). Die Kontinuität der Moderne, Kat. Ausst. Städtische Galerie Karlsruhe 2004 und Bauhaus-Archiv Berlin, 2005, hg. v. Annemarie Jaeggi, Ostfildern-Ruit 2004.

**Kat. Städtisches Museum Gelsenkirchen 1991** – Gelsenkirchener Barock. Kat. Ausst. Städtisches Museum Gelsenkirchen 1991–1992, hg. v. der Stadt Gelsenkirchen, Städtisches Museum, Heidelberg 1991.

**Kaufmann 1952** – Kaufmann, Emil: Three Revolutionary Architects. Boulleé, Ledoux, and Lequeu, in: Transactions of the American Philosophical Society 42, 3.1952, S. 431–564.

**Kern 2000** – Kern, Ulrich: Design als integrierender Faktor der Unternehmensentwicklung, Wiesbaden 2000.

**Kick 1902** – Kick, Paul: Gebäude für Banken und andere Geldinstitute, in: Handbuch der Architektur, IV. Teil, 2. Halbbd., 2. Heft, hg. v. Eduard Schmitt, Stuttgart 1902, S. 139–246.

**Klage 1991** – Klage, Jan: Corporate Identity im Kreditwesen, Wiesbaden 1991.

**Klingmann 2007** – Klingmann, Anna: Brandscapes. Architecture in the Experience Economy, Cambridge (Massachusetts) 2007.

**Klotz 1986** – Klotz, Heinrich (Hg.): Vision der Moderne. Das Prinzip Konstruktion, München 1986.

**Korten 2012** – Korten, Britta: Von A wie Architektur bis Z wie Zahnersatz. Eine Reise durch die Werbung für nichtrostenden Stahl, in: Rasch, Manfred (Hg.): 100 Jahre nichtrostender Stahl. Historisches und Aktuelles, Essen 2012.

**Krause/Lege/Zimmer 2016** – Krause, Detlef/Lege, Katrin/Zimmer, Ulrike: Die Commerzbank am Neß in Hamburg. 140 Jahre Baugeschichte in Bildern, Frankfurt am Main 2016. (Publikationen der Eugen-Gutmann-Gesellschaft, 10)

**Kraushaar 2008** – Kraushaar, Wolfgang: Achtundsechzig. Eine Bilanz, Berlin 2008.

**Kraushaar 2018** – Kraushaar, Wolfgang: 1968. 100 Seiten, Hamburg 2018.

**Kopp-Schmidt 2004** – Kopp-Schmidt, Gabriele: Ikonographie und Ikonologie. Eine Einführung, Köln 2004.

**Krautheimer 1942** – Krautheimer, Richard: Introduction to an „Iconography of Medieval Architecture", in: Journal of the Warburg and Courtauld Institutes 5.1942, S. 1–33.

**Krautheimer 1988** – Krautheimer, Richard: Einführung zu einer Ikonographie der mittelalterlichen Architektur, in: Ders. (Hg.): Ausgewählte Aufsätze zur Europäischen Kunstgeschichte, Köln 1988, S. 142–197.

**Kretschmer 2009** – Kretschmer, Matthias: Vom Merkurstab zum „Ponto-Auge". Die Geschichte des Logos der Dresdner Bank, in: Wedell, Michael (Hg.): Die Bank in der Gesellschaft. Das Engagement der Dresdner Bank, Wiesbaden 2009, S. 167–181.

**Krinsky 1988** – Krinsky, Carol: Gordon Bunshaft of Skidmore, Owings & Merril, Cambridge (Massachusetts) 1988.

**Kroehl 2000** – Kroehl, Heinz: Corporate Identity als Erfolgskonzept im 21. Jahrhundert, München 2000.

**Kusber/Dreyer/Rogge/Hütig 2010** – Kusber, Jan/Dreyer, Mechthild/Rogge, Jörg/Hütig, Andreas (Hg.): Historische Kulturwissenschaften. Positionen, Praktiken und Perspektiven, Bielefeld 2010. (Mainzer Historische Kulturwissenschaften, 1)

**Lambert 2013** – Lambert, Phyllis: Building Seagram, New Haven 2013.

**La Bonté/Braun 2003** – La Bonté, Oliver/Braun, Andreas: Vergangenheit und Zukunft. 30 Jahre BMW Museum, in: Mobile Tradition live 3.2003, S. 16–19.

**Lange 1999** – Lange, Karlheinz: BMW Dimensionen. Geschichte des Motors – Motor der Geschichte 1945–2000, München 1999.

**LeBlanc 1998** – LeBlanc, Sydney: Moderne Architektur in Amerika. Ein Führer zu den Bauten des 20. Jahrhunderts, Stuttgart 1998.

**Leonhardt 1962** – Leonhardt, Fritz: Entwurf und Entwicklung des Traggerippes bis zur Vergabe, in: Mittag 1962, S. 23–28.

**van der Ley 2009** – van der Ley, Sabrina: Die Kunstsammlung der Dresdner Bank, in: Wedell, Michael (Hg.): Die Bank in der Gesellschaft. Das Engagement der Dresdner Bank, Wiesbaden 2009, S. 120–123.

**Liebenau 1967** – Liebenau, Herbert: Hans Domizlaff und das Haus Siemens, in: Begegnungen mit Hans Domizlaff. Festschrift zu seinem 75. Geburtstag, Essen 1967, S. 47– 62.

**LPC 1982** – Landmarks Preservation Commission: Lever House. Designation Report (LP-1277), reported by Alex Herrera and Majorie Pearson, New York 1982.

**LPC 1989** – Landmarks Preservation Commission: Seagram Building, Including The Plaza. Designation Report (LP-1664), reported by David Breiner, New York 1989.

**LPC 1997** – Landmarks Preservation Comission: (Former) Manufacturers Trust Company Building. Designation Report (LP-1968), reported by Gale Harris, New York 1997.

**LPC 2009** – Landmarks Preservation Commission: One Chase Manhattan Plaza. Designation Report (LP-2294), reported by Matthew Postal, New York 2009.

**LPC 2011** – Landmarks Preservation Comission: Manufacturers Trust Company Building Interior. Designation Report (LP-2467), reported by Matthew Postal, New York 2011.

**Luedecke 1991a** – Luedecke, Gunther (Hg.): Mehr Produktivität durch gute Räume. Manager entdecken die Wirkung der Architektur, Düsseldorf 1991.

**Luedecke 1991b** – Luedecke, Gunther: Das Haus für den Geist – der Geist des Hauses, in: Luedecke 1991a, S. 9–22.

**Luedecke 1991c** – Luedecke, Gunther: Von Apetitio bis Wilkhahn. Ein Streifzug durch Vorbilder, in: Luedecke 1991a 1991, S. 99–113.

**Maack 1989** – Maack, Klaus: Das Notwendige und das Angemessene. Architektur und Selbstverständnis: Ein Projektbericht, in: Adlbert 1989, S. 33–40.

**Mack 2008** – Mack, Heinz: Ars Urbana. Kunst für die Stadt 1952–2008, München 2008.

**Marrenbach 2006** – Marrenbach, Nicole: Bau des BMW Hochhauses. Ein Vierzylinder für BMW und München, in: Mobile Tradition live, 1.2016, S. 22–31.

**Martin 2003** – Martin, Reinhold: The Organizational Complex. Architecture, Media and Corporate Space, Cambridge (Massachusetts) 2003.

**Martin 2009** – Martin, Reinhold: Spiegelglas. Widerspiegelungen, in: Arch+ 191/192, 2009, S. 103–109.

**Mayer 1962** – Mayer, Otto: Die Cafeteria des Hochhauses, in: Mittag 1962, S. 101f.

**Mayr-Keber 1980** – Mayr-Keber, Gert: Strukturelemente der visuellen Erscheinung von Corporate Identity, in: Birkigt/Stadler 1980, S. 259–296.

**Meissner 2013** – Meissner, Irene: Sep Ruf 1908–1982, Berlin 2013 (Kunstwissenschaftliche Studien, 173)

**Menges 1997** – Menges, Axel (Hrsg): Sir Norman Foster and Partners: Commerzbank, Frankfurt am Main 1997.

**Mellerowicz 1955** – Mellerowicz, Konrad: Markenartikel. Die ökonomischen Gesetze ihrer Preisbildung und Preisbindung, München 1955.

**Messedat 2005** – Messedat, Jons: Corporate Architecture. Entwicklung, Konzepte, Strategien, Ludwigsburg 2005.

**Messedat 2007** – Messedat, Jons: Corporate Architecture. Unverwechselbare Orte, in: Beyrow/Kiedaisch/Daldrop 2007, S. 120–125.

**Mitchell 2009** – Mitchell, W. J. T.: Vier Grundbegriffe der Bildwissenschaft, in: Sachs-Hombach, Klaus (Hg.): Bildtheorien. Anthropologische und kulturelle Grundlagen des Visualistic Turn, Frankfurt am Main 2009, S. 319–327. (suhrkamp taschenbuch wissenschaft, 1888)

**Mittag 1962** – Mittag, Martin (Hg.): Thyssenhaus. Phoenix-Rheinrohr AG Düsseldorf, Essen 1962. (Monographien und Werkberichte über Europäische Großbauten, 1)

**Mittag/Böker 1963** – Mittag, Martin/Böker, Hermann (Hg.): Bayer-Hochhaus. Farbenfabriken Bayer AG Leverkusen, Essen 1963. (Monographien und Werkberichte über Europäische Großbauten, 2)

**Moser 1962** – Moser, Erich: Innenausbau und Einrichtung, in: Mittag 1962, S. 103–128.

**Moser 2012** – Moser, Eva: Otl Aicher, Gestalter, Ostfildern 2012.

**Müller 2014** – Müller, Matthias: Die Rückkehr der monumentalen Achsen. Das neue ThyssenKrupp Quartier in Essen und die Reflexion von Geschichte in der zeitgenössische Architektur, in: Kappel, Kai/Müller, Matthias (Hg.): Geschichtsbilder und Erinnerungskultur in der Architektur des 20. und 21. Jahrhunderts, Regensburg 2014, S. 219–240.

**Müller-Beyeler/Butz 2016** – Müller-Beyeler, Ruedi/Butz, Heiner: Das Unternehmen, die Marke und ich. Unternehmen durch Marken führen, Bern 2016.

**Müller-Rees 2008** – Müller-Rees, Vanessa: Haute Architecture. Eine Untersuchung der Baustrategie der Marke Cartier und der Corporate Architecture von Luxusmodemarken seit 1990, München 2008. (Kunstwissenschaftliche Studien, 152)

**Nagel/Leitner 2000** – Nagel, Achim/Leitner, Lars: Chronik, in: Briegleb 2000, S. 102–109.

**Neumann 2002** – Neumann, Dietrich (Hg.): Architektur der Nacht, München 2002.

**Olins 1978** – The Corporate Personality. An Inquiry Into the Nature of Corporate Identity, London 1978.

**Olins 1990** – Olins, Wally: Corporate Identity. Strategie und Gestaltung, Frankfurt 1990. [Engl. Originalausg. London 1989]

**Olivetti 1983** – Design Process Olivetti 1908–1983, hg. v. Olivetti, Mailand 1983.

**Ong Yan 2017** – Ong Yan, Grace: Soft-selling Aluminum: Minoru Yamasaki's Reynolds Metals Sales Headquarters, auf: www.docomomo-us.org, publ. 2017
[www.docomomo-us.org/news/soft-selling-aluminum-minoru-yamasaki-s-reynolds-metals-sales-headquarters]

**Opus 1997** – Sir Norman Foster and Partners. Commerzbank, Frankfurt am Main, Stuttgart/London 1997 (Opus, 21)

**Oxford Companion to Architecture 2009** – (Hg.): The Oxford Companion to Architecture, hg. v. Patrick Goode, 2 Bde., Oxford 2009.

**Panofsky 1939** – Panofsky, Erwin: Studies in Iconology. Humanistic Themes in the Art of the Renaissance, Oxford 1939, 3. Aufl. New York 1967.

**Panofsky 1951** – Panofsky, Erwin: Gothic architecture and scholasticism, Latrobe 1951. (Wimmer lecture, 2)

**Panofsky 1955** – Panofsky, Erwin: Meaning in the Visual Arts, New York 1955.

**Panofsky 1975** – Panofsky, Erwin: Sinn und Deutung in der bildenden Kunst, Köln 1975.

**Panofsky 1980** – Panofsky, Erwin: Studien zur Ikonologie. Humanistische Themen in der Kunst der Renaissance, Köln 1980. (DuMont-Dokumente)

**Panofsky 1989** – Panofsky, Erwin: Gotische Architektur und Scholastik. Zur Analogie von Kunst, Philosophie und Theologie im Mittelalter, hg. von Thomas Frangenberg, Köln 1989. (DuMont-Taschenbücher, 225)

**Peck 1998** – Peck, Christoph: Power Tower. Die neue RWE-Konzernzentrale ist ein unübersehbares Signal zum Aufbruch, in: Schweer 1998, S. 41–50.

**Pehnt 1998** – Pehnt, Wolfgang: Die Architektur des Expressionismus, Ostfildern-Ruit 1998.

**Pehnt 2006** – Pehnt, Wolfgang: Deutsche Architektur seit 1900, 2. Aufl., München 2006.

**Peirce 1983** – Peirce, Charles Sanders: Phänomen und Logik der Zeichen, Frankfurt am Main 1983. (suhrkamp taschenbuch wissenschaft, 425)

**Pilditch 1970** – Pilditch, James: Communication by Design. A Study in Corporate Identity, Maidenhead (UK) 1970.

**Pine/Gilmore 1999** – Pine II, B. Joseph/Gilmore, James H.: The Experience Economy. Work is Theatre & Every Business is a Stage, Boston 1999.

**Pohl 1984** – Pohl, Manfred: Die Gebäude der Deutschen Bank. Ein Rückblick, in: Taunusanlage 12, hg. von der Deutschen Bank AG, Dortmund 1984, S. 97–131.

**Puchner 2002** – Puchner, Nicol: Nur ein schwarzer Kubus? Kommunikative Architektur in unscheinbaren Gebäuden, in: Brauer 2002, S. 201–208.

**Radkau 1998** – Radkau, Joachim: Das RWE zwischen Kernenergie und Diversifizierung, in: Schweer/Thieme 1998, S. 221–244.

**Raèv 1974** – Raèv, Svetlozar: Bankgebäude in Köln von 1850 bis 1914. Ein Beitrag zur Zeichenfunktion von Architektur, Diss. Aachen 1974.

**Raff 1994** – Raff, Thomas: Die Sprache der Materialien. Anleitung zu einer Ikonologie der Werkstoffe, München 1994. (Kunstwissenschaftliche Studien, 61)

**Rathgeb 2015** – Rathgeb, Markus: Otl Aicher, 3. Aufl., London 2015.

**Rechenauer/Stankowski 1969** – Rechenauer, Ottmar/Stankowski, Anton: Firmen-Image, Düsseldorf 1969.

**Reckhorn 2002** – Reckhorn, Ingo: Kontinuität und Innovation: Der MINI. Wie man eine Markenlegende erneuert und baulich in Szene setzt, in: Brauer 2002, S. 193–200.

**Reinle 1976** – Reinle, Adolf: Zeichensprache der Architektur. Symbol, Darstellung und Brauch in der Baukunst des Mittelalters und der Neuzeit, Zürich 1976.

**Riley/Bergdoll 2001** – Riley, Terence/ Bergdoll, Barry: Mies in Berlin. Ludwig Mies van der Rohe. Die Berliner Jahre 1907–1938, München 2001.

**Rodenstein 2014** – Rodenstein, Marianne: Die Hochhausentwicklung in Frankfurt am Main nach dem Zweiten Weltkrieg, in: Hochhausstadt Frankfurt. Bauten und Visionen seit 1945, Kat. Ausst. DAM Frankfurt 2014, S. 22–35.

**Rumpfhuber 2013** – Rumpfhuber, Andreas: Architektur immatrieller Arbeit, Wien 2013. (kollektive gestalten, 1)

**Sachs-Hombach 2003** – Sachs-Hombach, Klaus: Das Bild als kommunikatives Medium. Elemente einer allgemeinen Bildwissenschaft, Köln 2003.

**Sandler 1980** – Sandler, Guido: Corporate Identity in der Partnerschaftsbeziehung zu den Absatzmittlern, in: Birkigt/Stadler 1980, S. 127–137.

**Saunders 2005** – Saunders, William S. (Hg.): Commodification and Spectacle in Architecture, Minneapolis 2005. (A Harvard Design Magazine Reader, 1)

**Schlüter 1991** – Schlüter, Brigitte: Verwaltungsbauten der rheinisch-westfälischen Stahlindustrie 1900–1930, Diss. Bonn 1991.

**Schönbeck 2009** – Schönbeck, Dewi: Branding im Industriebau am Beispiel der Automobilfertigung. Eine gebäudetypologische Betrachtung, Diss. Stuttgart 2009.

**Schreiner 2005** – Schreiner, Nadine: Vom Erscheinungsbild zum „Corporate Design". Beiträge zum Entwicklungsprozess von Otl Aicher, Diss. Wuppertal 2005.

**Schweer 2000** – Schweer, Dieter: Nutzer, in: Briegleb 2000, S. 126–129.

**Schweer/Thieme 1998** – Schweer, Dieter/Thieme, Wolf (Hg.): „Der gläserne Riese". RWE – Ein Konzern wird transparent, Wiesbaden 1998.

**Schweger 2008** – Schweger, Peter: Das Architekturkonzept, in: Zohlen 2008, S. 98f.

**Scott 2011** – Scott, Felicity: An Army of Soldiers or a Meadow, in: Journal of the Society of Architectural Historians 70, 3.2011, S. 330–353.

**Seehausen 2011** – Seehausen, Frank: Konstruktion eines Unternehmensbildes. Karl Schwanzer und die Architektur für BMW, Diss. [Mikrofiche] Berlin 2011.

**Selame 1975** –Selame, Elinor/Selame, Joe: Developing a Corporate Identity. How to Stand out in the Crowd, New York 1975.

**Serraino 2005** – Serraino, Pierluigi: Eero Saarinen 1910–1961. Ein funktionaler Expressionist, Köln 2005.

**Sgobba 2012** – Sgobba, Antonella: Architektur, Stadt und Automobilindustrie. Entwicklungstendenzen und Paradigmenwechsel im Informationszeitalter, Detmold 2012. (Schriftenreihe Stadt + Landschaft, 4)

**Sherry 1998** – Sherry, John F.: The Soul of the Company Store. Nike Town Chicago and the Emplaced Brandscape, in: Ders. (Hg.): Servicescapes. The Concept of Place in Contemporary Markets, Chicago 1998, S. 109–150.

**SOM 1962** – Architektur von Skidmore, Owings & Merill, 1950–1962, Stuttgart 1962.

**SOM 1974** – Architektur von Skidmore, Owings & Merill, 1963–1973. Mit Baubeschreibungen von Axel Menges, Stuttgart 1974.

**Sottanelli 2011** – Sottanelli, Sara: Der Münchner Tucherpark. Von der Kunstmühle zur Bürosiedlung, in: Denkmalpflege Informationen, Nr. 148, März 2011, S. 42–44.

**Stahl und Form 1997** – Commerzbank Frankfurt am Main. Architekten Foster and Partners, hg. v. Stahl-Informations-Zentrum, Düsseldorf 1997. (Stahl und Form)

**Stankowski 1980** – Stankowski, Anton: Das visuelle Erscheinungsbild der Corporate Identity, in: Birkigt/Stadler 1980, S. 169–194.

**Stankowski/Duschek 2002** – Stankowski, Anton: Das visuelle Erscheinungsbild der Corporate Identity, überab. von Karl Duschek, in: Birkigt/Stadler/Funck 2002, S. 191–206.

**Stewart 2016** – Stewart, Jules: Gotham Rising. New York in the 1930s, London 2016.

**Stock-Nieden 2006** – Stock-Nieden, Dietmar: Die Bauten der Vitra Design GmbH in Weil am Rhein 1981–1994. Untersuchungen zur Architektur- und Ideengeschichte eines Industrieunternehmens am Ende des 20. Jahrhunderts, Diss. Freiburg im Breisgau 2006.

**Strack 2007** – Strack, Wolfgang: Corporate Motion und Sound, in: Beyrow/Kiedaisch/Daldrop 2007, S. 88–99.

**Stroux 2008** – Stroux, Sara: Rezept Lever House? Planungsprozesse und Bauherrenentscheide beim Bau westdeutscher Konzernhochhäuser in der Nachkriegszeit, in: Köth, Anke/Krauskopf, Kai/Schwarting, Andreas (Hg.): Building America. Eine große Erzählung, Dresden 2008, S. 305–324.

**Stroux 2009** – Stroux, Sara: Architektur als Instrument der Unternehmenspolitik. Konzernhochhäuser westdeutscher Industrieunternehmen in der Nachkriegszeit, Diss. Zürich 2009.

**Stroux 2012** – Stroux, Sara: „Nicht Repräsentation, sondern Zweckmäßigkeit"? Bauliche Selbstdarstellung westdeutscher Industrieunternehmen in der Nachkriegszeit, in: Wolkenkuckucksheim 32, 2012, S. 119–130.

**Schwanzer 1973** – Schwanzer, Karl (Hg.): Architektur aus Leidenschaft, Wien 1973.

**Schwanzer 1985** – Schwanzer, Berthold: Die Bedeutung der Architektur für die corporate identity eines Unternehmens. Eine empirische Untersuchung von Geschäften und Bankfilialen, Wien, 1985. (Schriftenreihe empirische Marketingforschung, 1)

**Schwanzer 1988** – Schwanzer, Berthold: Die Erlebniswelt von Geschäften und Schaufenstern. Die Werbewirkung der Architektur im Einzelhandel dargestellt anhand von empirischen Untersuchungen, Wien 1988. (Architektur-Marktforschung, 3)

**Switek 2011** – Switek, Gabriela: Architecture Parlante. The Art of Speaking to the Eyes and the Philosophy of Language, in: Ikonotheka 23, 2011, S. 23–45.

**Sonnenburg/Baker 2013** – Sonnenburg, Stephan/Baker, Laura (Hg.): Branded Spaces. Experience Enactments and Entanglements, Wiesbaden 2013.

**Sulzer 1991** – Sulzer, Peter (Hg.): Jean Prouvé. Meister der Metallumformung, Köln 1991. (arcus, 15)

**Sulzer 2005** – Sulzer, Peter: Jean Prouvé. Œuvre Complète, Bd. 3: 1944–1954, Basel 2005.

**Tamms 1962** – Tamms, Friedrich: Die städtebaulichen Voraussetzungen, in: Mittag 1962, S. 9–11.

**Taunusanlage 12 1984** – Taunusanlage 12, hg. von der Deutschen Bank AG, Dortmund 1984.

**Theissen 1962** – Theissen, H.: Grundlagen für die lichttechnische Planung, in: Mittag 1962, S. 93–96.

**Tietz 2008** – Tietz, Jürgen: Kleeblatt und Vierzylinder. Peter P. Schwegers Revitalisierung des BMW Hochhauses, in: Zohlen 2008, S. 118–125.

**Trux 1980** – Trux, Walter: Unternehmensidentität, Unternehmenspolitik und öffentliche Meinung, in: Birkigt/Stadler 1980, S. 62–72.

**Trux 2002** – Trux, Walter: Unternehmensidentität, Unternehmenspolitik und öffentliche Meinung, in: Birkigt/Stadler/Funck 2002, S. 65–74.

**Uekötter 2011** – Uekötter, Frank: Am Ende der Gewissheiten. Die ökologische Frage im 21. Jahrhundert, Frankfurt am Main 2011.

**Uekötter 2015** – Uekötter, Frank: Deutschland in Grün. Eine zwiespältige Erfolgsgeschichte, Göttingen 2015.

**Venturi 1978** – Venturi, Robert: Komplexität und Widerspruch in der Architektur, hg. von Heinrich Klotz, Braunschweig 1978 [engl. Originalausg. New York 1966]. (Bauwelt Fundamente; 50)

**Venturi/Brown/Izenour 1979** – Venturi, Robert/Brown, Denise Scott/Izenour, Steven: Lernen von Las Vegas. Zur Ikonographie und Architektursymbolik der Geschäftsstadt, Braunschweig 1979 [engl. Originalausg. Cambridge (Mass.) 1972]. (Bauwelt Fundamente; 53)

**Vollmar 2015** – Vollmar, Bernd: Das BMW-Hochhaus als Denkmal. Entstehungs- und Veränderungsprozesse, in: Jahrbuch der Bayerischen Denkmalpflege 68/69, 2014/2015, S. 141–150.

**Vonseelen 2012** – Vonseelen, Tanja: Von Erdbeeren und Wolkenkratzern. Corporate Architecture – Begründung, Geschichte und Ausprägung einer architektonischen Imagestrategie, Oberhausen 2012. (Artificium, 36)

**Wadle 2001** – Wadle, Elmar: Werden und Wandel des deutschen Markenrechts. Zum Rechtsschutz von Markenartikeln, in: Bruhn 2001a, S. 75–114. (Facetten der Medienkultur, 1)

**Walter 1962** – Walter, Robert: Die Organisation des Hochhauses, in: Mittag 1962, S. 131f.

**Warburg 1912** – Warburg, Aby: Italienische Kunst und internationale Astrologie im Palazzo Schifanoja zu Ferrara, in: Aby Warburg – Die Erneuerung der heidnischen Antike, Kulturwissenschaftliche Beiträge zur Geschichte der europäischen Renaissance, Reprint der von Gertrud Bing edierten Ausgabe 1932, neu herausgegeben von Horst Bredekamp und Michael Diers, Berlin 1998, S. 459–481. (Aby Warburg. Gesammelte Schriften, 1. Abt., Bd. I.2)

**Warnke 1976** – Warnke, Martin: Bau und Überbau. Soziologie der mittelalterlichen Architektur nach den Schriftquellen, Frankfurt am Main 1976.

**Warnke 1984** – Warnke, Martin (Hg.): Politische Architektur in Europa vom Mittelalter bis heute. Repräsentation und Gemeinschaft, Köln 1984.

**Warnke 1996** – Warnke, Martin: Bau und Gegenbau, in: Hipp/Seidl 1996, S. 11–18.

**Watzlawick/Beavin/Jackson 1969** – Watzlawick, Paul/Beavin, Janet/Jackson, Don: Menschliche Kommunikation. Formen, Störungen, Paradoxien, Bern 1969.

**Weismann 1953** – Weisman, Winston: New York and the Problem of the First Skyscraper, in: Journal of the Society of Architectural Historians 12, 1.1953, S. 13–21.

**Wessel 2012** – Wessel, Horst A. (Hg.): Die Geburtsstätte des nahtlos gewalzten Stahlrohres. Das Mannesmannröhren-Werk in Remscheid, die Erfinder und die Mechanische Werkstatt, Essen 2012.

**Wessel 2014** – Wessel, Horst A.: Die Mannesmann-Verwaltung am Düsseldorfer Rheinufer, in: Düsseldorfer Jahrbuch 84, 2014, S. 239–264.

**Wilhelm 1979** – Wilhelm, Karin: Fabrikenkunst. Die Turbinenhalle, und was aus ihr wurde, in: Buddensieg, Tilmann (Hg.): Industriekultur. Peter Behrens und die AEG 1907 – 1914, Berlin 1979, S. 141–166.

**Wixforth 2006** – Wixforth, Harald (Hg.): Die Expansion der Dresdner Bank in Europa, München 2006. (Die Dresdner Bank im Dritten Reich, 3)

**Wixforth 2011** – Wixforth, Harald: Die Geschichte der Dresdner Bank. Das Unternehmen von 1872 bis 1945, in: Jurk/Lege 2011, S. 117–139. (Publikationen der Eugen-Gutmann-Gesellschaft, 6)

**Ursprung 2012** – Ursprung, Philipp: Gebautes Bild: Herzog & de Meurons Blaues Haus, in: Egenhofer, Sebastian/Hinterwaldner, Inge/Spies, Christian (Hg.): Was ist ein Bild? Antworten in Bildern. Gottfried Böhm zum 70. Geburtstag, München 2012, S. 141–143.

**Zec 1997** – Zec, Peter: Branding durch Design, in: Daldrop 1997a, S. 118–129.

**Zec 2001** – Zec, Peter: Die Rolle des Designs bei der Entwicklung der Marken, in: Bruhn 2001a, S. 228–250. (Facetten der Medienkultur, 1)

**Ziegler 2006** – Ziegler, Dieter (Hg.): Die Dresdner Bank und die deutschen Juden, München 2006. (Die Dresdner Bank im Dritten Reich, 2)

**Ziegler 2017** – Ziegler, Merle: Kybernetisch regieren. Architektur des Bonner Bundeskanzleramtes 1969–1976, Düsseldorf 2017. (Beiträge zur Geschichte des Parlamentarismus und der politischen Parteien, 172)

**Zintzmeyer/Binder 2002** – Zintzmeyer, Jörg/Binder, Reinhard: Von der Kraft der Symbole, in: Brauer 2002, S. 36–43.

**Zimmerl/Graul 2015** – Zimmerl, Ulrike/Graul, Andreas: Banken in Leipzig. Vom Barock bis zur Moderne, Halle an der Saale 2015.

**Zohlen 2008** – Zohlen, Gerwin (Hg.): Modernisierung einer Ikone. Die Revitalisierung des BMW Hochhauses in München durch Schweger Assoziierte Architekten, Sulgen/Zürich 2008.

# Abbildungsnachweis

## Abbildungen

**Abb. 1** www.deutschlandfunk.de/finanz-standort-frankfurt-aus-dem-dornroeschenschlaf-erwacht-100.html

**Abb. 2** heute v. 21.3.2018, www.zdf.de/nachrichten/heute-sendungen/videos/bmw-gibt-bilanzpressekonferenz-100.html, 0:25 Min

**Abb. 3** Bad Banks. Folge 1: Die Kündigung, Regie Christian Schwochow. D: Letterbox Filmproduktion/ Iris Productions 2018. Fassung Internet, www.zdf.de/serien/bad-banks/die-kuendigung-100.html, 6:04 Min

**Abb. 4, 125** Müller-Rees 2008

**Abb. 5** Wikimedia Commons, CC BY 2.0, Foto: Rui Ornelas, 2007

**Abb. 6** Birkigt/Stadler/Funck 2002

**Abb. 7** Brauer 2002

**Abb. 8** Buddensieg 1979

**Abb. 9, 10, 16, 17, 18, 20, 21** Mittag 1962

**Abb. 11, Abb. 19, Abb. 105** thyssenkrupp Konzernarchiv (tkA), Duisburg

**Abb. 12, 15, 59, 73, 82, 89, 93, 96, 97, 99, 102, 111, 116** Foto: Hauke Horn, 2019

**Abb. 13** Wikimedia Commons, Foto: Rudolf Stricker, 2010

**Abb. 14** Wikimedia Commons, CC BY-SA 4.0, Foto: Paolo Monti, 1965

**Abb. 22, 25, 28, 29, 31, 32, 38** Das neue BMW Haus 1973

**Abb. 23, 30, 33, 39, 85, 87, 88** Foto: Hauke Horn, 2018

**Abb. 24, 35, 36** Entscheidung zur Form 1973

**Abb. 26** Schwanzer 1973

**Abb. 27** Die Kunst und das schöne Heim 1951

**Abb. 34** Wikimedia Commons, CC BY-SA 4.0, Foto: Mario Roberto Durán Ortiz, 2005

**Abb. 40, 41, 42, 43** Feireiss 2007

**Abb. 44** Deutsche Bauzeitung 7/2005

**Abb. 45** BMW AG

**Abb. 46, 47, 50, 56, 57, 58, 61, 70, 71, 80, 83, 112, 114** Historisches Archiv der Commerzbank (HAC), Frankfurt am Main

**Abb. 48, 49, 81, 123** Foto: Hauke Horn, 2013

**Abb. 51, 60** Haus am Jürgen-Ponto-Platz 1980

**Abb. 52, 53** Mack 2008

**Abb. 54, 54, 62, 78** Foto: Hauke Horn, 2015

**Abb. 63** Anatomie einer Bank 1971 (Informationsbroschüre)

**Abb. 64, 67** Historisches Institut der Deutschen Bank (HIDB), Frankfurt am Main

**Abb. 65** Deutsche Bank 2011

**Abb. 66, 69** Taunusanlage 12 1984

**Abb. 68** Wikimedia Commons, CC BY-SA 3.0, Foto: Agsftw, 2013

**Abb. 74, 75, 76, 77, 79** Menges 1997

**Abb. 84, 91, 92** Briegleb 2000

**Abb. 86** Riley/Bergdoll 2001
**Abb. 90** Schweer/Thieme 1998
**Abb. 94** Cathedral of Commerce 1921
**Abb. 95, 113** Jurk/Lege 2011
**Abb. 98** Wikimedia Commons, CC BY-SA 3.0, Foto: official-ly_cool, 2008
**Abb. 100** Wikimedia Commons, gemeinfrei
**Abb. 101, 115** SOM 1962
**Abb. 103** Wikimedia Commons, CC 1.0, gemeinfrei, Foto: Cbaile19, 2015
**Abb. 104** thyssenkrupp Konzernarchiv (tkA), Duisburg, F/Alb/769
**Abb. 105** thyssenkrupp Konzernarchiv (tkA), Duisburg, Foto: Karl Lang
**Abb. 106** Heymann-Berg/Netter/Netter 1973
**Abb. 107** Serraino 2005
**Abb. 108** Heller 1999
**Abb. 109** Kat. Städtische Galerie Karlsruhe 2004
**Abb. 110** Chermayeff/Geismar/Geissbuhler 2000
**Abb. 117** Ebert 1983
**Abb. 118** Wikimedia Commons, gemeinfrei, Foto: Derek Jensen, 2005
**Abb. 119** Wikimedia Commons, CC BY-SA 4.0, (Foto: 1971markus, 2015/bearbeitet von Hauke Horn)
**Abb. 120, 121, 122** Foto: Hauke Horn, 1998
**Abb. 124** Foto: Hauke Horn, 2022
**Abb. 126** Wikimedia Commons, CC BY-SA 4.0, Foto: Daniel L. Lu, 2018
**Abb. 127** Wikimedia Commons, CC BY-SA 4.0, Foto: Joe Mabel, 2018

## Tafeln

**Taf. 1, 17** Foto: Hauke Horn, 2013
**Taf. 2, 3, 4, 6, 36, 37, 38** Foto: Hauke Horn, 2019
**Taf. 5** thyssenkrupp Konzernarchiv (tkA), Duisburg
**Taf. 7** Das Hochhaus [Arabischer Titel], hergestellt für Phoenix-Rheinrohr AG Vereinigte Hütten- und Röhrenwerke, D: Deutsche Industrie- und Dokumentarfilm 1961, Fassung DVD (tkA)
**Taf. 8** BMW Group Archiv, München, AF 7579-1, BMW Werkfoto
**Taf. 9** BMW AG
**Taf. 10** BMW Group Archiv, München, UF 5376-11, Foto: Karl Attenberger
**Taf. 11, 12, 13, 14, 16** Entscheidung zur Form 1973
**Taf. 15** Das neue BMW Haus 1973
**Taf. 18** Feireiss 2007
**Taf. 20, 21, 22, 23, 33, 40, 41, 44, 45** Historisches Archiv der Commerzbank (HAC), Frankfurt am Main
**Taf. 24** Haus am Jürgen-Ponto-Platz 1980
**Taf. 25, 30** Foto: Hauke Horn, 2015
**Taf. 26** Wikimedia Commons, gemeinfrei, Zeno ID number 20000600601
**Taf. 27** Deutsche Bank 2011
**Taf. 28, 29, 42, 43** Historisches Institut der Deutschen Bank (HIDB), Frankfurt am Main
**Taf. 31, 32** Historisches Archiv der Commerzbank (HAC), Frankfurt am Main, Foto: Ralph Richter
**Taf. 34** Neumann 2002
**Taf. 35** Buderath 1990
**Taf. 39** Wikimedia Commons, gemeinfrei, Foto: Jonathunder, 2005

Anhang

## Personenregister

ABB Apel, Beckert, Becker   11, 22f., 92f., 96–98, 103, 106, 115, 121, 124, 126, 133, 186, 193, 195f., 201, 264, 267
Aicher, Otl   11, 13, 95, 114, 123–125, 130, 133, 138, 186, 193, 195, 199
Alen, William van   22, 174f., 213, 257
Ando, Tadao   207f., 212f.
Antonoff, Roman   18, 25, 191, 222
Arendts, Wilhelm   206
Becker, Gilbert   126, 132
Behrens, Peter   19f., 23f., 173f., 213, 258, 271
Bellini, Mario   122, 211, 214
Bender, Karl   35f., 39f., 45
Berkel, Ben van   212
Betz, Walther + Bea   201, 203, 271
Birkigt, Klaus   16f., 25
Bode, Peter   80f.
Brandi, Hermann   38, 42f., 46, 53, 201
Brösicke, Alfred   39, 91
Brown, Scott   204
Bunshaft, Gordon   180, 184, 189, 197
Burggraf, Hansjörg   69
Chaix & Morel   38, 211, 214
Chappel, George   23
Chermayeff, Ivan   189
Comar, Agnés   14
Coop Himmelb(l)au   29, 81–86, 90, 212, 263
Cross & Cross   175f.
Delugan Meissl   212
Dionisius, Herbert   118, 120, 135, 191
Domizlaff, Hans   19, 24, 174
Drevermann, Wolf   39, 91
Dreyfuss, Henry   197
Dustmann, Hanns   161, 181
Eames, Charles   187, 208
Eble, Joachim   141
Eco, Umberto   25, 30, 204
Edbrooke, Frank   174, 270
Eiermann, Egon   118, 185, 187f.
Esch, Franz-Rudolf   21
Fehlbaum, Rolf   208

Fischer, Volker   155
Foster, Norman   136f. 141, 143, 145f., 148, 151–153, 156f., 159, 199, 203, 209f., 214f., 220, 269f.
Friderichs, Hans   96, 105f.
Fusco, Renato de   25, 30, 204
Gansfort, Bob   159f.
Gatermann + Schossig   205f.
Gehry, Frank O.   207f., 212, 215
Gerkan & Marg   122
Giefer und Mäckler   121
Gilbert, Cas   171f.
Goergen, Fritz-Aurel   35f., 45
Grimshaw, Nicolas   207
Grüneis, Horst   138, 155
Guth, Wilfried   125f.
Hadid, Zaha   86, 207f., 212
Haeusgen, Helmut   102–104, 110
Hagenmüller, Friedrich   94, 107, 193
Hahnemann, Paul   58
Hampel, Jürgen   193, 272
Hanig, Walter   11, 23, 121, 126, 133, 196
Harrison & Abramovitz   178, 180
Hauser, Erich   102
Heil, Richard   112, 135, 191f.
Henn Architekten   20, 87, 263
Henn, Gunter   20, 23, 212, 263
Henn, Walter   20, 57
Hentrich, Helmut   35, 40, 52, 56, 191
Herzog & de Meuron   208
Hoffmann, Max   75
Holzer, Michael   86
HPP Hentrich, Petschnigg und Partner   31, 36f., 39f., 42, 52, 56, 177, 181, 183, 186, 191f., 201, 213, 257
Huppert, Kurt   126
Ingenhoven Overdiek und Partner   158, 160, 162
Ingenhoven, Christoph   159f., 166, 169, 209f., 220
Jahn, Helmut   148f.
Jencks, Charles   26, 137, 139
Johnson, Philip   126f.

Jourdan, Jochem 137
Kick, Paul 173
Kohlhaussen, Martin 144, 151, 154, 200
Kopper, Hilmar 121, 123, 126, 132
Kraemer, Friedrich Wilhelm 92, 105
Kuhnt, Dietmar 160f., 164–166, 168,
Lampugnani, Vittorio Magnano 138
Larsen, Henning 211, 214
Ledoux, Claude-Nicolas 29, 64
Leitner, Bernhard 132
Lippold, Richard 129, 268
Luedecke, Gunter 27
Mack, Heinz 101–103, 116,
Martini, Eberhard 139, 200, 202
Maurer, Martin 204f.
Mayr-Kebr, Gert 25
Meier-Preschany, Manfred 97
Mellerowicz, Konrad 21
Mies van der Rohe, Ludwig 23, 64, 98, 145, 162, 182, 192, 196, 271
NBBJ Naramore, Bain, Brady, Johanson 205, 214f.
Neufert, Ernst 182f.
Niemeyer, Oscar 74
Novotny Mähner Assoziierte 134
Noyes, Eliot 19, 187
Olins, Wally 85, 199
Otto, Frei 160
Pei, Ieoh Ming 126
Peirce, Charles Sanders 61, 206
Penndorf, Paul-Ernst 94
Petschnigg, Hubert 35, 40, 56, 191
Pfister, Charles 121, 124, 130, 133, 268
Piano, Renzo 141
Poelzig, Hans 42
Ponti, Giò 40, 183
Ponto, Jürgen 92, 94f., 99–103, 110, 112, 145, 193, 200
Prix, Wolf D. 84, 86
Prouvé, Jean 96
Quickborner Team 104, 151
Ramm, Ulrich 138–141, 154, 156, 159
Rand, Paul 187f.

Rath, Günther 94
Ritter, Hermann 192, 268
Rockefeller, David 189
Rogers, Richard 141
Saarinen, Eero 183–185, 187f., 272
Sambeth, Burkhardt 141
SANAA Sejima And Nishizawa And Associates 208
Scheid, Heinz 11, 23, 92, 98, 115, 196
Schneider + Schuhmacher 94
Schneider-Esleben, Paul 176, 181, 190f., 258
Schörghuber, Josef 120f., 123f., 126f., 133
Schwanzer, Berthold 26
Schwanzer, Karl 25f., 57–60, 62–64, 66, 69–74, 76, 78, 80f., 84–86, 88f., 201–204, 212, 219, 260–262
Schwarz-Schütte, Patrick 39
Schweer, Dieter 164
Schweger, Peter 58
Skidmore, Louis 121, 197
SOM Skidmore, Owings, Merrill 42, 121, 177–180, 184, 189, 197f., 213, 271
Speer, Albert jr. 134
Stadler, Marinus 16f., 25
Stankowski, Anton 19, 192, 272
Swiczinsky, Helmut 86
Tamms, Friedrich 35, 40, 45, 55
Terrahe, Jürgen 152
Thyssen, Amélie 39
Thyssen, August 38f.
Tofflemire, Eugene 126
UN Studio 212
Van Alen, William 22, 174f., 213
Venturi, Robert 25, 204
Vossenkuhl, Wilhelm 138
Watzlawick, Paul 31, 220
Weber, Gerhard 39, 181, 183
Wentz, Martin 134, 148, 150, 157
Wetcke, Hans Hermann 138
Wilms, Rudolf 39
Wright, Frank Lloyd 75
Wurster, Carl 41

**255**

**FARBTAFELN**

Farbtafeln

**Taf. 1** Skyline von Frankfurt am Main, von Westen gesehen (Foto 2013)

**Taf. 2** Chrysler Building, New York (USA), 1928–1930, William van Alen (Foto 2019)

**Taf. 3** Thyssenhaus, Düsseldorf, Westansicht vom Hofgarten, 1957–1960, HPP (Foto 2019)

Anhang

**Taf. 4** Mannesmann Hochhaus, Düsseldorf, 1955–1958, Paul Schneider-Esleben, links im Bild die alte Mannesmann-Zentrale, 1911–1912, Peter Behrens (Foto 2019)

**Taf. 5** Thyssenhaus, Düsseldorf, Büroetage mit petrolblauen Stahlrohren als Stützen (Foto 1960)

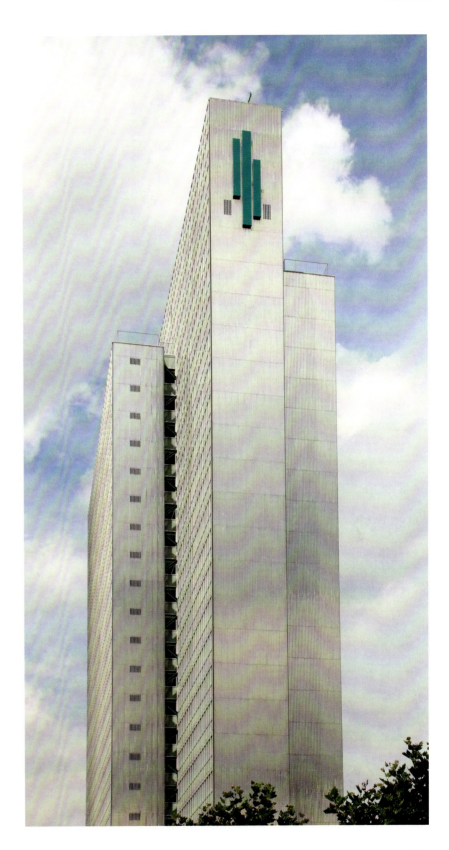

**Taf. 6** Thyssenhaus, Düsseldorf, Schmalseiten mit Verkleidung aus Edelstahl, Südansicht vom Kö-Bogen (Foto 2019)

Anhang

**Taf. 7** Thyssenhaus, Düsseldorf, farbige Installationsrohre im Foyer (Standbild aus dem Film „Das Hochhaus", 1961)

**Taf. 8** Architektur und Auto fotografisch in Bezug gesetzt: BMW Turbo (Design Paul Bracq) vor der BMW-Zentrale mit Hochhaus („Vierzylinder") und Museum, München, 1970–1973, Karl Schwanzer (Foto 1972)

Farbtafeln

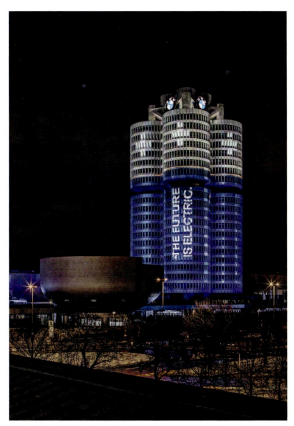

Taf. 9 Umdeutung des „Vierzylinders" zu vier Batterien: BMW-Hochhaus, München, mit Lichtinstallation 2017,

Taf. 10 Entwurfsmodell der BMW-Zentrale, München, Karl Schwanzer (Fotomontage, ca. 1969)

Taf. 11 BMW-Hochhaus, München, Pausenzone innerhalb einer Bürolandschaft (Foto ca. 1973)

Taf. 12 BMW Museum, München, Ausstellungsraum mit Rampen (Foto ca. 1973)

Anhang

**Taf. 13** BMW-Zentrale, München, Foyer (Foto ca. 1973)

**Taf. 14** BMW-Zentrale, München, Casino im Flachbau (Foto ca. 1973)

**Taf. 15** BMW-Hochhaus, München, Detail im Treppenhaus (Foto ca. 1973)

**Taf. 16** BMW-Hochhaus, München, nicht realisierter Einrichtungsvorschlag von Karl Schwanzer für die Bürolandschaften (Foto ca. 1973)

Farbtafeln

**Taf. 17** Autostadt von VW, Wolfsburg, 2000, Gesamtkonzept Gunter Henn, vorne der VW Markenpavillon (Henn Architekten mit Grüntuch und Ernst), im Hintergrund einer der Autotürme (Foto 2013)

**Taf. 18** BMW Welt, München, 2004–2007, Coop Himmelb(l)au, von Osten (Foto ca. 2007)

Anhang

**Taf. 19** Dresdner Bank-Hochhaus („Silberturm"), Frankfurt am Main, 1973–1978, ABB Beckert und Becker (Foto 2013)

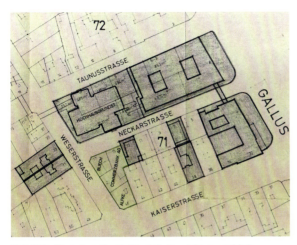

**Taf. 20** „Dresdner Bank-Block", Frankfurt am Main, Lageplan, 1976. Neckarstraße noch durchgehend. Grau: Grundstücke und Gebäude im Besitz der Dresdner, grün: Grundstücke und Gebäude, die von der Bank erworben und in eine Freifläche umgewandelt werden sollten

**Taf. 21** Silberturm, Frankfurt am Main, Casino (Foto ca. 1979)

**Taf. 22** Silberturm, Frankfurt am Main, Lobby (Foto ca. 1979)

**Taf. 23** Silberturm, Frankfurt am Main, Bürolandschaft (Foto ca. 1979)

**Taf. 24** Silberturm, Frankfurt am Main, Schwimmbad im 31. Obergeschoss (Foto ca. 1979)

**Taf. 25** Deutsche Bank-Zentrale („Soll und Haben"), Frankfurt am Main, Ansicht von der Taunusanlage, ABB Hanig, Scheid, Schmidt, 1978–1984 (Foto 2015)

Anhang

**Taf. 26** Filiale der Disconto-Bank am Roßmarkt, Frankfurt am Main, später Hauptzentrale der Deutschen Bank, 1904, Hermann Ritter (Postkarte 1915)

**Taf. 27** Deutschen Bank-Zentrale, Frankfurt am Main, Lobby, Innenarchitektur Charles Pfister, Skulptur Richard Lippold (Foto ca. 1984)

**Taf. 28** Fassadenausschnitt mit Spiegelungen des winterlichen Frankfurt (Foto ca. 1983)

Farbtafeln

**Taf. 29** Deutschen Bank-Zentrale, Frankfurt am Main, Vorstandsetage (Foto ca. 1983)

**Taf. 30** Commerzbank-Zentrale, Frankfurt am Main, 1994–1997, Norman Foster (Foto 2015)

Anhang

Taf. 31 Commerzbank-Zentrale, Frankfurt am Main, „Himmelsgarten" (Foto ca. 2002)

Taf. 32 Commerzbank-Zentrale, Frankfurt am Main, Büroetage (Foto ca. 2002)

Taf. 33 Commerzbank-Zentrale, Frankfurt am Main, von Südosten, Fotomontage aus dem Büro Norman Foster (ca. 1993)

Taf. 34 Gas and Electric Building bei Nacht, Denver (USA), 1910, Frank Edbrooke (Postkarte, um 1913)

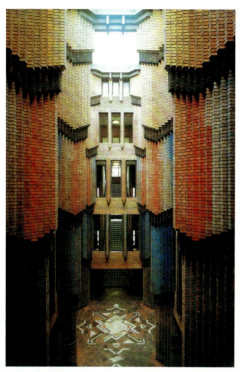

**Taf. 35** Verwaltungsgebäude der Hoechst AG, Frankfurt-Höchst, 1920–1924, Peter Behrens

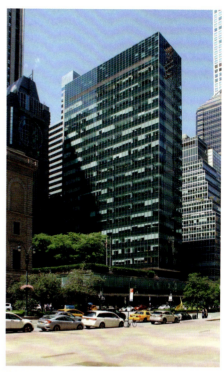

**Taf. 36** Lever House, New York (USA), 1952, SOM (Foto 2019)

**Taf. 37** Seagram Building, New York (USA), 1954–1958, Ludwig Mies van der Rohe (Foto 2019)

**Taf. 38** Hauptzentrale der Hypo-Bank, München, 1975–1981, Walther + Bea Betz (Foto 2018)

Anhang

**Taf. 39** Manufacturing and Training Facility in Rochester (Minnesota/USA), 1956–1958, Eero Saarinen (Foto 2005)

Taf. 40   Taf. 41   Taf. 42   Taf. 43   Taf. 44   Taf. 45

**Taf. 40** Logo der Dresdner Bank, 1917–1945 und 1957–1972
**Taf. 41** „Dreieck im Sechseck", Logo der Dresdner Bank 1972–2010, Entwurf Jürgen Hampel
**Taf. 42** Logo der Deutschen Bank 1937–1945 und 1957–1974
**Taf. 43** „Schrägstrich im Quadrat", Logo der Deutschen Bank seit 1974, Entwurf Anton Stankowski
**Taf. 44** Logo der Commerzbank 1940–1945 und 1958–1972
**Taf. 45** „Quatre Vents", Logo der Commerzbank 1972–2010, Entwurf Thibaud Lintas